把世界当作起点　将未来捧在手中

国际化办学中学生创新素养的培育研究

The Research on the Cultivation of Students' Creative Competence in the Context of Internationalized Education

主编　董彬

苏州大学出版社
Soochow University Press

图书在版编目（CIP）数据

国际化办学中学生创新素养的培育研究／董彬主编．—苏州：苏州大学出版社，2020.5
ISBN 978-7-5672-3119-1

Ⅰ．①国… Ⅱ．①董… Ⅲ．①中学生–素质教育–教育研究 Ⅳ．①G631.6

中国版本图书馆 CIP 数据核字（2020）第 069608 号

国际化办学中学生创新素养的培育研究
GUOJIHUA BANXUE ZHONG XUESHENG
CHUANGXIN SUYANG DE PEIYU YANJIU
主编 董 彬
责任编辑 唐明珠
助理编辑 牛涵波

苏州大学出版社出版发行
（地址：苏州市十梓街1号 邮编：215006）
宜兴市盛世文化印刷有限公司印装
（地址：宜兴市万石镇南漕河滨路58号 邮编：214217）

开本 787 mm×1 092 mm 1/16 印张 23.25 字数 566 千
2020 年 5 月第 1 版 2020 年 5 月第 1 次印刷
ISBN 978-7-5672-3119-1 定价：85.00 元

图书若有印装错误，本社负责调换
苏州大学出版社营销部 电话：0512-67481020
苏州大学出版社网址 http://www.sudapress.com
苏州大学出版社邮箱 sdcbs@suda.edu.cn

《国际化办学中学生创新素养的培育研究》
编委会

主　编　董　彬

副主编　周国海　杜少梧　陈　杰　周　瑶
　　　　原继明　黄贤君　朱荷菁

编　委　潘　云　商珺宁　王娜娜　蔡　杰
　　　　汤艳玲　徐余忠　方　惠　陈　黎
　　　　张锦成　方　方　罗亦兰　张金坤
　　　　董继文　夏明花　杨　勇　徐晶晶

序

着眼于未来的教育才有教育的未来。

在今天这个瞬息万变的时代里,教育需要创新,需要着眼于未来。苏州外国语学校(以下简称"苏外")自 1994 年成立至今,在时代的潮流里大胆开拓、勇敢创新,开创了十五年一贯制的双轨制教育链。本书结合苏外国际化教育的成果和模式,从教学、德育、管理三方面构建培育学生创新素养的载体和途径,关注学生、面向未来。

面向未来的学生创新素养培育,是多元融合的。在新时代下,学校正在共同创造着跨区域、跨文化的"1+X"融合教育,创新"1+X"课堂教学、课程体系、多元评价和资源融合,不断拓展着新的课程、创设人文环境、融合教育资源,着力将苏外建设成一所最具国际理解能力、国际竞争能力和国际对话能力的中国学校。

面向未来的学生创新素养培育,是一贯式的。苏外作为苏州历史最久的外国语学校,涵盖了从幼儿园到高中的所有学段,打通了十五年进行创新素养培养的整体设计,形成基础教育一条龙,实现学段之间的延续、课程的延续及选拔评价的延续,挖掘学生潜能,培养学生创新素养。

面向未来的学生创新素养培育,是融会中西的。学校通过构建多元化的载体,促进国际合作交流,让学生带着民族灵魂和世界眼光。培养国际化创新型人才,要把视野朝向整个世界,承担起中华文化使者的责任,扩宽各种渠道,向世界发出中国的声音,更好地传播中华文化精华和智慧。

《国际化办学中学生创新素养的培育研究》一书,汇集了苏州外国语学校近几年来的学校教育教学改革及创新成果,展示了一所国际化学校新时代的文化自信和教育表达,是苏外 2017 年省教育规划"十三五"课题的研究成果,同时也是全体苏外人为 25 周年校庆的献礼。

全校从 2018 年 12 月开始正式组稿,从百余篇论文中选择与课题研究相关度高、专业性强的 90 篇文章,经过反复修改打磨,形成书稿。收录的论文主要分为四大板块:华夏为根,民族文化创新(收录民族文化、校园文化、中西文化比较与融合相关方面的文章);德育为先,学生活动创新(收录班级管理、实践活动相关方面的文章);教学为本,学科教学创新(收录课堂或学科教学方面的文章);理论为重,教育管理创新(收录教育理论、学校管理、教师发展方面的文章）。本书的顺利完成汇聚了苏外老师们的共同努力和众多专家的智慧成果，在此深切表达我们的谢意！

把世界当作起点，将未来捧在手中。国际化学校的学生创新素养培养，须使学生学会从中国角度看世界，从世界角度看中国。伴随着中国步入新时代的脚步，我们应站在历史的肩膀上，以"素质培养、文化关怀"为教育理念，以"着眼于未来的教育才是教育的未来"为教育追求，加快培养多元复合型人才和拔尖创新人才，创造教育的新未来，创造学生的新未来，创造国家的新未来，让中国教育走向世界中心。

苏州外国语学校总校长　董　彬

目 录

华夏为根，文化传承创新 ………………………………………………（1）

着眼于未来的教育才有教育的未来 ………………………… 董　彬（3）
从3D创客科学实验室到STEAM梦工场 ……………………… 周国海（6）
传统文化在幼儿园课程资源开发与建设中的运用分析
　　——以苏州桃花坞木刻年画为例 ………………………… 王娜娜（10）
诵读国学经典，将华夏根基厚植学生心中 ………………… 王园媛（14）
洋为中用：中美教材"除法"概念的对比与思考 …………… 汤艳玲（18）
中美小学高年级学生小说阅读现象对比研究 ……………… 宦佳娣（23）
中英中学信息技术课程比较研究 …………………………… 周晓燕（26）
中外教课堂对学生创新素养培养的异同 …………………… 方　惠（30）
汲取传统文化养分　培育中学生创新素养 ………………… 袁淑文（33）
浅论民族文化在国际高中英语教学中的渗透 ……………… 冯艳华（36）
中小学境外研学中的学校角色定位 ………………………… 罗亦兰（40）
对话民族：幼儿园教育新理解 ……………………………… 李　静（44）
古为今用：中国传统数学思想对小学数学创新教育的启示 ……… 章华丽（47）
民族文化永相承　版画谱写新篇章
　　——论版画教学在民族文化传承中的作用 ……………… 鲜海平（51）
传统文化教育在初中语文学科教学中的实施策略 ………… 彭　蕊（54）
国际化教育中传统美食文化创新教育的实践探讨
　　——以苏州外国语学校为例 ……………………………… 徐　群（58）
中英物理教材中创新素养的渗透性研究 …………………… 舒　欣（61）
实践型选修课程中传统文化的创新、中外文化的碰撞 …… 张婉玉（64）
文化渗透，互通有无
　　——英语原版教材教学体会 ……………………………… 阳瑞颖（68）

德育为先，学生活动创新 （73）

《很饿的毛毛虫》诞生记
　　——关于幼儿园开展戏剧表演活动的思考　　潘　云（75）
浅谈教师对幼儿好奇心的培养　　曹　凌（79）
将STEAM融入幼儿园活动中的策略　　缪海蓉（81）
国际化视野下初中特色班级的创新实践与思考　　李迎新（84）
浅谈A-Level课程体系下学生自主学习能力的培养　　邵立峰（87）
国际化学校礼仪教育的核心素养探究　　方　方（91）
在幼儿园多元活动中演绎汉字的文化内涵　　孟玫瑰（95）
传唱经典：翻开苏州童谣新篇章　　卢丹妍（100）
深耕"一班一品"，浸润民族文化　　李梦琪（103）
国际理解力视域下语文民族素养的培育　　李　瑞（106）
动手动脑巧应用，学习创新齐并进　　沈　岑（110）
STEAM渗透：突破差异　创新美术　　李　静（114）

教学为本，学科教学创新 （117）

浅谈高中数学教学中学生创新思维能力的培养　　陈　杰（119）
基于创新素养培养的跨学科综合实践体系课程的构建　　原继明（122）
以"读"为本，关注课堂精读训练　　金玲玲（126）
国际化办学中中学生数学课堂表达能力的培养研究
　　——让"开口"成为数学学习的一种方式　　倪　波（129）
例谈多维度英语阅读教学中的全球胜任力培养　　李佳梅（132）
跨文化视野下的中学外国小说教学策略初探
　　——用"钩玄提要"法解读《植树的牧羊人》　　李　瑞（136）
高中数学研究性学习的创新实践　　张锦成（140）
我们来说吧（Let's talk）
　　——激发学习兴趣　　翁晓燕（143）
浅谈通过西班牙语实践型作业提高中学生核心素养　　刘　皎（147）
融创生成：中小学阿语教材的编写策略　　朱荷菁（150）
浅析高中生数学解题思维与创新能力的培养　　徐　勇（154）

化学魔术课题：培养科学人文素养的理性实践 …………………… 徐晶晶（158）

活用学具，有效提高课堂教学效率
　　——教科版小学科学一年级《测量》单元教学反思 …………… 蒋秋娟（161）

论小学英语文化创新实践活动的可实施性 …………………………… 盛　晔（165）

在民族文化浸润下初中数学核心素养的培养 ………………………… 朱呈霞（169）

课堂创新一小步，学生发展一大步 …………………………………… 冯启佳（173）

让故事教学成为培养小学生创新思维的催化剂
　　——例谈中国传统故事《九色鹿》 …………………………… 陈本洪（176）

基于数学核心素养　聚焦数据分析观念
　　——浅析美国 Harcourt 教材对 "Table and Graphs" 内容的安排…… 汤艳玲（180）

析中美童话教材之差异，解创新思维培养之精髓 …………………… 蒋　琴（187）

由"认识分数"中外教学对比，思发展学生的数学核心素养 ………… 陈宏丽（191）

一辞同轨，两处开花
　　——在中外数学课堂教学中寻启示 …………………………… 施海燕（198）

当数学遇上游戏
　　——浅谈中美数学课堂教学的融合 …………………………… 杨　璇（201）

传统文化在高中语文课堂中的教授与传播
　　——以教材古诗文为例 ………………………………………… 李　军（205）

创编故事：培养发散思维的有效途径 ………………………………… 白　杨（211）

浅谈中美小学作文教学的同题异构 …………………………………… 蒋　琴（215）

跨文化背景下的中美小学数学关于"数的认识"教学研究 …………… 黄莎莎（218）

中美小学童话故事教学策略之比较 …………………………………… 张　瑜（227）

中英高中化学教材有机化学模块比较及对学生创新素养培育的思考…… 庄　凌（233）

体验式教学对创新素养培育的实践
　　——以经济学科教学为例 ……………………………………… 翁人炬（238）

中英高中生物教材的比较
　　——以《组成细胞的分子》为例 ……………………………… 任丝璐（243）

中美物理竞赛知识点考查的对比分析 ………………………………… 孙　慧（249）

古典名著阅读应抓住其文化"硬核"
　　——以《西游记》整本书阅读为例 …………………………… 王　萍（254）

理论为重,教育管理创新 ……………………………………………… (259)

中国国际化教育中的"四课"创新 ……………………………… 杜少梧(261)

融中西文化　享多彩童年
　　——我园国际化课程的构建与实施 ………………………… 周　瑶(265)

教育信息化2.0时代,学校的变革与坚守 ……………………… 黄贤君(269)

多元培训促提高　多彩活动促发展 …………………………… 商珺宁(272)

早教课程的建构与实践 ………………………………………… 宋　迟(276)

"崇尚自然"之德国森林幼儿园的启示思考 …………………… 郭晨晏(279)

用服务意识驱动　促进教育管理创新 ………………………… 蔡　杰(282)

浅谈如何在英语综合实践活动中提升学生的核心素养 ……… 黄玉娟(287)

浅谈创造在教学中的重要性 …………………………………… 李君瑜(290)

文与道的结合,教与学的转变
　　——浅谈统编教材下语文核心素养的培养 ………………… 吴雅静(293)

项目式研学:学术启蒙与思维创新的有效支架 ……………… 徐余忠(296)

运用信息技术促进外国语学校教育国际化建设 ……………… 陈　黎(303)

基于学生创新思维培养的校园文化建设 ……………………… 徐佳丽(307)

关于外籍教师管理工作的思考与探析 ………………………… 解震东(310)

苏州外国语学校创新学生素养评价综述 ………………… 董继文　蔡　杰(313)

苏外学生创新素养能力的显性体现 …………………………… 梁丽莉(333)

创新引进、培养、留住优秀教师思路的实践与探索 …………… 张金坤(336)

浅谈校园中学生创新素养的培育 ……………………………… 夏明花(340)

构建活动体系　强化创新引领 ………………………………… 江　帆(342)

优化管理,服务教育
　　——苏州外国语学校信息化教育教学成果汇报 …………… 周晓燕(354)

借中外数学教师合作共研　谈创新意识培养 ………………… 王　映(358)

华夏为根,文化传承创新

着眼于未来的教育才有教育的未来

董 彬

【摘 要】 只有着眼于未来的教育才有教育的未来，如何着眼于未来？本文从三个方面进行阐述：一是着眼于未来的教育是构建无边界的教育，二是着眼于未来的教育是增强国际竞争力的教育，三是着眼于未来的教育是建立民族自信的教育。在教育国际化进程的推进中，强调国民的自尊、民族的自信、教育的自主、文化的自立，学生通往未来世界的道路更加宽阔。

【关键词】 无边界教育；国际竞争力；民族自信；文化传播

伴随着中国步入新时代的脚步，教育正在发生着深刻而广泛的变革，中国教育已经不断地形成了全方位、多层次、宽领域的对外开放的新格局。应该如何应对未来变革？值得每一位教育人思考。我认为，教育是面向未来的事业，只有着眼于未来的教育才有教育的未来，即着眼于新时代新战略的要求，创造教育的新未来；着眼于学生未来的发展，创造学生的新未来，为推动中国教育走向世界教育的中心助力。

一、着眼于未来的教育是构建无边界的教育

跨界，已经成为当下越来越流行的一个关键词。苏州外国语学校从2017年开始探索跨行业教育，而这样的探索源于一个学生项目。

学校今年就读初二菁英女班的学生戴之菲，进入初中以来一直在研究一个课题——从雾霾看资源浪费。有一天，戴之菲走进校长室，说要研究一项关于资源浪费与雾霾是否产生关联的课题，问道："可否找一个环保方面的机构对接？希望校长支持这项研究。"我同意了。在环保专家的指导下，戴之菲和她带领的学生团队花费了一个多月的时间，每周都有调研重点，用数据证明资源浪费对环境造成的重大影响。到了第二个月，戴之菲再次带着问题走进办公室，说："校长，我们想要从身边的小事做起，传递正能量，策划建立一个校园二手资源流转平台，初步拟订了策划书和方案，能否让专业的老师指导我们？"我再次同意了。第三个月，戴之菲同学说："根据方案，我们想通过线上、线下两个平台共同实现二手资源的流转。因此，我们现在正在开发线上微信小程序，能否让专业的信息技术人员加入这个团队？"我依然同意了。

戴之菲的三个问题也给了我许多的启发和思考：在一个项目推进的过程中，传统的学校教育已经不能满足学生的需求，只有融入了跨界的力量，才是面向未来的学生所真正需要的。那么，这些东西为什么不能让学生在校园里就可以得到呢？因此，苏外成立了学校发展委员会，开启学校跨行业教育新时代，与银行、传统中医药企业、全国顶尖科技企业达成战略合作，充分利用现有的学校资源、社会资源和家长资源，创造更丰富的课程，让不同的学生获得不同的发展；鼓励社会各类人才来学校任教，构建教育与社会的立体交互；引导课程向生活开放，向时代开放，向未来开放，在实践中提高学生的综合素养，培养学生分析和解决问题的能力。

教育培养的人才应当适应社会需求，面向时代，面向未来。学校不能困在四角围墙，

教育也不仅仅是带领学生走出去，而是要从"没有围墙的学校"走向"超越学校的学校"。苏外一直实行着精英教育，未来的精英标准已经不仅是个人的身价、事业的成功，更是对这个时代的引领和贡献，无论是知识学习还是社会责任。

未来的教育是构建无边界的教育。苏外通过五个跨越：跨行业教育、跨学科研究、跨学部选修、跨学段教研、跨文化交流，来培养学生的核心素养、跨界思维及持续学习能力，为学生开辟一条通往未来的途径。

二、着眼于未来的教育是增强国际竞争力的教育

作为一所有着24年办学历史的国际化学校，我们认为国际化人才不仅是外语能力强的人才。那么，到底什么样的人才是真正的国际化人才？

结合我校实际，我们提出了"国际化人才的金字塔结构理论"，共分为四个层次。

第一层，金字塔的根基是"通晓、传承和传播中华文化"。作为国际化人才，扎根自己的民族和国家应该是第一位的。在传承中华文化的同时，更要有一个历史的责任担当，就是传播中华文化，要承担起中华文化使者的责任，扩宽各种渠道，向世界发出中国的声音，更好地传播中华文化的精华和智慧。

第二层，"掌握不同语言、精通不同领域"的专业复合型人才。随着时代的发展，我们对国际化的认知已经从浅层到深度发生转变。当今世界多元、多样、多变的发展态势和不断加剧的全球化趋势，使得对国际化人才的培养从单一型到复合型转变，培养国际化人才不是简单地培养英文水平，而是要培养不同领域的专业人才。如果能够熟练地掌握两种以上外语，就具备了跨文化多外语交流的能力，也符合"复合型人才"的需求。因此，国际化人才应兼具跨文化沟通和国际化交流的能力。

第三层，是"具有国际视野、懂得国际理解、遵循国际规则"。国际化人才的第三个层次，是具有世界性眼光，拥有宽视野、高境界和大格局，在全球层面审视形势和问题。跨文化交流的基础，是要对不同国家、不同文化有认识和理解，只有这样，才能在不同国家文化的碰撞下，化差异为融合，学会从中国角度看世界，从世界角度看中国，成为具有国际视野、知晓国际规则并能参与国际合作的国际化人才。

第四层，是拥有"国际创新力和国际竞争力"。金字塔的最高层就是具有创新力和竞争力，因为"创新"是当下国民共同欠缺的素养。如何在新的全球化格局中形成竞争优势，提升自己的国际竞争力，寻求更好的生存和更大的发展，创新素养尤为重要。国际化人才只有具备国际创新力和国际竞争力，才能在全球性问题上有创新性地突破地域、文化的局限，为解决全球性问题贡献新方案。

三、着眼于未来的教育是建立民族自信的教育

在中共十九大报告中，习近平总书记将中国的这一目标变得更加丰富，又分解成"两个十五年"。对此，新华社评论道："今天，我们在新的历史起点上，将要走向的，是一个国家强大、民族复兴的时代。"

2018年寒假，苏外组织了一批学生走进美国参加"文化寻力"体验之旅，学生们在进入美国学校插班学习时，不仅抓住各种契机向美国同学介绍苏州园林、中国文化，更

携手美国学生策划举办了主题为"和整个世界站在一起"的新年集会，不但吸引了当地居民前来参与，中央电视台也对活动进行了报道。在采访中，我们的一名学生自豪地说："我们要站在世界的舞台上，对外传播中华民族的骄傲，让世界的未来更了解'中国'，通过活动融合，也让中国的未来更了解'世界'。"

作为一所国际化学校，苏州外国语学校始终与国家民族的责任担当紧密相连，我们始终不忘两个目标：办中国学校，育中国公民，建设一所最具国际理解力、国际对话力、国际竞争力的中国学校，培养具有国际视野、懂得国际理解、具备核心素养、通晓中华文化的中国公民；立足三个"根植"——根植文化，走向融合；根植中华，走向世界；根植历史，走向未来。教育应站在历史的"肩膀"上，培养未来10年后、20年后、30年后的多元复合型人才，不断迎接和应对挑战。

教育面向未来，不管未来如何开放，都应该牢记一个使命：在传承中华文化的同时，传播中华文化，承担起中华文化使者的责任，扩宽各种渠道，向世界发出中国的声音，更好地传播中华文化精华和智慧，在教育国际化进程的推进中，强调国民的自尊、民族的自信、教育的自主、文化的自立，让学生通往未来世界的道路更加宽阔。

从 3D 创客科学实验室到 STEAM 梦工场

周国海

【摘　要】　为了培养学生的科学素养、动手能力，苏州外国语学校率先引进了 3D 打印课程，得到了专家们的一致好评。为了顺应时代潮流，进一步推进科学教育，苏外又建设了 STEAM 梦工场，包括人工智能展厅、创艺工坊和各科技教学教室。苏外通过不断提升校园信息化建设，培养着具有全能的新时代英才。

【关键词】　3D 创客科学实验室；STEAM 梦工场

一、神奇的 3D 打印

神奇的 3D 打印听起来"无所不能"，从玩具到房子，从煎饼到人体器官，只要是脑子里"想的"，3D 打印就能把它变成"真的"。这种有趣的体验让第一次上课的苏外绅士班男孩子们"脑洞大开"，跃跃欲试。他们选择模型或者自己设计图形，再把它们变为可触摸的立体事物。"我喜欢这种可以自己操控的感觉。"初二绅士班的黄易同学说。

苏外 3D 创客科学实验室是苏州外国语学校联合国内首家 3D 创客教育方案集成解决商中之集团共建的"产学合作共同体"，集未来教室、移动课堂、3D 打印教育功能为一体。独有的设计软件、独特的配套教材、强大的云平台和先进的教学理念，再加上资深的教师团队保证了实验室的有效运作。它旨在培养学生的空间思维能力、跨学科学习能力、操作能力，通过科学实验的方法激发学生的创新能力，在提高学生学习兴趣和丰富学生课余生活的同时，使学生拥有变创意为现实的热情，为他们未来的就业发展提供有力支持。不仅如此，老师们也可以通过 3D 创客实验室掌握先进的学科教育技术手段，提升专业能力，凝聚优秀团队；学校课程体系也能得到进一步充实和完善，使科技创新教学实力进一步增强。

二、专家的评述

南京师范大学教育科学学院院长顾建军教授说，同学们一定会享受这样有活力、有生机的课程。"处处是创造之地，天天是创造之时，人人是创造之人，这样的课堂是大家成为真正现代人的起点，这种创造性、主动性和社会性将带动他们的人生发展，激发他们的人生追求，这是教育的真正价值。"苏州市政协副主席张跃进也对这样的课程赞赏有加，"苏州外国语学校引入 3D 创客科学实验课程，不仅有远见，而且有勇气，这里有好的教育思路、运行机制，更有好的教学生态。高瞻远瞩，创新不止。任何一个单位、个人要发展，关键就在于创新的意识和能力。苏外把科学融入教育，同学们学习的不单是这样的技术，更是创造性的思维和方法。期待这样的创意之举能越走越远，有广阔的发展前景，获得更大成功"。苏外教育拥有"大苏外、大教育"的教育气势，既大气又有底气；苏外教育遵循"育至灵魂、学有灵气、教而灵动、华而又实"的教育之道，力在实现"目标高远、崇尚经典、创造示范、追求卓越"的教育品质；苏外教育不仅重视学生人文素养的培养，更重视科学素养的提升，此次植入 3D 打印技术，引入相关课程和资源，希望为学生们搭建鼓励创新、帮助创新的平台，同时也为探索课程改革，提升区域创新实力做出贡献。

三、STEAM 课程

在经济、科技高速发展的时代，社会并不缺乏拥有高知识水平的人，缺少的是能快速解决问题并不断创新的人才。目前，创新处于国家发展全局的核心位置，科技创新受到高度重视。在这样的大格局、大背景下，一个崭新的教学理念——STEAM 教育，正在全球蓬勃兴起并成为最受欢迎的一种教学模式。

STEAM 指的是科学（S）、技术（T）、工程（E）、艺术（A）和数学（M），STEAM 课程的核心特点在于融合各学科知识，培养学生跨学科知识应用的能力。STEAM 代表着一种现代化的教育哲学，它不仅是传统理工课程的集中展示，还有更立体的内容：跨学科学习、团队协作、交流沟通、重视艺术、注重过程与动手能力。

四、STEAM 梦工场

随着时代的发展，科技渗透在现代人生活的方方面面，人工智能的高速发展让科技教育刻不容缓。为了培养学生成为高素质、复合型、创新型人才，成为走遍全球都能掌握主动权和话语权，具备终身发展潜能的新时代精英，苏外顺应时代潮流，建设 STEAM 梦工场，推进科学教育，提升学生的创新思维，培养学生的核心素养。

苏外作为一所外语特色的国际化学校，在国际化人才的培养方面引入博雅理念，尝试文理融合教育。在人文素养方面，苏外整合打造中华文化传习中心和多语种教学中心，培养既有华夏根基又具备跨文化交流能力的人才。与此同时，苏外整合各科技室（场），成立 STEAM 梦工场，强调学生科学素养的培养，促进文理融合教育。"希望大家珍惜学校提供的机会和平台，做好学科活动，提升自我综合素养和能力。"顾教授说。

苏外 STEAM 梦工场已正式亮相，整个空间包含人工智能展厅、创艺工坊和各科技教学教室，室内设计极富科技感和未来感。STEAM 梦工场的建成意味着苏外校园信息化建设取得一大进步，STEAM 教育理念在苏外进一步落实。

（一）人工智能展厅

人工智能展厅内，最引人注目的莫过于 4 个 alpha ebot 集控机器人和两辆无人驾驶小车。也许你曾在 2016 年春晚上见过 alpha ebot 集控机器人，晚会上 540 台机器人伴随着歌声集体舞蹈。不过对于学生而言，它的功能可不仅仅是舞蹈，它还能成为智能助手，与人对话、聊天，同时还具备百度百科功能，能解答学生提出的问题。

课程中，学生可以学到回读编程、图形化编程及代码编程等多种编程方式。每一节课结束，学生将用所学知识完成一个小任务，通过自己的编程给机器人创造新功能，等到学期结束，学生就打造了一款属于自己的人形机器人。

（二）无人驾驶小车

无人驾驶小车内含编辑好的程序，可以在地面上利用自带的传感器按照设定好的路线行驶，在经过测速桩的同时还会有语音播报及区间测速的显示。学生将在课程中学习如何制作简易的无人驾驶小车。

(三) 创艺工坊

作为 STEAM 课程教室，创艺工坊包含电子白板、STEAM 学习套件及机器人等。STEAM 课程要求学生参与度更高，师生互动性更强，电子白板与电视投影可以让学生在教室的各个角度与位置都能看到老师上课的内容，更好地参与到课堂活动中。

(四) STEAM 学习套件和机器人

STEAM 学习套件和机器人教育有别于传统课堂教育，有利于激发学生的兴趣和参与热情，培养学生良好的观察和思考习惯，在分组学习过程中锻炼学生的逻辑思维能力、团队意识和合作精神。与 STEAM 学习套件和机器人相配套的课本将简单编程知识与动手搭建操作融入项目学习中，学生在老师的带领下利用多种学科知识完成一个个项目，同时巩固知识，激发创意。苏外在初中和小学阶段都开展机器人教育。机器人教育是指通过设计、组装、编程、运行机器人，激发学生学习兴趣、培养学生综合能力。机器人技术融合了机械原理、电子传感器、计算机软硬件及人工智能等众多先进技术，有助于学生能力和素质的培养。

(五) 工程搭建

工程搭建指利用规则木块，自由设计并完成搭建创意作品。其中包括根据想象搭建简单到复杂的多种结构模型；创设情境场景，搭建多种建筑造型；撞击试验，进行结构稳定性测试。工程搭建实现了科学、技术、工程、艺术、数学教育的完美结合，即 STEAM 教育。苏外工程搭建团队的作品"魔塔"在苏州市青少年创新设计现场大赛中获得了特等奖和最佳创意奖。

(六) 航模课程

苏外在初中与小学阶段都开设航模课程，学校拥有航模模拟器套件和各种模型。学生可以通过航模课的学习来制作和操作航空航天模型，并掌握相关的科学知识。航模社的同学除了在校外比赛中屡获佳绩之外，学校的运动会开幕式等重大活动中也经常看见他们活跃的身影。

苏外的 STEAM 课程体系针对小学至高中分为五个阶段：启蒙阶段、入门阶段、发展阶段、成熟阶段、创新阶段。旨在通过自我认知、团队合作解决实际问题，引发学生思考；通过科学方法进行问题分析、调研、采集数据、建立模型；通过科技载体呈现产品，将想法可视化，从而达到跨学科、不断迭代以解决身边真实问题。

STEAM 梦工厂正是将工程技术学习（ETL）融入已有的教育信息化理论体系，将技术通过实践学习融入各学科中，让学生在实践活动中体验和理解相关概念，最大限度地激发学生的学习需求和求知欲。此外，苏外践行"STEAM+"理念，不管融入多少元素，始终围绕学生创新素养的培养。苏外发挥国际化办学优势，根据人才成长规律，努力营造创新文化氛围，开展创新素养培养的载体和路径研究，支持学生创意生活的校园文化建设，建构中西相融的学生创新素养培养模式，形成苏外创新素养教育的新常态。

五、结束语

着眼于未来的教育才有教育的未来。STEAM 梦工厂正是着眼于新时代新战略的要求，创造教育的新未来；也着眼于学生未来的发展，创造学生的新未来。通过 STEAM 课程，苏外不断提升校园信息化建设，适应课程改革背景下对核心素养的要求，致力于培养基础扎实,同时具备创造创新能力、解决问题能力、沟通交流能力、合作协作能力的新时代英才。

  能够在当下和未来都不落后的人,一定是一个有生命力、创造力、执行力的人。近年来,苏外不断结合自身实际,面向现实与未来,向教育融合、教育共享的理念转化,培养具有创新意识、创新勇气、创新思维的人才。以 STEAM 梦工厂为起点,苏外学生将从这里出发,紧跟时代步伐,贴合时代需要,放飞梦想,创造未来!

传统文化在幼儿园课程资源开发与建设中的运用分析
——以苏州桃花坞木刻年画为例

王娜娜

【摘　要】　本文阐述了传统文化在幼儿课程资源开发与建设中的应用意义，通过课程资源的开发深度、类型、实施几个方面着重探讨了传统文化资源开发中存在的问题，并以苏州桃花坞木刻年画为例提出了资源开发与应用的措施，旨在为相关教师的教学研究提供参考，提高课程资源开发的实效性，为幼儿的健康发展打好基础。

【关键词】　传统文化；幼儿教育；课程资源；苏州桃花坞

幼儿所处的地域文化对其成长与生活具有较大影响，传统文化具有深厚的文化底蕴，蕴含着丰富的教育、文化价值，能够有效促进儿童身心的健康发展。在教育改革背景下，幼儿园应积极加强课程资源的开发与建设，将民间传统文化融入其中，为幼儿提供更加丰富多彩的课程内容。

一、幼儿课程开发与建设传统文化资源的意义

（一）有利于继承和发扬传统文化

我国具有悠久的历史文化，孕育和教育着一代又一代中华儿女，国学大师南怀瑾曾说："民族的繁荣发展需要强大的精神力量来支撑，没有文化根基的民族注定是不会进步、没有希望的。"目前，随着中国大门的敞开，越来越多外来文化涌入，使我国传统文化受到了威胁，正在逐渐流失，保护和传承民族文化已经迫在眉睫。因此，在幼儿课程中加强对传统文化的开发与建设，提高新一代国人对传统文化的保护意识，已经成为幼儿教育的重要课题。

（二）增强幼儿对传统文化的了解

目前，大部分孩子属于独生子女，在优越的环境下长大，集万千宠爱于一身，认为家长的溺爱是理所当然，长此以往，尊老爱幼、自立自强等优秀传统美德将逐渐流失。与此同时，随着人们生活质量的提高，孩子们开始追求名牌与进口货，吃着"肯德基"，玩着"芭比娃娃"，过着"圣诞节"，却对传统文化知之甚少。因此，幼儿园加强传统文化资源的开发，能够在一定程度上增强幼儿对传统文化的了解，使其从小受传统文化的熏陶，在中华文化的启蒙下做一个有根的人，为其良好品格的形成与身心健康发展打下坚实基础。

（三）促进幼儿园的特色发展

当前幼儿园教学设施逐渐得以改善，教师队伍结构逐渐多元化，可以将中年教师对传统文化的认识与感悟和青年教师的创新、灵动有机结合起来，在《传统文化在幼儿园开发与利用》的指导下，充分发挥幼儿园得天独厚的地理优势，凸显资源特色，使传统文化在现代化设备的辅助下熠熠生辉。

二、传统文化资源在幼儿课程中的应用现状

（一）课程资源挖掘不够深入

在幼儿园课程资源开发与建设中，存在表层化、不深入等情况，主要体现在两个方面：一方面，传统文化资源的应用没有与幼儿实际生活充分结合，二者在一定程度处于相互独立状态，导致传统文化的教育价值无法得到充分发挥。部分教师辛苦得到的活动材料，幼儿只是一时新鲜，无论教师如何耐心劝导，幼儿对这些资源的兴趣总是十分短暂、只是表层互动，一旦活动结束，这些资源便被束之高阁，成为与生活无关的"死知识"。例如，某大班开展了"蟳埔女簪花围"手工制作活动，教师为幼儿提供了大量材料供其操作，但幼儿在完成作品后便很少再关注这个主题，更没有从中获取深刻的知识与启示。另一方面，教师过于注重传统文化资源带来的教育结果，忽视了幼儿与资源互动时产生的隐性教育价值。例如，某小班开展民间童谣活动，教师直接将童谣教给学生，并在活动中让幼儿多样化、反复地朗诵，力求使幼儿加深记忆，能够背诵，但教学效果往往不容乐观，幼儿很快便会忘记背诵的童谣，这些均是课程资源挖掘浅层化所致。

（二）课程资源开发种类单一

部分教师在对传统文化资源进行开发与筛选时，目光过于狭窄，缺乏对资源的全局性考虑，存在资源开发种类单一等问题，不但忽视了其他资源的应用价值，也增加了单一资源载体的教育压力。例如，某大班以木偶为载体，要求全部课程活动均要利用这一资源，导致部分课程的资源利用过于牵强，效果自然不如人意。产生这一现象的主要原因在于教师对传统文化资源运用的理解和认识不清，在资源开发中往往过度生搬硬套他人做法，不知所以，从而陷入表层资源开发、资源种类单一、低效开发的教学困境之中。

（三）课程实施过于泛化或孤立

部分教师在开发和利用传统文化资源时存在泛化或孤立等情况，其中泛化主要是指：教师将文化资源硬性地套入课程活动中，使同一资源在教学、生活、游戏等多个活动中均要展示出来，不但造成了资源的浪费，也影响了教育效果的提高。例如，区域活动的开展本质上是为了体现特色，将本土资源加入其中并无不可，但在很多班级区域活动中都会存在的共同现象是：区域活动中均硬性渗透传统文化，这便使区域内容、材料投放逐渐变得单一，区域活动的选择空间也受到了极大的限制，严重影响了幼儿的感受和体验。孤立现象主要体现在教师投放的文化资源与课程内容相互独立，将二者割裂开来，在内容上缺乏有效联系与整合，甚至部分教师采用单一途径，将全部文化资源借助教学载体实施，极大地影响了幼儿的学习与体验。

三、传统文化在幼儿园课程资源开发与建设中的应用研究

（一）课题来源

传统文化博大精深、世代流传，蕴含着丰富的文化价值与教育价值。苏州桃花坞年画是江南地区的民间木版年画，是吴地文化中一枝独特的艺术之花，具有较强的社会价值与艺术价值，有利于培养幼儿艺术审美能力、创新能力、动手能力，提高幼儿对传统文化的认知度。对此，本文以苏州桃花坞年画为例，对幼儿园传统文化资源的开发与建设进行研究。

（二）研究目标

根据幼儿年龄特征与兴趣爱好，以继承和发扬传统文化为目标，开展一系列与幼儿生活息息相关的传统文化活动，通过多样化活动内容与形式，激发幼儿对传统文化的兴趣，在活动中发挥传统文化的教育价值，提高幼儿对传统文化的知晓度及民族自豪感，促进幼儿园、教师、幼儿的共同发展。

（三）研究内容

本课题主要针对传统文化在幼儿园中的开发与利用进行研究，以苏州桃花坞年画为例，将课题内容划分为三个部分：

1. 收集传统文化资源，丰富课程内容；
2. 组织鉴赏年画，培养幼儿的和谐观念；
3. 讲述历史故事，引导幼儿思考与动手创作。

通过对苏州桃花坞传统文化资源的利用，在注重幼儿课程思想性、教育性的同时，潜移默化地促进幼儿良好品质的形成，丰富了幼儿生活体验，有效培养了幼儿的审美情趣与艺术情操。

（四）课程资源开发与利用

1. 广泛收集传统文化资源，丰富课程内容。在传统文化资源的挖掘中，教师与家长起到关键作用，根据《幼儿教育发展纲要》中的内容，应积极树立与幼儿生活相贴近的理念，按计划分工收集相关资料，再通过检索文献、网络查询、外出采风、家长协助等多种方式，广泛收集传统文化资源，使课题资料库变得更加丰富。首先，大家一同翻阅相关理论书籍与资料，如《苏州文化丛书》《苏州桃花坞年画》《幼儿游戏》等，了解苏州民间教育与艺术文化；其次，教师组织幼儿一同参与外出采风收集素材，如参观桃花坞博物馆，在参观过程中一边欣赏优美的陈列作品，一边聆听老艺人介绍关于年画的制作与所用材料；在采集课题材料时，还可对相关资源进行挖掘，如苏州扇子、丝绸、丝竹等，在采风过程中切身感受苏州文化的源远流长；家长们带来了《苏州年画》的VCR合集，还有一些苏州刺绣、丝绸、年画等，为教学活动的开展提供了大量材料；另外，还充分利用网络资源，在网络上下载了许多图片与音像资料等，并将一些具有代表性的桃花坞年画图片打印出来备用。

2. 赏析年画，树立和谐观念。苏州民间艺术与传统艺术相比还有许多创新之处，能够与现代艺术发展趋势相适应，具有一定的时代性与创造性。在《纲要》艺术"内容与要求"中指出，幼儿教师应"引导幼儿接触周围环境，了解生活中美好的人、事、物，丰富其情感与审美情趣，树立和谐观念"。因此，在实践活动中，教师十分注意体现内容的时代性。例如，《一团和气》桃花坞年画属于最具特色的代表作之一，画面中充分体现出民间特色与浓郁的乡土气息，该图为圆形，一位身材圆润、笑呵呵的慈祥老人盘腿而坐，容貌和善，衣着华丽，双手展开一幅画卷，上面写着"一团和气"，这一思想不但与我国传统文化中对"和"的认识与推崇有所关联，还与我国当代提倡的"和平""和谐"关系紧密。将此类年画作品引入幼儿绘画课程中，能够以新颖时尚的内容吸引幼儿的眼球，以美好的寓意在幼儿心中播下美的种子，使其能够从小树立和谐观念，在日后的学习与生活中主动地感受美、欣赏美。对于小班学生，也可鉴赏一些桃花坞中关于苏州园林风景的作品，让幼儿从中学习热爱大自然、保护环境等道理。

3. 通过历史故事引导幼儿动手创作。幼儿由于年龄尚小，对未知事物充满好奇，普遍具有爱听故事的特点，教师可抓住这一特点，通过讲述历史故事的方式吸引幼儿的注意力，引导幼儿动脑思考，并从中获取启示。桃花坞年画除了反映传统观念、伦理道德外，还蕴含着大量的传统民间故事，如《穆桂英大破天门阵》《岳飞精忠报国》等，桃花坞年画将民间人们耳熟能详的故事纳入创作，产生了杰出的作品，在推广故事的过程中，弘扬了民族精神。在幼儿课程资源开发中，教师可将其作为重要资源，通过讲讲、想想、画画等一系列活动，鼓励幼儿借助教师提供的材料，根据自己的理解进行二次创作，与桃花坞年画的创作特点、形式相结合，画出自己心中的穆桂英、岳飞等，使幼儿们在动手创作的过程中开阔了审美视野、拓宽了审美认知领域、激发了热爱民族的情感，初步了解什么是真、善、美。

四、结论

我国的传统文化是巨大的宝藏，需要一代代人去传承和发扬。幼儿作为新时代的建设者和接班人，更要从小接受文化、了解文化和深层次领悟传统文化的真谛，利用传统文化来滋润孩子们的心灵，促进其对传统文化的继承和发扬。只有在传统文化的浇灌下，民族的花朵才会分外的芬芳与美丽。我们中华民族具有五千多年的文明历史，传统文化在国际文化史中占据重要地位，同时也为幼儿园课程资源开发提供了新内容。将传统文化资源渗透到幼儿课程中，不但能够使他们感受到古老文化的魅力，还能够使他们开拓视野、丰富情感、提高审美情趣，充分体现出当前幼儿教育的时代性与创造性特征。

参 考 文 献

[1] 李波. 中华传统文化在幼儿园课程资源开发与建设中的适宜性研究［J］. 语文知识，2016（8）：76－78.
[2] 葛东娟. 幼儿园传统文化课程资源开发与利用的个案研究［D］. 长春：东北师范大学，2017.
[3] 吴冬玲. "桃花坞木刻年画与现代产品设计"主题教学研究：以旅游纪念品主题教学为例［J］. 艺海，2013（7）：180－181.
[4] 田华. 传统文化教育在高中美术欣赏课教学中的应用：以民间美术桃花坞年画为例［J］. 美术教育研究，2018（2）：85－87.

诵读国学经典，将华夏根基厚植学生心中

王园媛

【摘　要】 德育是学校教育中非常重要的一课，而国学中的德育内容又非常丰富。寓国学教育于学校德育实施中，这对培养学生的启蒙、养正都有很大的意义。在小学生中开展国学课程，目的是引导他们迈入经典国学的殿堂，涵泳在祖国经典文化的海洋中，积淀下扎实的文学素养。

【关键词】 国学；德育；诵读

当今，国学教育几乎遍及各个领域。章太炎先生说过："夫国学者，国家所以成立之源泉也。"大到国家自立自强，小到学校德育常规，人们都或多或少地认可这种传统文化，感受到其带来的凝聚力。德育是学校教育中非常重要的一课，而国学中的德育内容又非常丰富。从2013年起，苏外小学部就尝试开设国学课程，让小学生进一步弘扬民族传统，传承国学经典文化，在师生中形成以先贤为楷模、勤勉学习、奋发有为、立志成才的思想；形成"人人诵读国学经典"的校园文化氛围，学生通过诵读经典诗词感受我国传统文化的博大精深，培养其热爱祖国、孝敬父母、尊敬师长、团结互助、勤学自强的优秀品质，同时，将国学课程与小学作文教学相结合，不断提高学生的综合素质和人文素养，让经典国学精粹更好地引领少年儿童健康成长。在推进苏外的国学特色的进程中，我们做了如下尝试。

一、形成校本课程，规范教学模式

寓国学教育于学校德育实施中，这对培养学生的启蒙、养正都有很大的意义。在小学生中开展国学课程，目的是引导他们迈入经典国学的殿堂，涵泳在祖国经典文化的海洋中，积淀下扎实的文学素养。目前，苏外小学部有10个国学特色班，涵盖小学一至六年级。国学班使用的教材是育灵童教育研究院的一套《国学》教材，它根据学生的年龄特征和认知特点，按照循序渐进的学习原则，涵盖了国学经典的基本内容，在一至六年级，每周1课时，每学期16学时，分为三个阶段实施：

第一阶段（低年级）：蒙学阶段《弟子规》《三字经》《千字文》《笠翁对韵》；

第二阶段（中年级）：四书阶段《论语》《大学》《孟子》《中庸》；

第三阶段（高年级）：子、史、集阶段《老子》《庄子》《史记》《历代散文选》。

为了把孩子们轻松引进传统文化的大门，作为语文老师，要努力搭建起语文教学和课外经典诵读的桥梁，给学生一枚经典诵读的"拐杖"，借由中华经典的陶冶，在学生心中播下中国文化的种子，增强学生的人文素养和语文素养，一代代传承中华民族的优秀文化和精神气节。我们想方设法创设多种情境，让孩子们在玩中、乐中诵读经典，激发学生学习国学的兴趣和动力。读的形式很多，有轻读、高声朗读、领读、引读、拍手读、接龙读、师生配读、男女生对读及配乐美读，方法灵活多变。学生晚上回家，可以和家长一起读，还可以把自己的收获汇报给家长。实践证明，多样诵读让学生在琅琅书声中，

享受国学经典带给他们的种种乐趣。

（一）活动时间及方式

1. 每周安排一节国学课，每天利用十分钟的时间让学生诵读国学经典。

2. 充分发挥其他学科的课堂渗透作用。"经书不厌百回读，熟读深思子自知。"只要学生能熟练背诵，自会理解其中的意思，对于一些典故和字的读音，教师要做适当指导。

3. 与学校的教育教学活动有机融合，创造性地开展丰富多彩的活动。充分利用校园读书节、经典诵读比赛及德育系列活动，力争使每个学生都有参与和展示的机会。

4. 开展学习型家庭建设。引导、鼓励学生家长积极参与，开设"家庭经典时刻"，要求孩子的父母或其他监护人每天在孩子放学后、睡觉前，抽出一定时间，与孩子一起学习，亲子诵读，家校合作，共同引导孩子进入国学的殿堂。

（二）活动展示形式

1. 大型集体诵读：班级整体展示，并辅以队形变换、伴奏、伴舞等艺术表现形式。

2. 小型集体诵读展演：以小组为单位整体展示，并辅以队形变换、伴奏、伴舞等艺术表现形式。

3. 小型诵读展演：以情景剧表演、经典朗诵会、亲子诵读活动、朗诵擂台赛等形式，展示教师、家长、学生在参与诵读经典上获得的喜悦与成绩。

4. 读书笔记展示：主要以学生习作为载体，展示读书心得，彰显人文教育。

（三）考核方式

每学期一、二年级以口试为定级方式，要求学生背诵国学书上的部分内容。三至六年级以笔试为定级方式，考核内容为国学书上的部分内容和小学生必背古诗。给学生对《国学》的掌握情况定级定段，具体安排如下。

一上：一级、二级，考上二级可定为一段。

一下：三级、四级，考上四级可定为二段。

二上：五级、六级，考上六级可定为三段。

二下：七级、八级，考上八级可定为四段。

三上：九级、十级，考上十级可定为五段。

三下：十一级、十二级，考上十二级可定为六段。

四上：十三级、十四级，考上十四级可定为七段。

四下：十五级、十六级，考上十六级可定为八段。

五上：十七级、十八级，考上十八级可定为九段。

五下：十九级、二十级，考上二十级可定为十段。

六上：二十一级、二十二级，考上二十二级可定为十一段。

六下：二十三级、二十四级，考上二十四级可定为十二段。

二、编制《儒雅三字经》

国学教材《三字经》读起来朗朗上口，内容又丰富多彩，学完所有内容后，笔者结合学校的《小学部儒雅学生公约》《餐厅就餐公约》等规则内容，就如何围绕"洁美、礼仪、谦和、仁爱、博阅、才智、诚信"来制定班级儒雅公约与同事进行交流讨论。经过多次反复的交流、讨论、修改后，《儒雅三字经》新鲜出炉。

儒雅三字经

早起床	洗漱忙	吃早餐	保健康
去上学	着校服	坐地铁	循规章
知礼节	待师长	与同学	讲谦让
上下楼	靠右走	文明语	经常讲
上课前	书备上	每节课	重听讲
会质疑	敢发言	广思维	能力强
做作业	独立思	字端正	人夸奖
凡废物	丢入箱	地面净	空气香
课间静	精神养	稍休息	心不慌
进餐厅	享美餐	能光盘	习食粮
排队伍	静快齐	爱活动	体魄强
比学习	比思想	比进步	比健康
讲儒雅	有教养	好品行	终身享

这份公约结合孩子们一天的学习生活，明确了相应遵守的规则要求。从早晨到夜晚，从教室到餐厅，从学校到家庭，从学习到活动，无不涵括。三字一句，短小精悍，朗朗上口，孩子们马上就记住了。现在，《儒雅三字经》已经成了许多班级的班规。不管何时何地，只要有人背出与时与地相关的一句，别的同学都会承接背诵出相关的要求规则，并立刻付之于自己的行动之中，真正做到了心中时刻牢记"儒雅"两字。

三、以活动为载体，开展国学特色学习

（一）润色开笔礼

每年九月的孔子诞辰日，学校都会举办一年级新生入学仪式。仪式开始时，父母牵着孩子缓缓走进入学之门。看门上苏外老师原创的对联：上联是"开笔破蒙 今始入学听风雨"，下联是"擂鼓明心 自此立志怀天下"，横幅是"立德尚真"。短短的文字中，散发着浓郁的国学之韵，饱含了我们对新生的殷殷希望。

随后，几个国学特色班的学生在舞台上抑扬顿挫地诵读经典国学。数百名刚入学的新生也齐声诵读《儒雅三字经》，庄严而壮观。"儒雅"二字在刚入学的孩子们心中得以萌芽、蓬发。

（二）国学诵读活动

每学期，小学部都会开展国学经典诵读活动，很多诵读活动成了经典的德育案例。例如，四年级开展的"悦读 悦学"的集会，将"古人是怎么对待学习的"这个主题来了个大串联。"弟子规，圣人训。首孝悌，次谨信。泛爱众，而亲仁。有余力，则学文。"听，声音如此抑扬顿挫，好似穿越到私塾学堂。师生一起学习了《弟子规》中的《不力行》一课："不力行，但学文，长浮华，成何人。但力行，不学文，任己见，昧理真。读书法，有三到，心眼口，信皆要。方读此，勿慕彼，此未终，彼勿起。宽为限，紧用功，工夫到，滞塞通。心有疑，随札记，就人问，求确义。"古人在学习中积累了很多经验，提出了不少要求，同学们对照自己，有则改之，无则加勉。

（三）借助德育平台，渗透国学经典

苏外有经典的四大节日——读书节、外语节、科技节、艺术节。其中，读书节期间，有很多活动与国学相关。比如，年级组之间开展的经典诵读比赛，国学特色班级举行的中队活动，等等。我们还利用学校一些教育平台对同学们进行国学知识的浸濡，在"苏外书韵阁"微信公众平台上，有国学专栏；在《小眼睛 大世界》校刊上，有国学文章连载。形式虽然不一，但是目的只有一个：学生通过各种方式，感受经典文化的博大精深，为自己的一言一行把握方向。

四、加强师资培训，建立国学教研组

在国学课程的师资培训方面，我们采取"走出去，请进来"的方法。众所周知，教师的专业发展离不开校本教研，国学教育成功与否和教师有很大关系。开展以国学教育为主题的校本研究，教师须先行一步。只有教师比学生先学一步，多读一点，多背一点，懂鉴赏方法，教学中才能得心应手，才能给予学生正确的引导。

（一）课题引路

结合相关资料的搜集，整理出适合小学各年级学生阅读的经典著作；更好地培养学生的语感，并整理出相关诵读的方法及经验，帮助小学生提高诵读水平；通过研究，摸索出一套适应儿童阅读的操作体系。

（二）培训保障

苏外的国学教研组积极开展教研活动，国学骨干教师上引路课，教师们听课后集体研讨，反复实验，形成科学的授课模式，使国学教育在可持续性发展的轨道上不断前行，真正达到枝繁叶茂。

（三）展示引领

苏外积极争取承办国学经典教学观摩研讨活动，让教师在区市级乃至全国的教学活动中听课观摩，开设公开国学课，获得校内外的一致好评。

国学经典是中华民族之魂，是中国人永恒的精神财富，更是素质教育的宝贵资源。孔子曰："少成若天性，习惯成自然。"为了培养有民族文化根基的现代人，我们继续将国学教育渗透到学校德育实施中。争取让每一个孩子在千古美文的熏陶下，在活动实施的过程中，切实丰富人文素养，成功奠定人生基础，全面提升综合素质，成为既有知识又有文化的现代国际公民。

洋为中用：中美教材"除法"概念的对比与思考

汤艳玲

【摘　要】 除法是小学数学课程的重要内容之一，理解除法的意义对学生数学核心素养的提升有着重要作用。随着国际数学课程逐步进入中国中小学课堂，国际数学课程在教学理念和具体内容设计上也有可取之处，我们可以取其精华，借鉴创新，为广大小学数学教师的教学实践提供一些参考，不断推进本土的数学课程改革。

【关键词】 平均分；除法；美国 Harcourt 版 Math

史宁中教授在《基本概念与运算法则——小学数学教学中的核心问题》一书中指出：在定义自然数的同时也定义了加法运算。在加法运算的基础上，产生了减法、乘法和除法运算，统称为四则运算。其中，减法是加法的逆运算，除法是乘法的逆运算。而对于除法，得到的商可以是整数，也可以不是整数。

苏教版数学二年级上册安排学习"表内除法"，下册学习"有余数的除法"。美国 Harcourt 版教材对这部分内容的安排有所不同，对比两个版本教材，可以借鉴美国 Harcourt 教材中的优点，改进本土的教学方法，更好地提高学生的创新能力和数学素养。

一、认识平均分：除法学习的开始

"平均分"的产生源于分物，常常要求做到"公平"。为了公平，要求在"分"的时候，要"分"得"同样多"，"平均分"由此而产生。于是"平均分"也有这样的两个性质：一是把要分的物体尽可能地分完；二是要使每份所分得的数量都相等。

"把要分的物体尽可能地分完"就意味着有两种情况："正好分完"和"不能正好分完"。这是现实生活中的常见现象，学生容易理解接受。苏教版数学教材初次教学"平均分"时，似乎刻意回避了分完"还有剩余"的情况，教材中给出的全都是能正好分完的情况，到学习《有余数的除法》时再介绍平均分后有剩余的情况。而美国 Harcourt 教材中，学生从认识"平均分"开始，就有了"余数"的存在，教材上是如下安排的（图1）。

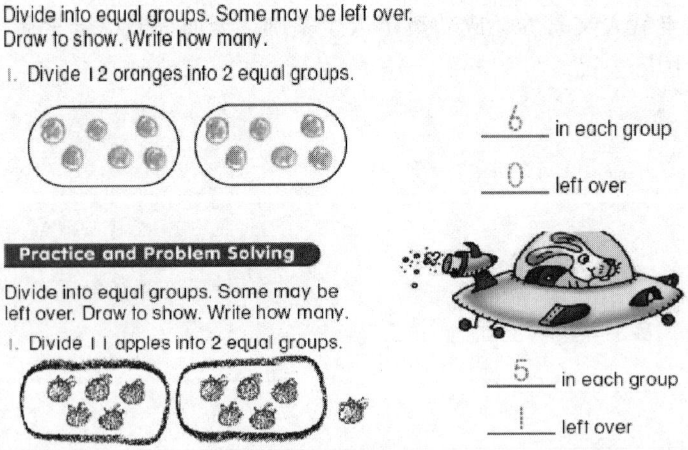

图1　初步认识"平均分"

图1中明确指出："Divide into equal groups. Some may be left over."（平均分，可能有剩余），不管分后是否有剩余，图旁都给出了"_____ left over"（还剩多少）。

笔者认为Harcourt教材中这样的安排符合知识结构的层次和学生的认知发展特点。奥苏伯尔的同化论中提出，知识在头脑中组成一个有层次的结构，最具概括性或包摄性的观念处于这个层次结构的顶点，它下面是包摄范围较小和越来越分化的命题、概念和具体知识。学习者在接触一个陌生的知识领域时，从已知的较一般的整体中分化细节，要比从已知的细节中概括整体容易一些。学前儿童主要是通过由具体到一般的方式获得知识，当他们入学后，获取知识的方式逐渐成为由一般到具体。因此，教材内容的编排和呈现应遵循由整体到细节的顺序。

苏教版的数学教材内容安排中，学生认识平均分后，先学习表内除法，在二年级下学期理解有余数的除法后，再学习除法竖式。有了"余数"的概念，学生对除法竖式的理解更加透彻，在知识认知结构上更加完整。

二、两种平均分：一对孪生的兄弟

张奠宙教授在《小学数学教材中的大道理——核心概念的理解与呈现》中提道：除法和分数教学，最常用的情景是"平均分物"。例如，将一些饼干平均分给小朋友。这一数学模型涉及两种除法，俗称"等分除"和"包含除"。但是，我国的除法教学和教材编写，都畸形地偏向等分除，以致形成了片面的思维定式，这对于培养学生分析问题和解决问题的能力非常不利。

知道平均分成多少份，用除法计算每份是多少，俗称"等分除"；知道每份是多少，求总数里包含多少份，俗称"包含除"。这两种除法，是同一个"平均分物"数学模型所产生的，地位平等。从除法的意义进行分析，等分除和包含除乃是同一个情境里的两类互相依存的除法问题，可以说二者是一对"孪生兄弟"，彼此密切相关。

苏教版教材中不出现"等分除"和"包含除"的字眼，可能是出于减轻学生负担的考虑，不想让学生花费精力背诵两种除法的意义，并在各种题型中"分辨"它们。而事实上，这些不足为虑，因为笔者工作的学校曾经借鉴Harcourt版的Math教材，在教学中明确给出了两种平均分的名称"Size of Groups""Number of Groups"，学生很容易接受理解，而且在接下来的练习中，学生也能轻而易举地"分辨"出两种平均分，更好地理解了除法的意义。

Harcourt的Math教材也是分两节课分别介绍了两种平均分的方法，并给出了明确的名称，如图2所示。

例题（图2）给出"Pat wants to divide 13 rocks into 3 equal groups. She places 1 rock in each group. She keeps placing 1 rock in each group. Place any left over objects off to the side."（Pat要把13个小石头平均分成3组，她每组放1个小石头，依次进行，把最后剩下的物体放在旁边）。例题中有实物袋子，教学中老师也会组织学生动手操作，同时出示静态示意图，逐步帮助学生理解平均分。这道例题是平均分后有剩余，接下来的练习题中也有正好分完的情况，让学生在初次接触平均分的知识结构是全面的。

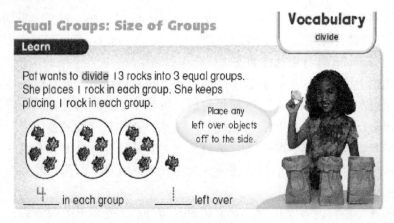

图 2　Size of Groups

下述例题（图3）呈现了另一种平均分"Number of Groups"。题目给出"Jen wants to divide 10 stars into groups of 5. How many groups can she make？"（Jen 要把 10 颗五角星按 5 个一组分，可以分成几组？）教材上给出了图例，虽然这次平均分后没有剩余，下面还是给出了"__0__ left over"（剩下 0 个）。

在介绍两种平均分后，学生在练习的过程中很容易理解和接受，为除法的学习奠定了坚实的基础。通过这样对比学习，学生真正理解除法的含义，在对比中重构运算意义。

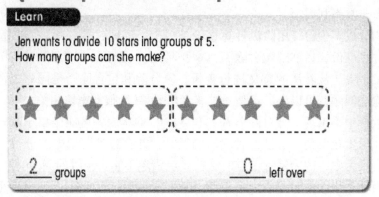

图 3　Number of Groups

三、分境与合境：四则运算的链接

学生认识了除法以后，小学阶段的加减乘除四种运算都认识了，同时也了解了减法是加法的逆运算，除法是乘法的逆运算。但除此之外，能否打通加乘、减除、加减乘除之间的关系，梳理运算意义体系呢？苏教版教材在加乘方面有所涉及，但是忽略了减除之间的关系。下面引用 Harcourt 教材中对减除的内容安排，希望能给大家带来进一步的启示。

例题（图4）给出"Ana has 12 game pieces for a game. Each player gets 4 pieces. How many people can play？"（Ana 的游戏中有 12 张卡，每个人可以拿 4 张，多少人可以一起玩？）题中列出了除法算式 12÷4，并且每个数表示的含义也都写清楚了。接下来，教材

中给出了两种寻求结果的方法：左边的方法是借助数轴，在 Harcourt 的 Math 教材中，数轴从一年级学习加减法就出现了，从某个数开始，加则往前（右）数格子，加几就跳几格，最后落到哪个数，哪个数就是答案。同样，减几就向后（左）跳。迁移过来，这里利用数轴寻找除法算式的结果，从 12 起，每次向后（左）数 4，到 0 为止，一共减了 3 次，所以答案是 3。右边的方法则是直接做减法，每次减去 4，直到减完，减了 3 次，结果为 3。

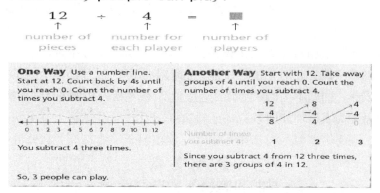

图4　除法与减法的联系

如果把加法看成一种"合"的过程，那么乘法就是"等合"，乘法可以看作求几个相同加数和的简便计算。同样的道理，如果把减法看成一种"分"的过程，那么除法就是"等分"，当然，有时候刚好分完，有时候还有剩余，于是接下来会继续学习"余数"。

这样构建运算意义并非否定教材的原有表述，而是对教材运算意义的一种补充和丰富。我们构建数学的结构和体系，就是让一线教师以"深度教学"落实数学核心素养，让学生从"理性思维"逐步走向"理性精神"。

四、联起来的"链"：关注概念的完整

数学是一门系统性很强的学科，各个知识点之间有着密切的联系和承接。有时教师要跳出教材知识的漩涡，从远处看清楚教材的体系，站在更高的角度理解教材，传达给学生一种清晰、系统的知识。处理教材知识点时，教师要善于沟通各种方法之间的联系，使之能超越学习材料的表象，让学生领会方法间的本质联系，引导关注意义的变化。因此教师要系统思考，整体把握教材，梳理数学方法之间的关系，注重数学联系，包括数学外部联系和数学内部联系，让数学知识不再孤立存在而是形成一个知识链。

对于除法的教学，笔者认为可以大胆打破教材的整体布局，把有余数除法的教学提前，竖式放在最后教学。这样就在余数的产生、有余数除法算式、竖式的经历和体验的充分性上做了较大的时间保障。尤其是先入为主的效应使学生对有余数除法的理解有着独特增进的一面，从而凸显教学本质。除法横式中的商和余数都是通过"分"得到的，而不是计算出来的，此时竖式也只是横式的一种改写，还不涉及计算的层面，这里学习竖式表达是笔算除法等后续知识学习的基础。学生理解了除法竖式的结构，以后学习多

位数除以一位数，多位数除以两位数、三位数就不难理解了，不同位数除法只是一个量变、类推的过程。教师在学生首次接触除法竖式结构时，若能抓住这一教学契机，引导学生自主理解，主动建构竖式模型，延长学生体验、理解过程，使学生能够深刻感受数学表达特有形式之美，都是富有教学价值的。

教材编者们以学生的已有经验和认知结构为基础，不加重学生的学习负担，出发点是好的。不过随着社会的发展和进步，学生的知识面更加宽广，获取知识的渠道也愈发丰富，我们在数学课堂上不能局限于单个"知识点"的学习和挖掘，在条件允许的情况下，更应该让学生了解知识的整体结构和全貌，从总体上认识，从宏观上把握，让教材编写呈现螺旋上升的状态。只是在教学评价中，也要避免授之以"鱼"，而考之以"鲜鲫鲸鳍鲈鲵鲶鲤"的现象。

当教学内容体现了相对完整的知识结构，顺应了学生的思维发展，教学活动才能真正发生。这样的数学课程，对学生思维能力和数学素养的提升都是有益的。我们借助西方的教学内容安排，回归本土的数学课堂，中西合璧，为学生数学素养的提高提供条件，也为民族的创新能力发展加油助力。

参 考 文 献

[1] 史宁中. 基本概念与运算法则：小学数学教学中的核心问题［M］. 北京：高等教育出版社，2013：20.

[2] 张奠宙，巩子坤，任敏龙，等. 小学数学教材中的大道理：核心概念的理解与呈现［M］. 上海：上海教育出版社，2018：81 - 82.

[3] 皮连生. 学与教的心理学［M］. 上海：华东师范大学出版社，2013：94.

[4] BURTON G M, MALETSKY E M. Math［M］. New York：Harcourt，2007：529 - 531.

[5] MALETSKY E M, SINGER D. Math［M］. New York：Harcourt，2007：240.

[6] 袁恩忠. 审题之"境"与"节"：问题解决能力提升的新路径［J］. 小学数学教师，2017（9）：43 - 46.

［本文系市立项课题《基于数学核心素养下中美概念教学的行动研究》（编号：16032037）的研究成果之一］

中美小学高年级学生小说阅读现象对比研究

宦佳娣

【摘 要】 阅读，是一个人成长的必由之路。对儿童而言，阅读是不断丰富内在语言并不断认识自我、发展自我的过程，因此，阅读能解放孩子的心灵，促进儿童精神成长。笔者所在的学校为一所国际学校，生源质量佳，家长普遍重视孩子的阅读教育，笔者将五六年级学生的阅读现状与美国小学高年级学生对比，分析调查中美小学高年级学生在小说阅读方面的差异。文章将从中美小学高年级学生小说阅读书目和数量、小说阅读评价、小说阅读目标、阅读环境四个方面的差异展开初步研究。

【关键词】 小说阅读；阅读目标；阅读环境；评价方式

笔者所在的学校属于全国教育领先地区的学校，近几年来，学校越来越注重课外阅读教学，有很多来自不同国家的外教。经过交流，笔者发现由于文化及理念、环境和条件的不同，中美小学生在小说阅读方面存在着差异。

一、小说阅读书目和数量的差异

（一）美国小学高年级学生阅读书目排行榜

通过美国三万多所学校的近 1 000 万学生在过去一年使用 AR Quiz 的情况汇总，笔者检索到了美国小学高年级学生的阅读书目排行榜，前 15 名内容如下：

NO.1 《小屁孩日记》
NO.2 《奇迹男孩》
NO.3 《仙境之桥》
NO.4 《蓝色海豚岛》
NO.5 《数星星》
NO.6 《纳尼亚传奇》
NO.7 《哈利·波特》系列
NO.8 《手斧男孩》
NO.9 《我们叫它粉灵豆》
NO.10 《四签名》
NO.11 《不老泉》
NO.12 《别有洞天》
NO.13 《飞翔的埃斯佩兰萨》
NO.14 《授者》
NO.15 《Smile》《Sisters》漫画书

在过去的一年中，140 万的五年级学生阅读了 3 949 万本图书，共计 5 644 亿文字量；95 万的六年级学生阅读了 1 635 万本图书，共计 4 199 亿文字量。

（二）中国小学高年级学生阅读书目排行榜

NO.1 沈石溪动物小说《第七条猎狗》《狼王梦》《最后一头战象》……
NO.2 曹文轩小说《草房子》《青铜葵花》……
NO.3 《写给儿童的中国历史》
NO.4 《国际大奖小说系列》
NO.5 《安妮日记》
NO.6 《城南旧事》
NO.7 《夏洛的网》
NO.8 《汤姆索亚历险记》
NO.9 《哈利·波特》系列
NO.10 《汤姆叔叔的小屋》
NO.11 《鲁滨孙漂流记》
NO.12 《西游记》青少年版
NO.13 《水浒传》青少年版
NO.14 《三国演义》青少年版
NO.15 《上下五千年》

据笔者学校图书馆统计，中国五六年级孩子的人均阅读量约114.1万字。笔者所在的学校为市重点学校，学生阅读质量和阅读能力颇佳，达成了《小学语文课程标准》中高年级课外阅读总量不少于100万字的要求。

对比中美小学生阅读书目，我们不难发现孩子们阅读的书目及数量存在差异。美国孩子阅读的书趣味性较浓，相对字数不多，但书籍有趣、想象力丰富，基本范畴在纽伯瑞、国际大奖小说系列中。中国的孩子喜爱当代作家曹文轩和沈石溪的文字，选择阅读的经典更多一些，无论孩子们是否能看懂、看透，这都是一个好的迹象，毕竟经典作品是带着先前届时的气息走向我们，背后拖着它们经过文化或多种文化（或者是多种语言和风俗）时留下的足迹。

笔者研究的是公立学校学生数据，西方国家私立学校学生会更加杰出，笔者了解到：欧美发达国家的国民教育早就比较普遍地提倡"席民纳（seminar）"教学方法，这种教学方法往往是以学生大量阅读为基础。美国最新的国家教育大纲要求学生小学阶段至少要读1 404本书，要占K12整个读书量的77.6%。所以以上对美国公立学生的研究数据并不代表私立学校学生的数据，我们不可大意。而且在普通的公立学校，中国小学高年级学生人均小说阅读书目质量和数量一般会低于笔者所在的学校学生，但目前部编教材的使用、高考政策的改革，使越来越多的教师和家长开始关注孩子的课外阅读，相信相关数据会日益完善。

二、小说阅读评价的差异

在中美两国，小说阅读形式主要有学生自由读、全班共读、教师读学生倾听、亲子共读，但评价形式有所不同。中方教师主要以分析思想内涵的阅读指导课、读后感、小报、阅读打卡、考试等形式，检查学生的阅读质量，确保学生读完小说。而美国更倾向于写读书报告、画思维导图、小组合作交流思想、分组汇报、使用蓝思分级与AR阅读等级卡等形式,每三个月进行一次测评和更新,学生根据目前的水平挑选图书。

三、小说阅读目标的差异

中国古人的阅读目标缤纷诗意。汉代刘向曾说:"书犹药也,善读之可以医愚。"这是把人的成长和读书紧密联系在一起。唐代杜甫有言:"读书破万卷,下笔如有神。"这是指为了把文章写好而读书。古人风雅,我们似乎可以把古人读书的目的归纳为:读以致知、读以致用、读以修为、读以致乐。

如今,越来越多的学校把阅读当作随时要提及甚至布置的内容,孩子阅读,更多的是为了学业进步。也许受到传统思想的影响,也许是如今社会竞争压力所趋,如今,我们教育孩子读书,规定每天必须阅读半小时,一个月必须读完一本小说,读完后要考试,还必须要写一篇读后感等,好像读书是为了完成任务。大部分学校的小说阅读教学,更倾向于学生理解感悟、融入情景,更侧重于掌握内容的思想内涵,可喜的是,逐渐有阅读策略在小说阅读课堂中出现,如鱼骨图、泡泡思维导图,目的在于帮助学生理清小说情节。

美国教师让孩子阅读的目标,是为了培养孩子们的阅读技能。笔者研读了美国小学高年级的 Trophies 教材,并和有美国教育教学经历的外教做了交流,同时阅读了《美国学生阅读技能训练》,发现美国教育更倾向于让孩子通过阅读掌握一些方法和技能,使学生日后能更好地独立阅读、深入思考。他们更倾向于教育孩子学会借助思维导图提升构建框架,从发散性思维走向组织性思维,激发学生大脑的无限潜能。

四、阅读环境的差异

早在 19 世纪,美国就开始进行公众的阅读推广活动,形成了自己鲜明的特色。图书馆工作人员、志愿者和家长的共同努力、相互理解和信任,成为推动儿童阅读节良性、有序发展的助力。

美国社区、学校图书资源丰富,在中国仍有一些学校没有图书馆,或者图书馆不能满足学生的需求,可喜的是实体书店愈来愈多,阅读类节目越来越多,阅读和智慧已逐渐成为社会主流。如今,正是阅读的好时代,越来越多的教师意识到阅读的重要性,潜心研究,相信不久的将来,我们也会有不少类似美国的阅读能力分组工具,帮助孩子们更好地提升阅读能力。

参 考 文 献

[1] 聂震宁. 阅读力 [M]. 北京:生活·读书·新知三联书店,2017:59-60.
[2] 许欢,傅一程. 乘着阅读的翅膀:美国阅读节儿童阅读推广研究 [J]. 图书馆建设,2018(1):83-90.

中英中学信息技术课程比较研究

周晓燕

【摘　要】 通过我国现阶段的中学信息技术课程与英国课程体系（IGCSE、A-Level）中信息技术类课程做对比研究，系统比较分析了两国在信息技术课程设置、课程大纲与教学目标、课程内容及考核体系等方面的差异，为推动课程建设、课程教学方法和评估体系的改进提供创新思路。

【关键词】 中英信息技术；课程体系；比较研究

进入 21 世纪以来，随着我国中学教育的国际化和信息化的发展，信息技术作为一门知识更新迅速的技术性课程，越来越多地受到国外教学理念和新兴技术的影响。英国作为世界发达国家，其在中学阶段针对信息技术学科的教学教法值得我们去研究借鉴。本文选取全球使用极为广泛、影响力极大的英系国家主推的 IGCSE 课程（International General Certificate of Secondary Education）和 A-Level 课程（Advanced Level）与我国现阶段的中学信息技术课程做比较研究，探讨可借鉴并适合我国中学信息技术教育的经验，以期为教学教法和评估体系提供创新思路，为课程改革提供建议。

一、课程比较

（一）课程设置比较

英国的 IGCSE 课程一般面向 14~16 岁的学生开设，A-Level 课程一般面向 16~19 岁的学生开设，分别相当于我国初中和高中阶段的课程。IGCSE 和 A-Level 课程中与信息技术相关的科目有两个：ICT（Information and Communication Technology，信息通信技术）和 CS（Computer Science，计算机科学）。

我国中学信息技术课程统一称为"信息技术课"，在初中阶段按照一个基础模块和两个拓展模块的方式进行设计；在高中阶段则由一个必修模块和五个选修模块组成。

不难看出，区分 ICT 和 CS 科目是两国课程设置的一大区别。这样的区分有其合理性。首先，两门科目在内容上存在显著差别。ICT 偏重于从技术使用者的角度培养学生的应用能力，CS 则更多地从技术设计者的角度培养学生的思维能力。此外，两门科目在研究手段、应用场合等方面也有差别。因此，这样的区分是基于专业分化的考虑。当然，是否将信息技术分科并不绝对，还受到教学条件、课时安排等诸多方面的制约。

例如，中英两国课程设置的不同也是由国情决定的。英国的课程开设主要由学校自己决定，科目选择非常多，如 IGCSE 中的课程超过 70 门，A-Level 则达到了 55 门课。学校构建课程后，学生自主选修。学生一旦选修信息技术类科目，其要求等同于数学、物理、化学等科目。而我国的信息技术课程则是学生完成基础模块（必修模块）的学习后，根据情况选择选修模块。由于信息技术课程没有纳入升学考试体系，因此该学科的地位作用和语数外等传统"主科"相比，还有一定差距。

（二）课程大纲与教学目标比较

英国各阶段的科目都有自己的课程大纲，由英国考试局发布。大纲详细说明了课程目标、教学内容、教学目标、考试体系、课时安排、教学建议等内容。它既是教学大纲，也是考试大纲。大纲一般每年都会更新，以参加考试的年份更新命名。本文中涉及的相关内容一般为2016年及以后的大纲内容。

中国现行高中信息技术课程主要依据教育部2007年颁布的《普通高中技术课程标准》，初中阶段有中国教育技术协会信息技术教育专业委员会2012年颁布的《基础教育信息技术课程标准》。江苏省在2013年修订了《江苏省义务教育信息技术课程指导纲要》。

英国ICT和CS的基本教学目标一致，即在基本知识和技能的学习基础上培养学生分析解决实际问题的能力。ICT的目标偏重发展学生在社会环境中应用信息技术解决问题的能力，了解新兴技术，考虑当前和新技术对整个社会的影响，获得分析、设计、实施、测试和评估ICT系统的技能；CS侧重发展学生的计算思维，要求学生了解计算机系统的组成部分及它们之间的相互联系，包括软件、数据、硬件、通信和人员，通过学习编程，发展基于计算机的解决问题的方法和能力。

我国的《基础教育信息技术课程标准》指出，中国中学信息技术课程的总目标是培养和提升学生的信息素养。初中阶段侧重学生对信息技术基本特征的总结能力的培养，注重对学生主动学习信息技术的意识和方法的熏陶，关注学生与信息素养相关的认知能力、判断能力、想象能力、批判能力的培养，以迁移应用为标志，以顺应信息文化为目标；高中阶段强调领域应用，以多样化的应用技术领域的能力训练为主，既强调学生在不同领域方向上的个性化能力塑造，又强调某特定领域对其后续发展的重要支持作用，即以个性化能力培养为标志，以内化信息文化为目标。

从教学目标看，两国都重视信息技术作为工具的使用，即技能的获得。中国课程的理念是用理论指导实践，培养学生的信息素养；英国则是通过实践活动形成概念，提高学生的信息综合应用能力。

（三）课程内容比较

从知识点的覆盖来看，若将国内信息技术的必修和选修课程全部考虑在内，绝大部分内容和英国的两门科目重合。在同一个知识模块上，英国课程陈述的范围更广。比如，ICT中介绍新兴技术对日常生活产生的影响，涉及人工智能、生物识别、视觉增强、机器人、3D、全息成像和虚拟现实等技术。再如，CS中介绍计算机原理时，涉及逻辑门、总线、指令周期、数据校验等概念。

就知识深度而言，两国侧重各有不同。英国课程强调原理解释，如介绍计算机外部设备时，解析了激光打印机的工作原理、USB的电路组成。而国内课程更注重技能技巧的习得，讲解也更为细致。例如，在文档设计单元，详细教授了文字排版、图片编辑、表格设计、页面设置、目录生成等技能。

总的来看，中国课程以知识技能的习得为主线，以知识模块为单元集中编排；英国课程以项目活动的体验为主线，内容呈螺旋式上升。此外，英国更注重程序设计教学。2014年，外媒称英国规定从小学起学生必须修习程序设计课程。值得一提的是，本文所介绍的IGCSE阶段的CS课程正是在这样的背景下2016年新开设的科目，足见其受重视程度。

(四) 考核体系比较

IGCSE 的考核为多场次的考试，ICT 科目考试内容有理论知识、文档制作、数据处理、演示文稿和网站制作；CS 科目的考试内容为理论知识、解决问题与程序设计。A-Level 的两门科目则是两阶段多场次的考试，考核通过第一阶段前两场测试，达到 AS-Level，再通过第二阶段 A2 的后两场测试，达到完全的 A-Level。

国内初中阶段的信息技术课程考试一般由各学校根据自己的实际情况自行组织考核，也有地级市的统一评测，如苏州的初中就实行基础模块全市统测。高中阶段多为各省设置的学业水平统一测试（或称会考），如江苏的信息技术的学业水平测试在高二的上学期进行，内容包含必修和选修模块。

从考试的设置上看，英国的考试是阶段性考试，每场考试时间不同、间隔较长，比较分散。每年设置夏季和冬季 2 次，同时允许学生两次参加同一门课程的考试，成绩一般按照较好成绩计算，这大大地减少了学生的考试压力，使学生能够较好地发挥自己的水平。国内的考试以江苏省为例，每年一次，重在从整体上有效考查学生的信息技术能力。若首次考试不通过，可以参加第二年的测试。

从考试形式来看，英国信息技术考试既有书面的笔试，也有实际上机操作技能的测试，还有阶段性的项目测试报告书。理论考核和实践考核的占比相当。国内以江苏省试为例，主要采用机考答题，同时测试知识与技能，理论和实践并重，这和两国在培养目标的一致性方面相吻合。

从考试的题型上看，除操作题外，英国的卷面考试基本都是问答题，少有作图题、连线题，没有选择题和填空题。我国以江苏省信息技术学测试为例，有单选题、多选题，程序设计部分实则是填空题。因此，我国考试的标准化程度较高，减少了阅卷者的人为误差，但客观题难以反映出学生的思维过程，还伴有猜对的概率。

从评测的方式看，IGCSE 和 A-Level 考试都是以等级分制作为评价学生的标准，共分六个等级：A、B、C、D、E、U，E 为及格，U 为不及格，根据学生在全体考生成绩的百分比例来划定相应的等级。我国的信息技术评测多以等级分制作为评价标准，通常分两个等级：合格与不合格。

从考核的内容来看，英国多以实际问题的解决为题。除理论考试外，其余考试都会提前下发与当年试题相关的材料。这些材料多是要求解决实际问题。如 2017 年 IGCSE 的 CS 科目，预发材料就是为一个养老机构编制出游经费的计算程序。而我国的考试题目更多注重知识点的考核，如江苏省的学业测试程序设计的题目多是蜗牛爬竿、鸡兔同笼等数学问题的解决。

二、研究启示

上述的比较对我国中学信息技术课程的教学教法有如下启示。

(一) 拓展技术视野，适应社会发展

在如今的信息化时代，信息技术作为知识更新极快的学科，教师应在大纲要求的基础上，快速更新教学内容，适当拓展学生的技术视野，让学生了解当今科技的最前沿发展。现有的模块化课程能够为此提供一定的便利。例如，它能够让学生有目标地因需选

择，教师可以基于模块内容，增添相应的新内容，鼓励、引导学生自主学习；教师也可以组织学生组建社团，钻研某一领域的技术。

（二）更新教学理念，改革基础知识学习的教学方式

信息技术的一大特色就是实践，基础的知识和概念也是融于实践中的。因此要改进教学方法，增强列举实例、软件演示等教学手段，建立项目观念，培养学生的计算思维。同时，信息技术的学习目的是利用已掌握的技能解决实际问题。任务驱动教学是信息技术课堂最常采用的教学方法，利于学生知识技能的习得。要培养学生解决实际问题的能力，教师应增强驱动任务的实用性，让学生体验到成就感。例如，校园活动的宣传海报制作，班级特色的网页设计，艺术节、外语节比赛的音视频制作，社会调查数据的采集和处理等。

（三）改革考核方式，加大学习和实践环节的评分比重

信息技术的掌握是一个做中学、学中做的过程，所以对学生的考核须更多考虑过程性学习效果的评估，考查学生运用知识的能力，而非应试的能力。选修、必修相结合的课程模块设置和任务驱动的教学方法也都必然要求优化考核方式。为此，可以参考英国考核方式的相关做法，加大实践环节的考核比重，采用模块化的考核方式，施行综合评价。在有条件的情况下，还可让学生按照软件开发流程完整地去做一个简单项目，从需求分析到文档整理，分步考核。

参 考 文 献

[1] 周晓燕．高中信息技术与 A-Level 相关课程比较［J］．中国信息技术教育，2011（97）：1.

[2] 初晓婧．对英国 A-Level 课程试卷及评分标准的分析与借鉴［J］．中小学信息技术教育，2009（1）：74.

[3] 董玉琦，刘向永，钱松岭．国际中小学信息技术课程最新发展动态及其启示［J］．中国电化教育，2014（2）：23.

[4] Cambridge International Examinations. Cambridge International AS and A-Level Computer Science Syllabus 9608 for Examination in June and November 2016［EB/OL］.（2016－12－6）［2017－5－6］. https://www.cambridgeinternational.org/.

[5] 初晓婧，李艺．对英、美两国信息技术课总结性评价的评估报告分析［J］．中国电化教育，2008（4）：94.

中外教课堂对学生创新素养培养的异同

方 惠

【摘 要】 作为教育教学的重要组成部分,课堂教学对学生的创新素养培养有着重要的影响。随着教育事业的发展,我国的教育发展战略不断调整和改进,社会需求对人才选拔标准提出了越来越复杂的要求,这对初中英语教学方法和教学质量也提出了更高的要求。因此,对中外教课堂对学生创新素养培养的异同进行深入探讨与分析,并在此基础上结合中外教各自的课堂优势,改进课堂教学方法,以促进学生创新素养的培养,这对我们英语课堂教学的发展具有重要意义。

【关键词】 中外教;课堂教学;创新素养

随着我国教育教学改革的深入,社会的多样化需求对人才的培养提出越来越严格的要求。学生的创新素养能力作为学生的核心素质,在激烈的竞争中显得至关重要。本文从课堂培养学生创新素养的教学意义出发,介绍了中外教课堂培养学生创新素养的教学实践,对比分析中外教课堂培养学生创新素养的差异,提出在课堂创新教学中培养学生创新素养的有效建议,从而促进教育教学的健康发展。

一、课堂中培养学生创新素养的意义

"创新是一个民族进步的灵魂,是国家兴旺发达的不竭动力。"创新教育是我国素质教育的重要组成部分。毋庸置疑,创新对国家、民族及个人都有十分重要的作用。而放眼国际教育,日本政府认为:"创造力的发展是 21 世纪的重要保证。"哈佛大学校长曾说:"一个人是否有创造性思维是区分一流人才和三流人才的关键。"创新素养的重要性可见一斑。

众所周知,培养人的创新精神和能力,学校教育是基础,课堂教学是关键。首先,课程是开展创新素养教育的主要载体。只有打破学科壁垒,整合相关教学内容,才能有效培养学生分析问题、解决问题的创新素养。其次,语言作为一门不断变化的学科,它不仅随着时间的变化而变化,语言本身也在不断地变化。这就要求外语人才具有创新意识和创新思维。

教育的根本任务就是促进学生发展。"没有学生主体性的发展,教育就会失去支撑和活力。"根据时代和教育发展的需要,全面实施素质教育,通过课堂培养学生的创新素养能力,有利于最大限度地开发学生的创新潜能,帮助学生提升自身创新能力,培养善于解决问题的创新型人才。

二、中外教师培养学生创新素养的教学实践

(一)中国教师培养学生创新素养的教学实践

我国英语教师大多依靠课本、教案、黑板进行课堂教学活动。根据教学大纲的规定,他们以单向的方式对学生进行知识的灌输。在初中阶段,课堂教学几乎依赖于教师单向

讲解。当前，在我国初中英语教学实践中，大多数教师在备课阶段会准备好 PPT，同时结合板书内容在课堂上详细讲解概念和知识。与单纯的板书式教学相比，虽然节省了大量的时间，但在本质上，它是一种由教师主导的传统的灌输式教学，在其中进行的创新素养教育微乎其微。在实际的教学过程中，也有一些教师会根据知识的实际应用，在课堂上引用案例进行分析，并组织学生积极讨论，有意识地引导学生进行创造性思维的培养，帮助学生构建自己的思维框架，从而培养创新素养。我国教师通常会定期布置专门的习题，鼓励学生课后进行独立的思考和分析，然后利用课堂对这些习题进行详细的讲解，并以此为基础，逐步深入指导，帮助学生加深对基础知识和解决问题技能的理解和掌握，同时引导学生进行创新性思考。

（二）外国教师培养学生创新素养的教学实践

外教通常提前为学生提供一些相关的专题内容，划定具体内容并组织学生进行创新性问题的探究。这些专题内容涉及领域广泛，包括日常用语、国家文化习俗、经济及历史知识等。外教一般只在课堂上作简短的解释或总结，大部分课堂时间都在提问或组织专题演讲。在此期间，教师将对学生的演讲和展示进行评论及深入指导。这种教学形式对学生的预习工作要求较高，学生应提前查找资料并准备好演讲的大致内容，否则就无法融入课堂。

外教还通常根据知识内容引用大量的实例进行讲解、分析，有些外教甚至全部采用实例教学。在这样的案例分析教学中，外教根据案例的具体情况组织创新性提问、辩论和讨论，逐步引导、启发学生，培养学生分析问题的创新性思维，学生最终得出自己的结论，而不是依靠老师解释得出统一的参考答案。这种教学方法的重点是鼓励学生敢于从实际案例出发，进行创新性推测和评价。

外教往往会立足于自身的职业特点和对学生的培养目标，提出一些创新课题，并帮助学生在逐步了解相关知识、制定提纲与计划、完成小组分工、查找有关资料、进行讨论分析、得出最后结论及演讲与反馈的过程中，循序渐进地实现对学生创新素养的培养工作。这种教学模式可以有效地提高学生的团队合作意识与沟通能力，提高学生收集、组织、分析和使用信息的能力，培养学生运用所学知识解决实际问题的能力，从而达到对学生创新素养的有效培养。

三、中外教师培养学生创新素养的比较

（一）教学环境比较

在中国，教师对于如何进行课堂教学，使用什么样的课本和参考书，往往有严格的规定。例如，中国在教学中普遍使用统一教材，有些教材甚至在全国范围内统一规定使用。这些教材严格按照教学大纲编写，保证了教学的规范化管理。此外，国内教师在课堂上有绝对的权威，而学生则必须严格遵守课堂纪律，不允许在课堂上随意打断老师的教学思路。学生创新性思维的发展受到较大阻碍。

外教所在的课堂环境较为宽松和自由。在一些小班教学中，有些外教甚至鼓励开放式教室布局，学生可根据自身需要自由调整桌椅，以配合小组讨论和学习。同时，外教常利用网络平台，将教学形式分为线上和线下两个部分，来充分调动学生的学习积极性，从而促进学生创新素养的发展。

(二) 知识体系比较

中式教学重视知识体系的系统性和严谨性。教师严格按照教学大纲的要求进行备课，对每一章的内容进行详细具体的讲解；学生在课堂上认真听讲，做好笔记，便可完成大纲的要求，掌握相关的知识。中式教育偏重学生对基础知识的理解和理论知识的记忆。中式教学的目的是使学生获得扎实的知识，为创新素养的培养奠定基础。

外教注重学生创新素养在课堂上的培育。教师们在课堂上并不一味地讲解知识，而是扮演着教练的角色，为学生营造有效的学习情境，引导学生建立自己的知识体系，鼓励学生独立思考、解决问题，从而培养学生的创新素养。

(三) 教学方式比较

受教学任务和压力的限制，中式教育中主要采用以教师为主体的课堂模式，教学方法相对传统。目前来说，尽管我国大部分中学已经配备了多媒体教学硬件设施，但大多数教师只是简单地将这些设施作为传统教学方式的辅助手段，本质上仍然不能摆脱"老师讲，学生听"的教学模式，导致先进的教育教学思想并未真正走入课堂。

与"以教为主"的理念不同，外教通常围绕学生为课堂主题展开教学活动，教学形式相对多样，生动活泼。外教较为擅长将创新素养的培养与课堂教学有机结合，通过个人演讲、小组讨论、案例分析等多种形式，活跃教学气氛，提高课堂效率，在潜移默化中培养学生的创新素养。

四、结语

发展以创新素质为核心的综合素质是现代教育的目标，教师应在外语教学过程中以学生创新能力的培养作为课堂教学的重点，努力创新外语教学方法，培养学生的创新精神和实践能力，为国家培养高素质人才。外教给我们带来了不同的教育理念，通过学习和交流，教师可结合中外教各自教学优势，用更好的教育方式来培养学生的创新素养。

参 考 文 献

[1] 曾玉强. 浅谈课堂创新教学的策略 [J]. 都市家教（下半月），2013（6）：210.
[2] 蔡红园. 中外高校教育管理比较分析与思考 [J]. 科技展望，2016，26（3）：291.
[3] 韩海燕. 跨文化渗透：高等教育国际化语境下外教资源的利用战略 [J]. 南京理工大学学报（社会科学版），2004，17（6）：67-69.
[4] 王超君. 试论如何利用外教资源提高英语口语教学 [J]. 成功（教育版），2009（7）：166.

汲取传统文化养分　培育中学生创新素养

袁淑文

【摘　要】　如何有效培育中学生的创新素养，以适应信息时代的节奏和国际化人才的要求，成了教育新课题。笔者认为，传统文化是中学生创新素养的"根"与"源"。本文主要从传统文化对创新的重要性和校园环境下传统文化的熏陶两个方面展开探讨。从理论到实践，论证中学生创新素养的培育离不开传统文化的滋养。

【关键词】　传统文化；创新力量源泉；学生

千百年前，著名谏臣魏征在《谏太宗十思疏》中写道："求木之长者，必固其根本；欲流之远者，必浚其泉源。"治学之道与治国之道亦有相似相通之处。根固木才长，源深流方远。在国际化办学如火如荼的今天，如何有效培育中学生的创新素养，以适应信息时代的节奏和国际化人才的要求，已然成为国际化办学中非常重要的课题。而中华民族优秀的传统文化恰恰是现代中学生创新素养的"根"与"源"，国际化办学中中学生创新素养的培育离不开优秀传统文化的滋润与熏陶。

一、文化是创新的根，创新素养的培育离不开民族传统文化的熏陶

"创新"一词起源于拉丁语，有三层含义：第一，更新；第二，创造新的东西；第三，改变。小到个人，大到民族，要更新或创造出新的东西，一定是站在旧的、原有的积淀之上。而一个民族具有一个民族的思维与心理特征，悠久文化传统在民族心理上凝结成的稳定持久的心理特征和精神状态，对于传统思维的发展和突破的可行性和能动性，决定着该民族创新思维的深度和广度。因此，创新只有植根于本民族文化，才能更好地调动民族的内在动力，激发民族的自身潜质，使人们在深刻了解本民族文化与思维的基础上，实现发展与突破，创造出具有生命力的成果。

比如，近年来国产动画片《大鱼海棠》《大圣归来》，到2019年夏天火热上映的《哪吒》，每一部引起热烈反响的动漫电影都有着传统文化的深刻烙印。这些弥漫着中国文化气息的动漫电影不仅在国内反响热烈，在国际舞台上也赢得越来越多的认可与尊重。如果没有了中国元素，没有了传统文化的内涵，这些电影只能是技术的不断复制，而不是内容实质的不断创新。

习近平总书记在十八大报告中曾强调：优秀传统文化是最深厚的文化软实力。《国家中长期教育改革和发展规划纲要》也指出：学校"要加强中华民族优秀文化传统教育"。当下，无论是在传统的办学模式还是国际化的办学模式下，加强学生的传统文化熏陶都是必不可少的。国际化办学的教育理念与教育方法、手段与西方国家接轨，具有国际性，走在教育的前沿。但是，不可忽略的前提是，我们培养的绝大多数学生是中国的孩子。他们思维和文化的根在中华文明里。加强传统文化的熏陶，正是从实际出发，以现有的思维模式为起点，帮助学生在成长过程中增强自身的文化底蕴，并以此为土壤，结合西

方先进的教学理念，孕育出创新的种子，培养出真正具有创新能力与实践能力的新时代人才。

二、传统文化的健康养分，能更好地激发国际化办学中学生的创新精神

源远流长的中华文明中蕴含着深刻的民族精神和道德理念，它们是祖先传承下来的精神遗产和思想养分。尤其是传统文化观念中博大的世界观、人生观和价值观构成了现实创新思维的文化基石与自信，是取之不尽的内在文化动力。这些积极向上的"健康养分"，对于当前国际化办学中学生创新素养的培育有重要的理论意义与实践意义。

传统文化博大精深，那么，哪些"健康养分"是在校园里可以有效汲取，对中学生的创新精神有着促进作用的呢？

（一）爱国主义

从古至今，华夏文明从未中断，爱国主义延续至今。从《诗经》中的"知我者，谓我心忧；不知我者，谓我何求"，到范仲淹的"先天下之忧而忧，后天下之乐而乐"，再到周总理的"为中华之崛起而读书"，无不体现着中华文化中爱国主义精神的传承。千百年来，爱国主义以其强大的凝聚力推动无数仁人志士奋发图强，不断改革创新。

国际化办学模式下，我们一方面应汲取西方先进的办学理念，另一方面更要在学生心中播下爱国主义的种子，以此激励学生，为祖国代言。一线教师要引导学生理解践行爱国主义。无论是扎根华夏大地，还是身处异国他乡，青年学子都要将爱国主义作为最高的理想与奋斗目标，让爱国主义成为一代又一代人不断创新、开拓进取的原动力。

（二）自强不息

华为5G的研发正是中华儿女自强不息的最好佐证，从依赖别国到独立自主地研发，只有自强，我们才能真正拥有更多的话语权。《周易》有云：天行健，君子以自强不息。中华儿女自古就以自强不息、勤劳勇敢的精神屹立于世界民族之林。

当代青年所面临的是生活条件大幅度提高，生活节奏不断加快，科技产品不断更迭，国际竞争日趋复杂的年代。他们面临着前所未有的机遇和挑战。中学生唯有自强不息，才能实现不断超越。创新素养的培育，要求学生不断实现自我突破，在"博学之""审问之"的基础上，去"笃行之"。在学校日常的教育教学常规中，应当鼓励表彰自强不息的典范，学习自强不息的典型，激发学生的内在驱动力。

（三）仁爱之心

北宋大儒张横渠有言：为天地立心，为生民立命，为往圣继绝学，为万世开太平。无仁爱之心，则缺少胸怀天下的情怀与担当。没有博大的胸怀和高远的志向，青年人也不会拥有大的格局与成就。屠呦呦数十年如一日埋头于实验室，在无数次挫败中坚持。如果一心为己，纵有博大精深的专业造诣，也只能如井底之蛙般，固守在自己的世界里。

国际化办学浪潮下的学生，应当具备更强的责任意识和更高的奉献意识，将所学真正运用到有益于家国的事业中去。

古人云：言之无物，行而不远。植根于优秀传统文化的创新才有长远的生命力，在传统文化中浸润成长的孩子，才能够在创新之路上走得更稳更远。

三、于日常中借力传统文化，推进国际化办学中中学生创新素养的培育

（一）让学科教学打上传统文化的烙印

课堂是学校教育的主阵地，将传统文化交付于学科教学，让传统文化与各学科相呼应、相补充，从而让学生在积累科学文化知识的过程中，接受传统文化教育的陶冶。根据国务院办公室印发的《关于深化新时代学校思想政治理论课改革创新的若干意见》，若将思政课与传统文化相碰撞，必将有耀眼的火花。

苏外的学科课堂里，从来不缺少传统文化的影子。语文古典诗词的研学、苏州园林的楹联研究，历史课堂里的爱国主义教育、历史名人研究等，将传统文化变成可感可见的课堂与文字成果，让学生在学习中深入传统文化的骨髓里汲取养分。

（二）以活动为载体渗透传统文化

学生在实践中感受传统文化。国际化办学模式更重视学生的组织策划能力和实践能力，丰富多彩的第二课堂和社会实践活动成为培育学生创新精神的摇篮，于此过程中渗透传统文化的优秀基因，可谓一举两得。

苏外每周一的升旗仪式与国旗下讲话是常规项目。在这一节"课"里，我们每周有经过反复探讨研究的主题，传统文化常常演变为各种形式的国旗下讲话。领会学习"八礼四仪"，将"四仪"策划为主题活动：小学古色古香的开笔礼、初中浸润于感恩中的成长仪式、高中热血沸腾的成人礼，每一个活动都将传统文化渗透其中。每年学校的读书节，小学、初中、高中联手打造的诗词大会，也成了苏外的经典活动。

（三）依托校园文化环境熏陶传统文化

文化需要物质承载，让传统文化在校园的环境布置里得以落地生根，那么它们定能在学生的心田之上开出绚烂的花朵。

走在苏外的校园里，行政楼的走廊里随处可见师生的书画作品；走在教学楼的走廊里，三步一景，学生们研读名著的研究性成果精彩纷呈；走进每一间教室里，都有主题性装扮，传统文化悄无声息地落地生根、开花结果。

国际化办学中的中学生创新素养培育，既要有中国传统文化的熏陶，也不可忽视西方近代科学精神的研习。只有积极推动不同文化的交流与借鉴，博采众长，在本民族传统文化的土壤里灌溉，才能培养出更多具有创新思维的优秀人才。

参 考 文 献

[1] 杜维明.儒家传统的现代转化［M］.北京：中国广播电视出版社，1992.
[2] 黎智.坚持植根传统文化 寻求德育创新发展［J］.教育界：综合教育研究（上），2015（34）：25.
[3] 张明华.中国传统文化对创新思维的影响［J］.通化师范学院学报，2008，29（1）：21-23.

浅论民族文化在国际高中英语教学中的渗透

冯艳华

【摘　要】 本文从国际高中英语教学中渗透民族文化的意义出发，针对当前国际高中英语教学中民族文化缺失的问题，试图从教学目标设计和评价、教学内容、课后活动、教师培养四个方面浅析如何在课堂内外渗透中国优秀民族文化教育，以期提高准留学生用英语传播中国优秀民族文化的意识和能力。

【关键词】 民族文化；国际高中；英语教学

近年来，中国出国留学人数持续增长且日益呈现低龄化趋势，中国国内的高中国际学校则如雨后春笋般拔地而起。这类学校大多引进国外教学理念和课程体系，所开设科目除了英语语言课外，多为中国学生颇为擅长的理科，如数学、物理、化学、生物、计算机等。虽然笔者所在的学校也开设了人文历史课，但在总课时量中所占比重很少，不足以让学生充分重视、认知和理解博大精深的中国传统文化。这可能导致学生在学习西方课程和文化的过程中逐渐丧失文化自觉和文化自信，进而可能演化成民族文化认同危机。因此，巧借国际高中英语课堂主阵地渗透民族文化教育，培养学生爱国情怀，坚定文化自信显得极为重要。

一、意义：引入民族文化，培养核心素养

（一）培育家国情怀，坚定文化自信，是英语学科核心素养的要求

2018年1月，教育部颁布了《普通高中英语课程标准（2017年版）》（以下简称《课标（2017年版）》，提出了英语学科核心素养的概念。英语学科核心素养由四大素养组成：语言能力、文化意识、思维品质和学习能力。新课标指出"文化意识的培育有助于学生增强国家认同和家国情怀，坚定文化自信"。在教学内容上，课标要求高中英语课程内容应落实习近平新时代中国特色社会主义思想，有机融入社会主义核心价值观、中华优秀传统文化、革命文化和社会主义先进文化教育内容。《课标（2017年版）》作为普通高中英语教学的纲领性文件，是面向全体高中学生的基本要求，其核心内容理应也对国际高中英语教学的方向有一定的指导和约束力。

（二）深谙中华文化，做民族文化传播使者，是准留学生应当肩负的使命

长期以来，准留学生为了成功进入更好的海外学校，更快适应当地的学习和生活，在出国准备的过程中往往花费大量时间和精力学习英语，了解海外国家的风俗人情。但在国外交往中谈及本国传统文化时，却无法用流利的英语向对方准确地表达中华文化内涵，出现所谓的"文化失语症"现象。习近平在十二届全国人大二次会议与贵州代表团讨论时说道："文化软实力是一个国家的灵魂，是民族精神的集中体现，在继承、弘扬本民族文化，学习其他民族优秀文化的同时，一定要坚定文化自信，不能忘记根本。"我国传统文化博大精深，历史悠久，是世界文化体系中的重要组成部分，无论从提高本国文化软实力方面而言，还是世界文化交流角度而言，留学生都应当学好中华文化，并能够

用英语表达和传递我们的文化内涵。

二、现状：国际课程缺失民族文化内涵

（一）课程内容涉及本国文化不足

目前，国际高中英语课所用教材主要是剑桥出版社的 *EIM*（*English In Mind*）和 *UNLOCK 3 & 4* 听说读写系列，部分 A-Level 学校开设外教 IGCSE 英语课程、A-Level、AP 英语课程。以 *UNLOCK 3 & 4* 听说读写系列共 4 册教材为例，每册 10 个单元，话题涵盖动物、传统风俗、历史、交通、环境、健康、科技、全球化、教育、医疗、建筑、艺术、老年化等社会热点。每单元含三个模块的输入材料，即 video, listening/reading 1, listening/reading，以及 grammar, speaking 或 writing 练习。笔者统计了 4 册书 40 个单元共 120 个视音频及阅读材料的文化属性，按照材料是否涉及目的语文化（英国、美国、加拿大、澳大利亚国家文化）、中国文化及世界文化（其余国家文化）内容进行分类。发现 120 项输入材料中，有关目的语文化的材料有 26 例，占比约 22%；含中国文化的材料仅 6 例，占比 5%，且其中有两例是在谈及世界文化时部分提及中国文化，如 *UNLOCK 3* 的听力材料 Unit 3 History 话题第一个 listening 材料中讲到埃及罗塞塔石碑、图坦卡门墓及中国的秦陵兵马俑，Unit7 Discovery and invention 话题第一个 listening 材料中讲到中世纪发明的时候提到中国四大发明，篇幅只占材料的 1/4。其他单独有关中国文化的 4 个材料分别是有关上海的外来务工者、三峡工程、北京建筑及中国的丝绸织造。总体而言，以 *UNLOCK* 教材为代表的国际高中英语教材涉及的中国文化占比少、片段化，且缺少价值观念及社会风俗习惯方面的内容，使得学生难以对中国文化产生深层次理解。

（二）民族文化意识培养环境缺乏

国际高中以培养学生进入世界一流大学为目标，因而在学校整体课程设置、学生活动平台建设上西化倾向明显，主要是为了帮助学生更多了解、适应并体验留学目的国的课程和文化。在这一大环境下，国际高中英语课程也呈现出重目的语文化输入、轻母语文化输入的特点。加之国际高中生通常需要在两年内获得海外大学申请所需的雅思、托福语言成绩，英语教学受这两类考试导向影响明显，更多关注的是雅思考试所涉及的英国学习和生活场景，以及托福考试所呈现的美国大学课堂，较少涵盖中国本土文化。此外，国际高中的教师队伍整体年轻，海归比例高，自身受西方文化影响较深，甚至有部分老师有崇洋媚外倾向，文化立场不够坚定，缺乏培养学生民族文化的意识和信心。因此，课中课后教师的教学设计、作业任务及特殊节日活动安排都以目的语国家为主，英文演讲、配音、短剧大赛连番上阵，感恩节、万圣节、圣诞节等活动频出，而与中国传统的节日如端午、中秋、春节等相关的英语活动却因适逢假期，加上重视不足很少组织。

三、举措：课堂教学、课外活动、教师理念"三位一体"渗透民族文化

（一）将家国文化情怀培养纳入教学目标和教师教学效果评价

教学目标是教学设计的第一步，之后的教学活动和过程都以它为导向，且始终围绕它进行。《课标（2017 年版）》有关文化意识的目标具体表述为：获得文化知识，理解文

化内涵，比较文化异同，汲取文化精华，形成正确的价值观，坚定文化自信，形成自尊、自信、自强的良好品格，具备一定的跨文化沟通和传播中华文化的能力。国际高中英语教学应当对照这些要求设计组织教学活动，注重文化比较，培养学生输出中华文化的能力。此外，应当将学生的民族文化意识是否增强，用英语解释、传递民族文化能力是否提升作为教师教学内容评价的一部分，引导和约束英语教学不拘泥于语言知识和语言技能的传授，不执着于单一的雅思托福备考。

（二）灵活整合教材，将民族文化精髓融入教学内容

国际课程的特殊性决定了教材必然也是源于目的语国家的国际化教材，不可能满足我们对于培养学生传播中华文化能力的要求。这就意味着，我们需要充分研发校本教材，平衡知识结构，弥补现有国外教材在本土文化内涵方面的不足。比如，在视频资料方面，可以充分挖掘BBC拍摄的有关中国的纪录片，如学生通过纪录片 *Chinese school* 了解了中英教育对比差异和优劣，肯定中式教育的扎实和高效；通过2016年上映的纪录片 *Chinese New Year* 认识BBC镜头下的中国春节，学习各地习俗的英文表达，感受节日背后传递的"回家""团圆""欢庆"的节日氛围；通过 *Designed in China* 了解中国最新监测技术，见识北京公路上的无人车、深圳会打羽毛球的机器人，意识到中国正在从"中国制造"转型成为"中国创造"。在阅读资料方面，可以精选如纽约时报、华盛顿邮报、卫报等知名外媒的每日资讯上有关中国的文章。如华盛顿邮报近期有关故宫94年来首开夜场庆祝元宵节的报道，不仅提及了紫禁城的历史，还用华丽的语言描绘了夜景下的宫墙之美，令人神往；纽约时报有关《流浪地球》的报道除了让我们了解到该电影的世界影响力，还提及中国首位雨果奖获得者刘慈欣，中国航天事业里程碑式的胜利……类似文章的阅读既能够丰富教学的文化内涵，增强学生的文化自信，又能提高学生的词汇和语言能力，可谓一举多得。

（三）设计与民族文化相关的英语活动，引导并指导学生用英语表达中国文化

口语输出方面，可以在学生看完有关中国的各类英文纪录片之后，布置小组合作任务，学生通过表演形式分话题分角色讲述所观所感。此外，鼓励学生将传统经典故事改编成英文短剧，加以演绎，就像迪士尼影片公司改编的《花木兰》一样。不同班级不同选材，最后通过展示赛互相交流学习。写作输出方面，可以组织中华名小吃翻译大赛或者唐诗宋词名句翻译大赛，精选出优秀作品加以展示和奖励，甚至还可以指导学生在校内建立国风社团，以许渊冲先生创作的《许渊冲经典英译古代诗歌1000首》为教材，学习中国传统诗词翻译典范，并尝试自己创作。

（四）注重大环境建设，加强教师文化自信培养

国际高中英语教师大多有海外留学背景，他们出生和成长在国际交流日益频繁、西方思潮不断涌入的当代中国。作为学生的楷模，教师首先要用正确的态度看待西方文化，始终持有文化自信和文化自觉，在学习、借鉴世界优秀文化的同时继承和发扬本民族文化，增强文化自信。学校和社会应为教师在提升文化教学意识方面提供环境和平台。以社会主义核心价值观为中心，积极组织文化活动和学术活动，激发教师对传统文化的兴趣，加深教师对文化精髓的挖掘，增强教师对本民族的理解与认同，促进教师文化自信建设。

《课标（2017年版）》规定，中国文化在高中英语教学中主要应达到两个目的：一是同异国文化比较，探讨文化认同和文化传承的意义和价值，培养跨文化交际能力；二是具备主动传播中国优秀传统文化的意识和能力。与普通高中相比，国际高中由于传统语文课和历史课占比小，更应当在英语教学中渗透中国文化内涵，培养学生的民族自豪感和平等文化交流的意识，以期能够有效地提高学生英语语言综合运用能力，帮助学生确立正确的文化立场，使学生能够更好地继承、传递、弘扬民族文化。

参 考 文 献

[1] 徐秀霞. 中学英语课程与文化自信的关系研究［J］. 中国教育学刊，2018（S1）：194-196.
[2] 中华人民共和国教育部. 普通高中英语课程标准（2017年版）［M］. 北京：人民教育出版社，2017.

中小学境外研学中的学校角色定位

罗亦兰

【摘　要】 随着国家经济实力的崛起和改革开放的深化，越来越多的中小学校开设境外研学项目以满足家长和学生的需求。在教育部大力提倡、鼓励各类研学活动的背景之下，学校如何进一步做好境外研学活动，积极发挥境外研学在学生核心素养培养方面的作用，是一个亟须关注和解决的问题。本文基于苏州外国语学校开展境外研学工作的经验，在肯定境外研学项目重大的教育意义之上，提出了学校应通过角色定位，把研学活动定义为学校项目，进一步加强对研学项目的管理和开发，打造一校之内的境外研学项目体系，从而极大地发挥境外研学项目的功能。

【关键词】 境外研学；学校角色；核心素养；项目管理；项目研发

一、境外研学项目的社会背景

随着国家经济实力的崛起，越来越多的家庭拥有了更多可支配的财富，使得境外研学成为可能。同时，改革开放40年来，社会越来越开放，频繁的社会和经济方面的国际交往，也让出国"开开眼界"的想法在家长和孩子心中萌芽。近年来，孩子参加境外研学活动逐渐成为度过假期的一种方式，尤其在国际学校、双语学校中这种现象更是突出。

2016年教育部、国家发改委等11个部门以教基一〔2016〕8号印发《关于推进中小学生研学旅行的意见》，进一步明确研学旅行是"学校教育和校外教育衔接的创新形式，是教育教学的重要内容，是综合实践育人的有效途径""有利于推动全面实施素质教育，创新人才培养模式，引导学生主动适应社会，促进书本知识和生活经验的深度融合；有利于加快提高人民生活质量，满足学生日益增长的旅游需求，从小培养学生文明旅游意识，养成文明旅游行为习惯"。

然而，放眼国内的境外研学市场的合作模式，学校在境外研学项目中的角色通常都是招生，承担项目设计、研发的多是教育机构或旅行社，或是教育机构和旅行社直接使用国外的语言学校或夏令营的课程。由此可见，学校在境外研学项目的设计过程中的角色是严重缺失的。其定位无非是一个消费者，而不是主导境外研学项目设计的角色。

笔者在苏州外国语学校从事境外研学工作3年有余，在自己工作的过程中，深刻体会到学校应该更多地参与境外研学项目的设计，争取占据主导地位，才可能进一步凸显境外研学项目的教育意义。一所学校的教育理念和培养目标不仅仅体现在课堂教育中，也应该体现在课堂以外的活动中，包括境外研学活动。学校作为教育的主体，更了解自己的学生和家长，在办学的过程中，对教材和政策的理解和解读也更为精准，在进一步丰富境外研学项目内容这一方面，学校有着教育机构和旅行社所完全不具备的优势。生搬硬套国外营地、语言学校的课程，这一做法缺乏对国内学生学习情况的考量，未必适合国内学生。学校在研学项目中参与设计，可以进一步凸显研学项目的学术性，是一种整合社会优质资源为己所用的过程，也是学校尝试校企合作的重要途径，更是学校进一步探索跨学科教学、任务型教学等创新型教学模式的重要方式。

华夏为根，文化传承创新

二、境外研学项目的教育意义

《关于推进中小学生研学旅行的意见》将中小学生研学旅行定义为"由教育部门和学校有计划地组织安排，通过集体旅行、集中食宿方式开展的研究性学习和旅行体验相结合的校外教育活动，是学校教育和校外教育衔接的创新形式，是教育教学的重要内容，是综合实践育人的有效途径"。境外研学的核心与所有研学活动一致，应该是学习的另一种形式，是课堂教学的延伸。

（一）境外研学项目是学生发展核心素养的重要途径之一

中国学生发展核心素养以培养"全面发展的人"为核心，分为文化基础、自主发展、社会参与三个方面，综合表现为人文底蕴、科学精神、学会学习、健康生活、责任担当、实践创新等六大素养。

通过境外研学项目，学生走出国门，体会不同的文化，提高国际理解能力；通过观察对比中外的差异，学会反思，学会探究，学会批判质疑，并提高国家认同感和社会责任感；在欣赏他国瑰丽文化的同时，提高人文底蕴和审美情趣；在独立生活的过程中，提高劳动意识和问题解决能力，提高合作意识，也加强对自我的管理。然而这一切，都需要通过学校对项目内容巧妙的设计，带队老师恰当的引导及学生的反省、总结和分享来实现。

（二）境外研学项目是学校创新教学方式的实践载体

境外研学项目为学校开展创新教学方式创设了非常理想的情境。学校可以根据研学所去的目的地，因地制宜地在研学项目中开设任务型语言的学习、探究型学习的环节，进一步激发学生学习兴趣，提高学生的学习乐趣，鼓励学生通过讨论、探究等方法主动获取知识、应用知识，去发现问题、提出问题，最终解决问题。

三、学校在境外研学活动中的角色定位

目前，在市场上比较常见的境外研学项目可以分为插班修学类（前往某一国家的某所学校插班就读一阶段）、主题活动类（所有活动以某一主题串联，如模联、志愿者、音乐、天文、宇航、机器人等）、国际赛事类（包括音乐、美术及其他学科在内的各类国际赛事，因为赛程较短，通常会搭配插班修学），以及针对高年段学生出国留学的海外大学夏校、探访海外名校、海外名校教授带做项目等。研学项目的时间长短不一，以苏州外国语学校为例，最短的研学项目为十天，最长的达三个月。

学校在具体参与境外研学活动内容的设计时，应根据自身的培养目标，以及学校学生、家长的实际情况，结合所开设的课程，以及当地经济、文化等条件，有规律地、系统化地设计各类境外研学项目。

（一）学校是主体研发项目的学术核心

学校可结合目前使用的教材模块和主题、课外活动体系、校本课程等，结合境外研学的某一个环节或目的地，开发属于本校的独特的境外研学课程，真正将学生的课堂延伸到校外，学校甚至可以完全依托课程，设计相应的主题研学项目。比如，在我校国际高中部，前往黄石公园的同学就会领到地理老师布置的作业——根据所学地理的进度，研究黄石公园的地形、地貌、人文、历史等，做到对研学项目中某一个环节的学术设计。

再以 IBPYP 课程中六大跨学科探究主题之一的"我们是谁"为例，学校可以结合境外研学的目的地，通过探访当地的一些历史人物的故居、博物馆，通过项目制学习，研究这些历史人物自我认知的过程，了解自我认知的过程，最终了解自己，达成课程学习目的。

（二）一校之内境外研学活动体系的建立

学校通过参与各类研学活动内容的设计，可以建立起本校独特的研学活动体系。学校应该根据学生年龄阶段的特点、教学内容的特点等研发不同的项目，多元评价和综合考查项目结果，以优化教育结果和目的。

针对小学生的认知发展特点，研学活动的内容不宜以课堂学习为主，应该安排足够多的机会使得他们可以亲身体验、动手操作。研学活动的内容应尽可能广泛，使学生能够充分体验各种不同的活动，积累丰富的人生、社会经验。针对活动中的每一个环节，应设立相应的任务，在活动前解说，活动中引导学生完成，活动后设置专门的环节让学生分享所得所思。在活动的开展过程中，可以针对某一个参访地点、活动内容，由学科老师设置小型的小组探究性学习或研究性学习的任务，引导学生在出发前以小组为单位，收集、了解任务的背景资料，并通过讨论等方式制订现场调研、考察等方案。在抵达现场后，按照既定方案，收集所需研究问题的资料、证据等。在旅行的过程中及结束返回后，对所收集到的资料进行整理、论证，并最终形成结果，在开学后与所有同学分享。而在团队管理方面，老师应关注学生离开父母独立生活时可能面对的问题，如因为脱离父母的管教，失去自我控制能力的情况等。

到了初中阶段，针对初中生的认知发展特点，结合学科课程，境外研学活动应该进一步强调学术性，强调在"做中学"。同时，进入初中的学生开始逐步规划自己未来的人生，在这一阶段可以开设主题突出的境外研学活动，让学生借助这样的机会体验各种专业和职业，通过亲身体验确认这些专业和职业是否适合自己，以进行关于职业生涯方面的初步教育。

进入高中阶段，学生升学压力繁重，学生对于研学项目的需求集中在是否对升入大学有帮助，是否对职业、专业的选择有意义。尤其是对于准备海外留学的学生来说，由于海外大学入学要求的不同，背景提升、升学指导、海外大学探校及海外竞赛变得尤其重要。高中学生也会变得比较有目的性，希望在参与的境外研学项目中可以获得某些证书、海外大学学分或教授推荐信等，可直接用于未来的大学申请。同时，他们也更注重项目的学术性，很多同学视这些境外研学项目为大学学术生活的"初体验"，希望通过这些项目体验到未来大学的学术生活。因此，在项目的设计中，应该更关注活动过程中学习的比重，设计各个环节要求。学生在相关导师的带领下，与团队共同做项目、做研究，共同撰写研究报告来锻炼自己的学术写作能力、公共演讲能力等，并初步了解大学的学术要求。

由此，学校通过介入境外研学项目内容的设计，逐渐形成了从广泛到具体，从体验到学术的体系，适应了学生各个阶段心理发展的特点，也符合学生对职业生涯、学术生涯的规划，同时又规避了大多数生源直升的学校在各个阶段项目同质化高、缺乏区分的现象。

（三）加强对境外研学活动的项目式管理

从实际操作层面来讲，学校应该把境外研学活动作为项目立项（图1）。从项目成立之初，由专人负责，全程介入研发、设计和管理，加强对每一个环节的监控，确保境外研学项目的质量。其中研学团队的行前培训和家长会尤其重要。为了确保团组的安全性，并让学生有所收获，在行前培训前学校应该注重安全、礼仪方面的教育，向家长和学生表明此行的教育目的。同时，学校应向学生和家长介绍研学活动中的各个环节，确保学生在行前做好必要的调查、准备工作，并强调学生独立生活的重要性，鼓励学生参与行李打包等。在团组活动过程中，学校应加强过程性管理，学生应每日总结，带队老师每日召开分享会，并带领好学生做好日常生活管理。在团组返回学校后，学校应组织参与研学活动的学生展示他们行程中完成的各类任务的结果，让学生分享他们的收获。这一个环节是极其重要的，标志着整个研学活动的结束。

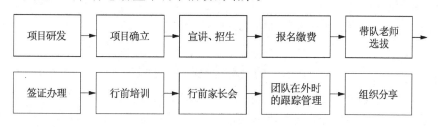

图 1　境外研学项目管理流程图

四、结语

境外研学活动长期以来缺少规范化的管理，学校一直以顾客的角色出现，忽视了学校作为主体在境外研学项目中的开发、管理的作用。而境外研学旅行能够与学科知识、技能充分综合、衔接，又为学校创新教学方法提供了平台，弥补了传统学科教学无法弥补的学生核心素养发展的缺陷，锻炼了学生的独立生活能力、全球胜任力等未来社会需要的能力。学校参与境外研学项目的设计，加强对境外研学的项目化管理，在一校之内建立科学的境外研学项目体系，充分强化了境外研学项目的学术本质，凸显了研学项目的意义，为学生构建了自我发展的平台。学生突破地域的限制，走进不同的自然环境和社会环境，在跨文化背景下、在集体生活中，完成研学准备、探究任务、体验实践等一系列的研学内容，用更为客观、理性的视角来观察、理解世界，进一步提高自身核心素养，逐步成长为全面发展的人。

参 考 文 献

[1]　陶轶敏. 研学旅行中学生核心素养的孕育［J］. 教学与管理，2017（8）：20-12.
[2]　邵朝友，周文叶，崔允漷. 基于核心素养的课程标准研制：国际经验与启示［J］. 全球教育展望，2015，44（8）：14-22.
[3]　核心素养研究课题组. 中国学生发展核心素养［J］. 中国教育学刊，2016（10）：1-3.

对话民族：幼儿园教育新理解

李 静

【摘 要】 民族文化力成为新时代国际化教育中不可忽视的组成部分，体现了中国民族文化的重要性。学校教育与民族文化相互依存、相互促进，在保护、创新和传承民族文化的同时，采取措施创新教学模式，提升教育水平，健康发展民族文化。本文从中国风的环境、有生命的课程、国际化理念、礼仪教育等方面，挖掘幼儿的民族意识和创新能力，让幼儿全面感受民族文化的魅力。

【关键词】 民族文化；创新教育；国际化；礼仪教育

一、幼儿园里的中国风

我们应为幼儿提供自由生活的环境，这种自由不仅仅是内部发育中潜在的、精神上的，也是从幼儿生理、生长部分到机体活动上的。研究表明，幼儿对"心理"教室的需求比"生理"教室大两倍，孩子们认为有舒适感觉的房间的地面有一半必须是空着的，不放置任何东西，他们喜欢在这样的环境中游戏、自由穿梭。《3～6岁儿童学习与发展指南》（以下简称《指南》）建议要为幼儿创设温暖、关爱和平等的家庭和集体生活氛围，创设宽松、适宜的条件和环境，因地制宜、因材施教。笔者所在的幼儿园也结合园所特点，为幼儿寻找最适宜的环境，会"说话"的环境。

苏州，古称吴，又称姑苏，是国家历史文化名城和风景旅游城市。浓浓的中国气息，历史悠久的中国风，为本园环境的创设提供了很好的民族文化素材。作为新时代的一员，小小的孩童更是民族文化传承的重要一环。每一个环境都是一个故事，是一种充满中国风、创造性的交流式环境，孩子与孩子、孩子与老师、孩子与环境都融入其中。本园在创设环境时结合多方面因素，鼓励幼儿一起参与创设，提供能够引起幼儿对颜色、形状、声音、触觉本能注意的环境。幼儿在本园拥有自由活动的空间，教室完全是满足幼儿自由活动需要所设计的。听着吴侬软语，行走在积淀了2 500余年历史的世界文化遗产——苏州园林；穿梭于鲁班馆，亲手操作刨刀、墨斗等，将木条木块组合成小桌子、小架子；穿越唐人街，细细品味古往今来世界的变化。

二、渗透中国元素的课程与活动

（一）有生命的鲜活课程

不忘传统，将节庆活动融入课程中。每到新年，幼儿园内张灯结彩，贴满了各式各样的窗花，孩子们身穿唐装喜气洋洋，在爸爸团的指导下写对联；端午节，孩子们自制豪华版龙舟，小小舵手们划动"激情龙舟号"全力向前、乐趣无限，妈妈团手把手教孩子们制作香甜的粽子、馥郁的香包；团圆中秋，身着中国风汉服的孩子们在水调歌头的背景音乐中，一起品尝苏式月饼的甜蜜味道……这些鲜活生动的活动，加深了孩子们对节日的认识，使孩子们在充满中国风的环境中，体会有生命的课程，感受中国的强大，增加民族自豪感。

（二）主题活动中结合各领域教学

主题活动规划中有"太湖美""古老苏州城""中国茶香"等。怎样将传统的主题活动，有新意、有创意地展现给新一代的孩子，是老师们应该思考的问题。以大班主题活动"中国茶香"为例，进入这个主题的时候，可能最先想到的是茶叶，苏州以碧螺春最为出名，如果只是看看茶叶、泡泡茶，一节科学活动课就结束了，会显得格外平淡。那我们以孩子为中心，让孩子们带着问题来寻找答案，结合《指南》合理制定活动内容和活动目标，带领孩子们收集整理与茶有关的信息。

在语言活动中，我们将收集到的信息以思维导图的形式展现，更直观，也能帮助幼儿更好地理解和记忆。除此之外，可以由孩子们自己选出最感兴趣的一些内容，再进一步讨论。艺术活动"遇见中国茶"中，孩子们了解到茶具、茶杯、茶罐等无不透露着茶文化的气息，请妈妈团穿着优雅的中式旗袍，为孩子们讲解，带着孩子们一起伴随着悠悠的古琴曲，动手泡茶，闻一缕茶香，品一壶好茶，领略茶的乐趣。在综合活动中，我们走进茶园，顶着暖阳爬山坡、过小桥，开展采茶比赛，将体育精神和科学探索精神全面发挥；认识各种各样的茶，发现茶叶种植到制成茶叶前后的秘密，体验炒茶的乐趣。社会活动中，在了解了世界各国的茶和中国茶后，孩子们跟随爸爸团一起制作美味的茶叶蛋，并将制作完成的茶叶蛋送给弟弟妹妹们共同分享。

一个主题活动可以尽可能多地将民族文化融合其中，除了"中国茶香"以外，还有更多的主题，等待我们和孩子们一起去探索。

三、扎根民族文化的国际幼儿园

（一）民族文化走向大舞台

宏观方面，古有丝绸之路多元族群交往互动，今有"一带一路"国际民族全面开放。微观方面，苏外是集英语、日语、法语、西语、德语、阿拉伯语和汉语为一体的综合性国际学校，苏外举办的"地球村"、赴英修学、剑桥英语大赛等活动，为国际化交流搭建了大平台。苏州外国语学校附属幼儿园的孩子们也多次参加少儿英语风采大赛，虽说是英文演讲比赛，但是孩子们所选的演讲内容都与中国民族文化相关。穿着戏服，拨弦三两声，随着曲调的变化，孩子们自信地用流利的英语进行介绍，举手投足间展现着中国民族文化的魅力。

（二）外教眼中的中国范

外教班主任是我园的一大特点，外教与中教一样，除正常的教学外，同时担负起班级中的各项工作。但是由于文化理念的差异，也存在大大小小的问题。外教更注重互动和自由，以及学习的内容在生活中的实际应用，如"Sprite Week"是美国校园中流行的文化周活动，主题可以是最喜爱的颜色、最崇拜的英雄、睡衣日等，在一周中的每天都开展一个新奇的主题，帮助孩子们在新颖的教学模式中，放松地、自由地学习。幼儿园一日生活即教育，在瞬息万变的时代学会改变自己，每天一点小改变，收获一份大幸运。我们在与外教沟通后，对原有活动进行了创新，改"Sprite Week"为"Sprite Month"，将主题活动分到每一周，让孩子们围绕同一主题开展一周的活动，更深入地体会该主题的意义。同时在传统主题的基础之上加入了中国元素，如"我最喜爱的中式服装""我最喜爱的中国城市"等。在活动中，孩子们可以结合自己的经验进行装扮和表现，在了解了外教眼中的中国是什么样之后,结合中西方的特点,将活动升华。

四、1+1=全民族

文化全球化的当下,汉族及其他少数民族,或世界的任何一个民族,都不可能只存在于自己的文化中。"民族走廊"是费孝通先生提出中华民族多元一体格局理论的重要组成部分,"走廊"是一个动态的历史民族区概念,表示多元文化是不断地相互交融,是一种你中有我、我中有你的关系。

《指南》概括有32个目标、87条建议,其中社会适应的子目标——具有初步的归属感中,有6条建议都与中国和民族相关,从幼儿认识国旗、知道国歌,到知道自己是中国人,奏国歌、升国旗时能主动站好,帮助幼儿了解自己的民族,知晓各民族间要互相尊重、团结友爱,也为自己是中国人感到骄傲。民族文化的重要性不言而喻,民族文化不仅仅在一次次活动中表现,更是形成幼儿的经验,而获得经验的过程是幼儿已有经验与新经验之间进行连接的主动过程,需要一些积极反思,在整个过程中体现幼儿的主体性。未来的教育,需要孩子们真情传承中国文化,敞开心扉拥抱世界。上下五千年,中国一路风尘仆仆地走来,脚下踏的是深厚的文化底蕴。但今天,一提及中国的传统礼仪,大多数人并没什么清晰的概念,甚至认为这种传统礼仪是过时的东西。然而中华民族的传统礼仪文化是中国人民几千年来处理人际关系的实践结晶,是人与人之间行为规范的准则。尊敬师长、尊老爱幼、孝顺父母,从小事做起,托、小班的孩子可以擦擦桌子,为家人捶捶背;中、大班的孩子可以收拾整理自己的物品,和家人一起做一顿饭菜;孩子来园、离园时都能热情地与老师打招呼;小伙伴之间友爱互助,礼仪在潜移默化中慢慢培养。

纵观古今中外,世界上没有一个民族会否定自身的传统礼仪,没有任何一个民族会认为自己的优秀传统礼仪是过时的、有害的。国际化办学模式下的中国幼儿园,应帮助幼儿"盛开国际前,根深中国内",提出有别于常规的思路和见解,将现有中西方思维模式、中国56个民族的文化融合与西方民族色彩叠加组合,做到 1+1>2。在学习西方礼仪的同时,也加强自身民族传统礼仪的培养。

参 考 文 献

[1] 蒙台梭利.蒙台梭利幼儿教育科学方法[M].北京:人民教育出版社,1994.
[2] 中华人民共和国教育部.3~6岁儿童学习与发展指南[M].北京:首都师范大学出版社,2012.
[3] 张宝臣,李志军.学前教育科学研究方法[M].上海:复旦大学出版社,2008.
[4] 周淑惠.幼儿学习环境规划:以幼儿园为例[M].台北:新学林出版社,2008.

古为今用：中国传统数学思想对小学数学创新教育的启示

章华丽

【摘　要】　换一个角度，让我们把目光聚焦于中国古代数学史上的辉煌成就，面对当前的创新教育问题，也可以向内、向古学习，做到古为今用。我国传统数学思想，从"经世致用""巧思妙想"到"精益求精"，都对现代小学数学创新教育有着重要的启示：要从生活中"汲取"和"增强"创新意识，多重角度"提炼"和"激发"创新思维，从思想上"延续"与"发扬"创新精神。

【关键词】　中国传统数学思想；小学数学；创新教育

在社会不断发展进步的同时，社会对创新性人才的渴求度也在提高，我国对创新教育的研究起步较晚，相关研究通过和美国、日本等发达国家的教育对比，反思认为我国的"应试教育"压制了青少年创造力的发挥，我们的儿童从刚入学的"问号"变成了毕业时的"句号"。存在即合理，尽管有诸多的批判指责，"应试教育"仍然在中国大行其道。经济基础决定上层建筑，在人口众多、社会发展严重不均衡的中国，一味地学习西方国家的教育模式，或许最终只是"拟把疏狂图一醉，对酒当歌，强乐还无味"。

众所周知，历史悠久的中国古代数学文化曾经取得了令人惊叹的辉煌成就，很多的创新研究成果都在当时的世界数学史上处于领先地位，由古至今流传下来的传统数学思想对当前我国的创新教育仍然具有深刻的启示作用和借鉴价值。著名数学家吴文俊先生曾经说过："我们崇拜中国传统数学，绝非是泥古迷古，为古而古。复古是没有出路的。我们主要的也是真正的目的，是在于古为今用。"解决当前的创新教育问题，最好的途径并非是向外找出路，而是向内、向古学习，做到古为今用。

一、经世致用：从生活中"汲取"和"增强"创新意识

培养小学生的创新意识是小学数学教育的基本任务。《义务教育数学课程标准（2011年版）》强调："创新意识的培养应该从义务教育阶段做起，贯穿数学教育的始终。"然而当前研究表明，小学生对数学创新意识的认识不高，参加创新活动的比例也很低。如何改变这种教育现状？让我们把目光转向"重实际而黜玄想"的中国传统数学思想。

（一）传统数学思想的生活导向与问题意识

作为东方数学思想体系的代表，中国传统数学以算法化的思想、构造性的方法、开放的归纳体系为特色，形成了以问题为中心的数学思想体系，学问研究的最终目的是为了"经世致用"，即为了当时的社会发展服务，着力于实际生活问题的解决。经典著作《九章算术》是古代数学创新的代表，就是以解决社会生产生活的实际问题为目标，以问题求解的形式为成书体例，包括方田、粟米、衰分、少广、商功、均输、盈不足、方程、勾股九章共计246个应用问题及其解法，涉及的内容如田亩测量、工程建设、交通运输和商业经营等，涵盖了古代社会生产生活的各个领域。问题意识是创新意识的源泉，不难发现，古人在当今数学史上辉煌成就的获得，主要归功于他们在生产生活中所遇到的各

种数学问题,正是因为这些问题不断被发现和被解决,才有了一次次精彩的数学创新。

(二) 培养学生创新意识的数学教学策略

"学起于思,思源于疑",只有一个个数学知识和数学问题不断从"神坛"走下,走向学生的生活日常,走向学生的亲身体验,才能够"小疑小进,大疑大进"。如果我们的数学教学能够更接近学生的实际生活和亲身经历,学生将更能提出富于思考的数学问题,也更加能够创造性地解决问题。例如,在教学"认识千米"时,可以在课前让学生们逐渐经历步行1千米—跑步1千米—开车1千米,充分感受1千米的长度及不同出行方式所用的时间,然后提问:"如果你家距离学校大约2千米,你打算怎样上学?"学生的回答十分精彩,有的学生打算步行上学,因为这样能够锻炼身体,但立刻有同学提出反对意见,因为这样花费的时间有点长;有的学生打算骑自行车上学,因为这样可以锻炼身体,速度也比较快;有的同学打算让爸妈开车送他上学,因为这样可以很快到学校,早上就可以多睡一会;还有的同学认为如果家离地铁站比较近的话,乘坐地铁又快又环保……又如在教学"两点之间直线最短"时,提问:"同学们,老师这里有一张我们学校的平面图。如果让你从学校北大门走到餐厅门口,你打算怎么走呢?"有的同学说要从行政楼、科技实验楼穿过来,理由是可以多看几眼科技楼墙上贴的科学小知识;有的同学打算从幼儿园、学校操场那里绕过来,因为一路上空气新鲜,风景亮丽;还有的同学指出,可以从北门沿直线走到餐厅门口,因为这样路程最短。正是因为有了一系列贴合学生生活实际的开放性问题,才有了学生各种新颖又富有创意的回答。数学源于生活,只有在数学教学中紧密结合学生的实际生活体验,让学生从生活中汲取创新灵感,激发学生的质疑热情,才能不断促进学生的数学思考,学生才能有源源不断的数学创意。

二、巧思妙想:多重角度"提炼"和"激发"创新思维

创新思维即创造性思维,数学上创造性的解题思维主要体现在一个"巧"字,也就是用最巧妙、最简单的方法解决复杂的数学问题。早在中国古代,充满智慧的劳动人民已经学会用十分巧妙的方法解决在当时看来十分复杂的实际问题。

(一) 传统数学问题的多维思考和巧妙解决

《九章算术》中三角形的面积是"半广以乘正纵",意思是"底的一半乘高",根据刘徽的注解"半广者,以盈补虚,为直田也",运用"出入相补原理"(即割补法),以盈补虚,可把三角形转化为长方形来求解。此外,为了证明圆的面积公式,刘徽还发明了著名的"割圆术":"割之弥细,所失弥少,割之又割,以至于不可割,则与圆合体,而无所失矣。"也就是用圆内接正多边形细割圆,使其面积无限逼近圆面积。如此,古人便巧妙地解决了圆的面积,甚至通过转化与补充,还解决了圆环等相关图形的面积问题。此外中国传统数学勇于打破常规,尝试用逆向思维去解题。唐代数学家张逐有道著名的"李白喝酒"问题:"李白街上走,提壶去买酒。遇店加一倍,见花喝一斗(斗是古代酒具,也可作计量单位)。三遇店和花,喝光壶中酒,原有多少酒?"这道题解题的关键在于逆推还原,假设三遇花时壶中有1斗酒,则三遇店时有($1÷2$)斗酒,二遇花时有($1÷2+1$)斗酒,二遇店时有$[(1÷2+1)÷2]$斗酒,一遇花时有$[(1÷2+1)÷2+1]$斗酒,因此壶中原有酒: $[(1÷2+1)÷2+1]÷2=\dfrac{7}{8}$斗。

（二）提升学生创新思维的数学教学策略

中国传统数学中种种精致而简练的解题策略，经历了一代又一代的传承和发扬，成了十分珍贵的数学遗产。当前苏教版小学数学教材的《你知道吗》栏目已经开始有计划地呈现传统数学中关联性内容的拓展性阅读，如在教学三角形的面积计算时，教材中将两个三角形拼成一个平行四边形，然后推导出三角形面积的计算公式，也在《你知道吗》栏目中介绍了刘徽的"出入相补原理"；在学习圆周率时，《你知道吗》栏目中也提到了《周髀算经》中的"周三径一"和刘徽的"割圆术"；在第 12 册《解决问题的策略》单元中，《你知道吗》栏目还推荐了《孙子算经》中的数学名题"鸡兔同笼"：今有鸡兔同笼，上有三十五头，下有九十四足，问鸡兔各有几何？这一题的解法多种多样，可以让学生在理解题意后，进行充分的探讨和分析……这些内容不仅仅是教学的延续和拓展，更是创新思维教育的重要载体。小学阶段是培养创新思维的最佳时期，在充分利用教材的基础上，我们可以选取恰当的教学契机，适时地渗透这些富于创造性的解题思路，开拓孩子们的创造性思维。例如，在教学平行四边形的面积前，先开放性地问学生："看到这个课题，你想提出哪些问题？"学生提出了各种各样的疑问：平行四边形的面积和长方形的面积有什么关系？平行四边形的面积和它的什么有关？怎样计算平行四边形的面积？根据这些问题，学生自然而然地开始主动探究平行四边形面积的计算方法。在日常教学中，教师应努力为小学生构建一个有助于创新的教学环境，积极启发学生，鼓励他们多问为什么、多想想还有什么解决方法，尝试多角度思考和解决问题，培养他们思维的独特性，提高他们的创新性解题技巧。

三、精益求精：从思想上"延续"与"发扬"创新精神

纵观中国古代数学史，在数学研究创新方面，古代数学家们一直在不断地精益求精，追求卓越。吴文俊院士曾说："翻开历史，中国曾经是一个数学的国度，祖冲之、刘徽、《九章算术》、《周髀算经》、《四元玉鉴》等一批大家和著作，使中国数学曾经处于世界巅峰。正是由于这些辉煌，中国数学，不仅要振兴，更要复兴！"

（一）传统数学算法的精益求精与辉煌成果

以《九章算术》为代表的中国传统数学以算为主，寓理于算，广泛应用，具有明显的算法化、模型化、程序化、机械化的特征。通过"术"（即算法）的形式，将某一类实际问题的通用算法表示出来，并转化为数学模型。《九章算术》的《盈不足》一章，就介绍了解决盈亏类问题的数学模型，典型问题是："今有共买物，人出八，盈三；人出七，不足四。问人数、物价各几何？"用现代的符号来表示"盈不足"术为：设 a_1 和 a_2 分别为每人出的钱数，b_1 和 b_2 分别为盈或不足数，则人数 $x = \dfrac{b_1 + b_2}{a_1 - a_2}$，物价 $y = \dfrac{a_1 b_2 + a_2 b_1}{a_1 - a_2}$。用这种算法不仅能有效解决盈亏类的实际问题，还能解决一些更复杂的实际问题。《孙子算经》中的"物不知数"问题是我国最早出现的同余问题，俗称孙子定理："今有物，不知其数，三三数之剩二，五五数之剩三，七七数之剩二。问物几何？"解法为："三三数之剩二，置一百四十；五五数之剩三，置六十三；七七数之剩二，置三十，并之，得二百三十三。以二百一十减之，即得。"也就是求解一次同余方程组：

$$\begin{cases} x \equiv 2 \pmod{3}, \\ x \equiv 3 \pmod{5}, \\ x \equiv 2 \pmod{7}. \end{cases}$$

明代程大位还将解法编成了一首通俗易懂的《孙子歌》："三人同行七十稀，五树梅花廿一支，七子团圆正半月，除百零五使得知。""物不知数"问题经过秦九韶"大衍求一术"的补充和发展，最终成为举世闻名的"中国剩余定理"。除此以外，中国传统数学中还有很多享誉世界的创造性研究成果，如方程术、招差术、天元术、增乘开方法、杨辉三角和勾股定理等。

（二）弘扬我国数学教育创新精神的教学策略

中国传统数学的创新精神，既凝聚了对美好生活的不懈追求，也承载了千百年来留存的辉煌的数学文化。我们不仅要学习古人富于创造性的解题思维，还应该学习他们不断进取、勇于突破的创新精神。虽然在应试教育的压迫下，很多小学生容易养成千篇一律、生硬呆板的解题习惯，形成定式思维，不利于创新精神的培养。但在物质文化高度发展的今天，小学生创新精神的培养越来越受到关注，培养小学生的创新精神也是当今素质教育的重要内涵之一。在课堂教学中，我们应充分挖掘教材中可以利用的教学内容，在其中逐步渗透中国传统数学的思想内容，带领学生延续和发扬古人的创新精神。创新精神还应从小培养，小学生对事物充满好奇心和求知欲，教师应转变教育观念，抓住小学生的年龄特点，长此以往，增强他们的创新意愿。例如，在教学综合实践课"怎样滚得远"时，可以先在课前让学生猜想一下：斜坡与地面成什么角度时，物体滚得比较远？然后放手让学生选择开阔的场地分小组进行实验验证自己的猜想。这样让学生走出教室，孩子们的探究兴趣一下子提高了，有选择45°的，有选择60°的，有选择30°的，还有选择90°的……在测量、对比和讨论中，学生不仅体验到了学习的乐趣，还极大地发挥了他们的创新潜能。

四、小结

无论是从显性成果中所体现出来的"经世致用"原则，还是致力于解决各种疑难问题的"巧思妙想"策略，抑或是不断进取、积极创新的"精益求精"精神，都是当今小学数学创新教育中值得学习和借鉴的部分。教育家陶行知先生曾说："时时有创造，处处有创造，人人有创造。"数学学科本身就是小学生锻炼思维、提高创造力的重要平台，作为一线教师，我们应该传承中国传统数学文化，努力发扬古人的创新品质，并把这种思想通过课堂教学渗透到每一位学生的心中。

参 考 文 献

[1] 李文林. 古为今用、自主创新的典范：吴文俊院士的数学史研究[J]. 内蒙古师范大学学报（自然科学汉文版），2009，38（5）：477-482+490.

[2] 李娟. 小学数学教学中学生创新意识的现状研究：以图形与几何领域为中心[D]. 延吉：延边大学，2018.

[3] 顾泠沅. 数学思想方法[M]. 北京：中央广播电视大学出版社，2004.

[4] 吴维煊. 《九章算术》成书过程中的数学文化特征[J]. 广东第二师范学院学报，2011，31（5）：91-96.

[5] 俞昕. 从算法教学管窥中国古代数学史[J]. 数学通报，2010，49（2）：24-29.

民族文化永相承 版画谱写新篇章
——论版画教学在民族文化传承中的作用

鲜海平

【摘 要】 民族文化，即各民族在自身发展过程中，经过不断发展与创造形成的带有鲜明本民族特点的文化。艺术教育实际上属于精神文化范畴。教师在版画教学中，注重把传统民族文化与学科知识相融合，这对于传统文化及民族精神的传承发展具有积极的作用。从版画教学的内容来看，涵盖范围十分广泛，教师可以通过图文并茂这种方式，为学生精彩呈现版画传承的民族文化，加深学生对民族文化之美的感受，扩大学生的眼界，使得学生可以涉猎更广泛的知识，增强学生对民族文化的认识与热爱，使学生在民族文化传承中发挥积极作用。

【关键词】 版画教学；民族文化；作用

近年来，我国教育开始强调要加大对学生核心素养的培养力度，加强对人才创新能力的培养。当今社会强调对学生进行素质教育，美术教育显得必不可少，而版画教学是美术教育中的一部分。笔者总结多年的版画教学经验，认为单一的讲解和图片欣赏，以及动手实践环节无法激发学生的学习热情，只有将民族文化有效地同版画教学融合，才可以激发学生对民族文化的兴趣与学习积极性，同时对于民族文化的传承具有积极的作用。

一、合理保障有效措施，提高教师综合素养

教师的综合素养对于教学具有重要的影响，同时也是让学生接受良好的民族文化熏陶的保障。为了提高课堂效率，可以促进教师综合素养的提高。就版画教学而言，教师的知识储备、专业素养及课堂教学能力对于民族文化传承具有重要作用。当前很多学校的领导都不太重视美术教育，学校甚至缺乏专任教师，更谈不上有版画专业的教师；也有的美术教师对本学科不够重视，课前不能充分备课，课堂效率不高，对于书中所提到的民族文化知识知道的甚少，这些都使得课堂教学质量难以提高，对学生难以实施艺术审美教育，势必会约束民族文化的发展与传承。所以，领导和教师个人都应当重视美术课堂的教学和教师自身专业的发展，学校可以定期组织教师进行民族文化知识的培训，加强教师对专业知识的学习，教师可以利用业余时间持续充实自己，多读书、多走出去，提升自身业务能力与知识储备，给自己的课堂增加能量，激发学生的学习热情。

二、树立民族文化意识，培养正确审美情趣

如今社会发展速度不断加快，世界各国在文化方面的交流日益加深，我们一定要注重对民族优秀传统文化的大力弘扬，做好学校美育工作，这样才能有效实现学生审美能力的提升。外界文化的涌入，不断冲击着我国的传统文化，很多学生对自己国家的传统文化了解很少，中华五千年的文化博大精深，其中版画涵盖的民族文化在内容与形式方面都十分丰富。如宋代毕昇的"活字印刷术"就是较早的版画技术应用，古代的书画印

章技术、近现代鲁迅的"新木刻运动"等,这些不同表现形式的民族特色都是我国历史长河中的文化瑰宝,充分展现了我国民族文化的艺术感染力与艺术创作力。将版画教学与民族文化相结合,一方面可以使学生在视觉上享受,另一方面有利于为学生更好地实施情感教育创造条件,使学生形成较强的民族自豪感。教师进行版画教学可以采用多种形式,增进学生对我国优秀民族文化的理解,扩大学生眼界,增强学生的审美能力,提升学生的艺术修养,对于当今外界不良文化的侵害起到一定的保障作用。

三、加强中外文化对比,涵养民族文化情怀

纵观中国版画的发展,可谓历史悠久。版画在汉朝时候就产生了,汉画像石砖一直被认为是中国版画的雏形。它虽然属于建筑领域的一种装饰性艺术,但与版画之间显现出很多相似的属性,采用石砖为地,以刀代笔,后人采用纸拓印,最终诞生了非常精彩的"版画"。之后,在中国的印刷术、造纸术发展的助推下,严格意义层面的版画开始流传到全球各地。

在此基础上进行我们的版画教学,教师可以让学生通过网上查阅、走进博物馆了解版画的起源,让学生进行中外的版画历史对比,认识到版画在世界绘画史上的意义,从而调动学生学习的欲望,提升学生的民族自豪感。这种对比的教育方法和形式有助于促进学生对多元文化发展历程的进一步了解,学生能够理性客观地把握中西方文化,对西方文明与艺术能够形成正确的认识,这对我国优秀民族文化的传承与进一步发展具有深远的意义。

四、整合学科教学资源,提升版画教学实效

提高课堂教学质量的过程是一个动态、需要不断调整的过程。随着课改的变化,课堂教学的理念、内容、方法都有很多改变。笔者认为,应该在教学中采用最为先进的教学理念,结合时代发展的需求选择最优质教学资源,有效提升课堂教学质量。

以书法学科为例,可以将其知识整合到版画教学中。书法在中国传统文化中是闪亮的瑰宝。书法一直享有"无言的诗""无图的画"这样的美誉。教师在教学过程中,可以先讲书法的发展史,这样可以在提升学生审美能力的同时,激发学生保护和传承优秀文化的积极性。然后教师可以运用版画的形式,让每个人选择一个喜爱的汉字,让学生自己查阅相关资料,依据汉字的演变进行版画设计,然后印制展出,学生从中既能感受汉字的魅力,又能欣赏版画的形式美。再如,京剧是中国的国粹。京剧进校园,能让学生感受它的文化和精神价值。京剧中的人物、色彩、造型的美感能激发学生创作的激情。在和版画教学结合时,教师可以向学生一一讲解京剧中的人物、色彩、纹样、造型所表示的意义,然后再通过"画一画""刻一刻""印一印"等活动,学生能尽情体验京剧的魅力。

有效整合民族特色资源,能够加深学生对民族文化的理解和认识,激发学生学习的热情,使得学生在版画学习过程中更好地认识民族文化,理解其内涵,从而达到资源的有效整合,提升教师教学的效率。

五、挖掘乡土文化资源，促进版画教学发展

　　传统文化教育不仅局限在课堂教学中，还可以通过充分挖掘当地的传统文化来充实我们的教学课堂。作为美术教师，在课堂教学中可以结合当地的民俗文化，组织学生在课余对当地展开实地调查，深刻了解当地独特的文化资源，提升审美教育的实际效果。

　　在教学"木版年画"一课时，其中有一个知识讲到苏州的桃花坞木版年画。由于木版年画离我们已经很远，而且现在传承人很少，同学们对知识了解得不多。在教学本课时，可以要求学生课前实地走访、调查、研究本地桃花坞木版年画的发展过程，然后在课堂上谈一下自己的感想。孩子们通过实地走访、网上查阅、参观博物馆等方式了解了苏州桃花坞的文化。学生感受到木版年画的审美变化的同时，充分了解了当地文化的历史背景与当前的发展情况，增进了对自己家乡的热爱之情。

　　综上可知，版画教学可以与民族文化的传承紧密结合，在民族文化传承和发扬方面，版画教学具有重要作用。在版画教学中，有效实施民族文化的渗透，既有助于增强学生的民族自豪感，也能为学生全面发展创造有利的条件，培育学生的综合能力，促进学生思维发展，增强其思维活力，拓展创作题材。在与传统文化的接触中，学生能够对民族文化的神韵有深刻体味，对版画形成正确认识，这样才会更加自觉地在民族文化的传承与发扬方面起到积极作用。

参 考 文 献

[1]　张朋．论小学美术教学在民族文化传承中的作用［J］．中国校外教育：上旬，2018（4）：30．
[2]　马宁．浅析少儿美术教育与弘扬民族文化的结合［J］．中国校外教育：上旬，2018（3）：11＋14．

传统文化教育在初中语文学科教学中的实施策略

彭 蕊

【摘　要】 挖掘传统文化中蕴含的与我国当代核心价值观相关的内容，以传统文化教育为载体，对学生进行传承民族与国家优秀文化教育，将传统文化教育与初中语文课程在初中语文教学中一以贯之。整体框架以初中语文综合实践课程结构为纵轴，以初中语文课堂课程结构为横轴，以传统节日语文创新活动为主线形成螺旋式上升体系。传统文化教育在语文学科课程中的实施由课程学习和综合活动两大领域构成，这两个领域以课程学习为核心，综合活动相配合。

【关键词】　传统文化；初中语文教学；实施策略

众所周知，知识与技能、过程与方法、情感态度价值观是课程体现《基础教育课程改革纲要（试行）》精神的三个方面，其中，"过程与方法"可谓一大亮点，引起了广泛关注。而作为传统文化教育在初中语文教学的实践者，我们更需要研究和思考的，是如何把本次课程改革特别强调的"过程与方法"贯彻到传统文化教育在初中语文的课程教学中。

我们应该如何在初中阶段的语文教育中进行中国传统文化的渗透，这是现阶段我国初中语文教育工作者急需探讨的问题。笔者结合多年的执教经验，来谈一谈传统文化教育在初中语文学科教学中的实施策略。

一、创新结构体系，呈现学习过程

（一）传统文化课程结构的创新

传统文化是中华民族的精神命脉，在初中语文学科教学中重视传统文化教学，并不只是重视传统文化知识的传授，而应挖掘传统文化中蕴含的与我国当代核心价值观相关的内容，以传统文化教育为载体，对学生进行传承民族与国家优秀文化的教育。

传统文化教育在初中语文学科中的教学重在实践，教师和学生共同构建、开发学习资源；学生在教师的指导下构建一个开放的传统文化的学习世界，打通语文课堂与传统文化联系的通道，并在亲身经历学习的过程中获得新的知识与技能，不断整合和建构新的知识体系。我们的做法是将传统文化教育与初中语文课程在初中语文教学中一以贯之。整体框架以初中语文综合实践课课程结构（表1）为纵轴，以初中语文课堂课程结构（表2）为横轴，以传统节日语文创新活动（表3）为主线形成螺旋式上升体系。

框架确立以后，还须在具体环节上层层落实，在初中语文学科教学中融合传统文化教育。为了贯彻这个精神，初中语文学科围绕学生书写汉字时更深刻地理解汉字的文化内涵，吟诵诗歌时更深情地理解自身最深处的生命密码教学，从而增强学生的民族自信心，促使学生们为成为具有华夏根基的国际公民而努力。明确教育目标，引导学生围绕传统文化广泛地开展学习活动，激励和促使学生投身于保护优秀传统文化的活动之中，并推动学生融于社会的激励性活动以缩短学校与社会的距离。

表1 初中语文综合实践课课程结构

年级	必修课	选修课
初一	《西游记》《论语》名著赏读	学习《孙子兵法》《中国古建筑美学欣赏》
初二	《孟子》《苏州园林》研读	学习《汉字树》《唐诗鉴赏》
初三	《古文观止》研读	学习《诗经》《宋词鉴赏》

表2 初中语文课堂课程结构

教材中涉及的传统文化（必修）	选修
友爱、孝、爱国、诚信、和谐、传承、自强不息	民俗文化（腰鼓、灯笼）与民族建筑（拱桥、园林建筑） 《清明上河图》

表3 传统节日语文创新活动

传统节日	传统文化	语文学科
清明节	踏青　祭祖	制作书签
端午节	划龙舟　吃粽子	积累屈原诗词　积累伍子胥名言　制作手抄报
中秋节	赏月　吃月饼	掌握"月"的意象的含义，创作诗歌
重阳节	登高　赏菊	积累有"菊"字的诗 研究汉字"高"的演变
春节	办年货、扫尘、贴年红、吃团年饭、守岁、收压岁钱、拜岁、拜年、舞龙舞狮、拜神祭祖、烧炮竹、放烟花、掼春、年例、押舟、祈福、逛庙会、游锣鼓、上灯酒、赏花灯	写春联 猜灯谜　创作灯谜 研究汉字"春"的演变 研究十二生肖汉字的演变 积累有"春"字的诗歌

（二）语文学科课程结构的创新

1. 必修课课程结构的创新。教师在语文学科教学过程中能引入和涉及传统文化，充分利用传统文化和本地资源进行教育活动，虽然在培养学生树立民族自信心方面能够发挥积极作用，却难以达到体现学习过程的要求，为此，开创新的课程结构势在必行。

具体做法是，语文学科教师先将教材中涉及的传统文化找出来，各课中"传统文化中的语文元素"和"传统文化习俗"是围绕各课目标和话题呈现学习过程时不可或缺的重要因素。对"传统文化中的语文元素"，采用课前布置预习的题目，课中用幻灯片的方式呈现出来，便于学生了解传统文化与语文学科的关联和相容性；对"传统文化习俗"，采用讨论的方法，让学生在学习的过程中产生碰撞，加深印象。

2. 选修课课程结构的创新。选修课与必修课的关系定位为：在学习内容上不重复，做到互补。虽然各年级语文学科在传统文化知识体系上侧重不同，各课结构也不尽相同，但在带着目标开展有真实意义的课程，尽量呈现学习过程，并在其中渗透传统节日语文创新活动的方法上具有共同特点。

二、改变教学方式，融会活动方法

传统文化教育在语文学科课程中的实施由课程学习和综合活动两大领域构成，其中以课程学习为核心，综合活动相配合。课程学习依托每周固定的课时完成，并辅以学科教学内容的渗透；综合活动以"名著赏读""诗词大会""汉字听写""制作一个诗词诵读的广播节目""课本剧表演"为主要载体。

（一）在课程学习过程中，我们尝试的教学方式是：集中与分散相结合

所谓集中，即各年级语文课课程教学前都设置了"传统文化与我"这节课，各课结束后设置"教学反思"环节，这是以往学科教学不曾涉猎的。"传统文化与我"这节课的教学重点是带领学生学习和研究传统文化的教育理论，并将其基本理念运用到语文学科研究性学习中。我们的呈现方式是传统文化知识讲座的开设、研究性学习的深入、综合实践活动的协同教学等。

所谓分散，即传统文化的培养，需要在具体的语文学科传统文化课程教学中进行，不宜离开语文课堂而孤立训练。教科书在呈现语文学科所需要学习的传统文化知识时，潜移默化地培养了学生传承民族与国家优秀文化的责任，增强了学生的民族自信心，促使学生们为成为具有华夏根基的国际公民而努力。

（二）在综合活动过程中，我们尝试的教学方式是：实践体验

如何在初中阶段的语文教育中进行中国传统文化的教育实践，这是现阶段初中语文教育工作者急需探讨的问题，我们以央视《中国汉字听写大会》《中国诗词大会》为原型，借鉴国内传统文化教育研究成果，结合学生实际，采用"字词积累＋校汉字听写大会""诗词积累＋校诗词大会"的方式，强化学生的主体地位和参与意识，以解决汉字诗歌积累及传统文化传承的真实问题为指向，身体力行，使学生感受祖国文化遗产的无穷魅力，切实受到思考教育与感召，做到尊重并自觉爱护传统文化，热爱传统文化，增强民族自信心。事实证明，成果显著。

活动"制作一个诗词诵读的广播节目""课本剧表演"，促进了学生在真实活动中形成传统文化价值观。有的学生喜欢豪放派的词，教师就对学生学习的知识的广度和深度进行引导，带领学生寻找资料，探究豪放派词人的人生轨迹，比较不同词人的思想，通过阅读感受不同词人的不同词风，等等；在课外时间，组织各种经典"课本剧表演"活动，每一学期或每一学年，各年级部举行一次面向全校甚至全社区的"课本剧表演"，展现一学期或一学年的成果。体验型的"课本剧表演"为学生提供了学会学习、学会生活的真实场景，使融入传统文化的语文课程成了中小学生"瞭望"社会的窗口，成了中小学生和社会沟通的桥梁。

三、整合教学资源，深化传统文化核心价值教育

语文教材中出现的传统文化对于中华民族传统文化来说，只不过是沧海一粟。为了更好地进行传统文化在语文教学中的实施，可以通过各学科间资源整合，将一种文化现象用不同的学科知识去理解与解释，将其创造性地运用于学校教育教学的研究实践中。为此，整合教学资源，深化传统文化核心价值教育势在必行。

（一）跨学科整合传统文化教学资源

我们首先从语文、地理、历史、美术、信息技术、综合活动课等学科着手进行课程资源整合的实验，分别开设了历史课"长城"、语文课"长城"、计算机课"苏州园林"、综合实践课"苏州园林"等。这些实验课，将传统文化的内容和学科本身知识的教学进

行了比较成功的融合。如语文学科以"为长城写颁奖词"为融合点,历史学科以"探寻长城的历史渊源"为融合点,信息技术课把"以苏州园林为主题的多媒体作品制作"作为契合点,综合实践课将苏州园林作为研究对象,指导学生如何选题、如何进行小组的合作等。

跨学科融合传统文化的典型案例是历史、地理、语文三门学科教师共同执教的"访园林假山"。我们在初二年级尝试进行了这三个学科教师同台执教的授课,引导学生从历史、地理、语文三个角度,了解了与园林假山有关的历史名人,文化古迹,太湖石的成因、搬运、叠置等知识,通过古代诗文,引导学生想象,品味假山内在的人文价值。为时一小时的课程,知识容量大,视野开阔,纵观古今,衔接自然,收到了很好的效果。

(二) 跨领域整合传统文化教学资源

语文综合活动的进行为我们跨领域整合传统文化教学资源提供了一个很好的契机,我们走进苏州博物馆、中国昆曲博物馆、苏州丝绸博物馆,以微电影制作、参与"赢在博物馆"知识竞赛等模式,跨领域整合体验传统文化的魅力。以七年级下册"戏曲大舞台"这一综合学习活动为例,它的定位是多方面的,如表演、戏曲及文学等,这无疑为初中生提供了广阔的天地。通过戏曲文化开展学习活动,不仅可以培养学生整理资料的能力、口语交际的能力及写作能力,同时还能激发学生对传统文化的浓厚兴趣。

如何使传统文化教育在初中语文学科教学中的实施策略有效,需要以学习的态度和创新的精神实现、实施。将传统文化融入初中语文课程,对于教师来说是新的挑战。许多知识和课程形式可能都是他们未曾涉猎的,因而教师在教学准备阶段需要花费大量的心血和时间,并且要改变原有的模式,打破学科壁垒,提高学科共通能力。教师只有不断地去钻研、学习、创新,才能有所成就。此外,对于传统文化教育在初中语文学科教学中的课程设置,也必须以更灵活的方式、更有效的路径,使目标的实现和设想的过程具有可操作性和推广价值。

参考文献

[1] 张秋玲,王彤彦,张萍萍. 新版课程标准解析与教学指导(初中语文)[M]. 北京:北京师范大学出版社,2012.
[2] 习近平. 决胜全面建成小康社会 夺取新时代中国特色社会主义伟大胜利[N]. 人民日报,2017-10-18.

国际化教育中传统美食文化创新教育的实践探讨
——以苏州外国语学校为例

徐 群

【摘 要】 苏州外国语学校是注重中华传统文化和世界多元文化融合的国际化学校。作为寄宿制学校,学生在校期间校园的美食文化应该是校园文化的重要组成部分。为了培养"具备国际化视野且通晓中华文化的中国公民",初中部开设了多种特色班级、特色课程及特色活动,将传统美食文化放在国际化教学的视角下,创新学习内容和方式,在不同的学科中交叉融合,在不同文化间碰撞交融,多角度、多层次了解美食文化。

【关键词】 国际化视野;传统美食文化;创新;教育

苏州外国语学校本着"素质培养,文化关怀"的教育理念,培养阳光自信、富有朝气、善于表现与表达,具有国际视野,懂得国际理解,具备核心素养,通晓中华文化的中国公民。苏外中学部分为国际部、实验部,另设有菁英女班、绅士班、AC 班等特色班级。除英语外,学校还开设了德语、西班牙语、日语、法语、阿拉伯语五门小语种课程。

中国是一个文化大国,美食文化是中国人引以为豪的传统文化的瑰宝之一。饮食更是人赖以生存的基础,作为寄宿制的学校,苏外学生大部分时间在校内用餐,因此,学生在校期间的饮食文化及美食文化教育应该是校园文化建设的重要组成部分。

仅仅是复制和借鉴传统美食文化,在中学生核心素养培养的大背景下显然有点保守和僵直。如何将美食文化的记忆和精神融入国际学校学生的培养过程?苏外在课程设置和活动设计上大胆创新,从初中学生的兴趣出发,多线路、多角度将传统美食文化融入日常教学教育中,试图探寻传统文化在现代教学中落地的创新之路。

一、品鉴各地传统美食的社团兴趣课程

社团活动是学校课堂的延伸,是培养学生核心素养的重要平台。目前苏外初中实验部共开设 33 个社团,在社团里同学们边玩边学,将严肃的学科理论和丰富多彩的社团活动相结合,凸显各学科特色,社团活动既是不同学科课堂的延伸,同时也搭建了展示学生才华的舞台。

以"生活中的地理"社团课堂设计为例,为了更好地了解中国传统美食,社团成员们举办了别开生面的天南地北美食品鉴会。同学们带来了各地传统的美食,如广东的月饼、湖北的青橘、平遥的牛肉干等。但如果仅是品鉴美食,课堂内容单薄,流于形式,所以社团老师创新课程设计,将美食与书本中的地理知识结合起来,让学生从食材生长的自然地理环境来分析食物与自然地理的关系,从当地的人文风俗习惯来分析饮食和人文地理的关联,或是分享自己和某种美食的小故事,精彩纷呈的分享和讨论让品鉴会不仅成为舌尖上的盛宴,更成了知识的盛宴。

中学生在社团课程中学习、理解、运用学科知识和技能等方面所形成的综合能力和情感态度,培养了中学生核心素养中的人文底蕴。

二、研究地方传统美食历史和发展的"师生共研"综合实践课程

"师生共研"综合实践课程是苏外初中实验部为促进师生共同成长而开设的研究性学习项目,在各学科老师的精心指导下,学生有效进行小组课题研究。目前已成功举办5届,共50多个课题成功开设并结题。其中《含糖饮料对健康的影响》《苏州糕团的研究》《苏州茶的文化和科学研究》《苏州地理与苏州典型菜肴研究》等课题皆从食物选题,抓住中学生最浓厚的兴趣点,开展深入系统的学术性科学研究。

以《苏州糕团的研究》课题为例,指导老师以苏州名片食物"糕团"为研究对象,以探寻苏式糕团文化为宗旨,从制作糕团原材料稻米的种植文化开始追根溯源;收集苏州历史上有记录糕团种类材料;调查现存流传至今的糕团种类;走进"黄天源"和"采芝斋"等百年老字号学习糕团的制作,了解从稻米到糕粉,再到入笼等一步步传统制作工艺;为了苏州糕团发展能适应现代社会生活水平不断提高的市场需求,课题组同学们为生产企业提出了口味和包装上的创新建议;为了呼吁更多的中学生关注苏州传统糕团文化的细节,学生们组织糕团义卖,撰写电影脚本,将盈利所得拍摄了一部关于苏州糕团的宣传片。苏外"师生共研"为具有家乡传统文化情怀的学生们提供了巨大的舞台,循着中国饮食文化时代发展的轨迹,透视现代食品工业进程中的种种文化现象,新一代的学生具有强烈的意愿去继承和发展传统文化中的优秀成分,用自己的智慧和努力为建设有苏州特色的食品工业出力,努力实现自己的家乡情怀梦。

三、外籍教师执教的"营养与烹饪"才艺课程

苏外初中部菁英女班课程设置以初中阶段必修课程为主,同时开设女性特色课程,如茶道、花道、刺绣、烹饪课。"营养与烹饪"课每学期由不同国家的外籍老师担任,每周围绕一道菜或甜品,教师先通过英语或其他语种介绍美食文化背景,再带领学生们在烹饪教室进行烘焙实践。创新的教学内容、不同文化背景的教师选择、教学的地点变换,让学生兴趣浓厚、全员参与。学生们在团队合作中学会了生存,在潜移默化中学习了语言,掌握了生活技能,了解了世界各地的美食和文化。

苏外教育提倡中西方文化融合,让学生充分开阔视野,在感受世界文化的大背景下对民族传统文化的理解更全面,掌握和运用人类优秀智慧成果,发展成为有宽厚文化基础、有更高视野追求的人。

四、科学探究食物成分种类和作用的生物必修课程

苏外初中实验班课程以初中阶段必修课程为主,其中生物课是必修科目之一。为了帮助学生理解食物与人体的关系,任课老师设计了一系列与学生自身生活密切相关的教学情境:小组内学生设计适合中学生的一日合理食谱,并亲手做好带到课堂,在分享美味中交流、评价其他组制定的食谱是否科学,并提出改进意见;通过实验的方法鉴定出食谱中的食物所含的主要成分,最后通过食物燃烧的实验,将食物中所含的能量通过燃烧的现象表示出来,学生立刻能理解食物对人体的作用。

中学生在创新的课堂形式如品尝、实验、交流中学会学习,培养了健康生活、批判性思考、科学探究、实践创新等多方面的核心素养。

五、浸润异国文化的美食节

除英语外,苏外初中部还开设了德语、西班牙语、日语、法语、阿拉伯语五门小语种课程。学习异国语言的过程,有时候不仅仅是词汇的积累与语法的记忆,更要了解另一种文化,一国的经典美食往往能体现一国的文化。

多语种课程的任教老师们设计了多种多样学习和了解异国美食文化的活动,如德式、法式、日式等冷餐会、早餐会、美食节,希望帮助学习多语种的同学们在国际化学习的道路上走得更有趣、更长远;苏外每学期都会有世界各地友好学校的学生来交流学习,其间多语种组会举办各种妙趣横生的美食文化互动活动,其他学部的同学们不仅能够品尝美味,也可以向异国的小哥哥、小姐姐们学习如何制作地道的异国食物;苏外的同学们陪同远来的客人们品尝中国传统食物也是重要的交流项目,他们用各种语言进行介绍和交流,体验了文化多样性的乐趣。中国传统美食文化在苏外这个注重中华传统文化和世界多元文化融合的国际化"餐桌上"向世界各地飘散着香味。苏外中学生在日常的学习生活中感受到中国的饮食文化在世界上崇高的地位,中国的味道让中学生为自己的民族传统文化而骄傲,培养了学生良好的价值观和世界观。

苏州外国语学校初中部课程设置和活动设计多元化发展,社团活动选题广泛、新颖,不流于形式,结合课本理论提升高度;研究性课题关注家乡传统文化,研究方法创新多变,研究结论为传统文化在现今社会发展提出创新性建议;特色课程创新课程的设置,从国际视角文化的视角解读美食文化对现代学生的影响;必修课程创新课堂的教法,拒绝说教,把课堂还给学生,深度培养学生的核心素养;多语种活动设计具有创新性,苏外在国际对话中向世界传递着传统文化的魅力。

中华民族传统文化是我们国家的"根"和"魂"。习近平总书记指出:"中华民族有着源远流长的传统文化,也一定能创造中华文化新的辉煌。"在新的时代背景下,发展传统文化要注重创新性,需要运用创新性的思维与战略来推动中华传统文化的发展。国际学校的教学尤其要重视对学生传统文化的教育。苏州外国语学校通过多种多样、创新有效的教学方式和手段,创新地将传统文化的精神融入学生的学习生活,让传统文化焕发出新的生机,让学生们传承并发扬光大。

参 考 文 献

[1] 习近平. 决胜全面建成小康社会 夺取新时代中国特色社会主义伟大胜利[N]. 人民日报,2017-10-18.

[2] 林莹秋. 新时代背景下传统文化教育在大学语文教学中的运用[J]. 河南教育学院学报(哲学社会科学版),2018(4):122-125.

中英物理教材中创新素养的渗透性研究

舒 欣

【摘 要】 创新素养是每位学生应具备的、适应终身发展和社会发展所需要的必备品格和关键能力。通过中英物理教材中课程标准、实验设计、作业设计方面的对比,取长补短,从而明确我国物理课程中对学生创新素养培养的任务和努力方向,对我国的科学教育或国际化学校的校本课程有重要的借鉴意义。

【关键词】 创新素养;物理教材;对比

课程作为学校教育中教与学双边活动的载体,深刻影响着学生的知识体系、价值观建立和科学人文精神。想要发展,必须创新。这些年课程改革的步伐始终没有停止过,我国的初高中物理教材不断在做着各种尝试,但是纵观全球,我国科学教育起步较晚,发展较为缓慢,依然在很多方面落后于国外发达国家。因此,为了能更加直接、快速、合理地提高国民素质,我们需要在对比中鉴别,在鉴别中吸收经验,这样才能为社会经济、科技发展提供更多的人才和支撑。笔者作为中国传统教育的亲历者,同时又在研究国际教育及剑桥考试的第一线,期望从中英两国物理的课程设置、习题设置和实验设置的角度对比两国的异同,从而为我国学生整合优质的教学资源,为物理课改提出建议。

一、中英物理课程标准对学生创新素养要求的对比

我国《义务教育物理课程标准(2011年版)》里对课程性质、课程基本概念、课程设计思路、科学探究、教学评价建议等做了详细的介绍。在此,重点就能反映培养学生创新素养的部分进行剖析。首先,在第一章课程基本概念部分(1)中提道:面向全体学生,提高学生科学素养。在(2)中提道:提倡教学方式的多样化,注重科学探究。其中科学探究主要包括以下几大部分:提出问题,猜想与假设,制订计划与设计实验,进行实验与搜集数据,分析实验并得出结论,评估与交流合作。其次,在课程目标部分中指出:义务教育物理课程旨在提高学生的科学素养,并让学生在知识与技能、过程与方法、情感态度价值观等方面提高科学素养。最后,在课程内容部分提出其由科学探究和科学内容两部分组成,而且重点突出了科学探究要重视过程,让学生经历过程。总之,我国物理课程标准对学生创新方面的要求是让学生始终保持对自然界的好奇,并能利用所学的物理知识进行一定的科学探究,培养学生的独立思考和创新意识、合作和批判精神,以及将科学服务于人类的使命感和责任感。

较早推行科学教育的英国,一直将科学探究精神作为培养学生的重中之重,在几次改革中也始终明确其重要地位,现就其GCSE(General Certificate of Secondary Education,普通中等教育证书)物理课程标准评价目标包含的不同层面进行总结,具体见表1。

表 1　英国 GCSE 物理课程标准

英国 GCSE 物理课程标准具体要求的内容	1. 加深对物理的理解和认知	评价目标 AO1	回忆、选择和交流对物理的认知和理解
	2. 深化对物理及其在社会中的应用的理解		
	3. 认识到测量在物理中的重要性		
	4. 加深自身对自然科学和科学进程的认识和理解并进行应用	评价目标 AO2	将技能和对物理的认知理解应用在实际环境中的物理
	5. 加深对假设、证据、理论和解释之间的理解		
	6. 培养自身风险意识和评估潜在风险的能力		
	7. 在实验室或其他学习环境中，培养自身对观察、时间、模型、调查和问题解决技能的理解并加以应用	评价目标 AO3	分析和评估证据，做出可靠的判断，并在证据的基础上得出结论
	8. 基于科学，进行定性和定量的批判分析，发展自身评估主张能力		
	9. 在科学环境下培养自身沟通技能、数学和应用技术的技能		

二、中英物理教材中实验设计的对比

通过分析国内物理教材，可知我国也越来越重视实验在物理中的重要性。教材中设置的实验难度不大，器材比较容易获得，可操作性较强，而且教材中实验的数量也是逐年增加，以力学为例：要求学生使用弹簧测力计对身边的物体进行测量，初衷是激发学生的好奇心，但是实际操作起来学生自觉性不高，容易应付了事，且该实验趣味性较差，效果不佳；而英国教材中涉及这一章节的时候，要求学生自己探究如何改变弹簧的长度，并在改变的过程中发现改变的规律，通过感受重物和弹力的关系总结规律，可自行推导出胡克定律的内容。可见，对于同一个实验呈现的方法和表述问题的方式不一样，往往获得的兴趣动机就不同，在这方面中国教材应多学习英国教材如何激发学生的好奇心。在实验的设计方式上，如在"牛顿第一定律"中测量小车前进的距离和斜面摩擦力的关系的时候，我国教材注重让学生观察现象，继而进行猜想：如果斜面完全光滑，小车会怎样运动？距离有多远？这很符合伽利略的探究过程。但英国教材很注重学生科学思维的培养，包括批判性思维和发散思维的培养。他们会让学生观察实验后提出该实验有哪些地方需要改进或者怎样改进能达到想要的效果，并注重考虑实验中哪些安全因素需要考虑进去，这样的形式可以启发学生大胆思考。此外，英国教材还有很多实验不会直接给出实验步骤和实验结果记录表格，而是让学生大胆猜想。和中国教材对比，这种方法可以使学生不盲目屈服权威，多进行批判性思考，但同时也存在着不利于学生进行系统性思考的缺点，笔者建议教师在使用该方法时针对学生情况具体考量。

三、中英物理教材中作业设计的对比

我国物理教材在课后习题中的问题主要围绕"是什么""为什么""怎么做"这几方

面来设置，这类问题主要偏重考查学生基础知识的掌握。另外，我国物理教材也会布置相应的实验来培养学生的动手能力和创新能力，同时有些调查报告的题目也是实验过程的另外一种拓展形式，可以激发学生自己找寻数据，搜集汇总资料，并得出相关结论。如在《压强》和《浮力》章节出现了大量的计算题，可以有效提高学生的计算能力。总体来说，中国教材的习题作业设计较为丰富，开放性题目有所增加，应用类、探究类和调查类的习题也被引入了教材中，让学生能够从生活中发现物理的乐趣。

英国物理教材在课后习题的设置上一般都以问题的形式来呈现，只给出要"做什么"，然后其余的推演过程全部放手由学生去完成。在习题设置的形式上，英国教材与我国人教版教材大致相同，除了问答题、小实验、调查研究报告、开放性问题及计算题外，还安排了少量的填空题和选择题，填空题主要涉及学生对基本知识的概念及公式的掌握，可以用来梳理整个章节的重要内容，类似于单元小结；教材中选择题较少，虽然 GCSE 考试中选择题较多，但是难度均比较低，容易理解。

四、总结与建议

学习国外的先进思想和教育理念一直是我们努力的方向，但也不能忽视我国教育的优点，通过以上对比，基于国内外具体情况，总结及建议如下：

（1）课程标准方面。我国的课程标准体系全面且细致，很适合中国学生的发展规律；国外的标准较笼统，但较注重合作交流方面及现代化工作使用方面，建议我国在保留自身优势的基础上也注重未来教育发展的趋势。

（2）教材知识结构方面。我国的物理教材较为系统，从力、热、光、声、电等方面清晰地描述了物理的发展脉络和知识应用，较为注重深度的拓展；但英国教材比较注重拓宽学生的认知范围，偏重广度的延伸，建议将二者结合起来由浅入深进行分析。

（3）教材习题设置方面。我国教材严密性较强，引入大量的文字叙述，导致趣味性不足；英国教材习题经常引入较多的图片代替文字，而且语言较为简单易懂，重点关注学生对知识点的掌握。建议我国教材习题应注重趣味性探索，避免枯燥的文字叙述。

（4）实验设计方面。我国教材越来越注重引入探究型实验，但由于初中阶段知识点较为简单，所以活动设计等大多流于形式，真正培养学生创新素养的题目不多；而英国教材常常让学生在某一主题下，自行设计相关实验并相互交流，鼓励学生自己发现问题并解决，而非提供菜单式的实验操作。建议我国教材应注重更多的问题探究，避免菜单式布置任务，以培养学生的探究能力。

当然，任何一本教材都有不足之处，我们需要结合自身特点和学生的水平适时适当地进行调整，并认识到教材改革和创新素养培养的任务依然任重而道远。

参 考 文 献

[1] 李青. 中英两国初中物理教材的比较研究［D］. 南充：西华师范大学，2017.
[2] 王璐，王向旭. 英国普通中等教育证书（GCSE）考试现状与改革趋势研究［J］. 外国中小学教育，2014（4）：60 – 64 + 59.
[3] 钱颖. 中英初中物理教材的比较研究［D］. 苏州：苏州大学，2009.

实践型选修课程中传统文化的创新、中外文化的碰撞

张婉玉

【摘　要】　中国传统文化体系中的精神内核和文化意义博大精深，既有平实的底蕴、精巧的技艺，又有高情远致、诗情澎湃。所以，虽然时代飞速变化，思想观念不断更新，我们仍能从这些文化里学习借鉴、推陈出新。本文从苏州外国语学校国际二部实践型选修课程中传统文化的创新、中外文化的碰撞的角度切入，探寻文化的学习特点。分别讨论生活技能类、社会探究类、自然科学类实践性课程的实施与存在的问题，最后总结成果并提出改进建议。

【关键词】　民族文化；传承与创新；实践型课程；外国文化

实践型选修课程打破学科界限，是一门强调以学生的经验、社会实际和社会需要和问题为核心，以主题的形式对课程资源进行整合，以有效地培养和发展学生解决问题的能力、探究精神、创新能力和综合实践能力为目的的多样化课程。这一系列课程注重转变单一的知识传授方式，强调多样化的实践性创新学习。在这样的探究学习中，学生们也在了解、感知、思考其中的文化。

中国文化博大精深，华夏五千年文明历史的积淀既能浸润学生的心灵，也能让学生将传统文化传承下去；西方文化也有璀璨的部分，其对自然现象的探究、辩证性的思考方式值得我们学习，其中的饮食文化、家具设计等也是初中生可以探究的方面。教师团队从自然、社会、学习、生活等方面对中西方文化进行了挖掘、探究，结合学生的认知和能力范围，开设实践性课程。学生基于自身兴趣，在教师指导下，从自然、社会和自身生活中选择并确定研究主题，因此国际部初中生的实践型选修课程大致分为三类：生活技能类、社会探究类、自然科学类。

一、生活技能类

生活技能类实践课包括木工课程（榫卯结构）、家具设计课程、食物与营养学课程（厨艺课程）等。木工课程研究的是中国传统巧妙的榫卯结构，中国古代的建筑包含着许多精巧的设计，教师们通过介绍并实际操作，让学生发挥空间思维能力和动手能力，并创造性地加入自己的特色；食物与营养学课程由外教开设，带领学生了解世界各地饮食文化，学生亲自动手制作出一道道佳肴，每一道美食都承载着一个地区的风土人情、社会文化，学生们通过食物比较中西方文化差别，趣味性地了解着世界各地文化；家具设计更是奇思妙想的呈现，不同的风格、不同的特色吸引启发着学生，在教师 Nathan 的指导下，兼具功能和美观的新奇家具在学生们的手下熠熠闪光。

（一）木工课程与家具设计课程

在中国古代社会，木工是非常重要的手工业，制造车、舟等交通工具，农业和手工业的生产工具，建造房屋等都需要木工技艺。随着新技术的发展，我国的原木加工设备逐渐与国际先进水平接轨，取传统木工技艺的精华，加以新技术和创新，形成了具有中国特色的木工技艺。沈岑老师带领学生，通过研究鲁班锁、动手制作具有榫卯结构的木

工工艺品的方式，学习精益求精的木匠精神，让学生们自己动手并创新性地在雕琢中加入自己的特色。学生们不仅得到了动手实践能力、创造性思维、系统性思维的培养，还了解了传统建筑的精巧结构，感受到了匠人精神的可贵。

除此之外，国际二部还开设了家具设计课。"废纸板、快递箱，你是不是随手就扔进了垃圾桶？来 Mr. Pelton 的家具设计课，教你如何变废为宝，用纸板做出桌子、椅子等一件件艺术品，说不定还建造出一间休息室。"美国老师 Nathan 的家具设计课程的宣传语吸引着学生踊跃报名。家具既是物质的载体，也是文化的载体，是艺术和技术的结合。在设计家具时，需综合考量其功能、用途、原理、形状、材料、色彩、成分等，家具设计课程的目的是让学生理解和尊重文化艺术的多样性，具有发现、感知、欣赏和评价美的意识和基本能力，具有健康的审美价值取向，以及具有艺术表达和创意表现的兴趣和意识，并能在生活中拓展和升华美。学生通过了解中外不同的设计结构，探究其背后的文化意义，设计出了多种多样的手工艺品。

（二）食物与营养学课程

2014 年发布的《中国学生发展核心素养》中的第三条基本原则是"强化民族性，着重强调中华优秀传统文化的传承与发展，把核心素养研究植根于中华民族的文化历史土壤，系统落实社会主义核心价值观的基本要求，突出强调社会责任和国家认同，充分体现民族特点，确保立足中国国情、具有中国特色"。中国饮食享誉全球，极富民族特色，饮食文化和各地风俗人情息息相关。除了带学生走进厨房，探索食物本身的奥秘外，Natasha 老师还会教授许多营养学的知识，带领学生了解饮食习惯与健康。除了中国的八大菜系，世界各地其他的美食也让学生们大开眼界，学生们在了解了食物的营养价值和特点后，发挥想象力和创造力，自己动手或团队合作，去尝试、去创新，制作出一道道精美的菜肴，不仅锻炼了动手能力，还比较分析了中外饮食文化的异同。

二、社会探究类

（一）广告与纪录片制作

"只有那些疯狂到以为自己能够改变世界的人，才能真正地改变世界！"这是 Sherry 老师在宣讲时套用的苹果公司的文案，她的团队和此文案一样让我们眼前一亮。他们小组为学校"美好时光"咖啡做的广告让人拍手称赞，答案之书的广告制作也令人惊喜。三年级二班马小兰等制作了中英文纪录片《苏州老人记》，他们在 2019 年的英文纪录片选修课上，精心选题，利用课余时间拍摄剪辑，关注空巢老人的生活，更用独特的视角展示了唐卡、木版年画、刺绣等中国传统文化，内容丰富，剪辑精致，体现了他们的深刻思考与创新精神。"纪录片兼有纪实性与构成性的特征，通过声情并茂的记录方式，将外部的世界与主体的感知融为一体，真实再现了人类自身的发展，更饱含着对于历史、自然、文化以及未来的思考。"学生拍摄广告、纪录片、电影不仅能培养创造性思维、批判性思维、合作能力、沟通能力、叙事能力、时间观念等，还能对当地文化产生一定的影响，尤其是通过纪录片的制作，他们能很好地表达自己的想法。

（二）古诗词里的微缩模型

《中国学生发展核心素养》中的文化基础强调"人文底蕴，主要是学生在学习、理解、运用人文领域知识和技能等方面所形成的基本能力、情感态度和价值取向。具体包括人文积淀、人文情怀和审美情趣等基本要点"。学生们通过对诗歌意境的解读,用微缩模型将其展现在我们的面前,可谓匠心独运。通过诗词可以让学生欣赏美,形成人文积淀、人文情怀和审美情趣。"层峦耸翠,上出重霄;飞阁流丹,下临无地""好是春风湖上亭,柳条藤蔓系离情""绿树阴浓夏日长,楼台倒影入池塘""雨里鸡鸣一两家,竹溪村路板桥斜"表达的意境,学生可以在理解后创造性地通过微缩模型进行展现。费孝通曾说过,人们首先要认识自身的文化,理解多元文化,才有条件在多元化的世界里确立自己的位置,与其他文化一起取长补短,共同建立一个大家认可的基本秩序。

(三) 汉服制作与研究

汉服文化是反映儒家礼典服制的文化总和,贯穿西周到明朝的儒家书史体系,通过祭服、朝服、公服、常服及配饰体现出来,汉服文化从三皇五帝延续至今。在当代,汉服文化正在通过汉服运动这一民间文化运动形式逐渐复兴。"民族文化是人类艺术发展的基础,一个国家的设计艺术的发展,需以本国民族文化底蕴为背景,如果割裂了传统文化和现代设计的联系,就是切断了我们艺术设计教育的'根和脉'。"学生们同老师一起研究汉服文化、配饰、鞋子等,拥有设计头脑的孩子们参与汉服设计、剪裁、展示,并传承汉服文化。

(四) 儿童绘本制作

《圆梦巨人》的上映带给了我们无数的欢乐与惊喜,而学生们将这部电影改编成儿童绘本,为我们筑建了一个美好的童话梦。他们在理解、分析故事情节后,进行了构图选择、色彩运用、造型设计等艺术创作。通过这些活动,学生理解并欣赏外国文化,同时将外国故事与中国本土童话或神话故事进行比较。例如,受多国文化的启发,国际二部初三年级於东轩同学绘画并制作了自己的绘本。

(五) 嘻哈音乐制作与戏剧表演

国际二部非洲裔教师 Victor 让学生们用最流行的嘻哈音乐唱出自己的生活,表达自己的态度。加拿大教师 Marie 和美国教师 Natasha 让学生将莎士比亚的经典戏剧《麦克白》搬上戏剧的舞台,权利与对抗、良知与恐惧,被这群孩子表演得惟妙惟肖,让人惊叹!哑剧《考试》(Silent School Test)、西语剧《亡灵节奇遇记》(Día de los muertos)、中文剧《长恨歌》也被他们改编,创意满满地搬上了舞台。中外文化的碰撞让学生们对文化从不解到沉浸和惊叹。

(六) 模拟联合国

学生们扮演不同国家或政治实体的外交代表,围绕国际上的热点问题,在会议主席团的主持下,通过演讲来阐述观点,为了"国家利益"辩论、磋商、游说,为未来迎接国际化的挑战做好准备!在模拟联合国活动的过程中,为了使交际更有效,学生需要迅速调动自己平时学习的关于该文化的知识,调整好自己的交际行为与模式,将知识转化成技能,学生的跨文化交际能力有了实质性的提高。

三、自然科学类:科学与艺术、奇妙的化学实验

在自然科学类的课程中,学生学习科学知识并动手操作,不仅能领略科学的严谨,更能体会艺术的创造。例如,学生拍摄了不同颜色的颜料以不同方式进入水中产生的不同艺术视觉效果,令人惊叹。《中国学生发展核心素养》中的科学精神"主要是学生在学

习、理解、运用科学知识和技能等方面所形成的价值标准、思维方式和行为表现。具体包括理性思维、批判质疑、勇于探究等基本要点"。中外发明数不胜数，中国科技创新发展迅猛，学生自主探究、培养科学精神是实践型选修课的重要部分。

四、问题与前景

"多元文化课程开发的基本价值理念在于向生活世界的回归。回归生活的课程生态观，是课程向自然、生活和人自身的回归，在生活体验的基础上体验课程的意义。"国际二部的创新型实践课程对中国传统文化的优秀部分进行了学习探讨，并融合了其他国家文化，学生们探索研究各个课题，培养了核心素养。但在实施过程中出现了一些问题，一是部分项目导师非本课题专业领域，在项目的深度和广度上无法进一步拓展；二是学生的展示比较局限，仅在校内进行展示，需要有更多机会在不同平台进一步探索。希望探索型课程能够让学生辩证地看待中西方文化，吸取精华并融入新的想法。

参 考 文 献

[1] 谭敏. 论宣传性纪录片的制作 [J]. 西部广播电视，2017 (5)：91.
[2] 张冠生. "人们现在有一种需要"：费孝通教授近读访谈 [J]. 博览群书，1998 (3)：4-5.
[3] 王柔懿. 浅谈在艺术设计教育中加强中国传统文化学习的必要性 [J]. 艺术与设计（理论），2010 (6)：187-189.
[4] 尹竹. "模拟联合国"活动对提升学生跨文化交际能力的思考 [J]. 成功（教育版），2013 (4)：62.
[5] 赵德肃，刘茜. 论民族文化在学校课程中的统整 [J]. 贵州民族研究，2007，27 (3)：165-170.

文化渗透，互通有无
——英语原版教材教学体会

阳瑞颖

【摘　要】 在过去的数年里，我国开始大量引进英美国家的原版英语教材进行教学。使用英语原版教材的最大亮点在于有大量的异国文化通过教材本身被传递出来。我国的英语教学旨在培养能以英语为桥梁把中国文化传达给世界的英语学习者。这个过程必定是文化的互相交流。

【关键词】 文化；英语原版教材；英语教学

一、英语原版教材传递的异国文化

很多原版教材，尤其是绘本、故事类等英语原版教材在英语教学中起到了不可取代的作用。特别是在孩子学习英语的初级阶段，我们在教学实践过程中着重从自然拼读和简单的英语绘本入手，加上儿童歌曲、电影等，用以激发孩子的英语学习兴趣，然后再过渡到一些高阶的绘本、科普书等，让少儿在英语启蒙阶段感受到纯正的英语。剑桥大学出版社为4岁至12岁非英语国家儿童出版的英语原版教材，由国际英语教学专家Caroline Nixon和Michael Tomlinson合作编写。在Kid's Box（学生用书）第一本的第12单元中，通过标题我们可以看到本课的主要内容是"聚会"，这就开启了文化的碰撞。中国人总是因为节日聚在一起，中国人也很看重节日的氛围。比如传统节日端午节、中秋节等，而聚会最重要的角色就是食物，比如端午的粽子（分成肉粽和甜粽等）、春节的饺子等。而在原版教材里，孩子看到的是另外一番景象。外国人的聚会叫作"Party"，我们将其翻译成"派对"。派对一般在家里，当然也可以在教堂、公园或者其他一些特定的场所进行。食物是派对的重要角色，但派对的食物与中国的传统食物也截然不同。我们在原版教材中可以看到比萨、巧克力、冰激凌等食物，但一些传统的家长会把这类食物统一归纳成"垃圾食品"，老师们在教学的过程中就会尽可能客观地尊重各国的文化和习俗。而学生们，也就是这些学龄前儿童开始了接触外国文化之旅。在原版教材教学过程中先学会尊重不同的食物差异，再学会尊重各国的文化内涵差异。

学生用书第三本第2单元"Home, Sweet Home"呈现的是CLIL教学部分。CLIL教学法，指的是Content and Language Integrated Learning（内容和语言的融合教学），是一种把内容和语言相结合的教学方法。我们通过图片和文章可以看到不同地域的人们居住的不同房子。第一段文章描述的是生活在印度尼西亚的新几内亚岛巴布亚省偏远森林中的科罗威部落（Korowai），他们居住在内陆地区。但是，原来的科罗威人住在树上，被称作树上的居民，如今的科罗威人已经不生活在树上了。第二段是我们知道的毡房，中国北部的游牧民族可能更为熟悉。它携带方便，而且十分坚固耐用，居住舒适，具有防寒、防雨、防地震的特点。房内空气流通、光线充足，毡房许多年来一直为游牧民所喜爱，因为是用白色毡子做成，毡房里生活用品应有尽有，所以被称为"白色宫殿"。第三段讲的"Igloo"是因纽特人的房子，因纽特人居住的环境非常恶劣，所以他们通过住特殊的房子度过寒冬。在一些原版教材里我们还能看到英美国家居民居住的房子，我们称之为独立式住房和半独立式住房，这些房子与中国孩子们印象中的房子大不相同，因为我们通常住在公寓楼或者住宅区里，所以学生们对之前提到的一些房子是非常陌生的。实际上原版教材里经常会把不同种类的住房类型作为教学素材，老师在教学过程中不仅仅需要熟知语言，更要了解文化的背景知识。由此可见，原版教材的使用不仅仅对学生提出了很高的要求，也给教育者带来了巨大的挑战。

二、文化渗透是语言交流的必经过程和必然结果

英语课堂不应该只是单纯地教授语言，更应该注重文化的渗透。文化承载着一个国家和民族的传统和精髓，我们只有了解和掌握了其文化，才能在教授语言的过程中更好地渗透语言知识。只有这样，学生在积累丰富的文化过程中，才能灵活地运用语言，让交流变得更加便利和畅通。

文化渗透是克服文化差异的关键，同时也是语言学习的必然结果。我们在教学过程中经常渗透的语言文化，其中既有西方国家和我国的文化差异，也不乏西方国家之间的文化碰撞，甚至包括同国家不同地区之间的文化交互。课堂中的文化渗透就是在这样润物细无声中产生和萌芽。这也能解释为什么学习外语的学生更有探究外面世界的好奇和欲望。

剑桥大学出版社出版的 *English in Mind* 系列书籍在中国乃至全球非英语为母语国家被普遍使用。这套教材也被苏州外国语学校、南京外国语学校和杭州外国语学校等外语特色学校作为校本教材或者补充教材。作者 Dr. Herbert Puchta 是国际著名认知心理学和语言教育专家，这套书是专门为青少年编写的。Puchta 博士对这个年龄段的孩子做了许多脑神经、心理方面的研究。他认为，十几岁的孩子处于"动荡不安"的成长期：如何看待世界，如何认同自我，如何与人相处，这些问题常常给他们带来深深的困惑，因此给日常学习造成巨大困扰。所以，在为这个年龄段孩子编写新版英语学习教材时，Puchta 博士认为，原版教材需要具备三大要素：首先，必须是建立在坚实英语学习理论上的，这是基础。其次，在选择语料素材时，应该"与时俱进"，采用贴近当今世界现实并有一定思考深度的内容，也就是能让青少年觉得有趣、有意义的内容。最为重要的是，在学习过程中融入三大"成长"要素——培养批判性思维能力（critical thinking）、塑造积极的社会价值观（value）、增强自我认知（self-esteem）。

English in Mind 英版第二本第 5 单元里提到的话题更是激起了学生们的兴趣。本篇主要内容是介绍各国的成人礼，取名"Growing up"。以下是主阅读的篇章，讲述的是与中国文化里的成人礼完全不同的巴布亚新几内亚的成人礼。坐落于南太平洋的巴布亚新几内亚，至今仍保留着很多原始的社会习俗，在巴布亚新几内亚流淌着一条 Sepik 河，河里到处是鳄鱼的身影。巴布亚新几内亚的传统文化认为，人的祖先是鳄鱼，因此鳄鱼在这个神秘岛国的文化中有非常特殊的地位，巴布亚新几内亚被称为"鳄鱼之国"。成人礼当天，一些小孩被抓去简陋的茅草屋，被当地的族人用竹子在身上刻出许多的纹路，这些像鳄鱼斑纹的纹路会让他们看上去像真正的男子汉。在炎热潮湿的环境里、医疗设备非常落后的情况下还能生存下来的小伙子确实是身强体壮的。看似简单的英语教学课程，学生们从中学到的远远不止语言。原版教材带给我们的不仅仅是一些文字、一些篇章，

更是让不同国家的学习者大开眼界，进行思想碰撞、文化交流、深入探讨。

通过本单元的测试问答环节，作者还介绍了欧美国家的人成年前后可以做或者不能做的事情，比如在什么年纪可以文身，年龄多大可以有投票权，什么时候可以拥有自己的银行账户等。

在本单元最后写作产出部分，作者又提到了亚洲日本的成人节。日本的成人节源于古代的成人仪礼，男生女生们穿着日本的传统服饰等待成人仪式的到来，这又与中国的成人礼联系了起来。

三、如何在英语原版教材教学中传播我国文化

诸如 English in Mind 此类教材的运用不仅仅是在中国，还被用到全球除了母语为英语的其他国家，所以在原版教材里的中国文化尤为重要。中华人民共和国成立70多年来，我国的经济社会发生了巨大变化，国际地位逐步提升。近年来，中国在国际舞台上发挥了重要作用，对世界经济的贡献越来越大，一带一路的兴起引起全世界广泛关注。中国文化源远流长，不仅对日本等邻国产生过重要影响，还对越南、新加坡等东南亚、南亚国家乃至美洲地区产生了深远的影响。如今许多国家成立了孔子学院，全球许多高校设立了汉语言专业。我们要把中国文化通过教育教学、以学生为载体传递出去。

《普通高中英语课程标准（2017年版）》中对选择性必修课程的主要内容进行了全面综合的阐述。其中的文化知识模块明确要求教师在教学过程中需要运用英语介绍中国传统节日和中华优秀传统文化，要具有传播中华优秀传统文化的意识。

在前文中提到的节日现在受到了大家广泛的关注，引起了热议。一些"洋节"，如圣诞节、万圣节、情人节等在国内变得非常受人重视。尤其是一些商家利用节日的噱头把这些原本不属于中国人的日子变得尤为重要。人们热议的话题五花八门，与其抵制这些节日，不如宽容接受，既不简单拿来也不盲目排外，吸收借鉴国外优秀文明成果，积极参与世界文化的对话交流，不断丰富和发展中华文化。所以在教学过程中，我们教育工作者要有坚定的信念和正确的观点，引导学生尤其重要。我们可以在学习西方节日的同时，通过节日的日期、活动、由来、食物等各方面与中国的传统节日做比较。通过表格或者图的形式，让学生们自己来介绍我国的传统节日。英语学习者应具备用英语把母语的文化和特色传递出去的能力。在我们的课上，孩子们生动地用英语讲解中国节日，或者是给外教老师介绍中国的节日和习俗。这个过程不仅仅是教学的内容，在伦敦三一口语学院组织的伦敦三一口语考试中，节日和假日作为第四级的考试内容，要求我们的学生向外国考官介绍中国的传统节日。在托福和雅思的写作中，关于文化传递的内容也是必不可少的。

比如我们在教授成人礼的部分时，可以以中国的成人礼作为导入。在教授这节课之前，可以先让学生们做好相关预习。了解了中国的成人礼，在以后谈论到这个话题的时候，我们就有了自己的文化内容。这样的教学流程不是单一的，我们尝试在课堂里把中国的成人礼作为写作内容，也就是英语教学中的输出部分。在学完巴布亚新几内亚、美国、日本等国的成人礼以后，要求学生把中国的成人礼用英语介绍出来，既可以练习学生的写作能力，又很好地结合了教材的内容和话题，真正做到了"互通有无"。当然，学生通过原版教材的学习得到的知识远远不止如此。

我们在教育的过程中，不断地接受新鲜的思想和文化。这些思想和文化来自世界各地，五花八门。中国人在过去的二十年里实现了英语学习的巨大改变。我们不仅仅是会说英语、有着东方面孔的中国人，我们也正在把中国文化带向全世界，同时将国外的文化取其精华、去其糟粕，有效吸收。原版教材让我们的教学变得更加地道和生动，让语言文化的渗透和交互变得灵动和自然。原版教材必然会给我们的文化注入很多新鲜的元素，也必然作为载体把我国文化传输到更大的平台。

参 考 文 献

［1］ PUCHTA H，TOMLINSON M. Kid's Box Pupil's book 3 ［M］. Cambridge：Cambridge University Press，2011：16－22.
［2］ PUCHTA H. English in Mind （Ⅱ） book 2 ［M］. Cambridge：Cambridge University Press，2011：40－45.
［3］ GEERTZ C. The Interpretation of Cultures ［M］. New York：Basic Books，2003.
［4］ 梅德明，王蔷. 普通高中英语课程标准（2017 年版）解读 ［M］. 北京：高等教育出版社，2017：111－115.
［5］ 顾明远. 学习和解读《国家中长期教育改革和发展规划纲要（2010—2020）》［J］. 高等教育研究，2010，31（7）：1－6.
［6］ 基辛格. 世界秩序 ［M］. 北京：中信出版集团，2015：171－172.

德育为先,学生活动创新

《很饿的毛毛虫》诞生记
——关于幼儿园开展戏剧表演活动的思考

潘 云

【摘　要】　幼儿生来具有戏剧性,他们可以在戏剧的世界里享乐,不受外界的束缚。开展戏剧表演活动,不是为了训练幼儿,更不是为了培养演员,而是为了激发幼儿创作的潜力,让幼儿在活动中受到艺术的影响,体验艺术创作的喜悦,然后愿意表达、敢于表达,提升幼儿解决问题的能力。本文主要通过对幼儿园开展戏剧表演活动的现状进行分析,探讨运用戏剧表演形式提升幼儿英语表达能力的教学策略,对幼儿园开展英语实践活动具有一定的参考价值。

【关键词】　戏剧表演;剧本选材;道具准备;排练方法

近几年来,笔者所在的幼儿园,将"幼儿戏剧表演活动"作为一项创新性工作。《3～6岁儿童学习与发展指南》中提道:艺术是人类感受美、表现美和创造美的重要形式,也是表达自己对周围世界的认识和情绪态度的独特方式。培养幼儿喜欢听音乐或观看舞蹈、戏剧表演的兴趣;引导幼儿自编自演故事,并为表演选择和搭配简单的服饰、道具或布景;幼儿在艺术活动中能与他人相互配合,也能独立表现等,是我们开展这项工作的主旨。

笔者观察的班级是中班,外教以生活教育为主线、以游戏活动为形式进行英文教学。外教全日组织幼儿的一日活动,以做到英文全渗透。幼儿通过"动感英语视听""经典英语游戏"等活动,不断提升英语口语能力和日常会话能力。

每年,幼儿园都会举行戏剧会演活动,这是展现幼儿戏剧表演能力和英语表达能力最好的机会。班级通过开展一系列的主题活动,教师、幼儿、家长"三位一体",共同探讨戏剧表演的内容,设计台词和动作,制作演出的服装和道具。随着今年戏剧会演活动的临近,大家不约而同地选择了幼儿最喜爱的经典绘本——*The Very Hungry Caterpillar*.

一、小小表演,意义大

戏剧表演是指幼儿利用一定的表演技巧(文字、动作、手势),通过扮演文学作品的角色来再现文学作品的内容。这不是为了向别人展示,而是为了使幼儿学会表达自我,体验艺术创作的乐趣,从而乐于表现、敢于表现。

(一) 通过角色激发幼儿对英语作品的兴趣

戏剧表演具有情感渲染和体验直观的特点,有利于激发幼儿对英语作品的兴趣,同时能够帮助幼儿增加对英文故事的理解能力。我们幼儿园自己编写戏剧表演教材时,针对不同年龄段的幼儿会编排不同的英语剧目,比如 *Three Little Pigs*, *Gingerbread Man*, *Jungle Book* 等,这些作品都非常适合不同年龄段的幼儿去演绎。另外,剧中的很多台词都是简短、有规律的语句,便于幼儿理解和记忆。同时根据剧本的要求,幼儿能够在表演中表现出不同角色的性格特征,比如毛毛虫的扮演者会表现出非常饥饿的样子,水果的扮演者则会表现出非常害怕被毛毛虫吃掉的样子等。幼儿通过模仿、创作、表达各种情绪和动作，体验和理解作品中角色的个性特征和心理活动。

（二）通过情境提高幼儿在英语作品中的想象力

瑞士著名的心理学家皮亚杰认为，幼儿期的孩子，特别是三四岁的孩子普遍存在一种独特的心理现象——泛灵心理。在戏剧表演中，幼儿表演的人物、使用的道具、所处的场景都是假的，但幼儿会当作真的，用戏剧中角色的身份和语言说话、行动。在这个过程中，幼儿实际上是在重新创造。因此，戏剧表演促进了幼儿想象力和创造性思维的发展。非常有意思的是，在一次表演中，一个扮演毛毛虫的小朋友在吃完水果后留在舞台上不走，按照剧本他应该下场躲起来，等到其他水果出现的时候再出来"美餐"一顿。可是他却不肯下场，说毛毛虫吃饱了一定要打个饱嗝才能下去，然后他假装打了一个饱嗝，笑嘻嘻地下场去了。这个例子表明，幼儿在表演中不仅服从老师的安排，而且富有想象力和创造性。

（三）通过作品提升幼儿的英语表达水平和表现力

文学作品包含了大量丰富而美丽的语言。在文学作品表演或戏剧表演的过程中，幼儿会尝试使用语调、表情和动作来表达角色的形象和情感，这对幼儿语言表达和动作表现的发展起着重要的作用。例如，有一个幼儿说话的时候总是含糊不清，好像嘴里含着什么东西。他从来不愿意在同学和老师面前大声说话，更别提说英语。在某次英语戏剧表演中，他的好朋友邀请他一起扮演橘子。出乎意料的是，他特别认真，每天在区域游戏或自由活动时，主动拉着同伴一起练习，主动请伙伴们帮他纠正发音。在正式表演中，他大方、自信地站在舞台上，大声地说出台词，口头表达水平和自信心得到了明显提高。

（四）通过表演发展幼儿良好的个性

幼儿克服害羞、胆怯的心理，积极参与到演出中，这是有勇气和自信的表现。对于幼儿来说，即使第一次在公众面前表演不令人特别满意，这也是一个突破、一个飞跃，非常值得鼓励和赞扬。在此过程中，幼儿感受到了克服困难、获得成功的喜悦，这不仅会激发幼儿的表演兴趣和欲望，更能够帮助幼儿提升自信心、发展良好的个性。

例如，有一个男孩子规则意识较弱，平时动作很张扬，神态也"疯狂"。演出前，他妈妈主动向老师提出，不要让他参加了，怕他影响了演出的整体效果。但是班上教师经过讨论，为他量身定制了一个角色——一阵"龙卷风"，让他第一个出现在舞台上，尽情地奔跑和旋转。当他登上舞台表演的那一刻，妈妈激动地流下了眼泪。妈妈说，虽然他只是演一阵风，可全家人激动地一夜未睡。经过这一次表演，该幼儿集体观念和规则意识有了显著的提升，特别是在戏剧表演活动中，每次都特别专注和投入。

二、合理选材，巧构思

（一）想想幼儿应该喜欢什么

戏剧表演的情节可以是原创的，也可以是根据绘本、动画、电视剧、电影等改编的。教师在教学过程中，需要注意幼儿的兴趣点、知识水平和生活经验，不能把教师自身的偏好强加给幼儿。*The Very Hungry Caterpillar* 是幼儿和老师通过讨论和商量共同选择的。

（二）想想幼儿能够表演什么

有些教师不禁会问：幼儿的年龄这么小，英文戏剧表演对他们来说是不是太难了？首先，剧本和台词很重要。对话的量不能太小，否则会显得空，撑不起一个剧。但也不能太复杂，否则幼儿不容易掌握。这里有一个巧妙的办法：在剧本中巧妙融合幼儿日常学习并已经掌握的内容，减少不熟悉的单词和句子的数量。降低了难度，幼儿自然易于掌握。此外，表演还综合采用"唱+舞+对话+游戏"的形式，加入了幼儿喜爱的歌曲和舞蹈，增添了表演的趣味。

三、丰富道具，添精彩

一个精彩的戏剧会涉及音乐、造型、舞台设计、灯光等专业技能，所以，一个完整的戏剧表演是十分复杂的。仅就戏剧中使用的道具来说，大体可分为以下两类。

（一）硬件道具

硬件道具包括演员的服装、道具、造型、舞台的布景等。还是以英语舞台剧 *The Very Hungry Caterpillar* 为例，教师和幼儿根据自己的擅长和兴趣分工协作进行了舞台的场景布置，家长也积极参与其中，给予了帮助和支持。另外，一些特殊的服装或道具要寻找专业的服装定制点进行生产，我们建议选择色彩饱和度、亮度较高的材料，如服装材料可选择丝绸、天鹅绒、亮片布等面料，以呈现更好的舞台效果。

（二）软件道具

随着现代科技技术的进步，幼儿教师所掌握的多媒体技术也日益增多。教师如果能自己剪辑音乐、录制合成，甚至制作视频，都能为舞台剧增添不少色彩。

四、轻松排练，显成效

在戏剧表演活动中，教师在让幼儿体验角色时，可以采取个别、小组、集体相结合的形式。

（一）全班角色扮演

全班角色扮演（whole class role-play）是一种由全班幼儿同时扮演同一个角色的排练方式。这种策略可以消除幼儿的紧张心理，幼儿可以从别人的经验中学习、弥补自己的不足，也比较容易产生参与感。在班级第一次进行剧本排练的时候，教师让全班幼儿都扮演毛毛虫，但是不同的幼儿对于角色的理解有不同的观点，这些感觉和体验都是他们各自的心得。通过让幼儿共同扮演一个角色，增加他们对不同角色的理解，从而帮助他们找到最适合自己的角色。

（二）分组角色扮演

这是戏剧排练中常见的策略，有自由组和固定组两种形式。

1. 自由分组角色扮演。自由分组有三种形式，分别为好朋友组成团、角色小分队及随机分组。好朋友组成团是让幼儿与自己的朋友组成一个小组，讨论故事的发展和演出内容、方式。例如，在 *The Very Hungry Caterpillar* 剧本的表演排练中，教师会问幼儿："你喜欢哪一段故事？""你想找你最好的朋友来展示这一段吗？"在使用好朋友组成团这个方法时，老师应引导好朋友在表演前充分沟通。要注意的是，好朋友群体过于单一，幼儿之间的互动可能受到限制，不建议经常使用这种分组方法。角色小分队指的是幼儿选择自己喜欢的角色，并和选择相同角色的同伴形成一个组。这就形成了一个"角色圈"。在这个角色圈中的幼儿一起扮演一个角色，有助于消除幼儿的紧张，也有利于教师进行指导。在节目的排练当中,教师通过角色圈的方式把幼儿分为7个表演小组,让每组幼儿扮演不同的角色,比如第一组幼儿扮演苹果,第二组幼儿扮演梨等,这种通过不同的分组方式让幼儿体验不同角色的方法可以在中、大班中推广使用。随机分组这种方法没有那么多规定,可以根据幼儿的角色、性别分组,也可以按照人数进行等分,但这种分组方式只适合需要统一练习的内容,如某几句台词,或是某一首需要集体演唱的歌曲。

2. 固定组角色扮演。为了方便管理,每个班级都会分成几个固定的小组,有时教师会用这样的小组形式进行活动。固定小组中的孩子一般比较亲近,易于讨论,也便于教师指导。无论采取何种分组办法,目的都是促进幼儿之间的充分交流、自由创作和表达,并使教师能够更好地指导每个群体。分组时,教师应考虑幼儿的年龄特点和经验准备,在实践中不断探索和选择合适的组织形式。

五、总结

在英语戏剧表演中,教师熟练运用不同策略,可以有效地促进目标的实现。在各种策略的支持下,教师能够更加轻松、顺利地开展教育教学活动。幼儿英语戏剧表演并不复杂,也不困难。所以,在日常的教育实践中,教师应该抓住幼儿的心理特点、认知特点和学习规律,通过探索不同的教育方式,提升幼儿在戏剧表演中的综合能力,激发幼儿的潜能和热情,把经典和舞台给予幼儿,让幼儿发出内心的声音,让幼儿释放内在的激情,为幼儿提供向善、向美、表达天性的机会。

参 考 文 献

[1] 刘小琴. 幼儿园英语戏剧教学在课堂中的实施 [J]. 才智, 2018 (5): 77.
[2] 张晓磊. 教育戏剧对少儿英语教学的意义探析 [J]. 好家长, 2019 (13): 44.
[3] 张金亚. 浅谈戏剧表演在英语学习中的作用 [J]. 课程教育研究(学法教法研究), 2017 (19): 152.

浅谈教师对幼儿好奇心的培养

曹 凌

【摘 要】 如何培养幼儿的好奇心是值得每个教育者深入探讨的问题。结合教育案例，依据教育教学实践，个人认为可以通过巧用创设情景、正确引导、鼓励主动探寻、保护积极性等方式善待幼儿的提问，走出"听话教育"的误区，培养幼儿的好奇心。

【关键词】 幼儿；好奇心；提问

"好奇心是幼儿智慧的嫩芽。"据调查，幼儿期是幼儿好奇心表现最为丰富的时期，对幼儿来说，世界像一块巨大的磁石，无形地吸引着幼儿去观察、探索。但同时对他们而言，世界又是那样陌生与神秘，特别是那些还未认识和体验过的事物更使他们感到好奇与新鲜，那么如何才能有效地培养幼儿的好奇心呢？

一、创设情景，激发幼儿的好奇兴趣

爱因斯坦曾经说过："提出问题往往比解决问题更重要。"在活动中，为了激发幼儿提出更多的问题，教师要有目的、有计划地对幼儿进行想象、发散、逆向思维的训练，努力创设"新""奇"的情景。如：运用猜谜、讲故事、游戏等多种形式引发幼儿的好奇兴趣。在科技飞速发展的今天，我们还可以充分利用多媒体的教学手段，把静止不动的事物变成运动状态，把"死"的东西变成"活"的，把无声的变成有声的，把无形的变成有形的……通过这样的活动我们可以发现，创设情景能使幼儿好奇、好问，能使他们的注意力迅速集中到事物现象上，更能让教师随时收到反馈信息，及时调控教学程序，按时完成教学目标。

二、正确引导幼儿的好奇心，启发幼儿自己寻找答案

由于幼儿的年龄特点，周围的一切事物在他们看来都是新颖的、美丽的、神奇的，他们对一切都充满了兴趣，这种兴趣会吸引他们细心观察，了解事物的奥秘。例如，在晨间活动时，幼儿们在草坪上有的玩木马、有的玩攀岩，还有的在荡秋千。这时，一个小朋友飞快地跑到我跟前："老师，有蚯蚓。"我跟着他一起去察看，果真一条粗胖的蚯蚓爬出了地面。这时，围观的小朋友越来越多了，他们七嘴八舌地议论开了，有的说"蚯蚓是一节一节的"，有的说"蚯蚓喜欢在潮湿的地方生活"……听着小朋友们的回答，我想何不利用这次机会将他们的好奇心牵引一下呢？于是我问道："小朋友，你们知道蚯蚓在泥土里干什么吗？它喜欢吃什么？为什么它喜欢在泥土里生活呢？"听完这些问题，孩子们展开了激烈的讨论，各抒己见。最后，在几个知识面广的小朋友那里，他们知道了蚯蚓的生活习性，找到了满意的答案，满足了他们的好奇心。从这个事例中我们可以看出，只有当孩子们对周围事物感到好奇时，他们才会乐于观察、乐于探索、乐于学习。在这个满足他们好奇心的学习过程中，幼儿既积累了生活经验，又学到了知识。

三、鼓励幼儿动手参与，满足幼儿的好奇心

蒙台梭利曾说过："我听过了，我就忘了；我看见了，我就记得了；我做过了，我就理解了。"因此，应当鼓励幼儿动手参与。如：在区角活动中，幼儿们有的折纸船，有的捏橡皮泥，还有的在科学探索区玩磁铁，一个小朋友兴奋地跑过来告诉我他的惊奇发现并进行了演示。只见他在船上放了一个铁夹子，一只手拿着磁铁移动，船就跟着磁铁向前"动"起来。"哇，真的太厉害了！"看到他的兴趣很高我又反问道，"如果船上放别的材料，船还会动吗？"他抓了抓脑门。我继续鼓励他："你再去试试，好吗？"过了几分钟，他又跑过来了："老师，船上放铁夹子、铁珠子、螺丝钉……船都能动。""那别的材料行吗？""不行，我都试过了。""那现在你知道磁铁只能跟谁做朋友了吗？""知道了，是铁的东西。"这个事例也让我明白了：作为老师，我们不但要帮助孩子寻找知识的钥匙，而且更重要的是，要让他们在对万物的探索观察中获得知识，同时体验到动手操作的乐趣。

四、不挫伤幼儿好问的积极性

幼儿的好奇心通常表现为好问："小鱼为什么会游？""船为什么能在河里漂浮？"……面对这些问题时，教师要正确对待并及时加以引导，培养并保护幼儿的好奇心。

（一）教师要认真倾听幼儿的提问

倾听是对幼儿好奇心的最好支持，是保护幼儿好奇心的起点。幼儿提问时，教师应做出认真倾听的姿态：弯下腰或蹲下来，目光要与幼儿平视，用语言表达对问题的兴趣。"星星之火，可以燎原"，有时甚至一个微笑，都有可能成为激发幼儿创新潜能的催化剂。我们要求幼儿做到认真倾听的同时，教师首先要"以身作则"。特别在谈话活动中，我们不仅要鼓励幼儿发表自己的意见，教师自身更应做到有礼貌地倾听。

（二）教师回答幼儿的提问时要有启发性

好奇是幼儿的天性。在日常生活中，教师应引导幼儿思考，鼓励幼儿用自己已有的知识经验，通过观察和总结，最好能够自己找出答案。例如，在科学活动"奇妙的水"中，当谈论到水与冰的关系时，幼儿问道："水什么时候会变成冰？冰什么时候又会变成水？"此时，教师可以引导幼儿自己回家后和爸爸妈妈一起操作一下，从而得到答案。这样既使幼儿的好奇心得到了满足，又让幼儿学会通过自己的观察了解其中的奥秘。

（三）鼓励和启发幼儿提问

幼儿好问，说明其好奇心强、有求知欲，教师应对其积极赞扬和鼓励。鼓励和表扬爱动脑筋、好提问的幼儿，可以激励全体幼儿提问的兴趣。例如，在做游戏"好玩的纸"时，教师可启发幼儿想出新方法，说说纸的不同玩法，对提出创意玩法的幼儿及时给予肯定与表扬，这样不仅能激发幼儿对游戏的兴趣，而且还能促进幼儿想象力和创造力的发展。

总之，幼儿时期是萌生和形成好奇心的重要时期，也是幼儿开阔眼界、丰富思想、开发智力潜能的关键时期。作为孩子的启蒙者，我们要善于激发和培养孩子的好奇心，这也正是《幼儿园教育指导纲要（试行）》中所倡导和强调的，让孩子们从小就饶有趣味地去追求知识、探索奥妙。保有一颗乐于探索的心和积极创造的思维，对孩子的茁壮成长和良好个性品质的形成和发展都将产生积极的作用。

将 STEAM 融入幼儿园活动中的策略

缪海蓉

【摘　要】 以 STEAM 教育为代表的创新教育、创新意识培养手段对于幼儿的发展起着关键作用。本文分析了幼儿园 STEAM 教育的知识统整性、活动共同性等五个特点，并以苏州外国语学校附属幼儿园为例，介绍了将 STEAM 融入种植活动中、将 STEAM 渗透到区域活动中等四个具体措施，希望能对培养幼儿创造性解决问题的能力及综合能力的发展起到教育作用。

【关键词】 领域整合；激发兴趣；真实情景；探索发现；思维导图

3～6 岁幼儿虽然各方面的能力尚未发育完善，但他们是天生的学习者，对周围的一切都充满好奇。他们喜欢用眼睛看一看，用耳朵听一听，用双手动一动，运用各种感官多通道感知周围的一切。以 STEAM 教育为代表的创新教学正是在真实的情景下，培养幼儿通过感知发现问题，通过探究思考问题，通过实践解决问题的能力，对培养具有创新实践能力和创新综合能力的人才尤为重要。我园实施 STEAM 教育是在理解 STEAM 理念的基础上，对已有经验进行优化与改善。在实施过程中，打破单一学科框架，打通各领域之间的壁垒，以幼儿为本，引导幼儿善于发现问题、敢于挑战问题、学会解决问题，培养幼儿系统性的思维，促进幼儿多元智能的发展。

一、幼儿园 STEAM 教育特点

幼儿园 STEAM 课程，并非将科学、技术、工程、艺术和数学几个学科简单相加，而是不同的学科之间的联结与融合。具体来说，幼儿园 STEAM 课程有以下几个特点。

（一）知识统整性

STEAM 教育将科学教育与技术教育、工程教育、艺术教育、数学教育联系起来，引导幼儿在解决问题的实践中，灵活运用多种学科集结的智慧来解决问题。

（二）活动共同性

幼儿园 STEAM 课程来源于幼儿真实活动中，以开放性的真实问题为导向，引导幼儿围绕同一内容解决问题，共同完成任务。

（三）操作实践性

幼儿园 STEAM 课程重视实践性，将课程内容与社会实践紧密联系，让幼儿在体验、操作、探索中学习，获取知识与技能，从而解决问题。

（四）幼儿主体性

幼儿园 STAEM 课程的内容来源于自然、生活、幼儿的兴趣及问题。在活动中，以幼儿为学习主体，以幼儿为本，开展自主探究性的活动。

（五）思维包容性

针对同一问题，鼓励幼儿用不同的方式方法解决。强调活动的过程，包容性强，允许错误的存在。幼儿之间存在能力差异，因此，采取的教学内容应该弹性化，让不同幼儿获得不同水平的 STEAM 素养。对能力较强的幼儿设置更多的挑战，促使其获得满足感。

二、我园实施 STEAM 教育的具体举措

（一）将 STEAM 融入种植活动中

虞永平教授在其文章《种植园地与幼儿园课程》中曾谈道："对 3～6 岁的儿童来说，环境应该是充满植物、充满生机、充满游戏的。"因此，种植园地是我园的重要课程之一。在种植园地里，幼儿可以接触自然、发现自然、探索自然，可以感受季节变化、生命进程等许多奥秘。开展一次有意义的种植园地活动，过程具有很长的延续性，活动中会不断出现种种问题，需要各领域的整合。

新学期初，大班的幼儿经过集体讨论，想在种植园地种土豆，教师顺势引导幼儿观察了解土豆的种植与生长过程。

幼儿1："这个尖尖的是什么呀？"

幼儿2："是它的芽。"

幼儿3："能吃吗？"

幼儿4："不可以，妈妈说吃了发芽的土豆会中毒。"

幼儿5："那发芽了可以种出土豆吗？"

带着一系列的问题，幼儿采用问家长、问教师、上网查询等手段知道了什么样的土豆适宜种植后，以小组为单位种下了土豆。然而，大家发现：土豆苗长大了，一直窜"个头"，叶子长高了，但泥土下的土豆却不长大。带着新的问题，大家一起寻找答案，经过了解才知道，原来土豆苗要掐掉一些叶子才能让营养往下传输。

其间，给土豆浇水时，幼儿又碰到了一系列的问题：用水管浇水，水量太大，会将泥土冲掉；用小水壶浇水，水量太小，需要多次往返；用大水壶浇水，容量大，太重拎不动。最后，幼儿将戳满小洞的瓶子套在水管上，自制花洒浇水，解决了所有的问题。

一次种植园地的活动，出现了各种各样的问题，幼儿以问题为学习起点，采用多元的、非固定的方式去寻找解决方法。教师在活动中着重培养幼儿解决问题的能力、团队合作能力及沟通交往能力。幼儿在实际操作中，学会运用多个领域解决实际问题。

（二）将 STEAM 渗透到区域活动中

《幼儿园教育指导纲要（试行）》中指出"幼儿园教育应为幼儿提供自由活动的机会，支持幼儿自主的选择、计划的活动"和"为每个幼儿提供表现自己长处和获得成功的机会，增强其自尊心和自信心"。幼儿园区域活动内容根据幼儿的现有发展水平及主题活动开展进程而定，投放能够激发幼儿创新意识的低结构材料，以小组化、个别化的形式满足不同幼儿的需求。

例如，大班幼儿对"迷宫"玩具非常感兴趣，教师抓住幼儿兴趣，引导幼儿展开了一场"迷宫大探究"的交流活动。发现幼儿玩迷宫的方法五花八门、多种多样，教师就鼓励引导幼儿根据自己的奇思妙想来制作创新迷宫玩具。于是，大家开始收集材料，准备制作迷宫玩具。活动中幼儿以小组为单位，商量搜集了生活中常用、常见的材料：KT 板、彩纸、回收的一次性餐具、玻璃球。准备了多种工具：热熔枪、剪刀、固体胶、勾线笔……这些材料会在能干的宝贝们手中变成什么样呢？教师引导幼儿不要急于制作，而是先各组介绍材料，互动问答。幼儿出示材料，踊跃回答，把他们想要做的、喜欢玩的纷纷呈现。接着，大家在热烈的讨论后，决定用现有的材料分组制作迷宫。每个人都有自己负责的部分，组长协调、检查每位成员完成任务。在制作过程中，有的小组不知

道如何选择组长、有的组长不知道怎样分工。我们给幼儿充分的时间，赋予他们独自解决问题的空间。渐渐地，每个小组开始井然有序起来。制作完成后，幼儿想到了不同的游戏方法，有的根据不同颜色、有的在彩纸上标明字母、有的根据纸条的宽窄来制定游戏规则。整个区域活动中，每一位幼儿都亲身体验，学习巧用材料与工具，敢于探究和尝试，乐于想象和创造，积累了各种有益的经验。

（三）将 STEAM 渗透到主题活动中

《幼儿园教育指导纲要（试行）》指出，教育活动内容的选择要贴近幼儿生活，也要有助于拓展幼儿兴趣。因此，我园的 STEAM 课程设计流程分四个步骤进行：从幼儿兴趣出发确定主题—制作思维导图—STEAM 多领域整合—激励幼儿自主探究。关注到幼儿感兴趣的主题后，教师根据幼儿的思考讨论不断衍生小议题，逐步形成思维导图。不同的教师与幼儿对于同一个主题内容的认识理解不同。因此，同一个主题在不同的班级会出现不同的思维导图，同一个主题在同一个班级不同的小组也会出现不同的思维导图。在主题活动实施的过程中，幼儿的思维是多元的、多样的、不拘一格的，想象力和创造力都得到了充分的发挥。

（四）多形式、多途径开展 STEAM 教研活动

随着 STEAM 教育发展的深入，我园觉得教师的专业成长与发展更应成为 STEAM 教育首先要解决的问题。因此，我园开展了多种形式的 STEAM 教研活动，促进教师成长，促进幼儿发展。

1. 多园联动式的教研活动。在同行不同园的教育者中，针对同样的话题能碰撞出不同的火花，给予每一位教师富有启发性的思考，从而提升教师抓住教育前沿脉搏及课程建构的能力，帮助教师树立正确的儿童观。

2. 中外教师共教研。在中西文化的融合中进行多元碰撞，将中英文整合。同时，加强中外教师文化的深度交流，使中英文主题活动有效整合，让幼儿的学习更具系统性、整合性。

3. 区督导员指导教研。通过专家引领、现场答疑解惑，实现理论与实际的有效结合，解决工作中的实际问题。

4. 开展精彩纷呈的课程故事。教师讲述幼儿一日活动中的小故事，反思故事中包含的教育大内涵。旨在让教师关注课程实施过程中幼儿的需求、兴趣、价值，从而不断提升教师课程设计和实施的能力。

STEAM 教育没有标准化的模式，同一问题针对不同的环境、不同的幼儿、不同的教师，就会产生不同的解决方式。通过 STEAM 教育，幼儿的学习兴趣与好奇心始终保持活跃，思维方式在不断碰撞中一次次升级，不怕挫折、动手操作的能力也不断提升。更重要的是，他们的社会性发展、审美能力等均得到了进步。在整个活动过程中，各领域内容有机整合、有效渗透，幼儿创造性解决问题的能力及综合能力都得以发展。

参 考 文 献

[1] 陈怡倩. 统整的力量：直击 STEAM 核心的课程设计［M］. 长沙：湖南美术出版社，2017.
[2] 陈颂. 幼儿园开展 STEAM 教育的切入点及课程设计策略［J］. 江苏幼儿教育，2018（3）：24-28.

国际化视野下初中特色班级的创新实践与思考

李迎新

【摘　要】　近年来，中国基础教育的发展呈现出了百花齐放的景象。由于城市发展化的需求，人们对基础教育阶段学生的培养提出了新的理解和要求，中小学特色班级的开设成了热点。苏州外国语学校初中部早在2013年就开始进行特色班级创建的尝试，经过6年的不断探索和实践，形成了较为系统的特色班级的创建思路。本文通过国际化视野下初中特色班级的创新实践，谈一谈个人对于特色班级创建的几点思考。

【关键词】　国际化视野；创新实践；特色班级

一、初中特色班级创建背景

近年来，苏州发展迅速，逐渐跻身全国新一线城市行列。国内外文化、生活的交流日渐频繁。一方面，我们接受开放式管理带来的国外相关的教学理念和经验；另一方面，我们也成为展示中国基础教育综合实力的窗口式城市。苏州外国语学校（以下简称"苏外"）是有着25年历史、在苏州极具影响力的名校之一。在经历公办转制、集团化办学的一系列改革后，在K15教育模式中，初中部特色班级的创建已初见成效。

二、初中特色班级定位目标

目前，苏外初中部特色班按性别特征共开设有三个绅士班（初一、初二、初三各一个）、三个菁英女班（初一、初二、初三各一个），共六个特色班级，总人数近150人。

苏外特色班级的创建与传统意义上的班级特色创建有很大的不同。首先，苏外是一所国际化的学校，先进的教育理念要与国外优秀的教育理念相吻合；其次，随着年龄的变化，男女生的成熟速度、思维方式和解决问题的路径随之也不断发生变化。苏外特色班级（男、女班）的创建，先后考查了国内外几十所特色班级的建设情况，依据本校的实际情况，充分考虑现有的资源，形成较为成熟的、系统性的建设目标和框架，对学生的培养有一系列严格的要求和目标。在总体目标基础上，鼓励创新，坚持可持续发展，勾画出极具创新的特色班级建设的蓝图。

绅士班作为全男生的班级，旨在培养具有 Honour, Tolerance, Passion, Responsibility, Confidence, Loyalty, Independence, Bravery, Fortitude, Gentleness（荣誉、包容、热忱、责任、自信、忠诚、独立、勇敢、坚韧、儒雅）品质的十品绅士。

菁英女班作为全女生的班级，旨在培养具有 Confidence, Creative, Courageous, Caring, Communicative（自信、创新、锐勇、博爱、沟通）品质的杰出女性。

三、初中特色班级课程设计理念和特点

苏外初中特色班级的课程设计分为以下三个部分，三部分内容交互进行，形成彼此独立又相互联系的课程体系。学生在完成国家规定的基础教育课程学习任务的同时，参

与各类创新课程的研学与讨论，在不同专业领域学习相关技能，完成学业目标。

（一）初中必修课程安排

从中考角度出发，特色班级要完成初中阶段必学内容的学习，根据基础教育阶段课程大纲的要求，满课时开设，特色班级的学生与非特色班级的学生匹配同样的师资，同步完成相应课程的学习，参与同样学业能力水平的测试。

（二）国外创新课程引入

为了进一步和国际化接轨，我们反复考查，仔细斟酌，引入英国 ASDAN 课程，其中包括领导力领袖课程、国际视野、英式橄榄球等。同时开设有外教教授的戏剧、食品与营养、商学等课程。

（三）中国传统文化课程设计

中国传统文化博大精深，尤其苏州这座有着悠久历史沉淀的文化古城中蕴藏着深厚的文化底蕴。绅士班级在初一开设礼仪、马术课程，初二开设散打课程；菁英女班在初一开设礼仪、高尔夫课程，初二开设钩针、茶艺等课程。除此之外，还有刺绣、评弹、插花等传统技艺的学习，让学生们的学习活动变得丰富多彩。

四、初中特色班级特色创新活动的开展

每年初中特色部都会配合学校各个阶段的安排完成相应的汇报活动，其中涵盖了创意展评、文艺表演、体育运动、中英文演讲比赛、辩论赛、作文创新比赛等各类活动，特色班的学生们在各种舞台上将他们的蓬勃朝气、聪明才智发挥得淋漓尽致。

（一）丰富多彩的特色外语活动

作为外语特色的学校，特色部的学生在外语学习方面也拥有更多的学习机会。除了英语是必须要学习的课程之外，绅士班还要学习德语、阿拉伯语，菁英女班要学习法语。为了让学生能够学习到纯正的外语，每个班级都配备经验丰富的外教全程参与教学管理。此外，每年寒暑假，学生还可以自由选择境外研学的路线，深入各个国家，感受当地的风土人情与语言环境。学生不仅开阔了眼界，而且在老师的指导下，他们在各语言类的等级考核和演讲比赛中都取得了非常优秀的成绩。

（二）脑洞大开的创意展评

根据学科特色，每个学期特色部的学生都需要完成不同学科要求的创意展评。例如，语文学科，会让学生完成书法展评；数学学科，会根据所学内容，要求学生完成与数学相关的创意设计，如利用多彩的七巧板、轴对称设计班徽等；历史学科，会要求学生根据年代特征，完成汉服服装设计、民国风服装秀等；外教指导的西点课，会带着学生完成各类西点的制作；"勿忘国耻、铭记历史"，红鼻子节，特色班级创建评比等各类活动的丰富开展，让学生不仅学到相关的知识，还通过动手实践完成创意设计，巩固学习的内容，提高了实践动手的能力。

（三）致敬经典的戏剧表演

每个学年，特色部的学生们都需要完成一部经典戏剧的表演，学生们在不同语种教学老师们的精心指导下，从舞台搭建、灯光运用，到服装、道具的亲手准备，在对戏剧内容、年代背景的充分学习和理解的基础上，演绎一段戏剧经典，完成一段精彩的表演，全面提升阅读、表演、合作的能力。

（四）一年一度的菁英盛典

一年一度的菁英盛典主要是初二特色班级学生两年来学习、成长的汇报演出。内容涵盖歌曲、舞蹈、小品、戏曲、诗歌朗诵等，选材既有历史悠久的地方特色，又有经典的异域风情；既耳熟能详，又创意无限。除了学生，热心的家长们也站到舞台上和学生们一起互动。精彩的节目表演，动情的亲子关系的呈现，融洽的师生情谊的流露，不仅展示了学生两年以来学习、生活的过程，也为学生、家长、学校、社会之间搭建了彼此了解沟通的平台。

五、对于特色班级创建的几点思考

迄今为止，苏外初中特色部已经以优秀的毕业成绩送走了三四届学生，观察这几届学生在进入高中阶段的学习情况和生活状态，我们欣喜地发现，学生后续的发展印证了初中三年的特色培养对于个人成长道路的积极意义和影响。

当然，任何事情都有两面性，不断地反思和改进，才会让我们的创新之路走得更远更长。以下是笔者在特色部工作中的几点思考：

1. 对于国外引进的课程，我们还需要进一步修正和甄选，真正选出适合我们学生的优秀的课程项目，在此基础上，进一步完善课程整合，形成一套可持续发展的课程体系。

2. 我们需要利用和开发不同领域内的优秀资源，努力为学生搭建更广阔的平台。例如，提供更多的研学、实习的基地，为他们提供更好的、更先进的有利于后续发展的空间。

3. 关注学生心理健康发展，努力弱化性格分班带来的男女生阶段性心理特征的影响，培养学生自信、果敢、坚毅、担当的品质。

参 考 文 献

[1] 史宁中. 义务教育数学课程标准（2011 版）解读［M］. 北京：北京师范大学出版社，2012.
[2] 林崇德. 21 世纪学生发展核心素养研究［M］. 北京：北京师范大学出版社，2016.

浅谈 A-Level 课程体系下学生自主学习能力的培养

邵立峰

【摘　要】 教育国际化大背景下，A-Level 课程体系进入中国，为中国学生享受差异化的教育资源提供了更多的机会。文化差异及非母语的学习环境要求学生具备自主学习能力。为此要从以下几方面调整：1. 转变观念，制定可行的学习方略，变被动学习为主动学习。2. 拓展自主学习的空间，给学生提供更多的学习平台。3. 合作学习，良性互动，创设自主学习的氛围。

【关键词】 A-Level 课程体系；自主学习；能力培养

A-Level 是英国高中课程（General Certificate of Education Advanced Level）的缩写。是英国的全民课程体系，也是英国学生的大学入学考试课程，A-Level 的教学大纲、课程设置及其考试由英国的主要考试局 Cambridge International Examinations，Oxford Cambridge and RSA Examinations 等设计并组织。A-Level 课程的最终考试成绩在国际上拥有很高的认可度，几乎被所有英语授课的大学作为招收新生的入学标准。教育国际化的背景下，该课程的科学性和权威性，引起了国内一些名校的广泛关注。我校 2007 年在苏州率先引进了这一课程，笔者有幸参与了课程管理并对这一课程体系下学生的自主学习能力的培养进行了一些探索。

一、问题的提出

学校引进 A-Level 课程后，在具体教学实践中，很多同学出现了不适应。首先，学生不适应课堂上的互动学习，在课堂上比较沉默，不愿意讲话。其次，在外教布置作业较少及缺少复习资料的情况下，学生无所适从，不知道怎样学习。最后，一流名校对于学术的要求较高，课堂上所提供的内容远远不能满足名校的学术要求。问题的出现，引起了我们的警觉，我们意识到提升学生自主学习的能力是课程推进的需要，也是学生终身发展的需要。

二、应对策略

（一）转变观念，规划先行，变被动学习为主动学习

1. 我们的学生从幼儿园开始就在老师的监督下学习，被老师包办了整个学习过程，没有人督促就不会学习。所以培养学生自主学习，第一步要做的就是转变观念。

2. 规划先行。老师通过家访、平时观察、个别谈心等方式，掌握学生的学习态度、智力因素、兴趣、爱好，以及家庭对子女的期望等信息，在综合分析的基础上制定个性化发展目标。目标分为一级目标、二级目标和三级目标三个维度。一级目标主要是指学生选择的大学、专业及今后预备从事的职业。二级目标主要包括 GAC、ACT、AS、A2、SAT1、SAT2 等高考科目的考试目标和雅思、托福等语言考试成绩目标及活动目标。三级目标主要是指平时作业、课堂、师生互动、阅读、月考、期中期末考试成绩及活动参与。

目标生成后,在不同的学期可以根据实际情况进行目标调整,以使目标更加科学、合理。

3. 建立目标管理机制。① 目标具体化,指导学生制订具体学习计划,以月、周甚至天为周期,明确每一个周期具体的学习内容和阅读书目。② 督促检查常态化。督促检查要有针对性、可操作性,要细致。对学生早晚自习、课上、放学回家的学习状态,作业完成、预习、复习和考试数据的表现等都需要有督促,根据学生目标完成的情况表扬或批评。③ 目标调整的及时性。目标具有阶段性的特点,需要根据教学进度、学生阶段性状态及家庭和学生的需求进行调整。

(二)拓展自主学习的空间,给学生提供更广阔的学习平台

1. 走出去、请进来,加强交流与合作。学校会拓展很多平台提供给学生,鼓励学生参加各种研学项目,如 ASDAN 研学项目,是学校的一个特色项目。学校鼓励学生到英国进行为期三周左右的修学活动,学生通过课堂学习、职业体验,亲身体会英国的语言和文化。学校鼓励学生到美国参加夏校和模拟联合国活动,学生在全英文环境中,锻炼自己的英语能力,体会原汁原味的英语,坚定提高语言能力的信心。学校提供每学期一至两次的 HOMESTAY 的接待活动,来自英国、美国、加拿大、新加坡和印度尼西亚等国的学生深入到学生家里,我国学生在和外国同学同吃、同住、同行中,增强了对不同文化的理解和认同,交到了朋友,也提升了英语水平。学校会邀请一些有影响力的专家学者来校做讲学,有来自联合国教科文卫组织的专家、联合国世遗专家、诺贝尔奖获得者和一些有影响力的投资大鳄,这些专家学者的引领对学生的帮助非常大。学校还与园林部门联系,让学生到苏州各园林去做英语导游,从说中学、从学中说,提高学生的口语能力。

2. 建立与外教一对一的联系人制度。为了使 A-Level 课程更有实效性,我们采取了中外教共同上课、共同教研的模式。每门学科都有 2～3 名外教,这些外教老师敬业、热爱学生、热爱自己的工作,学生们也都很尊敬他们。为了更好地促进这种融洽的师生关系,在有效沟通的基础上,我们把班级同学分成小组,每一组同学相对应地有一名外教作为联系人。课堂外同学们和联系人建立了密切的关系,他们各自向对方介绍本国的历史、地理、文化、生活习俗,在一起交流生活学习上的趣事、烦心事。所以,在教室、草坪上、阅览室、运动场中都能见到外教和学生互动的身影。在这种坦诚友好的氛围中,不仅学生的语言水平提高了,师生有了相互的了解,学生在学习中的一些问题也能得到很好的解决。此外,学生自发组织的中文角社团也是一个很好的载体,这是一个由学生创建,由学生教外教中文的社团。在这里,师生角色互换,在中文教授中,增进了师生情感,加深了学生对文化的理解。

3. 创设环境,形成良好的语言学习氛围。苏外的教材采用全英文原版教材,中外教都是英语教学。学生每天早晚自习一个小时的时间是英语听抄固定时间,每天早自习坚持观看 TED 演讲视频,同时老师给学生推荐英文电影和英语原版小说作为补充阅读材料和听力复习材料。英文报刊社、话剧社、演讲与辩论社等社团也对学生开放。我们推行 iPad 教学,学生可以充分运用网络资源,随时随地进行符合个人需求的自主学习,并通过网络平台进行师生间、同学间的交流和学习。

(三)合作学习,良性互动,创设自主交流学习的氛围

1. 创设合作学习的环境。课堂互动、合作学习是 A-Level 课程体系的基本要求。为适

应这一要求，分组、合作学习将是常态。教学中将班级学生分成若干小组，根据语言水平、性格特征、勤奋程度等因素，将不同特点的学生分为一组，小组推选一名组长。小组一经确定，可固定一段时间，然后根据课堂观察及学生反馈适度调整。以小组学习为平台，学生的参与意识、合作精神、学习的主动性及合作能力都会有所提高。

2. 合作预习，掌握学习的主动权。课前的预习很重要，受语言水平和专业术语的影响，同学们并不能完全听懂所有的外教教授的内容，但如果学生课前预习了，就会很容易地跟上老师的节奏。预习时，可以采取合作的方式。同学间相互交流看书过程中不能理解的问题，尝试自行解决预习过程中不懂的问题，几个人在一起相互讨论、彼此启发，有些问题就能迎刃而解。再将讨论也不能解决的问题带到课堂上，认真听老师的讲解。这样预习既很容易找到重点，不会盲目，也能锻炼学生自己解决问题的能力。同学们还可以分工合作，分头查阅资料、组织习题，也能节约大量时间。

3. 在讨论、质疑中获得知识。传统教育模式下，学生表现和表达机会相对较少。这个状况如果持续下去，会使学生养成懒惰的习惯。为此，必须让学生"动"起来，学生对于自己在课堂上及自学中所遇到的问题，要敢于开口，主动寻求帮助。教师也要有以下几点行动：① 营造和谐的师生关系。教师要以亲和的态度对待学生，创设一种平等的氛围，给学生一种安全感，使其能够展开思维、毫无顾忌地发言。将一节课的时间尽可能多地留给学生。同时，要尽量给每位同学提供发言的机会。② 把课堂的主动权交给学生。教学过程中不搞"一言堂"，要以学生为中心，让学生有充裕的时间与空间，能对所学的问题进行阅读、思考、分析、内化与探究。③ 加强对学生创新思维训练的指导。运用思维导图和知识树等是很好的方式，也可以组织学生进行话题讨论，引导学生透过现象看问题的本质，用发展变化的眼光看问题，多角度、多维度分析问题。当学生在质疑过程中遇到困惑时，教师要及时巧妙地给学生提供帮助，一个手势、一个眼神或一个暗示，让学生在"山重水复疑无路"时，又觉"柳暗花明又一村"，使学生感到学习有支持、学习有快乐。

4. 加强中外教师合作交流，形成合力。中外教师共同完成教学任务，这是我校国际化教学的一大特色。中外教师在教学理念、目标要求上有所差异。外教不是很重视组织课堂教学，教学内容略简，教学深度相对不够，课后作业要求和检查也少。但他们开放式的思维，不拘形式、注重互动的教学模式对于学生思维的培养很有意义。中教教学严谨、很有效率，但比较看重学生成绩，布置作业的量和难度都较大，极易让学生疲于应付。如何很好地把这些不同的特质整合起来是一种智慧，我们的做法是：共同教研，互上示范课；共同备课，相互借鉴，共同提高。久而久之，外教逐渐适应了中国学生的学习方式，循序渐进，讲练结合，培养了学生自主学习的能力；而中教也要从一味追求知识的讲解，转变为注重培养学生的思维习惯和独立解决问题的能力。

三、我们的反思

中国正在融入世界，世界的发展离不开中国。在教育的融合和教育国际化的大背景下，我们必须顺势而为。国际课程给学生"走出去"提供了很好的平台，但出国后学生的适应能力和发展前景更重要，自主学习的习惯养成和能力提升是解决这一问题的有效途径。自主学习能力的培养非一日之功，还存在以下一些问题需要解决。

1. 家长的导向作用。现在对国外教育有深刻理解的家长群体并不是很多。有的家长是基于国外读书比较轻松，孩子学习压力小，有的是受其他家长的影响，而有的是把孩子的出国当作自己事业成功的佐证等，原因不一。如果家长不管孩子是不是适合和愿意出国学习，都硬性地按自己的意愿，安排孩子读国际课程为出国做准备，学生容易产生消极情绪，教师就很难调动起学生自主学习的积极性。这就需要给家长很好的引导，要让他们意识到应该让孩子做适合的事、做对的事。

2. 环境的影响。很多教过高三年级学生的教师，都有这样的困惑，那就是平常应对国内高考都很困难的孩子，读了国际课程学校，一般都能考取国外很不错甚至一流的大学。所以，社会上就形成了一个所谓的共识，就是考取国外大学很容易，传达给孩子的错误信息就是，无须努力学习，更不需要自主学习。

3. 办学单位的急功近利。相对于国内的高考制度而言，A-Level 课程给予学生的选择更多，可以充分挖掘出学生的潜力，调动学生们的积极性。可以让学生学习到许多以前不曾接触过的学科，如商学、经济、会计、高数等；还会让学生接触一些丰富的课外活动，如必要的义工活动、社会实践、献爱心、帮助弱势群体活动等，为学生将来步入社会打下了一定的基础。但是，这个项目引入中国之后，不同程度上会出现应试教育的翻版情况。教师就会老生常谈，走磨时间、拼习题、包办一切的老路子。这样不利于学生自主学习能力的提升。

A-Level 课程体系的教育目标是以学生的学习和发展为中心，旨在让学生终身受益、终身发展。所以，培养学生的自主学习能力是教师的责任。教学活动要以学生主动参与为前提，以学生自主学习为途径，以合作学习、学生为主体，以探究、讨论为形式，以培养学生的创新精神和实践能力为重点。自主学习能力的提升一定会让学生行得更远、发展得更好。

国际化学校礼仪教育的核心素养探究

方 方

【摘　要】 国际化学校的教育既要重视对知识技能的传授，也不能忽视对学生能力和品质的培养；既要培养学生的国际理解力，使其具备国际视野，又要增强学生的国家认同感，使其拥有文化自信。本文通过对礼仪教育的内涵挖掘，归纳总结基于核心素养背景下，国际化学校学生礼仪素养的培养目标和具体做法，希望能对国际化学校学生礼仪教育提供思路。

【关键词】 礼仪教育；核心素养；学习动机；规则意识；文化自信

中国学生发展核心素养以培养"全面发展的人"为核心，分为文化基础、自主发展、社会参与三个方面。学校礼仪教育围绕社会参与层面展开，以培养学生处理好自我与社会的关系，养成学生作为现代公民所必须遵守和履行的道德准则和行为规范，增强学生的社会责任感，提高学生的创新精神和实践能力，促进学生个人价值实现，从而推动社会发展进步，自身发展成为有理想信念、敢于担当的人为目标。

礼仪教育的核心是帮助学生树立正确的观念和态度，使其通过行为表现出来。国际化学校的教育既要重视对知识技能的教授，也不能忽略对学生能力和品质的塑造；既要培养学生的国际理解力，使其具备国际视野，又要增强学生的国家认同感，使其拥有文化自信。苏州外国语学校（以下简称"苏外"）作为一所办学形式多元化、国际教育特色鲜明、注重中华传统文化和世界多元文化融合的国际化学校，本着"素质培养，文化关怀"的教育理念，着力培养阳光自信、富有朝气、善于表现与表达、具有国际视野、懂得国际理解、具备核心素养、通晓中华文化的中国公民。基于这个培养目标，学校针对小学和初中特色班级开设了礼仪课程，经过多年的实践和探索，归纳总结了国际化学校学生礼仪核心素养的培养目标，构建了有苏外特色的国际化学校礼仪教育的课程框架，开展了对学生行为习惯的养成，正确世界观、价值观的建立，文化自信和跨文化能力的塑造等方面的研究。

一、国际化学校礼仪教育的内涵和要求

（一）从礼仪的概念层面看

礼仪是人们在社会交往活动中，本着相互尊重的原则，在外表举止及仪式等方面约定俗成的行为准则，是对礼节、礼貌、仪态及仪式的统称。这是大家可以在互联网上通过关键词搜索得到的答案。

初一年级的"礼仪第一课"，引导学生对自身角色和行为进行思考。首先由"我是谁？"（being）这个问题着手，而后再解决"我做什么？"（doing）的问题。通过讨论，学生会发现，"人类"一词的英语说法为"human being"，而不是"human doing"。通过思辨，学生在对自身进行准确定位后，明确了"我是谁"，由这个定位出发，与之匹配相符合的行为，从而解决"我做什么"和"应该怎么做"的困惑。

这样的思考对于刚步入初中学段的学生来说很有意义，当他们面对一个全新的起点，

能否适应新角色和新环境,能否在学习自我管理过程中养成良好的习惯,对他们今后的成长是至关重要的。因此,在一开始就树立一个正确的观念,对于他们摆正心态、端正行为,就显得尤为重要了。

(二) 从礼仪的内涵层面看

礼仪是对他人、环境及规则的尊重,是根植于人内心的教养和外化于行的表现。在与初中学生谈到尊重时,学生很容易联想到的是对人的尊重,却往往忽视了人对环境及规则的尊重。

1. 对人的尊重。初中阶段的孩子生理和心理特征逐渐发生变化,伴随着自我意识的觉醒,他们都渴望获得来自父母、老师、同伴的认同及尊重,却时常由于过于注重自我的感受,而忽视了自己的行为给他人造成的影响。为此,我们开展了一场"你希望被如何对待?"的专题讨论。学生通过观点的分享和探讨,总结了"待人如待己"的礼仪黄金法则,又引经据典列举了中西方对于这一法则的相似阐述。例如:出自中国《论语》的"己所不欲,勿施于人",以及出自西方《圣经》的"LOVE OTHERS AS YOURSELF"(爱人如爱己)。通过这一专题讨论,学生对自己的行为做出反思,也对未来自己待人接物的方式提出了更高的要求。

2. 对环境的尊重。如果从个体在特定场合的仪容仪表、行为及言谈举止出发,由礼仪的内涵核心来谈对环境的尊重,那就不难理解这一概念了。

在给学生讲授这一部分内容时,笔者引用了西方社交礼仪中常用的关于着装礼仪的"TPO"原则:T(time)代表时间,P(place)代表地点,O(occasion)代表场合。也就是说要求人们在选择着装、考虑其具体款式时,应当兼顾时间、地点、场合,并应力求使自己的着装与之协调一致。

礼仪对于着装的要求尚且如此严格,那么一个人的行为和言谈举止是否也应该体现出对环境的尊重呢?通过引导,学生设定了生活中不同的环境场合,如外出用餐、出席重要仪式、使用公共交通、观看剧场及演出、去旅游景点游玩等,分组讨论后学生得出结论——对环境的尊重,不仅仅是出于个人的体面,更是关乎一个人的精神和信仰。

3. 对规则的尊重。人类因违背自然规律而受到惩罚的例子不胜枚举。同样,人们因违反规则而付出代价的事例也不在少数,事情有大有小,代价有轻有重,有的关乎物质,有的关乎品行,更有的则关乎生命。

当下,我们倡导激发学生创造性思维,使学生敢于突破常规,敢于挑战自我,但这并不意味着鼓励学生去挑战规则。中学生的礼仪教育除了要为学生成就更好的自己指明方向,更要引导学生去设定是与非、规与矩的边界。

在专题讨论中,有这样两个事例引发了苏外学生深刻的思考。

事例1:北京首都机场安检队伍中有三名异国的同行者,一人排在笔直的队伍中,另外两人则在队伍外仔细地阅读安检通告,了解需要单独过检的物品种类。他们阅读完毕转身走到了队伍的最后,安静地排好。这三人在缓慢前行的队伍中,隔着其他人小声交谈,在到达传送带后,他们根据通告上的提示,取出包中需要单独过检的物品,快速通过了检查。每个国家或地区的机场安检规则不同,他们提前认真阅读安检通告,既避免了因不了解规则而造成箱包重复开启过检的麻烦,也没有影响到整个队伍的过检速度。

我们在身处异国他乡,了解当地风土人情的同时,千万不要忽略了对当地规则及法律的学习，这不仅仅是出于对规则的尊重，更是来自对生命的敬畏。

事例2：美国某大学一位来自中国的大一新生在学校主路上骑自行车时，与一辆重型车相撞，被送往医院后经抢救无效死亡。警方调查后得出结论，没有任何证据表明重型车司机违反了交通规则，死者在事故发生前没有佩戴头盔，因此警察未对重型车司机做出处罚。根据当地法律，骑自行车必须佩戴头盔，而中国的交通规则中则没有这一条。

这两个事例对于国际化学校的学生来讲具有现实教育意义，我们在扼腕叹息的同时，更应警醒规则是严肃的，不容忽视和挑战。

二、国际化学校学生礼仪核心素养培育的具体做法

（一）分析礼仪学习的动机

如何培养学生正确的观念和态度，使其通过行为表现出来，这是礼仪教育的核心。在深入了解这个问题之前，先来分析一下大众学习礼仪的动机（图1），因为同样的行为，人内心动机不同，会带来不同的行为后果。

在老师的引导下，苏外学生通过问卷的形式对大众学习礼仪的动机进行了调查。通过分析，学生对大众学习礼仪的动机进行了总结归类并得出结论。

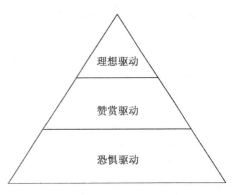

图1 大众学习礼仪的动机金字塔图

1. 恐惧驱动。位于金字塔底部的恐惧驱动，也是绝大多数人学习礼仪的动机，他们是为了避免因出错而被别人嘲笑。通过对实操型礼仪书籍的阅读，的确能够掌握社交必备礼仪知识和技能，但被恐惧驱使的人，为了避免出错闹笑话，只愿意按部就班，做事缺乏想象力和创造力。

2. 赞赏驱动。位于金字塔中端的那部分为了赢得赞赏而学习礼仪的人，往往能不负众望，有创意地完成任务。内心的意愿决定人的态度和行为，学习礼仪不仅仅是为了向别人展示你的文化和修养，而是用一种得体的方式向周围人表达你的尊敬、感激和关怀之情。

3. 理想驱动。位于金字塔顶端的人，忠诚于某种理想，愿意为他人的福祉而努力。这是学习礼仪的最高境界，也是礼仪教育的终极目标。受理想驱使的人，往往将礼的精神融于血脉，展现于日常行为之上，用正确的眼光去发现和欣赏他人的长处，以自觉自律的行为去影响周围的人，从而获得内心的愉悦和幸福。

（二）树立正确的观念和态度

礼仪的教育不是表演和作秀。社会上有些所谓的礼仪培训机构，以应试或展示为目的，一味追求仪态动作和形式上的标准与统一，甚至有些基础教育学段学校的礼仪教育试图将通过短期的训练，速成一支动作整齐划一的礼仪队为终极目标，这样的礼仪培训没有灵魂，不能被称为教育。

礼由心生，而后成仪，这是将"礼"内化于心从而外显于行的过程。"我是谁？""我怎么做？"如本文开头所述，教师能够引导学生明确自身定位，学生由这个定位出发，与之匹配相称的行为，设定目标，养成自律的品格。通过对礼仪学习动机的分析，教师

帮助学生树立正确的观念，使学生学习礼仪的动机由利己向利他转化。

（三）增强文化认同和文化自信，培养跨文化能力

1. 文化认同与文化自信。当下的礼仪教育大多以西方社交礼仪为蓝本，但学习礼仪仅仅靠模仿和跟随，以西方为参照是远远不够的，中国有着博大精深的传统文化，中华文化的精髓足以让我们重树世界礼仪的标准。中国的传统礼仪文化是华人重要的习俗和行为标准，加强国际化学校学生对中华民族的文化认同具有非常重要的意义。

苏外注重对学生的传统礼仪教育，学校每年针对各学段定期举行传统仪式，弘扬优秀的民族文化，如小学新生开笔礼、小学三年级学生的成长礼、初中学生的青春礼、高中学生的成人礼，以及传承华夏底蕴、体验汉服之美的华服日等。这些传统文化活动形式严谨，内容充实丰富，对学生会产生深远的影响，为其以后的人生奠定坚实的传统文化根基。学校设有传统文化研习中心，通过书法、刺绣、陶艺、茶艺、昆曲、古筝、二胡等传统技艺的传习，培养学生对传统文化的热爱。学校将中华传统美德"惜时守信"作为师生座右铭，并雕刻在位于学校北门的非物质文化遗产金山石雕日晷雕塑作品之上，用以警示师生珍惜时间、诚信待人。

2. 跨文化能力的培养。世界各国发展道路和文化的差异根源于文明路向的不同，不同的民族呈现出不同的文明景观。只有深刻理解本民族的文化，并以尊重、包容、开放的心态对待世界多元文化，才能进行平等的文明对话，建立真正的国际理解。

国际化学校学生跨文化能力的培养，并非单纯的语言能力的训练，而是塑造学生驾驭不同文化和思维方式，以及处理文化冲突所带来的社交问题的能力。各美其美，美人之美，美美与共，天下大同。苏外的礼仪教育在塑造学生华夏根基的同时，注重中华传统文化与世界多元文化的融合。学校各学部定期开展中西方传统节日的主题活动，让学生在活动中感受中西方不同的节日文化魅力。德语、日语、法语、西班牙语、阿拉伯语多语种课程一直以来都是苏外多元化教学的一大特色，学校每年举办多语种戏剧节，学生在舞台上再现国外经典剧目，锻炼语言能力的同时，也了解了语言背后的国家文化。学校 20 多条境外修学线路的开设，丰富了学生对异国文化的体验，特别是六年级学生为期三个月的赴英修学活动历经十年，已成为苏外学生境外修学经典项目。在这样的跨文化氛围的熏陶下，苏外学子由校园走向世界的步伐自信而从容。

三、结语

基于核心素养背景下，苏外国际化学校学生礼仪素养的培育，对树立学生正确的世界观、价值观，养成学生作为一个现代公民所必须遵守和履行的道德准则和行为规范，起到了不可忽视的作用。对学生的国家认同感、文化自信及跨文化能力的培养有着重要的作用，为其将来从苏外走向世界打下了坚实的基础。

参 考 文 献

[1] 蒋佩蓉. 佩蓉教孩子学礼仪［M］. 根基教育机构，译. 北京：中华工商联合出版社，2012.
[2] 纪亚飞. 纪亚飞教孩子学礼仪［M］. 北京：中国纺织出版社，2016.
[3] 黄立霞. 传统礼仪文化的现实价值及其传承路径［J］. 汉字文化，2017（19）：74 – 75.

在幼儿园多元活动中演绎汉字的文化内涵

孟玫瑰

【摘　要】 中国作为文明古国，有着悠久的历史和璀璨的文化，而汉字正是中华文化的独有符号，展现了中华文化独特的魅力。身为一个教育者，让孩子从小汲取一些历史和文化的精髓，是我们义不容辞的责任。幼儿园是掌握母语的启蒙和初始阶段，也是形象视觉发展的敏感期。我们从创意涂鸦、绘本阅读、主题环境和角色扮演四方面对幼儿进行了适时的引导和教育，提高了他们对汉字的兴趣，为他们今后的阅读和学习奠定了有益的基础。

【关键词】 活动策略；兴趣；文化内涵

一、现状分析

当今社会，对幼儿的汉字教育存在着诸多观点，尤其是在"防小学化"倾向的幼教界，学前儿童识字教育让不少教师"谈字色变"，甚至某些地区的教育部门，面对学龄前儿童识字认字的活动，索性采用了"一刀切"的做法，因此在目前的大背景下，对这样一个敏感又极具争议的话题，多数幼儿园选择避而不谈。而在实际当中，汉字时常出现在幼儿的生活和学习之中，我们也会经常遇到孩子向大人询问路边的标识牌或书中的文字的情况，当孩子对文字符号已经有了初期的意识和萌芽，如何把握好"教"与"不教"的度，着实让很多老师纠结。

在越来越注重课外阅读的小学阶段，识字教育的"一刀切"势必加大了幼儿园与小学衔接之间的坡度，而这个坡度越大，幼儿将来对语文的学习越难以适应。幼儿园不教汉字，很多家长便到社会机构去给孩子报学前班，解决孩子认字的问题。所以有教育专家认为，我们应当立法规定，把社会上所有的幼教机构和幼儿园全部纳入监管体系中。国外禁止幼儿园小学化的主要方法是通过立法机构立法，而中国现行的方法是通过行政制度来规范，但是这样做只能对体制内的公立学校起到管理作用，却不能监管到社会上的培训机构。所以说，小学化倾向仍然以另一种形式存在着。

那么在"一刀切"政策的背后，真正应该明令禁止的是什么呢？作为老师，我们应该深思这个问题。假如我们能够尊重幼儿的认知规律和身心发展需要，不再急功近利地对待汉字教育，而是用适合孩子学习和成长的教育方法，那么我们又何须那么多的"紧箍咒"呢？因此对于幼儿的汉字教育，目前仍然存在着许多根本问题，有待进一步的认识和解决。

二、幼儿汉字教育的理念导向

《3～6岁儿童学习与发展指南》中提出：应在生活情境和阅读活动中培养幼儿对文字的兴趣，并结合生活实际，帮助幼儿体会文字的用途，激发幼儿阅读和书写的愿望。这些阐述表明在幼儿园语言教育上已经有了明显的目标导向，即重视并提倡早期的阅读，既要发展幼儿的听、说等语言能力，又不能忽视培养幼儿对生活中常见文字符号的兴趣。

《江苏省学前教育条例》明确规定：禁止以集中授课方式实施汉语拼音及汉字读写训

练、数字书写运算训练、外语认读拼写训练。如果断章取义，很容易将其理解为凡是拼音汉字等小学的内容，幼儿园都不能涉及。难道幼儿只有在年满六周岁，踏进小学的时候才能学习汉字吗？结合条例的上下文，我们可以看到当幼儿对生活中常见的汉字、数字感兴趣时，在游戏中有使用汉字、数字的需要时，教师可自然而然、适时适度地引导幼儿学习这方面的知识。幼儿教育小学化这个问题的本质，其实并非小学该学的这些内容是不是"洪水猛兽"，而是教育者是不是按照"洪水猛兽"的做法来要求孩子。幼儿园要禁止的是，老师采用集体教学，按照事先规定的教学进度系统地教授小学内容，进行超前教育，而非绝对禁止汉字、外语等进入孩子们的世界。

我国著名的幼儿教育家陈鹤琴曾说：语言文字是发展思维的重要工具，为了满足儿童的求知需要，为了发展儿童的思维，我国幼儿园须对大班儿童进行识字教育。我国湖北省智力发展研究所冯德全教授提出的"零岁方案"研究中也指出，幼儿有视觉语言的潜力，幼儿识记形象的能力惊人，三四岁的幼儿认物数以万计。幼儿早期对物品图像与文字图像的认识没有多大区别，都是看多了能达到"印象记忆"，处于右脑优势时代的幼儿，对形象的实物认识数以万计，由此可见幼儿有认识汉字的极大潜能。科学的汉字教育是开发幼儿智力的"金钥匙"，只要有适宜的环境，为孩子创设一些接触汉字的机会，增加他们对文字的兴趣和敏感度，使他们懂得文字在生活中的重要性，是很有必要的。

英国有一个纪录片《人生七年》，在这部纪录片中，精英家庭中一个刚刚七岁的孩子正在学习读《金融时报》，然而平民家庭中的七岁小孩连大学是什么都不知道。很多情境都反映了早期的识字和阅读对孩子智能发展的重要性，对孩子成年后人生的深远影响会使他们走上不同的人生道路。新西兰科学家玛丽·克莱发现，儿童能自然地发展出读写能力，只要有良好的文字环境，孩子就会自然而然地产生对文字的兴趣并去积极探索。

综上所述，孩子开始识字的年龄并不是最关键的，关键的是孩子识字的方式是通过自己产生的兴趣还是半强迫式的学习。只要能为幼儿创造良好的识字环境，幼儿就会主动接受文字的刺激，自然而然地认识文字。

三、幼儿园汉字教育的策略

随着幼儿园课程游戏化的深入，我们逐渐认识到在开展适宜幼儿的识字活动中，教师最先应该把握的是活动的价值取向，注重幼儿自然习得汉字，逐渐获得汉字的概念，慎防"小学化"。同时应明确幼儿园汉字教育与小学识字的本质区别，活动不以识字为主要目的，不给幼儿负担，不让他们承受认字的压力。我们应该给孩子创设一个良好的进行文字刺激的环境，选择一些生活中会频繁接触到的、幼儿喜欢并感兴趣的标识和文字，利用周围环境耳濡目染、隐形渗透，并通过一些生动有趣的活动和游戏，让幼儿感受汉字的美妙和其中的文化内涵。

（一）创意涂鸦——在活动中想象文字之美

汉字是中华文明的符号，也是汉族文化的遗产，每一个汉字的背后都有着一段故事。尤其是象形字，是由图画的外部形状演变成的汉字，是我国古代人民智慧的结晶。"口、目、山、水、日、月"等汉字就是象形字中突出的代表，也是幼儿能接受的简单的汉字。处于右脑优势时期的幼儿，用右脑的图像能力来感受汉字，其实就是将笔画架构繁杂的汉字幻化为色彩丰富、形状鲜明的象形图像。幼儿学习汉字的过程其实就是看图、联想生活场景，继而借助右脑的图像记忆功能，将无趣的汉字转变为生动有趣的画面，并在头脑中留下印记。因此我们在幼儿创意美术活动中渗透融入象形字涂鸦活动，使幼儿通过亲手描绘来想象古老象形文字的画面之美。

在一次"涂鸦'日月云'"的活动中，笔者先出示汉字"日""月""云"，让幼儿根据文字的特征进行想象，看看它们像什么。孩子们虽然不认识这几个汉字，但是他们会进行丰富的联想，大家七嘴八舌地议论起来，等他们表达完自己的想法后，笔者再出示象形文字的演变图片（图1），答案便由此揭晓，猜对的幼儿更是兴奋不已。接下来的涂鸦游戏是小画家们展示自我才能的天地，孩子们用洁白的画纸、稚嫩的小手，勾勒出一幅幅生动的文字画。

在涂鸦活动中，幼儿识字如同看图画，每一个图形都表达着不同的含义，图形和意境相统一，将图形和汉字所代表的具体事物联系起来，对于幼儿理解字的含义非常有帮助，幼儿还能通过看图加深对汉字的印象，因此识字的过程快乐又轻松，毫不费力。孩子们在轻松愉快的氛围中自然地接受了文字的熏陶，感受到中国文字艺术的博大精深，识别汉字的过程不再是枯燥乏味的，而是获得快乐与成就的美妙时刻。尽管不需要他们完全认识这些字，但是通过多维度的色彩涂鸦（图2），他们对这些文字符号感到非常好奇，汉字深深地吸引着孩子们，就这样他们渐渐步入了文字的世界。

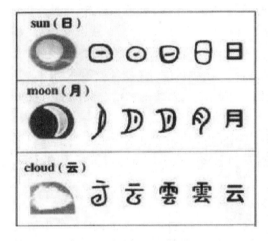 

图1　象形文字的演变　　　　　　　　图2　孩子们的色彩涂鸦

（二）绘本阅读——在阅读中理解文字之意

绘本中有着趣味无穷、百听不厌的故事，面对自己喜欢的图书，孩子们会不厌其烦地翻阅。绘本图大字少，并且一些固定的词汇、语句会不断重复，这就使得故事的情节很好预测。根据幼儿不同年龄段的认知水平，我们在园内各区域放置了大量图文并茂的绘本，并摆在幼儿容易取放的位置，让他们自由选择、自主探索。

每当笔者在读绘本的时候，笔者都会和孩子共同讨论绘本中的精彩内容，让幼儿通过绘本中的画面来猜测书中的文字，用这样的方式来激发幼儿对汉字的兴趣。有一次外面的天气突然发生变化，"下雨喽！"孩子们跑进活动室告诉笔者。这时笔者意识到可以结合这件事，让文字"雨"进入他们的脑海。于是笔者让孩子们马上把雨滴用蜡笔画下来，然后把孩子们的作品进行集体分享，多数孩子都是用断断续续的短线来表现雨滴的画面。通过观察作品,笔者发现孩子们在艺术层面对雨滴已经有了形象的感知,然后笔者有意地把"雨"字画成一幅画,下面写上"雨",还没等笔者揭晓答案,孩子们一下子就说出了"老师,这是雨字"。当孩子们这些宝贵的兴趣点被老师及时捕捉到,也就成了我们进行汉字学习的重要契机。就识字和阅读的过程而言,识字是乏味的,而阅读则是充满快乐的,在绘本中阅读认字比单独认字更加有趣,所以笔者在班级的图书区顺势找了一本关于春雨的绘本,让孩子们在绘本阅读中真正体会到文字的意义,在与文字每一次快乐的接触中渐渐熟悉中国的汉字,使他们对汉字逐渐敏感、逐渐喜欢。

(三) 主题环境——在生活中感受文字之用

幼儿从刚出生的那一刻起,就开始生活在汉字的文化当中,生活在图像、符号和文字共存的环境之中。大街上、商场里离不开文字,地铁站、车站处也都充满了文字导引牌。大人总会看"字"来给幼儿讲故事,此时幼儿"听"语言文字,也在"看"语言文字,他们常常看到图画会问"这是什么地方",看到某些字句也会问"这是什么字"。这就说明,幼儿关注语言文字和关注图像的兴趣是同步的,生活中有趣的事物、符号、文字经常会让他们感到疑惑,会激发他们探索的兴趣。

我们日常的教学活动是以主题的方式开展的,每次开展主题活动的时候,活动室都会有与主题相关的环境布置。比如小班下学期主题活动"瓜果乐",这一主题源于孩子对食物本能的喜爱,他们本身已经积累了相关的感性经验,因此对与主题相关的"瓜""果""番茄"等字词倍感熟悉。我们在主题墙上设置了"蔬果大乐园"、迷宫图等游戏,并在相应关口贴上图文并茂的蔬菜和水果图片,我们还动员家长利用各种废旧材料制成"蔬菜宝宝""水果宝宝",将它们摆放在班级展示区,让幼儿在与主题环境的互动中,非常自然地去找字、认字、识字。另一方面,我们注重用幼儿熟悉的亲情、美丽的大自然去开展主题,比如主题活动"宝贝一家亲",涉及的都是孩子最熟悉、最亲近的家人,"爸爸妈妈""爷爷奶奶""他们都很爱我,我也很爱他们",通过这一主题所生成的词语、语句,孩子们倍感亲切。通过主题环境的感受和熏陶,孩子们自然习得相关的汉字,也更加懂得文字在生活中的重要作用。

(四) 角色扮演——在游戏中体验文字之趣

爱玩游戏是幼儿的天性,在游戏中孩子们享受着充分的自由,游戏中的角色扮演更是幼儿乐此不疲的,所以把识字教育和孩子喜爱的游戏结合起来,定能事半功倍。国外的研究多年前已经证明,早期的角色扮演游戏是孩子开始有符号概念,逐渐进入认字敏感期的重要阶段,认字的过程就是用一个抽象的字符代替某个实物或某种感受,文字其实就是一种替代品。孩子喜欢游戏,会使用替代品,也更容易接受文字。

当孩子进行角色扮演时,他们通过亲身的体验来认识汉字、和汉字接触,这个时候汉字对孩子产生的影响是潜移默化的。比如在超市的购物区中,将汉字和与之对应的蔬果图片陈列出来,当然种类不需要太多,然后进行买卖游戏。"你想要什么?""西瓜。""西瓜一斤多少钱?"……在这个游戏的过程中,幼儿边看边玩,而需要完成游戏任务,自然就要主动地去探索游戏中接触到的汉字,因此文字在无形中被反复地强化,游戏玩的次数多了,孩子自然而然就能记住这些字,甚至没有被念过的菜名也被很多孩子记住了。

除此之外,我们还安排了"捉迷藏""萝卜蹲"等各种各样的游戏,激发幼儿之间的互动,让他们分头去找一找,用手去点一点,用嘴去读一读,在调动各种感官积极参与的过程中,孩子们感悟到语言文字的有趣。与此同时,我们还会按照幼儿的兴趣,适当地变换游戏内容和游戏方法,逐步增加游戏难度。运用这些方法和技巧,不仅能让幼儿自然地学会相关汉字,还使幼儿在游戏中体验到了认识汉字的成就感,让他们保持继续探索汉字的热情。

四、幼儿园汉字教育应当注意的问题

对幼儿进行汉字教育,应当重视过程体验而非识字数量,孩子之间毕竟存在着个体差异,每个孩子对文字的敏感度也是不一样的,老师无须在意孩子能不能记住汉字,或者记住的数量是多少,也不要担心他们忘记已经学会的汉字。对于幼儿来说,汉字教育最重要的并不是识字本身,而是给他们创设一个识字环境,通过这个环境的视觉刺激来培养孩子们的各项智能,启迪孩子的智慧。孩子在与汉字互动的过程中,是否感受到快乐和满足,是否愿意一直参与认字活动,这才是我们应当关注的。

数千年来沉淀的中华文化源远流长、博大精深。我们作为幼儿教师,必须用科学现代的教育方法和教学手段,使幼儿逐渐感受到汉字的趣味和韵味,使汉字教育散发出传统文化浓郁的幽香。

参 考 文 献

[1] 中华人民共和国教育部.3~6岁儿童学习与发展指南[M].北京:首都师范大学出版社,2012.
[2] 黄娟娟.认字、识字就等于早期阅读吗[M].广州:中山大学出版社,2006.
[3] 冯德全.冯德全新编0岁方案[M].南宁:广西科学技术出版社,2009.
[4] 刘宝根.幼儿"前识字"的核心经验及教育支持策略[J].幼儿教育(教育教学),2013(3):10-13.

传唱经典：翻开苏州童谣新篇章

卢丹妍

【摘　要】　苏州童谣传承千年，内容十分丰富。教师积极组织幼儿进行童谣的学习，不仅有利于幼儿的语言能力发展，更有利于中华民族传统文化的传承。本文在分析苏州童谣对儿童语言发展的重要作用的基础上，从开展时机、组织形式、环境布置及价值观等方面，阐述了苏州童谣在幼儿教育教学中的一些创新途径。

【关键词】　苏州童谣；幼儿教育；传统文化；创新

苏州童谣作为吴文化中不可或缺的重要组成部分，历史悠久，是一种"活化石"。它拥有丰富的题材，不但有数字、草木、天文、动物等自然知识，还有器物、美食等生活常识，以及亲眷、乡情等生活知识。苏州童谣具有内容宽广、韵律感强、柔软动听、结构简单、幽默风趣等特点，很容易被孩子们接受和喜爱。

一、苏州童谣对幼儿语言发展的功效

苏州童谣本身是一种口头文学，来源于苏州老百姓口耳相传的记忆，在兴趣盎然的吟唱过程中，百科全书式的童谣潜移默化地影响着儿童，尤其对幼儿语言能力发展具有重要的积极作用。

（一）吟唱幽默风趣的童谣，激发学习兴趣

苏州童谣中绕口、游戏、谜语等内容风趣幽默，用各种非常规思维来编造生活中的故事，让人忍俊不禁。其中有的童谣正话反说或者故意违背常识，来获得喜剧性效果，幼儿在了解常识的基础上，再读这种颠倒话童谣就会被其中的笑点所感染，觉得诙谐有趣，有利于培养幼儿主动学习语言的兴趣，比如"颠倒话，话颠倒，石榴树浪结樱桃，蚊子踢煞马，蚂米架大桥，葫芦沉到底，秤砣水浪漂"。还有一些童谣本身就是一个谜语，在猜谜语的过程中给孩子带来无穷的思维乐趣，比如"虾"的谜语："头大尾巴小，活泼又鲜跳，油里氽个浴，红袍缚上腰。"除此之外，游戏类童谣更是被孩子们所喜爱，如躲猫猫游戏："笃笃笃一更天，笃笃笃二更天，笃笃笃三更天，笃笃笃四更天，笃笃笃五更天，家鸡畔畔拢，野猫出来哉。"孩子们边念童谣，边和同伴玩耍，在愉快的游戏中不知不觉地完成语言的学习。

（二）感悟多样的民俗文化，丰富语言积淀

苏州童谣源于典型的江南水乡传统的苏式生活，苏州童谣唱起来，便唱出了幼儿所在地的乡土文化与民风民俗。幼儿能从中了解历史苏州的市井文化、大小街巷、时令土产等广博的知识。例如，"正月里，闹元宵；二月二，要吃撑腰糕；三月三，祖师报；四月十四白相神仙庙，神仙花，神仙猫，神仙乌龟神仙糕；五月端阳龙船闹，七里山塘闹滔滔；六月里白相赤脚荷花荡；七月七，掷乞巧，织女牛郎渡鹊桥；八月中秋拿香斗烧，九月重阳要登高；看会要到十月朝；十一月里雪花飘，买点美酒与羊羔，暖阁红炉用炭烧；十二月廿四要送灶，买点糖锭糖元宝"，这首童谣就可以帮助幼儿了解苏州不同节气的民俗传统、美食知识

等。又如"一人弄,二门口,三茅观巷,司(四)前街,吴(五)趋坊,菉(六)葭巷,戚(七)姬庙弄,北(八)街浪,九胜巷,十全街",通过从一到十的依次数数将苏州的主要街巷串联起来,便于记忆,又充满趣味性。而《牵磨子,下圆子》《笃笃笃,买糖粥》《苏州名小吃》等童谣更体现了苏州是美食的天堂,讲究不同的时令有不同的吃法。幼儿诵唱这些歌谣,可以极大地拓展文化知识,增加语言积淀。

(三)体会音乐式的韵律节奏,培养语感

苏州童谣的形式主要有三字句、四字句、五字句、七字句,诗歌的各种手法——赋比兴、双关、夸张、排比、押韵都具备,且通俗化、乡土化、形象、别致、生动,也很精练,因此在吟唱时,不需要死记硬背,高低起伏的节奏和谐而有音乐性,抑扬顿挫、朗朗上口,如童谣《布谷》:"布谷布谷,朝催夜促,春天勿播,秋天勿熟;布谷布谷,朝求夜祝,春播一升,秋收一斛;布谷布谷,朝忙夜碌,农夫忙碌,田主福禄,田主吃肉,农夫吃粥。"在日积月累的过程中,幼儿逐渐培养连贯的语言表达方式,增强语言感知能力。

二、苏州童谣在幼儿教育中的创新路径

幼儿教育本身就是一个持续发展的过程,因此,苏州童谣在幼儿的教育教学中也要跟上时代的步伐,不断推陈出新,根据孩子的年龄特点和发展目标变换不同的方式和实施路径。

(一)时机开展创新,融入一日活动之中

苏州童谣可以渗透到孩子们的方方面面,不仅是在游戏、学习、运动等活动中,也可以在一日生活中,包括来园、离园、餐点、午睡、散步、盥洗等各个环节。在来园、离园环节,我们开展苏州童谣活动最大的优势是可以充分利用家长资源。教师有目的地引导家长利用来园和离园时间和幼儿一起唱童谣,唤起家长的童年记忆和美好情感,增近亲子关系,建起心灵交流的桥梁,从而提高幼儿的学习兴趣。此外,童谣有着收放自如、儿童可自我调控的特点,这正好与幼儿园一日活动各过渡环节中期望幼儿能自主调控、自由愉悦的要求非常契合。如在吃水果前巧妙地使用苏州童谣"排排坐,吃果果,倷一个,我一个,妹妹睏仔留一个",不言而喻,教孩子们学会分享,也使日常的生活充满了游戏的乐趣。哄幼儿入睡环节,可以轻唱"吭吭宝宝要睏觉,小眼睛,闭闭牢;小小手,放放好。今夜睏得好,明朝起得早,花园里去采葡萄"。将这些苏州童谣作为教育资源最大限度地进行利用,减少幼儿在过渡环节中的消极等待。

(二)形式组织创新,结合"一班一品"和各种游戏

本园的各班老师根据班级幼儿年龄特点、兴趣爱好及自身的专业特长,在每班开展一个特色主题研究,即"一班一品"。我们开展过"吴侬软语苏州情"活动——吴侬软语之日常用语我会说,吴侬软语之苏州美食我知道,吴侬软语之赏苏州评弹、昆曲等。幼儿通过倾听、观察、猜测等方式熟悉和掌握苏州童谣。

边念童谣,边做动作,孩子们的游戏时光最欢乐。苏州童谣里有婴幼儿的游戏童谣,"念着鸡鸡斗,碰着小食指";也有大孩子的游戏童谣,比如玩穿越门、猫捉老鼠、老鹰捉小鸡的相关童谣。在吟唱游戏类童谣时,教师将其与音乐游戏结合起来,依据童谣中的唱词进行配乐,或让幼儿自己敲打各种乐器,在轻松快乐的音乐节奏中进行游戏,提高幼儿参与的积极性。还可以将苏州童谣与民间游戏结合起来,创编动作和玩法,如《捉蜻蜓》中"天灵灵,地灵灵,茅草窠里捉蜻蜓",告诉唱者右手伸开朝下,做出准备抓的姿势,其他

小朋友用右手食指抵住唱者手心。当唱到"捉蜻蜓"三字时,唱者抓他人食指,其他小朋友立即把手缩回,食指被抓者为输。在丰富多彩的游戏中收到寓教于乐的效果。

(三) 环境布置创新,提供自由宽松的氛围

教师在创设区域游戏时,投放一些与苏州童谣相关的素材,比如小舞台,筛选韵律感强、节奏明显的童谣进行编谱,提供彩绸、水乡服饰、多种乐器或者废旧材料,幼儿可以充分发挥自己的想象,进行敲敲打打,摆弄着道具载歌载舞,感受童谣的韵律美和浓郁的苏州文化魅力。在美食店,根据童谣里的内容"姑苏小吃名堂多,味道香甜软酥糯。生煎馒头蟹壳黄,老虎脚爪绞连棒。小笼馒头肉馒头,香菇菜包豆沙包。茶叶蛋、焐熟藕、大小馄饨加汤包。臭豆腐干粢饭团,萝卜丝饼三角包"等,尝试制作各种苏州美食,如生煎馒头、香菇菜包、饭团、三角包等,请"客人"来店品尝,获得与同伴交往的快乐体验和情绪上的满足。在小书吧,教师可以自制童谣绘本,用各种生动有趣的图画展现童谣内容,供幼儿欣赏阅读,幼儿在耳濡目染中提升了思维想象能力。

(四) 价值观创新,传承中华民族精神

苏州童谣是一种活化石,它承载着许多历史文化信息,但也有些童谣显然不符合社会主义核心价值观,更不适合幼儿吟唱,如《六勿亲》:"女儿亲,勿是亲,全副嫁妆还嫌轻;儿子亲,勿是亲,讨仔家婆像闲人;女婿亲,勿是亲,三句说话面熏熏;夫妻亲,勿是亲,同床和被两条心;兄弟亲,勿是亲,同胞共乳勿同心;乡邻亲,勿是亲,一碗送来一碗清。只有铜钿银子嫡嫡亲,要来用俚就动身。"我们在传承苏州童谣中伦理知识、生活常识、乡土人情等方面的价值观的同时,既要取其精华、去其糟粕,又要牢牢把握时代发展的脉搏,顺应潮流,丰富苏州童谣的精神内涵。同样,在苏州童谣价值观创新中,必须以社会主义核心价值观为指导,不断拓展和丰富苏州童谣的精神内涵,始终坚持"以儿童为中心"的原则,为苏州童谣传统文化的不断创新注入活力,让在我们这方土地上流传了千百年的文化瑰宝能永远传承下去。

三、结语

苏州童谣是中华文化宝库中的一颗明珠,蕴含着丰富的文化价值和教育价值。社会在进步,苏州童谣的学习不仅要强调文化的传承,更应该随着时代的前进发展创新,我们要用适合幼儿的方式,潜移默化地打开其认识世界的窗户。相信在不远的将来,苏州童谣在幼儿教育中会呈现一种新的面貌,翻开新的篇章!

参 考 文 献

[1] 朱光磊. 苏州童谣 [M]. 苏州: 苏州大学出版社, 2018.
[2] 沈艳凤. 幼儿园民间游戏课程开发与实施 [M]. 福州: 福建教育出版社, 2018.
[3] 朱婵珍. 浅谈幼儿园吴地民间童谣教育的开展 [J]. 小学时代 (教育研究), 2014 (17): 75.
[4] 马兰. 充分利用吴文化资源 因地制宜进行童谣教学 [J]. 苏州教育学院学报, 2002, 19 (S1): 35-36.
[5] 赵惠英. 拥抱民间童谣,装点幼儿生活 [J]. 作文成功之路 (中旬), 2015 (7): 81-82.
[6] 陆玲, 刘云艳. 将民间童谣融入幼儿园课程 [J]. 幼儿教育 (教育科学), 2008 (C1): 35-38.
[7] 李莉霞. 儿歌对幼儿成长的重要作用 [J]. 开封教育学院学报, 2012, 32 (3): 115-116.

深耕"一班一品",浸润民族文化

李梦琪

【摘 要】 感知、了解民族文化是幼儿园课程活动中必不可少的内容,以班级为单位开展民族文化特色活动能够有效地调动幼儿的兴趣,让他们在一日生活中去全面地了解和感知,系统地大量积累感性经验,并实际去体验、运用。"一班一品"特色"吴侬软语苏州情""巧手剪万物"的活动对于幼儿民族文化体验和经验习得是有益的创新和尝试。

【关键词】 幼儿民族文化活动;吴侬软语;幼儿剪纸

中华民族在漫长的历史中形成了自己灿烂的文化,了解和传承民族文化,对于民族精神的延续有着重要的意义。《3～6岁儿童学习与发展指南》指出要引导幼儿了解自己的家乡、民族文化,培养幼儿的民族归属感及自豪感。对照本幼儿园的课程体系,我们发现,在多元整合课程、经典节庆课程、情境阅读课程及艺术社团课程中包含了一些民族文化内容,但是内容还不够系统、覆盖范围还不够全面。为了更好地在教育活动中渗透民族文化及班级特色文化,我们开展了以班级为单位的特色活动——"一班一品"活动,旨在通过每周的集体活动,以及一日活动中的各环节带领幼儿体验民族特色文化,让其感受并增加相关的经验;通过多元的参观、体验、阅读、表演等形式,让幼儿充分地调动感知觉,浸润于民族文化中。

一、"一班一品"民族特色文化活动开展的意义

"一班一品"民族文化特色活动,能够充分利用各项资源,引导幼儿、教师、家长及社区成员等参与到活动中。不仅能够让幼儿了解家乡、祖国的风景名胜、传统工艺、语言文化等,还能够鼓励教师开发适宜于幼儿的民族文化特色活动。同时,幼儿园与家长、社区也形成良好的互动,为幼儿营造浸润式的文化体验氛围。

以班级为单位开展专题的活动,能够让幼儿在一日生活中浸入式地体验民族文化,通过集体活动、区域游戏活动,幼儿积极参与到文化实践中,通过创作、表达深入了解文化特色。利用晨间谈话、散步及过渡环节的时间,幼儿可以相互分享经验,在大量的观察、欣赏中感受民族文化的美。

对于幼儿来说,民族文化特色活动不仅可以涉及艺术领域,引导幼儿充分地去感受、欣赏多种文化艺术作品,大胆表达、创作,而且能促进幼儿在社会、科学、语言、健康等领域的全方位发展。

二、在"一班一品"活动中体验浸入式民族文化

我们选择了两个与幼儿生活贴近的民族文化特色活动在班级中实施——"吴侬软语苏州情"和"巧手剪万物"。旨在引导幼儿感知各类语言、文学、艺术、风俗、节日等各类传统民族文化,系统了解某种民族文化的来源、发展、特色等具体内容,鼓励幼儿能够通过语言表达、艺术表现等方式大胆展现自己了解到的民族文化内容。教师要能充分

利用社会资源,引导幼儿实际感受祖国文化的丰富和优秀,感受家乡的特色,激发幼儿爱家乡、爱祖国的情感。

(一)"一班一品"之"吴侬软语苏州情"

1. 聚焦幼儿吴语经验。幼儿在生活中经验最为丰富的是语言,最贴近他们生活的是语言文化。经过调查分析,我们发现班级中有约60%的幼儿在家庭中能接触到苏州话,其中30%的幼儿会在生活中大量使用苏州话,但是其余70%的家庭中没有语言环境,只是偶尔会讲少量苏州话。作为吴语的代表方言之一,苏州话极富特色,它不仅是生活语言,也是一种文学语言。学龄前的幼儿正处于口语发展的重要时期,他们通过辨别、聆听和尝试苏州话的语调、语速、节奏、发音及词汇,能够促进语言的发展,并且体验独特的苏州语言文化,语言中蕴含的地方特色风俗、美食特色等也让幼儿在浸润氛围中有所感知。

2. 激发幼儿吴语兴趣。我们选择儿童喜爱的苏州童谣、绕口令,让幼儿爱上苏州文学作品,在活动中欣赏苏州童谣中的韵律美、节奏美,感受语言的特点。我们带领幼儿尝试进行简单的童谣创编,鼓励幼儿大胆想象,激发其语言创造能力,幼儿用语言表达情感、分享感受,在创造性游戏——巡回表演时,幼儿能用苏州话较流畅地自行报幕。游戏的形式增加了幼儿活动的参与度和趣味性,大量的文学作品欣赏也利于培养幼儿的倾听、阅读习惯。

另外,浸入式的体验也是幼儿很喜欢的形式,我们融入了音乐欣赏——琵琶演奏歌唱,艺术欣赏——评弹、昆曲表演,参观走访——探寻山塘老街的苏州话活动。引导幼儿体验不同形式的苏州语言文化艺术,在活动中感知不同艺术形式中的苏州话,了解不同的语言结构和特点,并充分地感受孕育出了苏州语言的文化氛围。

3. 创设吴语运用环境。在活动中我们涉及了丰富的运用型语言内容,包括日常用语,有问候语、礼仪用语、生活指令短语,以及幼儿姓名、蔬菜名、水果名等。通过教师用苏州话进行日常问候、点名、晨间谈话及发出过渡环节指令,幼儿形成了每天用苏州话进行交谈的习惯,知道了日常用语如何用苏州话表达,并且知道自己名字的苏州话叫法。

(二)"一班一品"之"巧手剪万物"

1. 多元化剪纸经验。剪纸文化对于幼儿来说是较易接触到的、比较熟悉的一种民族文化,在外出旅行、春节的节日环境及日常教育活动中,幼儿已经积累了一些相关经验。为了引导幼儿对于剪纸艺术有更加系统的认识,了解剪纸文化的起源、发展与工艺,知道各种不同的剪纸艺术制作的基本流程和方法,我们设计了多种欣赏、参观活动,包含了"生活剪纸大搜集""剪纸图案品鉴""剪纸艺术馆参观""剪纸艺人零距离"等活动,在多元化的活动中,孩子欣赏、感受传统剪纸的美,体验剪纸文化的丰富内容。

2. 整合式剪纸体验。剪纸艺术涉及幼儿健康、语言、科学、艺术等多领域的内容,我们在活动设计时整合了多领域的内容和目标。首先,在健康领域。剪纸实践活动不仅考验幼儿的手眼协调能力,而且精细化的剪纸动作为幼儿小肌肉的发展提供了锻炼机会,对于幼儿健康协调的动作发展有很重要的作用,我们为幼儿提供了不同难度和花纹的剪刀、刻刀等辅助材料,鼓励幼儿自主完成裁剪。其次,在语言领域。在观察、欣赏剪纸图示中,幼儿的读图能力有所提高。我们为幼儿提供了步骤详略不同的折纸图、图示图,让幼儿用实物进行折叠制作。他们通过阅读分析抽象的画面,与自己生活中看到的实物相结合，并尝试准确表达出图示的结构、创作流程。再次，在科学领域。剪纸中不同的折叠、裁剪方法能够产生不同结构的图示，幼儿在活动中感知发现图案的连续性、对称性，探寻不同折叠方法对于剪纸图案的影响，对边折剪，四角、五角、六角折剪，立体剪纸，连续剪纸等多种方式的尝试，帮助幼儿探寻其中的数学规律。最后，在艺术领域。幼儿通过大量的欣赏和直接经验的积累，了解剪纸艺术创作的方法，通过大胆尝试配色、协调比例、刻型，完成不同形式的剪纸艺术作品。我们会选取生活物品、动物、植物等不同类别的主题进行活动。

3. 递进式剪纸实践。对于学龄前幼儿来说，经验是逐渐积累的。剪纸活动也类似，教师既要考虑到幼儿的最近发展区，循序渐进地去引导幼儿尝试完成作品，又要设置大量的同类型剪纸来帮助他们获得经验。由于幼儿喜欢反复实践探索来获得经验，因此，我们在初级剪纸挑战中，提供了橙子、鞋子、枫叶、萝卜等大量简单物品的对边折剪图示，让孩子们去尝试剪纸。同样的，对反复纹样、多角折剪也设置了由简单到复杂逐步提升的挑战度。最后，孩子们尝试用刻刀完成了镂空花纹的剪纸造型。在活动中，幼儿可以根据自己的需求去挑选不同难度的图样，教师进行个别指导，让孩子在自己原有的基础上得到提升和进步。在孩子们逐渐掌握了基本剪纸方法后，他们可以自己设计图样，完成创意剪纸设计。

三、结语

"一班一品"民族特色文化活动以班级为依托，融合于幼儿的一日生活、活动中，整合了幼儿的多元智能和多领域经验，通过大量儿童适宜的实践操作活动，激发幼儿探索民族文化的兴趣，让幼儿在浸润式的氛围中感受、体验多元文化。

参 考 文 献

[1] 管旅华.《3~6岁儿童学习与发展指南》案例式解读［M］.上海：华东师范大学出版社，2013.
[2] 李季湄，冯晓霞.《3~6岁儿童学习与发展指南》解读［M］.北京：人民教育出版社，2013.
[3] 杨磊. 幼儿园传统文化教育资源的开发与实践［J］. 科学咨询（教育科研），2019（17）：169.

国际理解力视域下语文民族素养的培育

李 瑞

【摘 要】 在呼唤国际理解力的大教育背景下,语文教学要注重在纵深方向探索民族文化的根本,通过语言的雕琢与运用、审美能力的发现与培养、精神主旨的叩问与思辨来雕琢中国气质、中国风骨,形成中国思维、中国视角,进而促进中国文明文化的传承。

【关键词】 精致解读;名著比较;师生共研

在全球化背景下,教育的视野越来越宽,人们渴望通过文化的交流碰撞发现不同民族的境界广度、智慧光彩、情感走向。从语文学科本身来看,课程改革一次次地强调"自主—合作"学习型模式的构建,也大胆推崇"批判式思维"的培养,的确从博广维度上促进了国际化教育的融通。但从中国语文教学本身来看,立足于民族素养的教学才能真正从纵深维度培养学生的语言构建与运用能力,发挥中国文化传承和价值观传递的功能。

目前,很多外国语学校在国际化路线的发展方面走得很稳健,而在呼唤传统文化回归的今天,我们更应该把准教育的"脉搏"。笔者以语文课内外教学内容为核心,以阅读思维能力培养为方向,以提升国际化人才民族素养为目标,探索如下操作路径。

一、打造"精致解读"教学风格,实现读写融通新生局面

(一)说文解字,探索类比与辐射的内容根系

升入初中,学生应该每人都准备《现代汉语词典》《古代汉语词典》。教师要善于提炼文本的核心文字,引导学生通过解读文字的渊源理解文章的精髓要义。

如学习白居易的《观刈麦》,查找古"累"字的写法,让学生用心摹写,结合文本自然体悟到,一个弱小如丝的身体擎起一片田地,怎么能不累呢?

学习桂文亚的《你一定会听见的》,查找"聽"字,进而了解到,要"听"见,一定要讲"耳德",十目、一心都要专注才能听见和发现美好。

(二)美点寻踪,剖析情趣与理趣的情感汇点

任何一篇文章都有它独到的美点,或是动词运用之精,或是场景渲染之妙,或是人物形象的传神玲珑,或是情节构思的巧妙逼真,都是艺术魅力的精彩呈现。通过"咬文嚼字、分析留白、入境朗读、知人论世"等环节逐层剖析文章旨趣,遵循文学之美,挖掘艺术审美视角。

统编教材八年级下册的《昆明的雨》是汪曾祺的代表作。在教学中以探究作者写作风格为线索,通过设计"初见———词一句笔悠扬"了解作家汪曾祺、"畅谈———品一咂齿留芳"了解美食家汪曾祺、"怀想———人一事总难忘"了解在西南联大的汪曾祺、"凝神———画一诗意深长"仰望纯文人汪曾祺等环节,深悟西南联大对文学、对作者的影响,体会作者对昆明的雨的深情。

（三）融会贯通，搭建阅读与写作的桥梁

在阅读课堂中，除了对课文内容情感的品析外，我们还要注重学生鉴赏思维的沉淀，要将经典文学与现实生活联系起来。微写作是最好的锻炼思维形成能力的方式。

统编教材七年级下册的《驿路梨花》是一篇并不深奥的小说。教学中可以从写小说来切入，让学生研读背景，得出小说要"植根于生活"；提炼一波三折的情节，得出小说要"聚焦于波澜"；讨论意象的作用，得出小说要"醉心于美感"；探究课本中的互助文化，得出小说要"立道于人心"。最后让学生拟写自己的小说大纲，他们兴致勃勃。

二、比较阅读整本名著，促进学生思辨能力

名著阅读的灵活领悟，根本在于读后的比较发现，这样能够更深入准确地理解其现实意义及经典的价值。在导学过程中，充分尊重学生的原始问题，抓住学生认识的肤浅之处，以经验为原生点连接，以经验为触发点升华，以经验为生长点进行课外迁移，同类重组、博观约取、更能促进学生阅读思维品质的成长与优化。

（一）人物形象的比照

抓住同一作品中的相似人物或不同作品中的相似人物比照阅读，能够全面把握人物形象，加深对作家作品的认识。

如鲁智深与李逵同属粗鲁豪放之人，外貌也相似，但要品出二者不同：一个"面圆耳大，鼻直口方，身长八尺，腰阔十围"，一个"怒发浑如铁刷，狰狞好似狻猊"；一个称"提辖"，一个叫"铁牛"；一个粗中有细、颇具智慧，一个鲁莽冒失、频频惹祸。

又如鲁智深与林冲同是官府官员，一个撞见妻子被高衙内调戏"先自手软了"，一个是听说朋友妻子被欺负了，义愤填膺要打抱不平。

通过比照人物的外貌、语言、动作或对同一件事情的不同态度，读出同是英雄的不同性格及性格成因，理解为不同的命运走向埋下的伏笔。

（二）作品风格的比析

不同作家有不同个性的语言风格，通过分析，引导学生学会通过作品语言表达方式透彻作品意旨。

老舍与沈从文都喜欢用比喻，作品中的比喻句却呈现不同风格的感情倾向。老舍形容祥子"像条瘦长的大鱼"挤进了城。"民俗化口语化的联想是对乡下生活的仔细体悟，是对动荡社会的有力反衬，是苦涩辛酸的幽默，是温和平静的讽刺。"

沈从文写翠翠心事多了，经常无故发呆，爷爷若问她，她说"在看水鸭子打架"。这是俗语，表面上说什么都不想，实际上她在悄悄掩饰爱情带来的迷惘。《边城》里有很多这样的句子，以俗语为喻暗示情节的发展，散发着自然的气息，展示着在底层挣扎却生命力顽强的人性光辉，蕴藉着湘西的美与力。

（三）现实意义的比悟

如果说《五猖会》反映了封建家庭教育对儿童天性的摧残，那么现代理想教育又是怎样的呢？是漫画《父与子》的轻松诙谐？是《傅雷家书》的苦心孤诣？是汪曾祺《多年父子成兄弟》的顺势与从容？还是《当幸福来敲门》的充分尊重、共同成长？或是《摔跤吧！爸爸》的逆境培养？不妨开个话题辩论会，探讨一下理想父子的相处原则。从名著出发，当然也可以延展到经典电影、生活实事。学会思考才是阅读名著带来的意义，

对于学生思想的稳健发展有着不可或缺的作用。

三、捕捉时代民族文化元素，激活师生共研热情

"师生共研"是教师在授课之余，结合学段教学内容，把握时代发展"脉搏"，和学生共同确立一个阶段性研究课题。课题的选择讲究国际视野，注重民族思想深度，旨在通过研读、比较、论辩，发现时代背景下民族文化的精髓，探寻传承和发扬路径。比如"古典文学中的苏州书写""从〈世说新语〉中看魏晋风度""'苏辛'词豪放特点研究""当代流行歌词中的语言文化研究"等课题均能够在文化深究中增进学生对传统文化的理解。

下面以"张艺谋'印象系列'的文化创意解读"为例，具体阐释活动的研究策略。

（一）发现"印象系列"的传奇之美

张艺谋的文化创意，有他在中国电影事业上浓墨重彩的大手笔，有他在奥运会上展现的泱泱大中国的豪情万丈，有他在祖国河山上唱响的荡气回肠的酒歌。他的眼里有历史，他的血里有情义，他的骨骼里有坚守，他的思想里有颠覆陈腐的力量。

《印象·刘三姐》——体悟光影烘托之妙。色彩绚丽，光影多变，人们的想象被充分激活。我们通过研究环境烘托的手法，探索现代科技营造美学效果的作用，明白了环境有渲染气氛、增进叙事、刻画心理、塑造形象、彰显主题、象征暗示的作用。

《印象·丽江》——领略民族胸怀之阔。在雪山，在海拔3 100米的高地搭建演出舞台，选当地有着阳光般笑容的民众作为表演者，大气写意的手法触及观众心灵。我们通过搜集整理民族故事，解读背后所潜藏的民族性格亮点，挖掘传统文化的精髓，总结出中华民族勤劳善良、忠贞尚礼、勇敢坚强的主流性格。

《印象·西湖》——探索音乐激活之效。喜多郎作曲、张靓颖演唱的《印象西湖雨》营造了空灵辽远的意境，把传说带到了观众的情感浪尖上。我们通过欣赏名家音乐作品，建立风格音乐库，了解音乐制作人的创作意图，学会让音乐无痕嵌入作品，与情节发展同呼吸、共血脉，真正理解了音乐具有的巧妙解说剧情、代替言表情感、渲染情境的作用。

《印象·海南岛》——发现时尚新锐之趣。这是一次颠覆传统表演设计的作品，充分尊重了海南的特点，时尚、休闲、浪漫的现代元素才是这方土地的魅力。我们通过归纳当代人思维、心理特点关键词，列举主流生活方式，搜集时尚元素，把握时代跳动"脉搏"，构建主流思潮的正能量，明白了科技创新能够激活思维，史今穿越，更加贴近生活。

《印象·大红袍》——品味文化遗产之香。古代文人认为茶"六碗通仙灵"，一场漂亮的"筛茶"，看上去就是一场"茶神的狂欢"。我们通过了解中国文化遗产分类，把握其产生、演变及发展过程，明确其在中国民族性格形成过程中具有创造精神价值、连接民族情感、增进民族团结的作用。

（二）思考中国元素的传承之势

"中国元素"代表着中国形象，彰显了坚定淳朴的中国性格。假如中国的文化创意产业中没有中国元素，那中国与其他国家就无差别，也就更没有竞争优势。有差异才会有特色，才会形成一种风格、一种浪潮。通过发现云纹铺地、盘口团扇、戏曲、水墨画、

榫卯结构等中国元素的魅力,学生保护与传承中国元素的责任感油然而生。

随着生活节奏越来越快,人们没有时间翻阅大量的书籍获取丰富的知识,在各种独具风范的文化形式中领悟和谐、节制、朴素和含蓄的中国性格,也是一种传承方式。"印象系列"闪耀着中国元素的光芒,将中国精神品格雕刻进舞台的每一个细节中,更是一种担当。

(三) 开启信息时代的创意之门

创意、文化、科技三者的交融是创意产业的总体特征。不管是 LED 屏与黑夜相融,还是服装道具上抽象变换的符号光影,或者是 360 度旋转座椅带来的惊喜,甚至是所有演员来到观众中间表演,都给观者带来了新奇感,这种超乎想象正是艺术家创作的最难且最闪亮的部分。

导演樊跃说,他们务求实现每台演出的别开生面,超越从前,让观众产生"奇观"感,通过情感爆发点来唤起共鸣。所以创意才是艺术的根本。

语文民族素养的培育,是教育教学的重中之重。教师自己要善于打造自己的民族情怀,通过课上精妙深入的文本解读、课下广泛而有指导的名著阅读,以及结合生活实际的作品研读,来真正将中国风骨、中国气质、中国精神有效传承、发扬光大。我们只有在国际理解力的大环境下勇敢探索实践,才能真正促进学生的精神生长!

参 考 文 献

[1] 骆小所,卢石英. 汉语国际教育的目的是汉语文国际教育 [J]. 云南师范大学学报(对外汉语教学与研究版),2007 (6):1-3.

[2] 邹慧明,刘要悟. 在多元中融通 在理解中共生:多元文化背景下的国际理解教育 [J]. 大学教育科学,2014 (5):17-23.

[3] 梅冬贵,纪树青. 在中学人文教学中培养学生民族素养原则的几点思考 [J]. 高考(综合版),2014 (11):95.

[4] 张璐. 中学语文教学中学生核心素养培育和提升策略研究 [J]. 中国校外教育,2018 (17):13-14.

[5] 曲阳,刘春. 形上谓道,形下谓器:中学语文课堂教学落实核心素养的策略初探 [J]. 语文教学与研究,2018 (1):18-22.

动手动脑巧应用，学习创新齐并进

沈 岑

【摘 要】 如今，我国提出了培养创新型人才的战略目标，创新素养的培养成为热议话题。玩益智类游戏常常需要手脑并用，甚至需要同时调动多种感官，与培养创新精神和实践能力的要求极其契合。本文通过介绍一些常见的益智类游戏，将益智类游戏对创新性认知和创新性人格的影响做了整理，发现益智类游戏可以提升学生的创新素养。

【关键词】 创新；益智类游戏；认知

一、创新素养

（一）政策背景

随着时代的发展，无论是政府还是人民群众都对我国的教育水平提出了更高的要求，全面提升学生的创新水平已经被提高到一个前所未有的高度，并被列为我国教育发展的核心要求。不管是在《国家中长期人才发展规划纲要（2010—2020 年）》中，还是在《中华人民共和国国民经济和社会发展第十三个五年规划纲要》及《国家中长期教育改革和发展规划纲要（2010—2020 年）》中，都已将未来的重要战略目标之一定为对创新型人才的培养。

（二）影响因素

创新素养的定义是：人在先天遗传的素质基础上，通过后天环境作用及受教育后形成的稳定的在创新行为中展现的基本心理品质与特征。创新素养具有多元化的要求，它不仅要求学生具备敏锐的洞察力、直觉力，丰富的想象力，以及推测能力和抓住机会的能力，还需要学生具备突破传统、打破常规等能力。一旦学生具备以上能力，思维就会具有超前性、变通性，从而在现代社会竞争中也更容易脱颖而出。

到了 20 世纪末，对个体因素的早期研究逐渐被取代，社会和文化这类因素开始引起学者的关注，逐渐形成一套新的理论。学者们研究发现，环境、认知、人格、知识这四个因素，是影响青少年创新素养发展的主要因素。

（三）创新素养的培养

大量的研究文献结果表明，创新性认知特点和创新性人格是创新素养的两个重要体现。塔迪夫和斯滕伯格将多个心理学家的研究结果总结为以下 20 个点：（1）具有独创性；（2）在特殊领域中具有创造性；（3）想象力丰富；（4）喜欢比喻思维；（5）具有语言流畅性；（6）智力较高；（7）能灵活而熟练地做出决定；（8）善于新颖地处理问题；（9）思维具有逻辑性；（10）善于应用广泛的类别和意象；（11）具有独立判断能力；（12）善于觉察新颖性和知识之间的空白；（13）善于在混乱中发现秩序；（14）善于怀疑和提出假设；（15）能基于现有的知识产生新的想法；（16）善于建立新的结构；（17）善于改变理解问题的角度和固有的想法；（18）喜欢问"为什么"；（19）喜欢非语言交流；（20）善于产生内部想象。

中学阶段是培养学生创新素养的核心阶段和关键阶段，学校环境对中学生的创新素养培养影响占很大比重,因此学校应当注重对学生创新性认知结构及创新性人格的培养。

二、中外常见益智类游戏介绍

益智类游戏不仅仅具有愉悦身心的功能,更可以起到培育智力的功能,学生可以通过玩益智类游戏开发智力。游戏通过设定一系列的规则,可以使学生在按照游戏规则玩耍的同时,锻炼自己的脑、眼和手,使其脑力、眼力和动手能力得到提升。

(一) 24 点

24 点纸牌(扑克牌)游戏是颇受各国人民欢迎的益智类游戏之一,早在 20 世纪 50 年代就开始在我国广泛流行。

目前国内流行的 24 点纸牌游戏主要有两种玩法。第一种玩法是将一副纸牌中的花牌全部去除,只保留从 1(A 代表数字 1)到 10 的 40 张数字牌,任意抽取 4 张牌,通过加减乘除四则运算(可加括号),将牌面上的数字计算成 24。每次从牌堆中抽取出的这 4 张牌必须用且只能用一次,符号可以多次使用。这种玩法比较适合年龄小的孩子及初学者玩家。第二种玩法是除去一副纸牌中的大小王,只留 52 张,A 代表数字 1,J、Q、K 分别代表数字 11、12、13,然后从牌堆中随机抽取 4 张牌,规则同上。这种玩法适合年纪较大、数学较好或者对 24 点游戏较为熟练的玩家。当然,随着学生掌握的数学知识的增加,除了加减乘除运算和括号运算,还可以逐渐添加分数、乘方、开方的运算规则。

(二) 孔明锁

孔明锁,又名鲁班锁,不仅作为一种智力游戏的玩具在民间非常受欢迎,还被大量应用于我国古代传统的土木建筑中。

虽然孔明锁的发明者究竟是诸葛亮还是鲁班尚无法追溯,但是它确实巧妙地运用了中国古代木质建筑中的榫卯结构,这种结构不管是外部还是内部,设计得都十分巧妙。引申出来的各类孔明锁玩具,形状和插拼方法都很多,内部凹凸部分完美啮合,对于玩家的要求非常高,因为想要拼装成功,必须仔细观察外部形状,对其内部结构进行分析还原后才能灵活拼装,不管是空间想象能力还是动手动脑能力,都可以在拼装过程中得到有效的开发。

(三) 魔方

1974 年,一位名叫鲁比克·艾尔内的匈牙利建筑学教授为了锻炼学生的空间变换能力,用 27 个正方体小方块拼成一个各个方向均能转动的大正方体作为教学用具。意外的是,鲁比克教授和他的学生们发现把混乱的颜色方块复原十分有趣且具有挑战性,大家都开始痴迷于复原这个立方体,并且将它命名为"魔方",从此魔方广为流传、风靡全球。恐怕鲁比克教授在发明魔方时也未曾想到,这个原本用于锻炼学生空间变换能力的教学用具,有一天竟因为对人类产生的重大影响和作用,而被社会学家列为 20 世纪对人类影响最大的百大发明之一。后来魔方衍生出了更多的形状,但是玩法和传统三阶魔方一样:将其打乱后,通过不同的方式将其复原。

(四) 数独

数独诞生于 18 世纪的瑞士,是一种填数游戏。数独因其独特的趣味性风靡全球。

数独由方格、行、列和宫构成,最简单的数独是三行三列的九宫格,随着难度加深,行列数也逐渐增多。如今最常见的数独棋盘面是一个三行三列的九宫,又由三行三列 9 个小格构成宫，形成总数量为 81 个方格的棋盘。玩家可以根据表格中已经给出的对的数字进行推理，将其他空白的格子填满，要求每一行、每一列、每一个粗线宫（三行三列的小九宫格）内均只能填充 1~9 的数字，且每个数字都只出现一次，不能重复，因此对玩家的逻辑思维能力有一定要求。

（五）七巧板

七巧板最早出现在公元前 1 世纪，其形态在漫长的历史长河中被不断完善，直到明朝才形成稳定的形态，凝结着一千多年的智慧。七巧板在 18 世纪左右流传到了国外。七巧板的形状简单，玩法简洁易懂，这些特点让它甚至一度成为 19 世纪最流行的谜题之一。

七巧板不仅可以根据特定的图形去摆放，还能够按照自己的设计去拼出不同的图形，而前一种玩法所带来的乐趣，才真正为人津津乐道。尽管七巧板的形状很简单，但是通过这种简单的形状却可以拼出 1 600 多种不一样的图案，玩法变化万千，其间的乐趣远远超过人们的想象。

（六）独立钻石

在法国大革命前夕的欧洲流行一种叫"狐狸和鹅"的棋类游戏，当时被关押在巴士底狱的一名贵族囚徒为了打发时间，在此基础上改变了游戏规则，设计出了"独立钻石"这个游戏，以供自娱自乐、消磨牢狱时光。后来到了 18 世纪末，该游戏逐渐流传到了英国，并且渐渐在世界各地开始流行。

独立钻石的棋盘在后期发展中演变出很多种形状，其中圆形的棋盘最为流行。棋盘上有 2 组小孔为对立两家，每组都有 3 行平行的小孔，每行 7 个孔。玩法像跳棋一样，将一个棋子沿着直线跳过相邻的棋子，放在下一个格子内，被跳过的棋子要从棋盘上撤下，最后剩下的棋子最少的那一方获胜。

三、益智类游戏对学生创新素养的培养

（一）益智类游戏对创新性认知的影响

本文将益智类游戏可对创新性认知产生影响的方面做了整理，结果如表 1 所示。

表 1 益智类游戏对创新性认知的影响

创新性认知	游戏类型					
	24 点	孔明锁	魔方	数独	七巧板	独立钻石
想象力丰富		√	√		√	√
善于应用广泛的类别和意象	√	√	√	√	√	√
具有独立判断能力	√	√	√	√	√	√
思维具有逻辑性	√			√		
善于新颖地处理问题	√					
能灵活而熟练地做出决定	√					
善于改变理解问题的角度和固有的想法						
善于在混乱中发现秩序	√			√		
能基于现有的知识产生新的想法	√					
善于建立新的结构	√		√			
善于产生内部想象	√	√	√	√	√	√

由表1可知,益智类游戏可以从多方面培养学生的创新性认知方式,从而促进学生创新素养的提升。

(二) 益智类游戏对创新性人格的影响

本文同样将益智类游戏可对创新性人格产生影响的方面做了整理,结果如表2所示。

表 2 益智类游戏对创新性人格的影响

创新性人格	游戏类型					
	24 点	孔明锁	魔方	数独	七巧板	独立钻石
冒险性		√	√			√
好奇心	√	√	√	√	√	√
想象力		√	√		√	√
挑战性	√	√	√	√		√

由表2可知,益智类游戏可以从多方面培养学生的创新性人格,从而提升学生的创新素养。

四、结论

创新素养的培养,是通过不断的实践,反复进行学习、实践、探索、反思的过程。在学生成长的过程中,学生通过不断学习,后天接受适当干预,学生的创新素养也会得到提升。在中小学这个人生发展的必经且关键的发展阶段,创新性认知方式和创新性人格的培养应该作为学生创新素养的培养的主要目标。数独、24 点、孔明锁等益智类游戏对学生创新性认知方式和创新性人格的培养,可以在很大程度上培养和提升学生的创新素养。

参 考 文 献

[1] 王玥,许志星. 中小学生创新素养测量工具的研制和现状分析:以北京市中小学生为例 [J]. 内蒙古师范大学学报(教育科学版),2017,30(6):19 – 24.

[2] 马彩霞.《中国近现代史纲要》教学过程中学生创新素质的培养 [J]. 湖北经济学院学报(人文社会科学版),2013,10(4):178 – 179.

[3] 胡卫平. 青少年科学创造力的发展研究 [D]. 北京:北京师范大学,2001.

[4] 陈华平. 二年级小学生玩24点纸牌游戏与执行功能、计算能力的关系研究 [D]. 苏州:苏州大学,2009.

STEAM 渗透：突破差异 创新美术

李 静

【摘 要】 随着信息时代的来临，教育行业发展加速，在传承的同时，我们更需要注入新的理念。从异军突起的 STEM 到全球关注的 STEAM，学习的脚步仍在继续。未来我们需要的是跨学科、多方面的综合型人才，差异化的创新教育模式必不可少。本文重点研究渗透了 STEAM 的 0~3 岁幼儿美术创新教育方式及尊重幼儿个体差异的教学模式。基于现状、幼儿特点、创新美术活动等方面，阐述发展幼儿创新思维、发展创新教育方式、培养幼儿自主动手能力、挖掘孩子内心世界的方法。

【关键词】 幼儿美术；创新培养；STEAM 教育；差异教学

一、融入中国血脉的 STEAM 教育

（一）国内 STEAM 教育现状

早期美国教育界提出了 STEM，中国也紧跟时代的步伐发布《中国 STEM 教育白皮书》，助力 STEM 教育，促进科技创新和推动教育改革实践。STEAM 教育就是在 STEM 教育基础上加入了"艺术"（Art）。基于此，现又将艺术纳入全国教育战略中。《中国 STEAM 教育发展报告》较为深入地探讨了 STEAM 教育在中国的探索现状，报告中指出：STEAM 是以解决真实世界的问题为导向，以工程为核心，把数学和科学作为两个基石用于帮助解决问题，艺术是游走性的要素，它在整个的 STEAM 教育体系当中起到了驱动的作用，通过艺术来实现创意。

国内机构、教师对 STEAM 课程进行了二次开发、重新理解，根据自身经验进行了自主研究，实施层面上的扩大、校内校间的合作，备受重视的美式 STEAM 教育已渐渐融入了中国血脉。

（二）苏外早教中心的独特性

STEAM 教育的主要阵地是基础教育，许多国家和实践工作者都很有前瞻性地把 STEAM 教育的视线延伸到学前教育阶段，苏州优秀的民办学校——苏州外国语学校，也大力支持着幼儿园和早教中心等学前教育机构的快速成长。早教中心接受 0~3 岁的孩子，用寓教于乐、基于游戏和 STEAM 的教育理念，带领孩子快乐学习、快乐体验，给予孩子积极的鼓励，充分尊重儿童，理解儿童成长的特点，理解每一个孩子的独特性，激发幼儿的学习兴趣，培养幼儿智、德、体、美全面发展，为幼儿终身学习奠定良好基础。

二、STEAM 流入早教幼儿美术教育中

孩子们有一双好奇的眼睛，透过这双眼睛可以发现身边美的事物。一句童言，一次涂鸦，一段舞蹈，孩子们无时无刻不在用自己的活力表达美，创造着属于自己的美丽新世界。

（一）早教幼儿美术教学

早教幼儿美术活动是幼儿喜欢的一种艺术活动，是幼儿认识世界、探索世界的重要

手段。幼儿把自己关注的热点、感兴趣的事物和幻想的美好世界画在纸上呈现了出来。

早教中心针对18个月以上的幼儿开设了创艺课程（Art Fun），丰富多样的创作材料、灵活多变的操作方式，给幼儿带来了生动有趣的感知体验。通过科学探索、艺术创作、触觉感知等环节，幼儿在玩的过程中发挥想象、大胆创作，其认知力、创造力、专注力得到发展和提升。

（二）游走性的艺术

早教幼儿美术是幼儿所从事的一种艺术活动，手工、绘画和欣赏体现着幼儿的真、善、美，该创艺活动形式多样、方法多变，是在形象与创造间游走的艺术。

有一次，当我带着几个18个月以上的孩子进行创艺活动时，发生了一段十分有趣的小故事。

我："宝宝们，我们一起把蘸满颜料的小手按在白纸上，抬起小手，请你们看看纸上有什么呢？"

宝宝A："是我的手印，红色的，黄色的，还有蓝色的。"

我："哦！原来是宝宝们的心情啊！"

宝宝B："有1，2，3，4……有好多好多哟！"

我："哦，原来还可以数一数。"

宝宝C："老师，我的手印像一个冰激淋。"

宝宝D："我的像大树。"

我："哇！原来按压的方向不一样，还可以变出这么多有趣的事物。"

"对于幼儿来讲，只有幼儿从中获得欢乐和愉快的体验时，艺术才能真正成为幼儿的需要，并且被幼儿所接纳。"幼儿美术介于游戏和心理表象之间，他们的创艺活动更像玩一场游戏，他们手、眼、脑高度和谐的统一，培养了他们的个性品质、想象力和创造力。

三、渗透STEAM教育的创艺课程

（一）玩转科学——新创艺

谈到科学，我们常常简单地以为只有宇宙航天事业、气象调查、生物的探索这些高难度的研究才属于科学的范畴。对于0～3岁的宝宝们而言，这些研究还太过遥远，但生活中的各种现象却又深深吸引着他们。激发孩子的好奇心并加之呵护，是我们老师的任务。

为了呈现完整具有美感的创艺作品，有时我们不得不提前费尽心思地想好课堂中的每一个步骤，然而0～3岁的幼儿心性不定，往往会在一瞬间将设想全部打乱，但通过以下的小事笔者转变了自己的想法。复活节期间，幼儿创艺课的主题是复活节彩蛋，要利用保利龙球和颜料进行装饰和制作。活动时笔者给每一个宝宝提供了装有多种颜料的调色盘，希望孩子们能够涂完一种颜色再换另一种颜色，一步步装饰完成彩蛋的制作。但事与愿违，果果小朋友总是喜欢按照自己的想法，先将这个颜色涂一涂，再将那个颜色涂一涂，将所有颜色混在一起，几下就结束了，"彩蛋"也变成了棕色。其间妈妈劝阻了多次均未果，十分苦恼。课后笔者进行了反思，认为我们不应该限制果果的天性，应该在满足他需要的同时，再让他完成作品的创作。果果一周来两次，会上重复的课程，所以到了果果再次制作彩蛋的这节课时，笔者只提供了三原色——红、黄、蓝，先让好奇的宝宝们进行一个小试验，让他们先按照自己的意愿随心搭配调出颜色，因为配比不一样,所以即使调出橙色,也有深浅之分。果果融入其他孩子中,不一会儿,大伙一起调配出了十几种颜色,孩子们既兴奋又好奇,有的涂,有的蘸,在小小的满足中装饰出来的彩蛋色彩艳丽,使用的方法各异。小科学、大创艺,一点点方法的改变,却能让美术活动变得更加有趣。

（二）亲近生活——最好的美术

我们希望为孩子提供一个平等、自由、优质的教育,但是什么样的教育才是最适合孩子的教育呢?只有让孩子喜欢、能够大胆发挥的方式,才是孩子愿意主动接受的教育方式。有的孩子喜欢涂涂画画,有很好的专注力,一节课上可以较认真地跟着老师一起互动,但是有的孩子一点也安静不下来,稍微有点小动静,立刻就离开位置,"娃娃家""小菜场",哪里好玩去哪里,这些孩子看似对美术活动毫无兴趣。难道这样的孩子对美术真的一点兴趣都没有吗?答案是否定的。每一个孩子都是天生的艺术家,他们会用自己独特的方式表达和创造美。既然孩子们在教室里不喜欢待,那我们就走到户外去看看。

2018年秋天的一次创艺课主题是树叶,笔者带着好动的孩子们走到户外,看到了一棵光秃秃的大树。关于这棵大树我们进行了讨论：大树为什么会落叶?叶子为什么变黄了?等等。最后大家决定帮助这棵大树,为它添上"树叶"。于是笔者领着孩子们一起收集落叶,要求每个孩子捡3片大树叶和3片小树叶,然后用贴纸和颜料等进行装饰。大部分孩子都在很认真地制作,但是球球小朋友却一直要求玩滑滑梯,老师不同意他就开始哭闹,球球的妈妈也很无奈。于是笔者请妈妈去捡树叶,然后走上滑滑梯,将树叶从上面洒下制造出落叶的效果,反复几次,球球就被吸引了过来,跟着妈妈一起捡树叶。这时我们对球球提出要求,同样捡3片大树叶和3片小树叶,要把它们变得更漂亮送给大树,等做完这些可以和他一起玩落叶的游戏。在此期间球球如果想玩滑梯也可以,每装饰好一片树叶并将其放在大树的树权上就可以玩一次。有了动力的球球很快完成了本次活动的创艺作品,为了更快地玩落叶的游戏,球球还主动帮助其他小伙伴捡树叶。大家一起分享和交流自己的创艺作品,每一个孩子都乐在其中。

在大力提倡素质教育、创新教育的今天,STEAM背景下的大教育还将继续助力前行。我们不断对幼儿美术教学进行创新。将科学、数学等融入美术活动,打开了新型的课程形式。以艺术中的绘画美术为例,孩子们认真观察、集中注意力,并且耐心细致、独出心裁地创作,动动小手、动动脑,在实践操作中,他们感受到了美术创作的乐趣。通过发现美、表达美,每个人都能找到表现自己的方式,一起去享受胜利的欢乐,体验成功的喜悦,幼儿美术教学活动显示出不可缺少或不可替代的作用。教师在教育教学活动中应注重幼儿个体差异,提高自身的思想认识,端正教学态度,努力挖掘幼儿美术教学活动的独特功能,让幼儿在以后的生活、学习中受益无穷。

参 考 文 献

[1] 张福芝. 幼儿创造性美术教育［M］. 北京：地质出版社,2002.
[2] 教育部基础教育司.《幼儿园教育指导纲要（试行）解读》［M］. 南京：江苏凤凰教育出版社,2017.
[3] 陈瑞芳. 浅谈对幼儿美术教育的认识［J］. 才智,2010（6）：54.

教学为本,学科教学创新

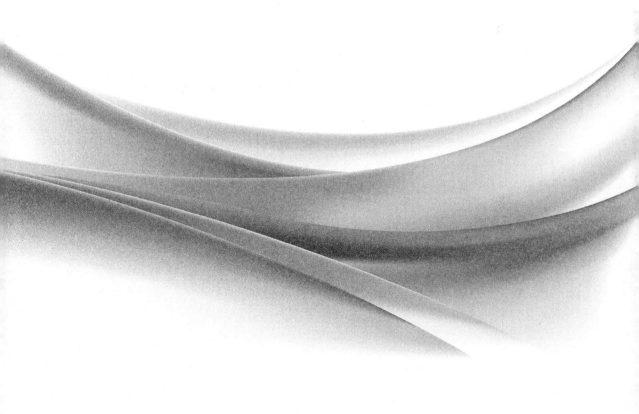

浅谈高中数学教学中学生创新思维能力的培养

陈 杰

【摘 要】 创新是一个民族进步的灵魂，是一个国家兴旺发达的不竭动力，因此，没有创新就没有发展。实现创新的核心在于培养人的创新思维能力。高中数学教学中要加强对学生创新思维能力的培养，需要提高数学教师的创新思维能力，积极利用教师的示范导向作用，让学生在数学教学中创新思维能力获得提升，以符合社会对人才的需要。

【关键词】 数学教学；创新；思维能力

创新是一个民族进步的灵魂，是一个国家兴旺发达的不竭动力，因此，没有创新就没有发展。实现创新的核心在于人的创新思维能力的培养，这也是教育的重要任务。《普通高中数学课程标准（实验）》中指出，高中数学课程设立数学探究、数学建模等学习活动，鼓励学生在学习过程中养成独立思考、积极探索的习惯。同时也倡导自主探索、动手实践、合作交流、阅读自学等学习数学的方式，这些方式有助于发挥学生学习的主体性、积极性与参与性，在多样化、开放式的学习环境中，培养学生探究数学问题的能力和实事求是的科学态度，也使学生的学习过程成为在教师引导下的再创造过程。

一、提高数学教师的创新思维能力

《普通高中数学课程标准（实验）》中明确指出，数学教师是最重要的人力课程资源。教师的素质状况决定了课程资源开发与利用的范围和程度。在课程资源建设过程中，要始终把教师队伍的建设放在首位，通过对教师这一重要课程资源的开发，带动其他课程资源的优化发展。这就要求教师在日常教学工作中要重视对自身教学活动的反思和学生对教学的需求与反映，也就是说教师在教学中不是简单地增减教学常规中的某个环节，不是形式的出新，而是通过反思、透过精心设计的新颖形式使每一个教学环节都具有创新的价值，都能体现出创新的思想和时代气息。高中数学教师必须充满教育理想，不能让学生感觉数学与当今时代无关，而应站在时代的前沿，更新教学理念，适应时代发展的要求，努力让学生感受到数学对现实的积极作用。教师要不断探讨有利于学生创新能力培养的新的教学模式。要成为知识渊博的人，必须不断地汲取新鲜知识，寻找恰当的教学方法。教是为了不教，是为了激发学生的潜能，让他们自己去构建属于他们自己的知识体系。

例1 椭圆 $\dfrac{x^2}{a^2}+\dfrac{y^2}{b^2}=1$ $(a>b>0)$ 的右顶点为 $A(2,0)$，点 $P\left(2e,\dfrac{1}{2}\right)$ 在椭圆上（e 为椭圆的离心率）.

（1）求椭圆的方程.

（2）若点 B，C（C 在第一象限）都在椭圆上，满足 $\overrightarrow{OC}=\lambda\overrightarrow{BA}$，且 $\overrightarrow{OC}\cdot\overrightarrow{OB}=0$，求实数 λ 的值.

思路评析：大多数学生采用的是设 A，B 两点的坐标或者通过直线 OC 的斜率来刻画 B，C 两点的坐标，但出现问题的学生大多也有类似的想法，他们因为中间运算量的关系导致最终结果出错。在讲解本题的时候，容易给学生一种假象，即所有此类问题都是"死"算的结果，并没有太多需要思考的内容，这给解析几何的教学带来障碍。不可否认，近几年的江苏高考中解析几何的考查体现了对学生运算能力的要求，但我们不能因此把解析几何的教学带入误区。解析几何的教与学，在很大程度上体现了代数与几何的完美结合，要让学生充分感受到几何的魅力。根据题中条件 $\overrightarrow{OC} = \lambda \overrightarrow{BA}$，且 $\overrightarrow{OC} \cdot \overrightarrow{OB} = 0$，除了直接坐标转换，我们不难发现 OB 与 BA 也是垂直的，从而得出动点 B 在以 OA 为直径的圆上，所以 B 点坐标满足 $(x-1)^2 + y^2 = 1$，又由椭圆方程很快得到 B 点坐标，这是解决本题的一个重要突破口，得到了 B 点坐标，其余问题迎刃而解，学生从中体会到数形结合的美妙之处。

二、积极利用教师的示范导向作用

课堂教学是学生获取知识信息、培养创新思维能力的主要途径，而课堂教学中教师的示范导向作用明显。数学教师要结合数学学科特点，切合学生全面素质发展的需要，在高中数学课教学中，应充分利用教师的主导、示范作用，让学生在耳濡目染中去体会、构建自己的知识体系，从而获得思维能力的提升。西方教育家夸美纽斯说："教师的职务是用自己的榜样教育学生。"教师教育教学的过程就是展示给学生创新思维的过程。教师想方设法想做的事就是如何让学生明确而高效地掌握知识，若学生理解，则会获得事半功倍的效果。

例 2 设 $f(x) = \dfrac{a}{x} + x\ln x$，$g(x) = x^3 - x^2 - 3$.

（1）若存在 x_1，$x_2 \in [0, 2]$，使得 $g(x_1) - g(x_2) \geqslant M$ 成立，求满足上述条件的最大整数 M.

（2）如果对任意的 s，$t \in \left[\dfrac{1}{2}, 2\right]$，都有 $f(s) \geqslant g(t)$ 成立，求实数 a 的取值范围.

思路评析：函数中的存在性与任意性问题一直是高考的热点题型。教师在高考复习时多以"题海"战术来突破，不仅效率低，同时也加重了学生的负担，使相当一部分学生丧失了学习的兴趣。如何通过研究具体函数及其图像，准确将任意性与存在性问题转化为函数值域关系或最值关系，有效地指导学生突破是摆在每一位高三数学教师面前的任务。所以对于此类问题，笔者在讲解的时候会淡化问题背景，不刻意追求问题的完成度，而是通过命题的等价转换，分类比较，从而得到关于任意性与存在性问题的一般解题方法，这样既可以发挥教师的示范导向作用，又提高了学生的学习兴趣，激发了学生解答问题时思维的积极性、主动性，培养学生深入探究的思维品质，帮助学生更好地掌握所学的知识，达到举一反三的目的。

总之，作为数学教育工作者，就是要不断地探索更新的教育教学方法，更好地在教学中培养学生的创新思维能力。虽然学生创新思维能力的培养不是一朝一夕就能够达成的，但只要我们长期不懈追求与坚持，在润物无声中使学生们的创新思维能力获得提升，能符合社会对人才培养的需要，就是做老师的最大幸福。

参 考 文 献

[1]　郑和钧，邓京华. 高中生心理学［M］. 杭州：浙江教育出版社，1993.
[2]　王道俊，郭文安. 教育学［M］. 北京：人民教育出版社，2016.

基于创新素养培养的跨学科综合实践体系课程的构建

原继明

【摘 要】 苏外小学部在培养学生创新素养的途径和方式上进行探究，在课程开发和设置上借鉴国内外先进教育理念和做法，融合我校多年办学经验，构建了跨学科综合实践课程体系：优化国家课程和地方课程、校本课程，打破学科界限；合理安排教学进度，给学生更多的自主发展空间；高度重视知识的运用，大力开展各类实践课，在运用与实践中，激活学生的创新意识，提高小学生的创新素养水平。

【关键词】 创新素养；综合实践；课程构建

一、小学生培养创新素养的重要意义

随着经济的发展，我国的综合国力大幅提升，"中国制造"已经走向全球，而教育更应该走在经济发展的前头，培养出面向未来的人才，才能让"中国制造"发展成为"中国创造"，牢牢把握住科技的前沿，从而实现伟大中国梦。因此，大力培育学生的创新素养是当今基础教育的重要使命。但是从现状看，应试教育依然占据主导地位，分数依然是关注的焦点，一些学校所谓的创新素养培养只是简单地等同于兴趣班，并没有从课程的架构上去充分挖掘设计，培养学生能力；各种课外补习班又挤占了学生大量的时间，使得学生失去了成长过程中极为重要的教育契机。

教育国际化背景下的学生创新素养培养应拓展教育的国际视野，借鉴先进的教育理念和经验，推进自身的教育改革；根据教学规律和学生实际，优化国家课程和地方课程、校本课程，打破学科界限；合理安排教学进度，给基础教育阶段的学生更多的自主发展空间；高度重视知识的运用，大力开展各类实践课，在运用与实践中，激活学生的创新意识，提高小学生的创新素养水平。

二、基于创新素养培养的跨学科综合实践体系课程的构建

近年来，苏外小学部在培养学生创新素养的途径和方式上进行探究，在国际研究的启发下改革课程教学的形式和方式，在课程开发和设置上注重创新素养的设计和深入，构建跨学科综合实践课程体系。

（一）基于创新素养的培养，探索新的教育教学理念

学生要具有创新素养，首先要全面提高自身的综合素质，只会"死"读书，只会机械地解题答题的学生，缺乏生活的实践和对生活的理解，缺少动手的能力，很难具备创新的意识，创新素养的培养便无从谈起。

2016年9月，《中国学生发展核心素养》研究成果发布，确定了核心素养的总体框架。发展核心素养是落实立德树人根本任务的一项重要举措，也是适应世界教育改革发展趋势，提升我国教育国际竞争力的迫切需要。

苏外小学部在25年国际化办学的基础上，开始探索新的教育教学理念，同时学习和借鉴IB课程模式，学习全国先进学校的经验，融合STEAM课程跨学科的理念，确定以

"人的全面发展"为目标，倡导文理融合，创设跨学科综合实践课程体系，培养具备核心素养的国际化创新人才。

全体教师达成共识：首先，不唯分数评价学生，更注重对学生综合素养的培养；其次，注重学科融合，形成教育合力；最后，把学生的时间真正还给学生，摒弃大量重复机械的劳动，引导学生开展主题化探究性学习，使学生在生活实践中主动运用所学知识，培养学生的创新素养。这就需要我们下决心改变现有的教学模式，必须落实高效课堂，从而给学生节约出大量时间来进行研究性学习。

（二）基于创新素养的培养，构建课程图谱，搭建教育框架

要真正落实"人的全面发展"的目标，培养学生的创新素养，要从课程改革的根本入手。我们提出了如图1所示的教育框架。

"全面发展"不能只是一句口号，全面发展究竟发展什么？我校根据小学生的年龄特点和心理特点，梳理出苏外小学生需要培养的16项能力：展示能力、沟通能力、调查能力、使用多媒体的能力、研究能力、与他人合作的能力、解决问题的能力、收集证据的能力、计划和审查的能力、财务预算能力、领导力、坚持力、尊重他人的能力、自信心、自理能力、独立开展活动能力。

图1　教育框架

这16项能力通过我校的跨学科综合实践课程体系来达成。根据不同年级学生特点，制定每学期的实践主题，这些活动课程具备如下特点：

① 主题化：每学期制定3~5项活动主题，这些主题活动横跨整个学期，师生围绕主题，共同制订主题活动的子方案；每个方案制订时，都要目标明确，让学生清楚地知道活动要锻炼和培养的是16项能力中的哪些能力。

② 社会化：所选主题必须紧密联系社会，选取社会热点，让学生从小就关注社会，从小就树立社会责任感。

③ 生活化：所设计的方案、所策划的活动，都要和学生的生活实际息息相关，让他们在各项活动中学会生活、感知生活。

④ 实践化：每项主题活动必须设计相应的实践活动，让学生把所学知识主动运用到实践中去，学生在实践活动中锻炼能力，从实践中发现不足进而反思，激发对未知领域的主动求知欲，变"要我学"为"我要学"，形成良性的学习氛围。

⑤ 跨学科：充分发挥各学科优势，打破学科界限，语文、数学、科学、地理、物理、化学、美术、外语等学科的知识点在活动课程中都有涉及，学生在研究活动中与各科老师密切合作，共同完成每个主题活动的任务。

⑥ 学术化：每次主题活动结束后，引导学生进行学术研究，总结得失，从小培养学生形成撰写学术报告的意识和习惯。

这样的课程架构，旨在经过反复的锻炼、用心的培养，在综合素养全面提升的基础上，水到渠成地培养学生的创新素养，使学生发展成为创新型国际人才。

（三）基于创新素养的课程架构，着力开展主题实践性研究活动

我校小学部在创新素养培养的理念下，着力落实课程图谱，按照"一跨五化"（图2）的标准大力开展跨学科主题实践课程。

图2　"一跨五化"

在选取主题阶段，由各学科老师共同参与，结合社会热点选定主题，特别是指导学生自主设计和规划活动计划，安排好相应的社会实践活动。以近一个学期为例，一年级选取了"自我认知""道路安全""濒危动物""未来职业"等主题，中高年级设计了"世界音乐""百年新闻""新能源""全球货币"等主题，每个主题的完成都需历时一个多月。

以"自我认知"主题实践课程为例，针对一年级的新生，围绕这个主题，我们设计了"我从哪里来""我的第一次""我的密码（独一无二的特征）""设计我的出生证明""未来的我""种下我的梦想"等系列课程活动。这些子课题要让学生积极参与完成，锻炼学生的16项能力，同时教师还要引导学生形成自己的创新意识。在"我的密码（独一无二的特征）"课上，孩子们积极地去发现自己独一无二的特征，将这些"特征"贴在老师发的九宫格里。孩子们开动脑筋，有的按上了指纹，有的踩上了脚印，有的画上了自己的样子……还有一个孩子，拔下自己的一根头发贴在了纸上，他自信地告诉老师，头发里有自己的DNA。这次课程结束后，老师引导孩子们进行总结反思，每个孩子都懂得了：不管高还是矮，不管胖还是瘦，每个人都是这个世界上独一无二的个体，我们应该为自己感到骄傲，我们应该感谢自己的爸爸妈妈，因为他们让我们来到了这个世界，并陪伴我们长大。这次的主题课，各科老师积极参与其中，不仅让孩子们发现自己、认识自己，更引导他们对自己产生自信。我们还请来了医院的专家给孩子们进行关于生命的讲座，带领孩子们到职业体验馆进行社会实践活动，在玻璃瓶中，他们"种"下了自己的梦想。这样的课程有趣、生动，把语文、数学、美术、科学等课上学到的知识都融会到了一起，让孩子们自觉运用，锻炼了孩子们的综合能力。

"濒危动物"研究的主题课中，在师生共研阶段，我们组织每个孩子搜集全球濒危动物的资料，全班孩子合作绘制了一张世界濒危动物分布图；在社会实践阶段，我们深入动物园，近距离了解园中濒危动物境况，孩子们还从工作人员那里了解了2018年动物园繁殖计划和保护措施。在此基础上，每个孩子都写出了一份自己的学术报告，阐述自己的研究成果，提出自己对保护濒危动物的设想。这些实实在在的活动，也是扎扎实实培养创新素养的过程。

（四）基于创新素养的培养，实施"成长基石——综合素养评价"体系

近年来，全国多地将学生综合素质评价作为升学的重要参考，这是教学改革的一项非常有价值的举措，也是对习近平总书记关于"要扭转不科学的教育评价导向，坚决克服唯分数、唯升学、唯文凭、唯论文、唯帽子的顽瘴痼疾"指示要求的具体落实。我校小学部在跨学科综合实践课程开展的同时，实施"成长基石——综合素养评价"体系。在每次的主题研究活动结束后，各科老师都要参与到这项评价活动中，不仅对学生的探究结果进行评价，更重要的是对探究过程进行评价，对照我们制定的小学生16项能力指标，逐项予以分析，形成书面评价报告。每个学生都能通过这个评价体系，清晰地知道自己哪方面能力较强，哪方面能力还需要在今后的主题探究活动中着重锻炼。"成长基石"评价体系也得到了家长的认可，家长能通过评价更加客观地了解孩子，家校形成共识，形成合力，进一步推动教育的发展。

三、实施跨学科综合实践体系课程的成果和反思

基于创新素养的培养，我校小学部着力推进跨学科综合实践体系课程的构建，课程实施的几年间，我们随时跟踪掌握学生的整体发展状况，发现课程实施效果显著。首先，课程提倡发展学生个性，给予学生更广阔的学习空间和学习自主性，自主学习、合作探究成为重要的学习方式，学生对学习的兴趣明显增强。其次，通过16项能力的反复训练，提升了学生的综合素养，综合素养的提高使创新素养的培养水到渠成。再次，摒弃单一的评价方式，"成长基石——综合素养评价"体系让学生全面认识自我，多角度审视自己，建立信心，产生向上的动力。最后，社会实践活动环节成为课堂教学的延伸，不仅让学习社会化、生活化，也让学生随时"知不足"，激发学生的求知欲，促使学生回归课堂、主动学习，有力促进了学生的学业成绩稳步提高，形成了教育教学的良性循环。

课程的架构和实施也是一个探索的过程，在此过程中，我们应不断总结反思，如何更加合理地分配学生学习和活动的时间，如何处理好义务教育阶段国家课程的学习和综合实践探究课程之间的关系，如何通过课程的实施把立德树人的教育目标和能力培养紧密结合起来等问题，都是我们努力的方向。

参 考 文 献

[1] 中华人民共和国教育部. 教育部关于全面深化课程改革 落实立德树人根本任务的意见 [EB/OL]. （2014-04-08）[2020-04-21]. http：//www.moe.gov.cn.

[2] 本刊编辑部.《中国学生发展核心素养》总体框架正式发布 [J]. 中小学信息技术教育，2016（10）：5.

以"读"为本，关注课堂精读训练

金玲玲

【摘　要】　精读训练，是语文教师根据《义务教育语文课程标准（2011年版）》（以下简称"课标"）的要求对学生进行的阅读能力与方法的训练。课标明确要求"阅读教学应注重培养学生感受、理解、欣赏和评价的能力"，课标同样明确地指出阅读教学"应加强对阅读方法的指导，让学生逐步学会精读、略读和浏览"。精读训练，是指对每一位学生进行终身受用的阅读分析技能的训练，对提高学生阅读水平、增强学生阅读修养具有非常重要的意义。

【关键词】　精读训练；阅读能力；语文素养

语文课堂中，必须要以"读"为本，关注精读训练。因此，如何对课堂精读训练进行教学研究非常重要，本文通过分析当前学生在课堂精读训练中容易出现的问题，并针对问题提出相应的解决措施，比如精读重点段落、精读动词等，同时挖掘课文中的教学资源，巧妙地利用课文教语文，以期对今后的语文课堂实践提供借鉴和思考。

一、精读训练容易出现的问题

（一）灌输式精读

在小学语文课堂的精读训练中，有很大一部分的教师都会采取灌输式的方式让学生进行阅读，一味地追求将自己的理解灌输给学生，不顾及学生的想象空间和理解能力，使得学生的阅读能力降低、自我欣赏文章的水平变低。虽然从表面上来看学生们通过老师的讲解进行了精读和理解，但是实际情况是，学生们只是在被动地接受知识，只是跟着老师的脚步，但是思想上却没有进行自我的提升，仅仅从老师的观点出发，很少从自身感情、思维出发去理解文章的真实意义，因此学生很难真正地与作者产生共鸣，这也就失去了语文教学的意义。

（二）朗读重技巧、轻感受

在精读训练的过程中，很多老师都意识到了通过读来代替讲的重要性及必要性，但是在实际的实施过程中，很多老师将重点放在了朗读的技巧上，如停顿、节奏感等，这样的方式会导致学生的体验感大幅降低。学生的阅读仅停留在了阅读表面，只是完成了阅读、朗读的要求，但是对于文章的感情体验却无法更好地把握。虽然说在精读训练中需要朗读技巧的指导，但是训练的重心应该放在重点的段落及词语，从学生的感受出发，从学生的情感体验出发，同时结合文章的主题和内容，让学生能够了解到作者的内心情感，体会到语句中所包含的所有信息。在这样的情况下，再加上老师的指导、启发与点拨，学生的阅读才可以说是真正的阅读，这样才能达到精读训练的目的。

（三）忽视学生课外阅读

如何提高学生的阅读能力是我国语文教学的重点。小学语文老师在精读训练中大多会对课本内的内容进行安排，而忽视课外的阅读，学生课外阅读量较少，阅读的效果也很不理想，这些都是阻碍学生语文阅读能力提高的主要障碍。以江苏教育出版社出版

（以下简称"苏教版"）的课本为例，每册书都有20多篇课文，即使这样，阅读量也远远无法满足小学生的需求。同时日常的教学中，一部分老师仅重视考纲内容的课文而忽视自读课文，这就更加减少了小学生的阅读量。受应试教育的影响，很多学校和家长更关注孩子的学习成绩，但并未从阅读这一根本上进行解决，就算进行了精读训练，也忽视了精读训练的内容，学生的精力都放在了教材中。这样并没有考虑到学生自身修养的提高，没有让学生真正地感受到语文这一科目所带来的乐趣和意义。

（四）教师讲解提问太多

精读的重点在于读，且读的内容要精。目前不少教师在课堂上占据着主导的地位，讲解知识过多，十分缺乏知识的针对性，每个内容都不愿意放过，甚至只在提问上就花费了将近一节课的时间，这样使得学生自己读书解意的时间变少、思考的时间减少，学生的理解能力得不到充分的运用和提高，不利于学生语文素养的提升。

二、解决问题的措施

（一）精读重点段落

教师的任务是要及时归纳学生所提的问题，并且引导学生找到课文的重点段落和语句。重点段落是文章的中心段落，最能够体现作者的情感。要对重点段落进行批注，斟酌关键的语句。教师的教学重点应放在理解段落的意思和结构上，可以把独立的标准段落当成重点组织教学，引导学生进行阅读，看看重点段落共有几句话，每句话又能够体现作者怎样的内心；找到句与句的联系，看看是否有因果关系；分层工作，找到中心语句，启发学生作者是如何通过中心句展开言论的，采用逐层剥笋的方式，帮助学生一步一步地深入理解，在完整地讲解后，让学生进行朗读、自我感悟。如苏教版语文四年级下册一文《生命的壮歌》，其中《蚁国英雄》这一篇比较特殊，全文是一个整段，段落可分为四层，按事件起因、经过、高潮、结局，教师可通过提示引导学生找到句与句的联系，根据事情发展顺序进行阅读。

又如四年级下册《燕子》一文，文章以"一身乌黑光亮的羽毛，一对俊俏轻快的翅膀，加上剪刀似的尾巴，这就是活泼机灵的小燕子"开篇，短短几句话抓住燕子羽毛、翅膀、尾巴的特点，勾勒出了活泼机灵的燕子外形。这几句话从整体到局部，语言对应，用词工整，读来朗朗上口，小燕子的形象跃然纸上，给人活泼机灵之感。这一经典段落的精读训练，为学生进行小动物外形描写提供了很好的范本。

（二）精读动词

精读动词也是在为文章的理解打好坚实的基础，动词作为不可缺少的一部分在语句的理解中占有重要的成分。在把握文章重点之前，首先就要对文中涉及的动词进行阅读和理解，如果不明白动词的意思，那么对于整个句子的理解就会产生问题。如苏教版四年级下册的《宋庆龄故居的樟树》一文，教师应指导学生先对课后的动词等词语进行朗读和理解。其中对"瞻仰"一词的理解很有必要，瞻仰即"怀着崇敬的心来看"，这个动词可以帮助学生们领会"借物喻人"的写法。教师可以通过对"瞻仰"这个动词中涉及的字的写法入手，顺势提问学生，为什么人们会"瞻仰"？进而更好地帮助学生理解文章。再如《燕子》一文中，几处精彩的动词为这篇散文的语言描写锦上添花。"小燕子从南方赶来，为春光增添了许多生趣"，一个"赶"字，真是妙不可言，"她"风尘仆仆、千里迢迢，专程赶来赴这场春的盛宴。作者先极言春的美丽，再用这一个"赶"字，将所有的美都集在燕子一身了。春景再美、再艳，她才是这场盛会的主角，没有她的到来，春天将失色多少啊！"在微风中，在阳光中，燕子斜着身子在天空中掠过"，仅一句话，燕子的轻巧灵活、美丽优雅便跃然纸上，没有半分赘感。"有的横掠过湖面，尾尖偶尔沾了一下水面"，"横掠"和"沾"，写出了燕子在湖面上的轻盈飞舞、潇洒利落，给人一种轻快、敏捷的美感。同样是写飞行，同样是用"掠"这个动词，在天空中飞行用的是"斜着身子掠过"，因为这样才可以减少空气中的阻力，在湖面上飞行用的是"横掠过湖面"，因为燕子在捕食浮游在水面上的昆虫时，尾尖偶尔"沾"一下水面，这样才能保持身体平衡，起到缓冲作用，减少因为飞行速度快产生的冲力。所以，"掠""横掠""沾"这三个动词用得精准、别具匠心，教学中引导学生重点体会这三个动词的精妙，学生才能更好地品读出燕子飞行时轻快的特点。

（三）分方法进行精读

精读的方式很多，一定要选取适合的方法。精读训练虽然在训练内容上很详尽，但这并不代表着学生要对每一篇文章的每一个内容都进行仔细阅读，阅读分为细读、略读、浏览三部分。对于文章中涉及的重点词汇、语句、段落是要细读的，但是非重点段落如普通描写等便可以进行略读，对于不必要掌握的部分可以采取浏览的方式，一切以提高学生的阅读能力为目标。教师对于阅读的内容要进行控制，要精读、抓重点，而不是直接让学生进行全篇朗读，否则耽误时间的同时也不利于学生阅读能力的提高。

培养学生的阅读能力不仅是小学语文课程改革的目标，也是学生未来发展的需要。尤其对于小学生来说，好的习惯要从小养成，从小学便需要开始进行大量有效的精读训练，这个目标的达成离不开老师的引导。老师应重视学生阅读能力的培养，以"读"为本，巧妙地利用教学资源，采取各种教学方式激发学生学习语文的兴趣，强化精读训练，提高学生的文化素养，从而提高小学语文课堂的教学质量。

国际化办学中中学生数学课堂表达能力的培养研究
——让"开口"成为数学学习的一种方式

倪 波

【摘 要】 近几年，国际化办学中中西教学相互融合成为一种趋势，与传统的课堂教学相比，教师的教学观念也发生了变化，但是"师讲生听"仍然是当今课堂上的主要教学方法。在课堂上，学生很少发言、提问，年级越高这种现象越明显。本文从两个方面探讨如何让学生主动参与课堂，大胆发言，让学生的"金口"不再难开。

【关键词】 数学学习；开口；主动

前不久笔者参加了一次市级数学评优课活动，尽管课前做好了充分的准备，采用了学习指导和小组合作学习的教学方法，但是结果却不尽如人意。课堂上无论怎样调动，学生就是不开口，事先预设的以小组为单位自由发言、讨论、争辩、质疑的场面完全没有。这个案例引起了笔者的思考，学生在数学课堂不发言的原因是什么？如何让"开口"成为数学学习的一种方式？

一、学生数学课堂不"开口"的原因

有一种现象，在小学数学课堂上，学生们小手林立争着发言，上了初中，还能有部分同学开口，到高中基本就是老师在唱独角戏了。根据有关资料，学生数学课堂不开口的原因有很多，但主要有以下三种。

（一）不能正确地回答

出现这种现象的主要原因有两类。

1. 学生的原因。学生对基本知识掌握不扎实，不能正确回答问题；学生课堂学习效率低，对所学知识没有理解和理解；学生语言表达能力较弱，没有养成有条理的发言习惯，心中知道答案却无法正确表述。

2. 教师的原因。受教学理念影响，部分教师仍不敢将课堂放手给学生，导致学生没有机会开口；教师备课不充分，对教材和课程标准把握不准确，教学设计不科学，与学生认知规律不一致，导致学生回答不准确；教师教学经验不足，比如没有留足够时间和空间让学生思考。

（二）不能自信地回答

有些学生害羞，缺乏在课堂上讲话的勇气；有些学生在以前的课堂中，发言得不到大家的肯定，他们的成绩也许不太突出，很难得到老师们关注，从而使他们对发言更不自信，形成恶性循环。

（三）不愿主动地回答

随着年龄增大，很多同学知而不答，成为课堂上的看客或听众，这一类型占相当大的比例。越是高年级学生，课堂上主动回答问题的人数越少，随着年龄的增长，学生上课沉默的时间越多，他们考虑得比较多：万一回答错了，别人会怎么看自己？老师会怎样看自己?他们担心自己回答错了出丑。

二、让学生"开口"的策略

数学课堂不仅要教给学生数学知识,还要揭示数学知识获取的过程,启发学生思考。因此,课堂教学应重视让学生开口"说",如何培养学生"开口",笔者认为应该从以下几方面努力。

(一)让学生愿意"开口",使"开口"成为一种乐趣

在数学课堂上建立新型的师生关系是让学生愿意"开口"的关键,好的课堂氛围应该是平等、民主、相互尊重的,积极愉快的氛围能调动学生参与课堂的主动性与积极性,激发学生的自主对话欲望。

1. 树立民主、平等的思想。在数学课堂教学中,要积极营造自由、民主的学习氛围。老师要改变传统的居高临下的习惯,在平等的基础上主动地与学生沟通,在和谐的氛围中完成教学任务,为学生提供轻松、民主的学习环境。课堂由教师的"讲堂"转变为学生的"学堂",使学生有自主学习的机会,能够自由讨论、畅所欲言,从而学得轻松愉快,愿意在课堂上"开口"。

2. 学会尊重、欣赏学生。民主和平等的标志是尊重和欣赏。尊重学生,我们必须学会宽容和接受学生。宽容表现在教师应该给所有的学生提供表达自己想法的机会,宽容是对学生人格的尊重。学会欣赏学生,特别是那些缺点较多的学生,应该多努力寻找他们身上的闪光点,放大闪光点,让每个学生都有机会施展才华,让学生愿意敞开心扉。

(二)让学生有机会"开口",使"开口"成为一种习惯

创建合作学习模式,不仅能为学生提供自由和谐的学习环境,而且能培养学生的合作意识和自主学习能力。我们要让课堂教学充满生机与活力,充满赏识与信任,真正做到"知识强化,能力转化,素质内化",只有这样才能使学生的"开口"成为一种习惯。

1. 科学分组,构建合作学习模式。将整个班级分成几个组,组内异质,组间同质。组内异质性是指每个组成员的学习水平和能力水平不同,各种水平的学生都有。很多学生遇到问题,一般都喜欢问自己的好友,而不愿去请教老师,组内异质的目的是为学生与学生之间的互助合作奠定基础,也为学生的"开口"创造条件。组间同质性是指几个群体在整个班级中的平均水平是相同的,这为整个班级群体之间的公平竞争创造了条件,也为学生"开口"提供了压力和动力。

2. 任务划分,让每个学生都能真正参与课堂。将学习任务分成若干课题,每个小组分担一部分课题,组内每个成员负责一部分具体内容,这样可以调动学生的积极性。在小组合作的过程中,每个学生都真正参与,在分工的基础上合作,如果遇到困难,他将在同一组成员的帮助和个人努力下完成任务。最后,小组一起完成学习任务。在此过程中,同学之间相互交流、沟通,从而为"开口"创造空间与时间。

3. 分配角色,分享领导。在小组合作学习中,分别指定读题员、记录员、计算员、报告员等角色,其中报告员的角色尤其重要,要让每个学生都有机会担当,使学生的发言和自我展示行为成为习惯,消除其怯场的心态。

在平时的学习过程中,每一个学生的角色要依次变换,这样可以确保分工明确,并充分利用个人的优势。在这个过程中,成员之间必须相互协调,使每个成员的"开口"

成为必要和可能。

4. 建立有效的竞争机制，让每个学生在"开口"中体验成功的喜悦。有效的激励与竞争机制可以增强学生的学习动机，保护学生主动学习的积极性，使学生不退缩地面对问题。我们可以尝试建立合理的竞争机制和公平的评价机制，使每一个学生都能毫无例外地被激励。除了课堂语言、眼神、动作激励之外，及时反馈学生的反映；还可以对表现积极的学生和小组进行表彰鼓励，颁发"积极之星""最佳发言人""先进小组"等不同项目的奖状；也可以采用积分制方式，将积分与期末评优考核挂钩，让学生间、小组间形成竞争的格局，让他们相互质疑、争辩，在竞争中共同提高。最终让每个学生在"开口"中体验成功的喜悦。

（三）让学生自信地"开口"，使"开口"成为一种基本能力

课堂教学中师生对话能有效地吸引学生的注意力，启发学生的思维，为学生提供参与教学和交流的机会。有一些学生就因为一次精彩的课堂发言，得到老师与同学的认可，体验到从未有过的成功感，从此爱上数学学习。

1. 教师要掌握教学对话的一些技巧。

（1）提问要设计。在教学中如果完全依赖于自发产生的问题很容易偏离目标，事先设计好的问题可以增加实现教学对话的可能性，可以将问题集中于教学的主要目标。在教学中可以根据目标设计不同水平的问题，即使学生达不到某些层次，也会使学生将注意力转向更高水平的思考，使学生能更清晰、简洁地表述问题，从而使学生的"开口"上一个层次。

（2）提问要含蓄。所谓含蓄，指的是问题设计要有层次性、思考性，问题对学生要有一定的挑战性。可以将学生的典型错误作为问题设计的源题，在教学中注意归类、总结、延伸，这些都可以让学生主动参与到课堂中去。

（3）提问要留白。任何问题的提出，老师都不必着急公布答案，要给学生留有思考的时间，学生如果没有形成明确的观点，没有梳理好发言的要点，他们也不会轻易表达自己的观点，此时老师要学会等待与留白。从听到问题到解决问题，大脑有一个思考和处理的过程。如果学生经过独立思考和小组内的充分讨论后形成了独特的见解，相信大部分学生都有表现欲，会积极主动地发表自己的观点。

（4）评价要中肯。老师对学生的回答要认真倾听，不但要听学生发言的内容，而且要听其发言中所包含的心情、想法，与他们心心相印，从而产生共感共鸣，并及时给予学生中肯而明确的评价，肯定合理地指出学生还需要改进的地方。

2. 让学生提问成为师生对话的主要形式。教学对话不能仅是教师的提问和学生的回答，还要培养学生发现问题，让学生主动开口提问。首先，我们应该鼓励学生经常提问；其次，要教会他们如何发现问题的方法，让他们学会观察、分析，找出规律和结论，以及学会如何恰当地表述。

总之，在数学学习中，教师要有营造民主和谐的教学氛围的意识，要有让学生参与课堂的理念。在学生的自主探索和合作学习中，实现师生之间的主动对话、学生与学生之间的交流与沟通，使学生真正成为课堂的主人。我们要让学生有话可讲、有话要讲、有话敢讲，让学生"开口"真正成为数学学习的一种方式。

例谈多维度英语阅读教学中的全球胜任力培养

李佳梅

【摘　要】　多维度英语阅读教学包括应试阅读、以教材为载体的阅读、报刊阅读、典范英语阅读、与影视相结合的原著阅读、与戏剧相结合的阅读、个性化阅读等，为学生构建起一个立体的阅读空间。借助不同维度的阅读提升学生的文化品格、思维品质和学习能力，从而达到对学生全球胜任力的培养。

【关键词】　全球胜任力；多维度；阅读教学

在全球化时代到来之际，世界经合组织提出"全球胜任力"这一概念，并将之定义为"从多个角度批判地分析全球和跨文化议题的能力；理解差异是如何影响观念、判断，以及对自我和他人的认知的能力；在尊重人类尊严的基础上，与不同背景的他人进行开放、适宜、有效互动的能力"。全球胜任力是一个涉及多重维度的学习领域，涉及的学科广泛，而英语学科教学无疑是其中最值得关注且无法回避的领域。

苏州外国语学校采用的是国际化办学模式，课程体系为国家课程、地方课程和校本课程的整合。与普通公办学校相比，其英语学科教学更灵活、多样，具有更大的选择性，这为学生全球胜任力的培养提供了更多可能。苏州外国语学校成立以来，外语教学的成长之路就是对文化的追寻之路。从以听、说领先的情境教学起步，到双语教学、跨文化教育、大文化教育，文化的成分从最初的无意而为，逐步发展成为苏外外语教学的灵魂。"国际视野""世界公民""世界文化场"等词贯穿在苏外日常英语教学和各种大型活动中。渐渐地，苏外学子带着这些印记越来越自信、越来越自然地行走于世界版图之上。每年的寒暑假，我们都会有数支队伍前往世界的许多地方游学；同时，来自世界各地的学子走进我们的"美式夏令营""五国峰会""模拟联合国"……连续五年的"跨文化背景下的当代英语教学"研讨会、"大中华区剑桥英语高峰论坛"、全国外国语学校教学研讨会邀请的各路专家，苏外校园里行走的各方来者也都见证了苏外学子与多元背景下人们愉快共处的能力，学生全球胜任力的养成已见雏形。在大阅读理念指导下，我们初中英语组创造性地推行的"多维度阅读"教学模式研究，在学生全球胜任力养成教育方面魅力尽显，功不可没。

多维度英语阅读教学包括应试阅读、以教材为载体的阅读、报刊阅读、典范英语阅读、与影视相结合的原著阅读、与戏剧相结合的阅读、个性化阅读等，为学生构建起一个立体的阅读空间。其中，应试阅读和教材阅读重在学习阅读，是全球胜任力培养的基础阶段；从报刊阅读起开始进入借助阅读提升文化品格、思维品质和学习能力层面，是全球胜任力的实操阶段。如何在每个维度的阅读中都加入文化的成分，都关注到学生全球胜任力的养成，是苏外初中英语教研组多年来坚持研究的课题。

一、巧用应试阅读的功利性，激活学生关注文化差异的动机

这里的"试"指的不仅仅是期中考试、期末考试、统考、中考等，也包含各种各样

的竞赛与证书类考试，如全国英语能力竞赛，公共英语三四级考试，剑桥英语的 KET、PET、FCE 考试等。仔细研究考题，不难发现各类考试包含的完形填空、阅读理解、任务型阅读中不乏优秀的阅读材料，题材和体裁很广泛，而且越正规的考试所选的篇章越具有很强的时代气息、极高的可读价值。与此同时，既然是应试，获得高正确率必然是学习者的个人需要和目标。这所谓的功利性恰恰匹配了美国著名心理学家 Keller 教授提出的 ARCS 学习动机模型中的注意（attention）和切身性（relevance）。阅读理解能力的高低已不能仅仅取决于掌握了多少语言知识，更取决于对文化的理解程度。一旦发现单词都认识却无法选对答案是由于文化间的差异所导致，学生们就会更主动、更耐心、更有目的性地去寻求文化的踪迹。此时如果配合适当的阅读策略指导，让学生对阅读材料有良好的掌控感，就会产生信心（confidence）。最后通过内部的和外部的奖励（也就是分数和自我认同）强化学生的成就感，让他们体验学习结果所带来的满足感（satisfaction）。良好的学习动机就会慢慢生成，对后续的学习具有极大的促进作用。

阅读策略上，我们围绕学生失分最多的三大类题型：主旨大意题、词义猜测题、推理判断题，将常见体裁的阅读材料做了梳理，通过上海外语教学与研究出版社出版了《英语阅读100篇》，在将语言嵌在上下文里才有生命力的原则下，集中训练学生从一般性的文章中获取和处理主要信息；能理解文章主旨和作者意图；能通过上下文克服生词困难，理解语篇意义；能通过文章中的线索进行推理。不仅要求学生理解文本内容，还要求学生在此基础上发展相关猜词、归纳、推理等多种阅读策略，培养批判性思维。

二、挖掘教材的跨文化成分，提升学生对不同文化的理解力

苏外初中英语教学采用的两套教材分别是省编教材（译林版牛津教材）和学校特色教材。学校特色教材从最开始试行的《新综合英语》到《新概念英语》，再到现在的剑桥英语 *English in Mind*（简称 *Eim*）。译林版牛津教材的编排上有意识地安排了以英语为母语国家的文化背景知识，涉及西方人生活习惯、西方风俗文化的篇章，也有中西文化的对比，还关注到了不同体裁的呈现，如小说和诗歌，知识渐进、系统且全面；而 *Eim* 更贴近西方国家的真实语境，话题更吻合当代青少年的认知水平和兴趣点，更关注世界观、价值观的培养。以初一课本中"Unit 5 What does'Success'mean?"为例，引导初一的孩子思考什么才是成功，是有钱？是快乐？还是著名？带有争议性的问题、有辩论价值的问题是把阅读从文本带向文化的载体。我们把家长也带入讨论，由孩子们做翻译，把课文翻译成中文告知父母，然后把父母对成功的理解译成英文在班级分享。观点积累到一定程度时，就此问题展开同辈间辩论。阅读不仅仅对学生大有裨益，对老师的世界观和价值观建设也有很大帮助。

我校通过对教材的分析、整合，充分挖掘教材的文化内涵，合理地使用教材，扬长避短，从而达到"1+1>2"的效果。例如，针对 *Eim* 的语言难度梯度变化不明显、体裁较单一的缺点，以牛津教材为主线，与 *Eim* 对比。通过两个教材的比对，调整 *Eim* 的课程顺序，让 *Eim* 成为牛津教材学习的推进器；至于 *Eim* 教材中完全独立于牛津教材的话题，如"What does'Success'mean?""Promises, promises""Fortune telling""Teenagers: earning money"等，恰恰就是一些具有跨文化议题倾向的话题，对这些话题的理解在培养学生与不同背景的他人进行开放、适宜、有效互动的能力方面有很大的帮助。

三、利用报刊和小说阅读的多样性，培养学生对不同文化的包容度

英语报刊以其时效性强、题材广泛、信息量大的优势一直是苏外教材辅助材料的首选，从初一到初三，我们都设有专门的报刊阅读课。英语报刊阅读课主要采取以下三种形式。

（一）教师课内导读课

这是初一年级英语报刊阅读的主要形式。以教师指导为主，如让学生快速浏览标题搜寻自己感兴趣的文章，读文章，找出主题句、关键词、佳句，用3～5句话概括文章，小组交流，全班分享各小组的精彩部分，教师对学生共同感兴趣的文章进行更进一步的阅读策略指导，传授实用、可行的阅读方法。通过这种形式，学生可以课后自主阅读其他课堂上未涉及部分。

（二）学生报刊展示课

进入初二年级，主要采取以学生小组为单位，根据各自特长、兴趣选定介绍的板块，以展示的形式汇报分享。教师在课外指导学生分组、选择不同的主题，为主题搜寻文化背景资料，进行时间管理。主题不同便有了信息交换的机会，使英语语言的运用更真实、有效。

（三）报刊知识抢答课

进入初三年级，教师对学生报刊阅读的限制进一步放宽。在学生自读一段时间报纸后（一般是3～4份报纸），组织一次报刊阅读知识竞赛。不止报刊阅读，如果将小说阅读也坚持数年，成效仍然显著。

我们典范英语阅读教学的形式与报刊阅读相似，只是在教师导读课中加入人物性格分析。以典范英语7第13本 *The Ghost Ship* 为例，介绍一下小说导读课的常用步骤：

1. Be an imitator：warm-up by imitating ways of saying
2. Be a sentence chewer：share beautiful sentences
3. Be a story teller：summarize the story
4. Be a script writer and actor：put scripts onto the stage
5. Be a character observer：analyze personalities and critical thinking
6. Be a creative thinker：create a pre-story and write it down

报刊和小说阅读弥补了教材时文和文学作品过少的缺憾。这个维度的阅读特别关注让学生带着自己的经验，尽力理解作者真正要表达的思想和情感，学生在欣赏读物语言的同时，把握读物的内在价值，对不同语言的理解有助于提高对不同文化的包容。

四、依托原著和戏剧的现场感，体验跨文化背景下的人际沟通艺术

毋庸置疑，原著能给学生提供真实、地道、优美的英语学习材料，但对初一、初二的学生来说，直接看英文原著有一定的难度。与影视相结合的原著阅读就成了学生从简写本的典范阅读向原著阅读过渡的最佳方式。

第一步：教师筛选出已有改编电影的原著。第二步：利用影视课，全班分段观看原版片，围绕影片进行自由讨论。第三步：进行原著阅读，电影是在小说基础上的再加工，对原著内容都会有一定的增减。"这部电影到底在哪些方面对原著进行了改编？""你更喜

欢原著还是影片？为什么？"用类似问题激活学生的批判性思维，让学生开启原著阅读。
第四步：让学生将原著改编成剧本，以戏剧的形式呈现对原著的理解。

实践证明，以戏剧推动的原著阅读课是学生们最喜欢的。学生们以导演或演员的身份讨论对人物的揣摩、对剧情的理解、对场景的设计、对服装的选择……对原著的反复推敲、琢磨从课内蔓延到课外，直到最终将原著搬上舞台。戏剧符合真实交际要融合"观点、情绪、感情、合理性、适应性"多种元素于一体的特征，戏剧中虚构的世界则为来自各种不同社会背景中的人物提供了一个全方位的准生活场景。学生们在戏剧中能够真实地体验跨文化背景下人们的思想、感觉、风俗习惯、情感和信仰。

初一上学期，我们以这种形式完成了《哈姆雷特》的原著阅读，全班参演的同名戏剧在学校戏剧节上颇受好评。我们还选了《傲慢与偏见》，在带领学生们阅读完原著后，我们将原著分成七幕，一个班负责一幕的剧本改编，最终由七个班共同完成整个剧，参加了学校5月份的戏剧节。

在这个维度，学生们不仅能较真实地体验不同文化背景下的生活，而且能学会合作，发展与人沟通的能力。

五、尊重个性化阅读的自主性，全面提升批判性思维能力

个性化阅读是由学生自主选择阅读文本的阅读，是一种满足个人需求、适合个人趣味，并由此获得精神享受的真正意义的阅读，具有马克思所说的"人的自由的和自觉的活动性"。这个维度的阅读意味着学生要对阅读做出自主决策——决定是否读，读什么，以何种方式读，因此对学生的批判性思维能力提出了很高的要求。建构主义代表人物莱斯利说过："作者只能提供线索，读者的任务是利用这些线索建构自己的意义。"学生建构自己意义的过程，就是批判性思维能力得到锻炼的过程。从学生根据标题选择个性化阅读文本起，批判性思维就已启动。学生依据已有经验对蕴涵丰富信息的标题进行的分析，由此对文章内容进行的预判，阅读中对于自己的观点与文本内容有冲突时的分析，对自己阅读成果的评估和自我校准等都属于批判性思维的范畴，是全球胜任力不可缺少的思维品质。值得一提的是，个性化阅读并非是个人阅读，图书漂流、"阅读圈"模式、"成功袋"等阅读互动方式对学生个性化阅读的顺利开展有着积极的作用。

我们的学生未来将生活在一个不确定、多变的世界当中，孩子们要在这样的世界中找到自己的道路和位置离不开全球胜任力。坚持多维度英语阅读，充分利用国际化办学的优势，使学生在全球胜任力的三个维度——态度、知识与理解力、技能上都得以提升，是每一位苏外英语教师的使命。

参 考 文 献

[1]　胡敏. 请用你喜欢的方式打开世界［J］. 课外阅读, 2018（14）：28 - 29.
[2]　王伟香. 基于文本分析的主体阅读探索［J］. 中学生英语, 2017（30）：36.

跨文化视野下的中学外国小说教学策略初探
——用"钩玄提要"法解读《植树的牧羊人》

李 瑞

【摘 要】 基于一线语文课堂对于外国小说与中国小说的教学思维同轨现象的思考，笔者从语文教学实际出发，按照义务教育语文课程标准的相关要求，探索初中语文教材中外国小说的教学策略。通过解读《植树的牧羊人》，呈现"钩玄提要"法思维掣领优势，进而开创学生对异域文化的认识的通渠。

【关键词】 跨文化；外国小说教学；钩玄提要

《义务教育语文课程标准（2011 版）》中提道："义务教育阶段的语文课程，应使学生初步学会运用祖国语言文字进行交流沟通，吸收古今中外优秀文化，提高思想文化修养，促进自身精神成长。"初中语文教材中，外国经典短篇小说占有相当大的比重，因其历史背景、风土人情、审美视角、语言风格与中国传统小说差异很大，所以引导学生对多元文化的理解尤为重要。在一线教学中，许多老师依据自己的教学经验从环境、情节、人物三要素出发解读课文，缺乏创新设计意识和文艺鉴赏高度，没有透析外国小说中"人性"本质，导致解读浅近，缺乏对作品性格的尊重。基于此，笔者探索"钩玄提要"法，尝试转变教学格局，力求实现小说教学的精准切入，促进学生解读思维的提升、精神视野的开拓。

"钩玄提要"，出自唐代韩愈的《进学解》。"记事者必提其要，纂言者必钩其玄"，指的是探索精微之处，摘举纲要之处。一篇小说，字字珠玑，如何选点是技术也是艺术。下面以统编语文教材七年级上《植树的牧羊人》为例，谈谈如何突破外国小说与中国小说文化差异的囹圄，引导学生汲取作品中的经典思想，领悟西方文化的精髓。

一、摩挲——与作者对话，梳理意脉

任何一部作品内核都包含着一位作家的人文观，如何通过个性的人展现社会生活中的爱与关怀、尊重与理解，是作家的注意力所在。审视体裁、了解背景、疏通语词、概括情节，都是为了充分发现作家的创作思想。

（一）明确类属

教学一篇小说，首先要明确其类属，它是长篇节选还是中篇、短篇？属于历史、探险、讽刺、军事、科幻等哪类题材？定位准确后才能根据文体特点设计解读策略。而《植树的牧羊人》这篇课文，准确地说，它是一种新的文学样式——绘本。

提到绘本，就可以引导同学联想读过的印象深刻的作品，如《爷爷一定有办法》《青蛙弗洛格》《地球上最聪明的小子》等，引领学生进入情境。

继而提出核心问题——绘本为什么那么吸引孩子？学生结合阅读经验，可以答出"它有生动传神的图画、曲折有趣的故事"。老师继续引导："有一种绘本不仅孩子可读，成人也可读，它能建构人的精神。"自然引入新课。

（二）提炼词句

小说既用叙述性语言表达，也用描写性语言表达，但以描写性语言为主。可以详细描绘人物的外貌、举止，也可以表现人物的对话、行动，还可以通过不同的视角，来观察和表现这个人物，并且可以把笔触伸入人的内心世界，通过深层心理描写来塑造有血有肉的人物形象。

在《植树的牧羊人》中，我们要沿着让·乔诺的思维轨迹，通过他笔下的亮点词句，去体味铺垫与暗示的魅力。

1. 发现一组叠词

（光秃秃）的山　　　　　　　　（稀稀拉拉）的薰衣草
羊（懒懒）地卧着　　　　　　　（灰灰）的薄雾

——这是晦暗的场景，起着渲染气氛的作用。

他给我的井水（甜丝丝）的　　　餐具洗得（干干净净）
（热腾腾）的汤　　　　　　　　扣子缝得（结结实实）
（轻轻）地放橡子　　　　　　　我们（静静）地转悠

——这是明亮的场景，更能带动读者的切身感受。

2. 积累一组比喻

（白桦树）像一只饥饿的野兽发出吼叫。
（狂风）像不毛之地上涌出的神秘泉水。
（他）像笔直站立的少年。

——比喻句的构造要遵循情境的适切性、意旨的暗示性。

（三）梳理文脉

宫崎骏评价本文的主人公："有这样的好人在，真好。"两个实实在在的"好"字是对植树老人最高的褒奖。那么他究竟好在哪？请同学们概括课文内容。在梳理文意之前，一定要给到学生"抓手"，请同学表达的时候要落实：什么时间、地点发生了什么事，事情的成果意义何在，表现了人物怎样的性格。

通过层层追问、细细补充，我们可以概括出"本文写了慷慨无私、不求回报的牧羊老人在普罗旺斯荒地植树三十多年，变荒漠为绿洲的故事。他用毅力与无私证明了人类力量的伟大"。

我们把一篇长文精缩到一段话，还要将这段话精缩为一个核心词，这才是探究思辨的出发点。经过头脑风暴，同学们提炼出"变"这个字最具有震撼人心的力量。改变、转变、彻变构成了故事的传奇性，那么到底什么变了呢？从课题可以发现，文中三种事物"树、羊、人"都变了。探究的方向就明确了。

二、碰撞——究物象变化，追问意图

物象，是小说中引入的重要事物。它的反复出现能够串起相关情节，构成线索；衬托环境，具有象征意义；突出人物性格，揭示深化主题的作用。

（一）关注羊

带领同学们画出描写羊的句子，读出潜台词。

"三十来只羊，懒懒地卧在滚烫的山地上。"

——缺少生机，不能改变恶劣现状。
"羊吃草的地方在山窝里……他让大狗看着羊群。"
——重点不放在羊上，开始寻求其他出路。
"他不再放羊，羊吃树苗……不养羊，只留四只母羊。"
"没有树不会有生命，种树吧，植树比牧羊更能彰显征服自然的力量。"
——他能够果断舍弃，改变局面。
通过对羊的解读，我们可以得出结论：他懂得变通，这是一个大智慧的人。

（二）关注树

通过列表格，同学可以发现这片土地植树前后哪些变化。精读后，大家可以得出：

植树前：荒、秃、稀　　　泉：干涸　　　风：听，兽声　　触觉：干而猛
植树后：宽、茂、嫩、挺　泉：源源不断　风：听，水声　　触觉、嗅觉：香风、微风

作者的环境描写，巧妙地呈现了人改造自然的力量。通过植树前的"面上渲染"和植树后的"点上特写"，我们在对比中看到这片土地变蓬勃了，进而得出结论：这是一个有大境界的人。

三、沉潜——探人性本质，发现意旨

小说有一个重要的功能，就是在各种环境和条件下，探索人性发展的可能性。人物所表现出来的每一种行为，不仅代表了人物的伦理观、社会观，也代表了作家的伦理观和社会观。而人性是指一切人共同、普遍具有的属性，是生而固有的却不是一成不变的。在社会生活的发展演变过程中会实现社会构建和自主选择的相互统一，是遏恶扬善的过程。

（一）关注一群人

关于人的变化，我们很容易发现，这里由一个人变为一村人了。引导学生回答这村人是怎样的生活状态？
——幸福、舒适、挖渠重建、青春活力、勇气、笑。

（二）关注一个人

这一切美好都源于一个人的坚守，引导学生结合课文说说这是个怎样的人？
不爱说话，自信平和，没有语言描写，都是转述
——静，越平静越彰显人内心的强大。
结实、严实、石房子、整齐、干净、有序
——稳。
热汤
——暖。
两次挑橡子、种树动作（填土）、不被战争干扰
——专。
孤独、爱家、和乐
——爱。
研读中我们可以发现，牧羊人做出巨大的牺牲是因为他对这片土地爱得深沉。
在人的信念中，家和土地始终在生命、生活中占有重要位置，由此可以联想到《乱

世佳人》中的一句话"土地是世界上唯一值得你为之奋斗做出牺牲的东西",与同学分享,拓宽学生的阅读面。

由此得出,这个地方之所以变幸福了,是因为一个有大爱的人始终为其奋斗着。

(三)一种信仰

既然强调"人",人心是根本。造就这一切的就是这个叫"艾力泽·布菲"的男人。回到课文开头,设计直击作品灵魂的思辨问题:这部作品的原题是"植树的男人",为什么选入课本时要改成"植树的牧羊人"?

可以比对绘本插图上的题目和书下注释1展开讨论。查阅资料,梳理要点,我们可以得出(引导学生回答)——

在《圣经》中,羊是比喻,指全人类。

耶稣爱世人,如同牧人爱羊群。

老人是上帝的化身,人类可以像上天一样创造未来。

…………

读到这里,学生恍然醒悟:植树的牧羊人原来在牧未来。正所谓"大慧成荫,种橡种榉种春风;大爱生根,牧人牧己牧前程"!至此,这篇外国小说才算解得通透,读得酣畅。

中国传统文化心理以儒释道思想为主宰,西方传统文化心理以基督教精神为核心。中国人关注的是人心,西方人关注的是灵魂;中国人注重的是在社会生活中寻求和谐,西方人祈求的是个人心灵的救赎。由于海洋文明和陆地文明因素的影响,西方人勇于冒险、不断开拓,思维更理性。跨文化理解,要关注到特定地域中的地理风貌、自然景观,特定地域历史上长期积淀下来的约定俗成的风俗习惯,特定区域人的行为方式、思维方式、价值观念、伦理操守所呈现出的精神风貌、心理状态、生命形态。

所以解读初中语文教材中的外国小说,应提炼写法精髓,在人性背景下设计思辨问题。可以关注标题内涵、叙述视角、叙述人称、比较阅读、延伸阅读等,有利于学生对西方文化的认知,培养深度鉴赏外国文学的能力,形成正确的人生观、价值观。

参 考 文 献

[1] 钱理群,孙绍振,王富仁. 解读语文[M]. 福州:福建人民出版社,2010.
[2] 孙绍振,孙彦君. 文学文本解读学[M] 北京:北京大学出版社,2015.
[3] 张鸿艳. 追寻人生智慧:中西方人生哲学比较视野[M] 北京:中国人事出版社,2017.
[4] 陈启东. 试论初中语文课文中的人性之美[J]. 读与写(教育教学刊),2012(4):88+122.

高中数学研究性学习的创新实践

张锦成

高中数学学习非常紧张,学生平时也以大量的练习训练来巩固知识,逐渐形成良好的数学思维与数学能力,可是很难达到一定的高度。从高考的成绩来看,平时数学成绩比较好的学生和数学成绩一般的学生相比,高考成绩却相差无几,这与江苏高考数学试卷的特点有一定关系,即区分度比较小,学生将中低档题都可以解出来,对高档题基本解不出来。此外,这也与学生解决问题的速度和能力有关。

在这种情况下,采取什么样的教与学方式提升学生解决问题的能力,如何在高考当中取得更优异的成绩,给我们带来了困惑。针对这个问题,结合学生实际情况及考试客观规律,笔者与同事展开了一系列的讨论和思考,引导学生开展研究性学习,对研究性学习进行了一些改良和创新,取得了一定的效果,现将实践和体会做如下总结。

一、研究学习模式新

研究学习模式新主要体现在独立性上。当今社会,如果一个人没有独立思考的能力,就无法面对我们生存的复杂环境,不愿独立思考的人,他的大脑和灵魂就会依赖他人的思想,用他人的思想替代自己的思想,从而接受他人的安排。

学生在解决问题的过程当中会碰到一些困难,这个时候应该认真思考,翻翻书、翻翻笔记、找找例题,尝试自己去解决。如果学生试图依靠网络查看答案,或者直接求教别人,虽然能立刻解决眼前的问题,但同时也失去了一个独立思考、独立钻研、独立解决问题的过程体验。长此以往,学生就会形成一个习惯,无论碰到什么样的难题,只要自己不能立刻解决,他就懒得去钻研了,会马上求教别人、在网络上查找答案,这样对于能力的提升毫无益处。

鉴于这种情况,笔者给学习小组布置问题后,要求学习小组进行内部分工,开展独立的研究,不借助任何网络外力。当然不借助外力,他们的研究结果可能达不到一定的深度,得出的结果比较肤浅,但是这个结果完全是学生独立完成的。这个过程中他们的思维是独立的,使用的方法是自己想的,数据是独立处理的,我们在乎的就是这个独立的过程。

二、研究学习对象新

学习的内容并非一定是学生没有掌握的内容,学生理解掌握得非常好的内容也可以作为合作学习的对象。这个时候合作学习的目的主要是加深对该内容的理解,以便在运用时更加游刃有余。实践中应当选择基于课本、结合高考、能够提升能力的问题,让小组进行研究。通过规划分工、搜集整理、研究探索、总结整合这四个环节形成学习报告。

1. 比如对于函数 $f(x)=|ax+b|+|cx+d|$,学生一般可以把它写成分段函数后,作出该函数的图像,教师需要进一步引导学生如何快速画出该函数的图像,进一步总结规律。

学生通过合作研究形成了如下报告：

① 将一次系数 a、c 利用 $|-ax|=|ax|$ 化为正数；

② 画出直线 $x=-\dfrac{b}{a}$ 与 $x=-\dfrac{d}{c}$（虚线）；

③ 找出点 $\left(-\dfrac{b+d}{a+c},0\right)$，并在图中作出；

④ 在图中作出点 $[0,-(b\pm d)]$；

⑤ 作出过点 $\left(-\dfrac{b+d}{a+c},0\right)$ 和点 $[0,-(b\pm d)]$ 的直线，左边一条虚线 $\left(x=-\dfrac{b}{a}\text{ or }x=-\dfrac{d}{c}\right)$ 的左侧部分即为 $f(x)$ 的第一部分；

⑥ 在图中作出点 $[0,(b\pm d)]$；

⑦ 作出过点 $\left(-\dfrac{b+d}{a+c},0\right)$ 和点 $[0,(b\pm d)]$ 的直线，右边一条虚线 $\left(x=-\dfrac{b}{a}\text{ or }x=-\dfrac{d}{c}\right)$ 的右侧部分即为 $f(x)$ 的第三部分；

⑧ 设⑤中直线与虚线交点为 A，⑦中直线与虚线的交点为 B，连接 AB，线段 AB 即为 $f(x)$ 的中间部分（第二部分）；

⑨ 检查，完成作图。

2. 该小组在此研究基础上经过一段时间的琢磨，又对程序做了以下改进：

（1）基于经验：对于函数 $f(x)=|ax+b|\pm|cx+d|$，其图像的第一和第三部分斜率 k 的绝对值相同。

（2）方法步骤：

① 取点 $[0,-(b\pm d)]$ 和点 $[0,(b\pm d)]$，以及 $f(x)$ 与直线 $x=-\dfrac{b}{a}$ 和 $x=-\dfrac{d}{c}$ 的交点 $[f(x)$ 两个绝对值内部分的函数零点$]$；

② 连接两个零点，得到函数图像的第二部分；

③ 连接两个零点与两个 y 轴上的点，使函数图像的一、三部分斜率相等；

④ 检查，完成作图。

可以看出学生的研究更深入，甚至有学生总结出了"零相连，轴等开"的规律。

通过小组合作学习，对一些基本的问题开展一场较为深入的研究活动，总结规律，形成心得，初步总结出一些概括性的结论。以后再碰到这一类问题，可以快速地解决，节省大量的时间，达到事半功倍的效果，留下充足的时间来解决后面的难题。

三、集中整治过程新

集中性是指把一类问题集中起来加以研究，在研究的过程当中，通过问题之间的相互启发、方法的迁移、思想的类比，能够产生对这一类问题的共性认识，形成心得感悟，从而提升解决这一类问题的能力。

以江苏高考数学试题为例，从近几年江苏高考数学试卷来看，最后两题考查的是函数和数列，从得分情况来看，考生的均分很低，最后一题估计都不超过 1 分。对于平时数学成绩优秀的学生来说，高考数学能否得到比较好的成绩，决定性的因素就是最后两道题做得怎么样，能否攻克这两个"堡垒"。

集中整治是这样进行的：第一步，学生把多次测验的数列题集中在一起交给学习小组合作研究，小组内部可以讨论，但不能借助外力，老师要给予学生充足的时间，使学生尽可能解答完整。如果实在无法解答，老师给予点拨或者提供参考答案。第二步，教师给予细致的评析或是研究小组成员进行解题分析。第三步，研究小组成员围绕"我为什么想不到""为什么这么转化""为什么从这个角度分类""问题的本质到底是什么"……进行讨论。第四步，研究小组成员总结提炼解题心得，归纳解题思路，把方法的"偶然性""巧妙性"上升到"必然性"。以上四步如果顺利完成，学生就不会觉得解题方法突兀，而能够自动将方法内化为数学解题能力。

高中数学课堂内外的研究合作学习可以提升学生的自主学习能力和解题能力，这对于高中生是十分重要的。在繁重的学习之下，能够有一套合理的学习方法解决比较困难的问题，给学生的成绩带来很大提升的同时，还可以培养学生的综合能力，是我们实践的终极目的。

我们来说吧 （Let's talk）
——激发学习兴趣

翁晓燕

【摘　要】　随着现代英语的日益普及，高中英语口语教学越来越需要新颖有效的教学方法。毋庸置疑，活动理论对于高中英语口语互动教学起着关键性作用，能够在课堂上将英语理论知识与客观实践进行有效的结合和统一，越来越受到我国中小学教育的重视。通过创设趣味性、生活性的英语话题，结合现代多媒体教学技术，高中英语教师可以充分发挥活动理论，激发学生的互动热情和学习兴趣。

【关键词】　活动理论；高中英语；口语教学；互动教学

一、活动理论概述

活动理论指出人类与环境客体的关系之间是存在必然联系的，由文化内涵、工具和符号中介将个体层面与社会层面紧密联系，其理论基础是哲学、心理学及社会语言学。

活动理论研究的代表人物 Kuutti 认为，"活动理论是一个研究作为发展过程的不同形式人类实践的跨学科框架"。Kuutti 把个人、社会及其联系作为活动理论的研究范围，经过多年的研究调查后，他指出活动理论的本质是人类在环境客体中的实践过程。也就是说，贯穿始终的实践过程才是活动理论的核心内容，而不是理论性的知识原理体系。Kuutti 认为活动理论是人类将工具发挥其作用、在不同环境和社会关系作用下达到活动的目的的过程，最终实现人类改变工具、环境及社会关系等一系列客体的结果。

我国很多中小学深谙活动理论的教育意义，经过长期的不断探索实践后，归纳总结了一些基于活动理论的教学方法。20世纪二三十年代陶行知先生的"生活教育"实验和陈鹤琴先生的"活教育"实验可以作为我国活动理论研究的标准。20世纪90年代初，国家教委正式将活动课程纳入九年义务教育课程计划，活动及其在学生发展中的作用得到了应有的重视，活动理论的研究和实践逐渐形成高潮。随着对活动理论的进一步研究和探讨，我国部分中小学渐渐发现活动理论是内在理论和外在实践的充分结合和统一。活动理论的内在强调的是教学本身，能让学生学到较为科学的教材原理，其外在强调的是丰富多彩的教学表现形式，根据中小学生的性格特点制定一系列的教学活动设计。在运用活动理论开展教学工作的过程中，学生能实现个性化发展对渲染教学整体氛围具有很大的促进作用。

二、活动理论在高中英语口语互动教学中的运用

（一）活动理论中的人际交往

1.巧用辩论性口语话题，拓展互动思维。辩论性口语话题设计是含有竞赛色彩的集体性英语口语课堂开展形式，比如将"我们来说吧"付诸辩论性实践。学生是教学活动设计中的主体，学生共同体之间在进行辩论性口语话题时所进行的活动能在某种程度上达到拓展思维的教学目标，提高互动教学模式的有效性。学生一个人无法诠释活动理论

中的人际交往，而是需要同伴之间相互默契有序的配合和互动。笔者认为英语口语教学主要应该通过具有实际意义的对话教学进行，只有将英语和辩论性话题联系起来，围绕高中英语新课标改革，以社会上的热门事件为出发点和学生一起探讨研究，才能让学生更快地学会英语口语。同时，从活动理论中的人际交往方面考虑，辩论性的竞赛体制对参与学生有一定的激励作用，和参与结果相比，大家往往更看重口语辩论的过程。从活动理论的心理学角度考虑，在班级开展小组英语口语辩论活动的过程还能激发学生内心深处的集体主义精神。

教师在讲解高二下册"Public transport"（公共交通）一课时，可以将学生分为A，B，C三组，让他们自由开启"Let's chat in English"模式，鼓励每个学生分别讨论自己喜欢的公共交通和不太喜欢的公共交通及相应的理由，并且允许他们大胆地表示自己内心真实的想法，如某种公共交通对社会做出了巨大贡献，某种公共交通的存在意义不大等，但是必须用英语清楚地阐明自己的理由。因为学生们观点不一，所以初步形成了英语辩论对话模式。在这个过程中教师只起到一定的引导作用，并不直接参与学生的英语对话过程。

学生在简单辩论过程中，能慢慢学会在潜意识里用英语方式思考，这在某种程度上能启发学生的英语思维。同时，通过课堂辩论对话训练，学生能更加了解不同的句型在不同情境下的灵活运用，这对于培养学生扎实的英语基础具有很大的作用。

2. 设计趣味性口语话题，提高互动效率。英语教师一定要摒弃前辈们死板、教条式的教学陋习，结合活动理论中的人际交往理论积极寻找新颖突出的口语教学方式，让口语教学改革的潮流推动互动式教学模式的发展。对于高中英语口语互动式教学来说，如果教师给定的英语话题足够有趣，他们就会积极参与其中并且学习效率颇高，趣味性口语话题是学生获取知识、提高互动课堂学习效率的重要途径。例如，"What is happiness to you?"这句英语，如果教师仅仅在课堂上把这句话读出来，然后让学生跟着念，在这种枯燥乏味的传统教学模式下，学生们肯定会学习效果不佳，时间长了，还会严重打击他们学习英语的积极性。所以，教师应该转变英语教学模式，设计趣味性话题，增强对话趣味——让学生自由对话，即遵循活动理论中的人际交往精髓，把"说话权"交给学生自己。

例如，高二上册教材中的"What is happiness to you?"一课，教师在授课导入阶段不是让学生阅读枯燥无聊的教材课文，而是兴奋地对他们说："Let's chat in English, boys and girls! Firstly, please tell your partners what is happiness to you. OK?"在这种氛围中，学生们就会因为受到极大的感染而按捺不住心里的"happiness"（愉悦），与同伴畅谈心中的美好事物，"chatting in English"的局面由此打开。在趣味性十足的英语口语课堂情境中，师生情感状态的综合表现是师生在课堂上各尽其责的基础和前提。只有教师成为学生的知心朋友，学生才会更加乐意接受教师的谆谆教诲。从活动理论的学习分享本质考虑，这也是创设英语口语课堂活跃气氛、提高学生学习效率的有效途径。因此，教师还应该注意平时多与学生交流，多参与学生之间的实践，以此来进一步了解每个学生的不同学习情况，能拉近与学生的距离。该章节课程结束之后，教师可以将这些趣味对话收集起来，整理成班级资源库并制作成PPT，在课堂上给大家演示解说。

（二）活动理论中的学习分享

1. 创设生活性口语氛围，激发互动兴趣。当前我国初中英语的口语课堂教学依旧以传统的教学模式为主，以教材内容为切入点，以习题作以巩固与内容扩充的主要形式，而忽视了英语口语教学的根本目的与背景知识的延伸、实际生活的应用。学生获取知识的渠道来源于书本与老师，在单一的一对多的讲解中，逐渐将高中英语口语的课堂教学规模化、任务化，会让学生心中产生排斥心理。因此，从活动理论中的学习分享角度考虑，无论是高中英语口语课堂呈现效果，还是学生的心理接受，都需要英语口语教学与学生的实际生活紧密相连。在高中英语口语互动教学中，创设生活性口语氛围不仅体现了英语学习与实践的挂钩，也着重考虑了学生学习英语的实际情况，可谓一举多得。中学生学英语的目的之一是为了在将来能用流利的英语和别人沟通交流，所以教师应该紧紧抓住这一点，给学生提供较为贴近实际、贴合生活的英语课堂，并且注意教导他们在英语学习过程中应该学以致用，让他们明白"不能学哑巴英语"的道理。现在有很多适合中学生观看且比较贴近现实生活的英语视频、英语杂志等，教师可以要求学生在课后欣赏，并充分利用课余时间准备英语口语课程，然后在课堂上以英语口语对话的形式和大家分享。

教师在讲授"School life"这一单元时，应引导学生充分结合实际生活，自主讨论自己的"School life"，在此过程中让学生学会"enjoy"。学生一般都对课后活动比较感兴趣，在和同伴一起探讨的过程中，不仅提高了英语能力，还促进了和同学之间的感情。当学生对教师的提问仅仅是以"Yes""No"回答时，教师一定要耐下心来用"Why"或"What"来引导学生进入英语的深入学习状态。为了更好地达到将英语口语渗入生活的效果，教师可以让学生课后互相打电话，用英语讨论最近的新闻、天气、学习情况等。在高中英语口语教学的过程中，将学生带入生活情境，让学生在生活中自然感知英语知识的存在。更需要在其学习掌握的过程中，将所学灵活应用，服务于生活，这也是英语听力教学的目的与英语价值的本质体现。这在锻炼学生反应能力的同时，也在某种程度上提高了学生的交际能力。

2. 活用现代多媒体技术，激发互动热情。现代科技越来越发达，教师应该结合活动教学理论巧妙地将这些高科技运用到高中英语口语教学中。教师要充分利用现代多媒体技术创设英语口语情境，通过多媒体课件激发学生的课堂互动热情，从而达到提高学生英语口语学习动力的目的。例如，在课堂上播放趣味英语视频，让学生反复欣赏，达到发音标准、清晰的跟读地步，这种方法不仅可以提高他们的英语口语表达能力，还能在一定程度上扩展其词汇量；教师还可以在教材资源充分整合的基础上开展英语口语情境教学，以作业的形式给学生提供大量的英语口语训练机会，同时将教材上枯燥乏味的英语知识进行归纳整理，利用发达的现代技术，认真细致地整合语言资源，以其蕴含的深刻生活意义为主要切入点，在课堂上通过具体口语话题设计进行深层剖析，激发学生的学习兴趣。

另外，对于教材中较为无形、抽象的英语情境，通过多媒体课件也可以较为直观、生动地表现出来。例如，在学习高三上册"Getting a job"一课时，教师可以用多媒体技术给学生展现求职者和公司人事的对话场景，让他们在欣赏动画版的面试现场的过程中学习英语发音，同时熟悉面试中常用的几句英语句式。例如，"It's really my honor to be here to introduce myself." "I hope I can get the job, and I will try my best to do it well." 等句式。几位求职者面试完毕后，教师可以充分结合活动理论中的人际关系理论，请学生们分组扮演求职者和公司人事，让学生如临面试情境，模仿视频中的对话场景以提高英语口语表达能力，在课堂上安排学生进行角色表演对提高学生对场景的理解深度有很大帮助。角色扮演结束后，其他同学可以给扮演者进行评判打分，指出他们在口语表达中的优点和缺点，这在某种程度上既能激励学生认真扮演场景中的角色，又能以测试的形式将每个学生的不同英语水平展现在教师面前。

三、结束语

将活动理论运用到高中英语口语教学的实质在于将学生带入一个有趣的互动情境，从最大程度上提升学生对英语口语学习的兴趣，在学生掌握基本英语知识的基础上，让英语口语学习更加丰富生动，让学生的知识面更宽广、思维与能力得到全方面培养。也就是说，活动理论在高中英语口语互动教学中发挥着不可或缺的作用，有效的教学设计不仅可以提升英语对话教学的进程，还能提高学生的英语交际能力。

参 考 文 献

[1] 贾冠杰. 英语教学基础理论 [M]. 上海：上海外语教育出版社，2010.
[2] 贾冠杰. 二语习得新理论：对话论 [J]. 外语与外语教学，2005 (11)：16-19.
[3] 李长佳. 互动教学法在高中英语口语教学中的应用研究 [D]. 重庆：重庆师范大学，2013.
[4] 严敏芳. 互动教学法在中职英语口语教学中的应用研究：以无锡旅游商贸高等职业技术学校为研究对象 [D]. 苏州：苏州大学，2014.

浅谈通过西班牙语实践型作业提高中学生核心素养

刘 皎

【摘 要】 中学阶段的西班牙语实践型作业能有效提高学生的语言综合运用能力，激发中学生学习西班牙语的兴趣。本文主要从语言输入型、语言输出型和艺术操作型三个方面，结合教学实践中作业设计的案例对实践型作业进行归纳与思考，谈谈西班牙语实践型作业对提升学生核心素养和跨文化意识的帮助。

【关键词】 语言输入型实践作业；语言输出型实践作业；艺术操作型实践作业；核心素养；跨文化意识

近两年来，"核心素养"已成为教育界探讨的热词。《中国学生发展核心素养》总体框架中指出，中国学生发展核心素养，以培养"全面发展的人"为核心，分为文化基础、自主发展、社会参与三个方面。希望在高位的教育方针和具体的教育实践之间，搭建一个桥梁，使广大教师在教育教学过程中，能够时刻将自己的教育教学与核心素养相对照。

西班牙语（以下简称"西语"）实践型作业的设计与实施正是符合核心素养的培养要求，通过开展运用语言的实践性活动，激发学生学习西语的兴趣，培养学生的语用意识和初步的语言综合运用能力。本文中笔者将实践型作业划分成输入、输出和艺术操作这三类进行阐述，希望对中学西语教学与课内外实践产生一定的积极影响和借鉴意义。

一、语言输入型实践作业

成功的外语学习者在学习过程中始终遵循着这样一条规律：他必须接受一定量的且适合他的学习能力的语言输入。这条规律已被许多理论语言学家和应用语言学家所证实。在西语学习中，听和读是必要的输入手段，是表达和交流的基础。在这里以听力作业为例：

我们会给学生推荐一些实用的西语学习网站，例如，央视西语频道 espanol. cctv. com、国际广播电台西语频道 espanol. cri. cn、西班牙语学习网 sp. tingroom. com、沪江西语 es. hujiang. com 等，积极利用广播、电视、网络平台等，拓展学生学习西语的渠道。笔者还推荐初二以上年级的学生下载"每日西班牙语听力"手机 App，这是一款免费的听力学习软件，将听力教程与最新时事相结合，还在专辑分类中提供了丰富的频道。遇到不会的单词，只要长按，软件就会使用西语助手来显示解释。在布置周末和假期作业时，笔者会在其中挑选适合相应水平段的文章，让学生们回家进行听力练习。要想让听力练习取得好的成效，还要注意听的方式：第一遍了解大意，作简要记录；第二遍完善笔记，记下更多的细节；第三遍听完，回答老师布置的问题，试着复述文章大意。适当的记录可以帮助提升专注力，也可以帮助学习里面新的单词和语句表达。学生尽力听了多遍后，对照原文看看没听懂的地方，是单词、词组不认识，还是因为不熟悉连读和吞音而导致没听出来。这样能以潜移默化的方式，提高学生对西语语音的灵敏度和适应度。

二、语言输出型实践作业

只有输入、忽视输出是片面的,不利于学生语言交际能力的发展。语言输出是语言学习的最终目的,包括口头的(说)和书面的(写)。在西语口语方面,学生的口语表达能力是在不断的实践中得以发展的。在校园内外为学生创设真实或者接近真实的语言情景,让学生在运用中学习语言,对于激发学生的西语学习兴趣,培养学生的跨文化交际意识和语言运用能力颇为重要。

(一)校园实践类

1. 班级汇报。"西班牙是个怎样的国度?哪些方面是最吸引你的?……"我们给初二、初三西语班学生布置了"魅力西班牙"文化专题介绍的作业。学期初便让他们选定一个感兴趣的主题,如西班牙的城市、建筑、绘画、音乐、弗拉明戈舞、足球等。学生们借助 PPT 等形式,用西语准备表述材料。每周五的西语课用 10 分钟时间请一位学生到讲台前来汇报介绍,还要接受其他小伙伴们的提问。在期末对学生的综合表现进行总结和颁奖,纳入学期口语测试的一部分。依托班级汇报的形式,学生的语言巩固、文化拓展能收到事半功倍的效果。

2. 校园广播。每年 11 月底,苏州外国语学校(以下简称"苏外")的校园四大节之一——外语节都会如期而至。校园里洋溢着浓浓的外语氛围,除了各种英语赛事和活动精彩纷呈之外,德、西、法、日、阿五个语种为学生们打开了通往多元世界的大门。多语种组的外语节活动同样丰富多彩,在这里要介绍的是"五语伦比"校园广播节目。西语班级选拔出来的播音员们要承担整个编排与主持活动,用中西双语的形式问候全校师生;介绍西班牙圣诞节和新年等节日文化;播报西语国家当下的最新动态;推荐西语国家颇受好评的电影和歌曲等。西语电台之声以多样的内容和形式,促进学生语言素质的提高,丰富校园文化生活。

(二)社会实践类

1. 录制专题微视频。寒暑假期间,如何在校园外检验学生们的学习成果呢?拍摄专题视频就是一个全方位展示的方式。正值苏外与马德里一所中学缔结友好学校之际,我们开展了西语微视频大赛,多个年级的学生均参与其中,围绕苏州的城市生活这一大主题自由选择视角。优秀作品会传送给我们的友好学校,让他们来评分评奖,也让西班牙小伙伴们更加了解苏州,了解中国。自由分组之后,学生们纷纷承担起不同的职责,化身为导演、演员、讲解人、摄影、后期剪辑师等。

《今天你锻炼了吗?》就是一部让人印象颇深的作品,这种作品关注苏州城市居民的体育锻炼情况,贴近生活,真实有趣,创作者是当时高一西语班四位学生。清晨的公园,傍晚的广场,晚间的体育馆和健身房,都留下了他们走访录制的身影。视频拍摄这种新颖的形式不仅让学生在录制的过程中锻炼了口语能力,更给予了他们广阔的发挥空间,得以表现平时课堂上没有充分显露的才能。相信这次合作拍摄的经历将会是他们一段珍贵而美好的回忆。

2. 编写园林导游词。苏州因其浓浓的江南水乡的特点,吸引了许许多多国外游客的造访。西班牙语是世界第二大语言,每年也有大量西班牙和拉美国家的游客来苏州旅游,领略这座城市的独特魅力。作为家乡的一分子,学生们也很有自豪感。那老师们就因地制宜,就地取材,引导学生编写苏州园林的导游词。学生们通过查阅景点资料、实地考察路线、与园林涉外讲解团沟通等方式完成了导游词的创作。我们也与苏州国际旅行社欧洲部达成了合作意向，苏外西语班的学生们将有机会成为服务接待的志愿者，与西班牙和拉美游客面对面接触交流。

三、艺术操作型实践作业

在西班牙驻华使馆教育处与北京西班牙塞万提斯语言学院联合举办的中西建交40周年绘画比赛中，苏外初高中西语班学生们展开想象的翅膀，在小小的A4纸上浓缩了许多中西文化元素，勾画出两国独特的文化和深厚的友谊。其中苏外学生创作的三幅作品从全国十几所学校的200多幅画作中脱颖而出，获得评委会的赞许，和其他学生佳品在北京塞万提斯学院展出。

四、实践型作业的设计要求

在学生的语言学习和实践活动中，教师的作用十分重要，教师应注意和处理好学生学习知识和发展能力的关系。依笔者浅见，设计实践作业要体现以下要求：

1. 内容和形式要贴近学生的生活实际，符合学生的认知水平和生活经验，要有明确的交流目的和真实的交流意义；

2. 要为学生提供展示成果的机会，全面客观地评价学生作品；

3. 把握好实践型作业的难度与频度，要把作业要求布置清楚，在作业开始前和过程中给予学生必要的指导；

4. 应注重课内外的联系与学科间的融合，促进学生思维能力、审美情趣、想象力和创造力等素质的综合发展。

总之，要让西语实践型作业成为西语课堂教学的有效延伸，注重学科融合和实际效用，为学生创设语言运用的机会，培养学生的跨文化意识和在生活中初步运用西语做事情的能力，能够让学生在完成作业的过程中感受到西语学习的乐趣。

参 考 文 献

[1] 中华人民共和国教育部. 义务教育英语课程标准（2011年版）[M]. 北京：北京师范大学出版社，2012.

[2] 李薇. 浅谈西班牙语教学课内实践问题 [J]. 教育，2015（5）：118.

[3] 王淑文. 小学英语实践型作业模式的思考与实践 [J]. 中小学外语教学，2012，35（10）：34-37.

[4] 贾小兰，段文. 语言输入理论在外语学习中的作用 [J]. 安徽职业技术学院学报，2010，9（1）：47-50.

[5] 郑金权. 试论英语创编型作业的类型与作用 [J]. 大家，2011（18）：201.

融创生成：中小学阿语教材的编写策略

朱荷菁

【摘 要】 目前，我国中小学阿拉伯语教学尚处在起步阶段，面临教材缺少问题。阿拉伯语教材的编写，要注重教育教学的实践经验，要遵循融合高校教材、创编校本教材、改编原版教材的融创策略，要坚持与民族文化相融合、与校本化改造相结合、对标教学大纲进行标准化整合的融创原则。

【关键词】 融创；中小学阿语教材；民族化；校本化；标准化

教材、教师、学生是课堂教学活动、教学质量生成的三种基本要素，其中教材是教学内容的载体，是学生学习和教师授课的知识来源之一，是课程标准的具体呈现形式。如果课标是教材的主心骨，那教材的"血肉"应该广泛选材、慎重取材、融合创编、持续生成，即融创教材。融创教材不是一般的材料、读物，它是根据教育目的和学生身心发展规律和认识特点，汲取了一线教学实践经验，参考了国内外优秀教材和专业书籍，专门研制和编写的适合于相应阶段的学生学习的教材。

一、中小学阿语教材编写势在必行

作为联合国六种工作语言之一，阿拉伯语（以下简称"阿语"）不仅是22个阿拉伯国家的官方语言，也是全世界穆斯林的宗教语言。近几年，随着我国"一带一路"国家战略的推进，处于"一带一路"交汇处的阿拉伯国家成了启动合作的首选目标，中国与阿拉伯国家的各种交流也随之急剧增加，国家急需大量精通阿拉伯语的储备人才和高质量的多语种复合人才。因此，阿语教学的组织单位由以往的高校逐渐向下延伸至中小学，近年来陆续有苏州外国语学校、北京第二外国语学院附属中学、北京市汇文中学、上海外国语大学附属外国语学校、西安外国语大学附属西安外国语学校、青岛九中开设阿语课程。总体而言，目前我国中小学阿语教学尚处于起步阶段并在国家政策推动下逐渐发展，正面临着诸多困难，其中中小学阿语教材缺少问题最具普遍性和紧迫性。教材不仅是课程标准的"代言人"，它参考了专业书籍和其他教材，集中了众多专家、学者的专业智慧，是学科知识的精华、智慧的结晶。在学科教学刚起步、教师教学水平参差不齐的情况下，教材是保证基本教育质量的基石，因此中小学阿语教材的编写势在必行。

二、中小学阿语教材编写的融创策略

苏州外国语学校作为江苏省乃至华东地区首家开设阿拉伯语的义务教育阶段的学校，自2014年起就开始进行阿语教材编写的实践研究，并在不同阶段提出多样化的编写策略，丰富"融创生成"的内涵。

（一）融合高校教材

融创教材首先需要保证其科学性、准确性，高校教材集中了众多专家、学者和业界权威的智慧结晶，有较高的科学性、学术性。外语教学与研究出版社2002年出版的《新编阿拉伯语》是北京外国语大学、上海外国语大学等国内一流高校使用的阿语专业教材，其结构编排合理，内容丰富实用，是国内使用范围最广、最权威的阿语教材之一。2014—2015年间，我校慎重选择了《新编阿拉伯语》作为融合目标，结合中学生的注意力集中时间比高校学生短、学习能力较弱的实际情况，进行内容筛选、改编，形成PPT课件等资料，为第二阶段的融创生成积累经验和素材。

（二）创编校本教材

为了保证所编教材达到教育目的、符合中小学学生身心发展规律和认知特点，我校采取创编校本教材的策略，使得教材贴近教学实际、持续生成。2016—2017年间，我校在融合高校教材的基础上，根据已有的教学实践经验和课件，参考国内零基础英语教材和小学生学习外语的情况，编写阿语校本教材《阿语乐园》第一、二册和配套练习题一册并投入教学使用，之后根据教学反馈进行改版，使得校本教材不断完善、持续生成。

（三）改编原版教材

改编原版教材作为教材编写的重要手段，是融创生成中小学阿语教材的重中之重。2018—2019年，我校在编写《阿语乐园》第三册时进入瓶颈期，一方面国内高校教材难度大、篇幅长、学术性强；另一方面，英语教材的阿语译文缺少阿语韵味，语言的内在连贯性较差。为了使学生掌握地道的阿语、提高语言运用能力、多视角理解阿拉伯文化，我校广泛搜集原版教材、全面比较，最终选择((العربية بين يديك))作为改编对象，融合高校教材和校本教材，创编《阿语乐园》第三册。我们选择这套教材作为改编对象的原因主要有以下4个：

1. 语言标准。全世界有22个阿拉伯国家，这些国家的人虽以阿语作为母语，但是在日常生活中仍使用各自的土语，有些已经影响到标准语的使用。而这套教材采用标准阿拉伯语，对话、篇章用词准确，配套的CD语音、语调标准，适合非阿语为母语者模仿和学习。

2. 设计合理。教材在课程设计上循序渐进，难度从初级到高级、专业级逐步递增，并设定三级目标：语言理解、沟通理解、文化理解。结构设计上，初级、中级、高级、专业教程各设置16个单元，每一单元都对词汇和句型做了专门的要求和统计，并且配有新课练习、课后练习和单元小测验。

3. 内容丰富。8册学生教材共计600课，其中576课为新授课，24课为测试；为了让学习者更好地使用和练习阿语，教材开发者专门开发了学生练习、活动用书；为了让师生清楚地了解自身阿语掌握程度，每个级别的课程中都设置有不同类型的测试；为了方便教师教学，该系列教材还有4册教师用书，内容包括测试答案、说明、外语教学方法，可以帮助教师更轻松高效地完成教学目标。

4. 使用范围广。该套教材由沙特阿拉伯非营利性机构Arabic For All开发，为非阿拉伯语为母语国家的中小学、高校、研究所的阿语教学服务，是"大家都讲标准阿拉伯语"重大教学科研项目的成果之一。该机构筹建于2001年，于2003年正式运行，是世界上为非阿拉伯语为母语国家教学服务的知名品牌，有丰富的阿语教材出版和推广经验。目前为止，世界各地的30万学生，3 000余名教师，1 200多所学校、高校研究所使用该教材。

三、中小学阿语教材编写的三大原则

我校在精选教材、融创生成的实践过程中，总结经验和教训，提出融创教材要坚持"三化"原则，即民族化、校本化、系统化。

（一）坚持与民族文化相融合的原则

改编高水平的原版教材作为融创生成的重要手段之一，需要从我国教学发展的实际情况出发，合理选择话题，弘扬中华文化。语言是一个民族思维和文化的载体，原版阿语教材也是依据阿拉伯国情和当地学生发展特点进行编制的，虽然原版教材语言地道、与当地文化传统有机融合，但是有些内容并不完全适合我国的国情和学生的思维，如((العربية بين يديك))第一册第四课"日常生活"的对话：

塔里格：你在哪儿做晨礼？	طارق : أَيْنَ تُصَلِّي الْفَجْرَ؟
塔黑尔：我在清真寺做晨礼。	طاهر : أُصَلِّي الْفَجْرَ فِي الْمَسْجِدِ.
塔里格：你礼拜后睡觉吗？	طارق : هَلْ تَنَامُ بَعْدَ الصَّلَاةِ؟
塔黑尔：不，我礼拜后不睡觉。	طاهر : لَا، أَنَا لَا أَنَامُ بَعْدَ الصَّلَاةِ.

沙特阿拉伯作为最保守的阿拉伯国家之一，全民信仰伊斯兰教，早上做礼拜是他们的日常生活，这与中国学生的日常生活截然不同。在原版教材改编过程中，课题组将这部分内容换成早上出席升旗仪式，既突出民族文化、激发学生的爱国情怀，又贴近中国学生的日常生活，使学生更有代入感。

（二）坚持与校本化改造相结合的原则

改编原版教材时要注重国情、校情在"校本化"中的融合创新，科学选取适合我国和学校教学条件的教材体系，促进我国与国际上的知识交流，提高自身教学水平。例如，((العربية بين يديك))是针对全球所有非阿语为母语国家的学习者，在字母学习阶段就开始全阿语教学，并开始出现日常对话和短文阅读，但是阿语属于闪含语系，又是曲折型语言，和汉语体系有着天壤之别，同时还包含很多汉语发音中不存在的顶音和大舌音，我国母语学习对阿语学习会产生负迁移，所以中国学生在阿语字母学习阶段通常会花费比他国学习者更多的时间和精力。我校结合已有的教学经验和高校阿语教材，就字母语音、书写、连写、简单阿语对话及语法自主编写校本教材《阿语乐园》第一、第二册，以强化中国学生的基础阶段学习。

（三）坚持对标教学大纲进行标准化整合的原则

在世界发展的进程中，没有知识能够独立存在，每一种知识都是成体系地串联着，因此在改编原版教材、与校本教材相融合时，要注重教材的系统性，原版教材和校本教材、高校教材遵循语言学习的规律、融创生成，共同促进中小学阿语教学的发展。通过理论研究和实践经验，制定《中小学阿拉伯语教学大纲》，确定阿拉伯语中小学阶段教学的特点、内容、期限，就听、说、读、写四项能力和发音、词汇、语法三项要素制定标准。在改编原版教材、自主编写校本教材过程中，对标教学大纲，这样既能根据实际情况灵活改编或再版，又能体现中小学阿语教材的系统性和标准化。

综上所述，中小学阿语教材编写是一个复杂的过程，但是作为中小学阿语教学起步的基石，其意义非同一般。通过精选教材、融创生成适合我国国情的中小学阿语教材，为学生培养语言学习兴趣、学习并掌握阿语、多视角理解阿拉伯文化提供帮助，最终达到提高教学水平的目的。

参 考 文 献

[1] 国少华. 新编阿拉伯语［M］. 北京：外语教学与研究出版社，2002.

[2] 基础阿拉伯语教学大纲研订组，高年级阿拉伯语教学大纲研订组. 高等学校阿拉伯语教学大纲［M］. 北京：北京大学出版社，2000.

[3] العربية بين يديك. د. محمد بن عبد الرحمن أل الشيخ［M］. Arabic For All，2003.

[4] 李玲，刘家良. 国外高水平教材的引进与"校本化"的改造研究［J］. 现代交际，2016（4）：90－91.

[5] 孔令涛. 阿拉伯国家语言战略研究现状及分析［J］. 西安外国语大学学报，2018，26（1）：5－9.

［本文系江苏省教育科学"十三五"规划课题《国际化办学中学生创新素养的培育研究》的阶段性成果，项目编号 D/2016/02/172］

浅析高中生数学解题思维与创新能力的培养

徐 勇

【摘 要】 高中生数学解题思维是解决数学问题过程中形成的思维习惯，对于问题的分析与解决起着关键的作用。数学解题过程除了既有的解题思维外，还需要一定的创新能力，这样才能不断地提升解题的能力，本文通过几个实例浅析高中生数学解题思维与创新能力的培养。

【关键词】 高中数学；解题思维；创新能力；核心素养

中学阶段是人成长的关键阶段，根据《普通高中数学课程标准（2017年版）》，我们知道中学阶段的培养目标是进一步提升学生综合素质，着力培养核心素养，使学生具有理想信念和社会责任感，具有科学文化素养和终身学习能力，具有自主发展能力和沟通合作能力。关于数学学科，我们知道学习数学离不开解题，解题是数学学习中的主要活动。解题的目的是加深对数学概念、公式、法则等的理解，巩固所学的知识和技能，培养数学能力、提高数学素养。学生的创新能力在数学解题过程中得以培养与提升。

著名数学家、数学教育家波利亚说"掌握数学就意味着善于解题"。在教学过程中教师应该着力指导学生形成良好的解题思维，在解题过程中多引导学生思考、分析问题，联系所学知识，结合问题背景，寻找到解决问题的方法。指导学生解题的过程尤为重要，通过教师的指导，学生将找到解决问题的正确方法，并且学到比任何具体数学知识更为重要的东西，那就是解题思维的形成。在解题过程中，要让学生充分参与进来，学生会形成自己的想法，往往对于解题有着积极的意义，对于学生创新能力的培养有着很好的帮助。

下面我们从几个数学学习过程中遇到的实际问题一起来探讨一下。

一、案例一

提出问题 从空间一点 O 作三条射线，与半径为1的球分别切于点 A，B，C，且三条射线两两夹角为 $60°$，则 $OA = $ ____。

分析问题 看到此题后我们可以直接作出一个三棱锥加在球上，进而通过建立等量关系求解，此法计算较烦琐，这里不作讨论。让我们再仔细研读该题，你以前见过它吗？你是否见过相同的问题而形式稍有不同？你是否知道与此有关的问题？

我们发现有一道类似的问题："一个四面体的所有棱长都是 $\sqrt{2}$，四个顶点在同一个球面上，则此球的表面积为_____。"这道题利用"补形"的思想，得出所求的球即为该正四面体所在正方体的外接球，由体对角线等于球的直径可得球的半径为 $\frac{\sqrt{3}}{2}$，从而求得球的表面积为 3π（见图1）。

解决问题 根据这道题的解题思想，那么上道题是否也可以利用"补形"的思想解题呢？我们可根据总结出的在正方体中可以找到正四面体的结论，考虑现在本题的解题关键是再在球外作正方体，注意到由顶点 O 到相近的三个切点 A，B，C 连线，得到一个正四面体 $O-ABC$，满足题意，从而半径为 1 的球的外切正方体的棱长为 2，则 $OA = \sqrt{2}$（图 2）。

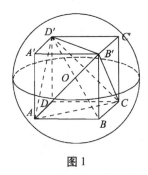

图 1

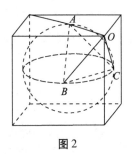

图 2

总结提升 某些问题可以直接通过知识点的再现解决。在处理某些看似无法入手的问题时，我们不妨从已有的解题经验入手，运用联想的方法，将有关的解题思路迁移过来，试试看，也许就能解决这个问题了。在解题中思维分析的能力、解题经验的总结，对于解题的成功有很大的帮助。数学解题训练有助于形成灵活的思维习惯，为创新能力的形成打好基础。

二、案例二

提出问题 若点 G 为 $\triangle ABC$ 的重心，且 $AG \perp BG$，则 $\sin C$ 的最大值为_____．

分析问题 这是一道三角形问题，初读题时不知道怎么下手。我们再仔细研读题目。题目中有"G 为 $\triangle ABC$ 的重心."的条件，你想到什么？由 $AG \perp BG$ 想到可以怎样入手解题，通过数量积或建系？

解决问题 （思路一）因为 G 为 $\triangle ABC$ 的重心，

所以 $\overrightarrow{AG} = \frac{1}{3}(\overrightarrow{AB} + \overrightarrow{AC}) = \frac{1}{3}(\overrightarrow{CB} - 2\overrightarrow{CA})$，

$\overrightarrow{BG} = \frac{1}{3}(\overrightarrow{BA} + \overrightarrow{BC}) = \frac{1}{3}(\overrightarrow{CA} - 2\overrightarrow{CB})$，因为 $AG \perp BG$，所以 $\overrightarrow{AG} \cdot \overrightarrow{BG} = 0$，

即 $\frac{1}{3}(\overrightarrow{CB} - 2\overrightarrow{CA}) \cdot \frac{1}{3}(\overrightarrow{CA} - 2\overrightarrow{CB}) = 0$，所以 $5\overrightarrow{CB} \cdot \overrightarrow{CA} = 2(\overrightarrow{CB}^2 + \overrightarrow{CA}^2)$，

即 $5|\overrightarrow{CB}| \cdot |\overrightarrow{CA}|\cos C = 2(|\overrightarrow{CB}|^2 + |\overrightarrow{CA}|^2) \geq 4|\overrightarrow{CB}| \cdot |\overrightarrow{CA}|$，所以 $\cos C \geq \frac{4}{5}$。在 $\triangle ABC$ 中，$\sin C \leq \frac{3}{5}$，当且仅当 $|\overrightarrow{CA}| = |\overrightarrow{CB}|$ 时成立。

（思路二）以 AB 所在直线为 x 轴，AB 的中点 O 为原点建立平面直角坐标系，不妨设 $A(-1, 0)$，$B(1, 0)$，$C(x, y)$，则 $G\left(\frac{x}{3}, \frac{y}{3}\right)$。因为 $AG \perp BG$，所以 $\frac{x^2}{9} + \frac{y^2}{9} = 1$ $(y \neq 0)$，即点 C 在一个圆（除去两点）上运动，此时由图可知，当 $x = 0$，即点 C 位于 AB 中垂线上时，$\angle C$ 取最大，此时 $\tan\frac{C}{2} = \frac{1}{3}$，所以 $\sin C = \frac{2\tan\frac{C}{2}}{1 + \tan^2\frac{C}{2}} = \frac{3}{5}$。

总结提升 思路一用向量的方法解题，向量具有代数与几何双重特性，是非常好的解决几何问题的工具，在几何问题中有着广泛的应用，如解决垂直、中线等有关问题。思路二用解析几何的方法解题，建系思想可以让很多问题简化，特别是与轨迹有关的问题。在高考题中适地建系可以快速准确地解题。如2016年江苏高考13题，在$\triangle ABC$中，D是BC的中点，E，F是AD上的两个三等分点，$\overrightarrow{BC}\cdot\overrightarrow{CA}=4$，$\overrightarrow{BF}\cdot\overrightarrow{CF}=-1$，则$\overrightarrow{BE}\cdot\overrightarrow{CE}$的值是____。本题以$D$为原点，以$BC$边所在直线为$x$轴建系，再运用方程思想解决问题。

三、案例三

提出问题 （2013年江苏高考17题）如图3所示，在平面直角坐标系xOy中，点$A(0,3)$，直线$l: y=2x-4$，设圆C的半径为1，圆心在l上。若圆C上存在点M，使$MA=2MO$，求圆心C的横坐标a的取值范围。

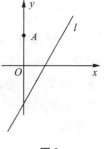

图3

分析问题 本题主要考查直线与圆的方程。考查直线与圆、圆与圆的位置关系等基础知识，考查运用轨迹思想解题。

解决问题 因为圆C的圆心在直线$l: y=2x-4$上，所以，设圆心C为$(a, 2a-4)$，则圆C的方程为$(x-a)^2+[y-(2a-4)]^2=1$。

又因为$MA=2MO$，设$M(x, y)$，则$\sqrt{x^2+(y-3)^2}=2\sqrt{x^2+y^2}$，

整理得$x^2+(y+1)^2=4$，设为圆D，

所以点M应该既在圆C上又在圆D上，即圆C和圆D有公共点，

所以$|2-1|\leq\sqrt{a^2+[(2a-4)-(-1)]^2}\leq|2+1|$，

由$5a^2-12a+8\geq 0$，得$a\in\mathbf{R}$，

由$5a^2-12a\leq 0$，得$0\leq a\leq\dfrac{12}{5}$。

终上所述，a的取值范围为$\left[0, \dfrac{12}{5}\right]$。

总结提升 本题主要是从轨迹的角度入手解决问题。上述问题中基于对阿波罗尼斯圆的认识，我们知道在平面上给定相异两点A，B，设点P在同一平面上且满足$\dfrac{PA}{PB}=\lambda$，当$\lambda>0$且$\lambda\neq 1$时，点P的轨迹是个圆，这个圆我们称作阿波罗尼斯圆，这个结论称作阿波罗尼斯轨迹定理。其实在课本上也已经有所引导（必修2习题）：已知点$M(x, y)$与两个定点$O(0,0)$，$A(3,0)$的距离之比为$\dfrac{1}{2}$，那么点M的坐标应满足什么关系？画出满足条件的点M所构成的曲线。

对于轨迹问题的认识，可以补充如下问题：（2009年苏锡常镇二调）如果圆$(x-a)^2+(y-a)^2=4$上总存在两个点到原点的距离为1，则实数a的取值范围是_____。

本题的突破点在于条件中已知圆上"总存在两个点到原点的距离为1"，通过画图分析，从圆的角度看有两点到原点的距离为1，那么我们从原点的角度看呢？就是已知圆上有两个点到原点的距离为1，而我们考虑所有到原点距离为1的点的轨迹是以原点为圆

心，半径为 1 的圆，那么本题就是两个圆相交的问题了，这样利用两圆相交的条件就可以解决了。

在解决了理解阿波罗尼斯轨迹的问题之后，还可以进一步引导学生进行逆向思维。如（2019 届南通等七市联考 14）在平面四边形 $ABCD$ 中，$\angle BAD = 90°$，$AB = 2$，$AD = 1$. 若 $\vec{AB} \cdot \vec{AC} + \vec{BA} \cdot \vec{BC} = \frac{4}{3} \vec{CA} \cdot \vec{CB}$，则 $CB + \frac{1}{2} CD$ 的最小值为_____.

对于本题，学生在审题过程中能够联想到用建系的方法解决问题，以 A 为原点，AB 所在直线为 x 轴，AD 所在直线为 y 轴建立平面直角坐标系，则 $A(0, 0)$，$B(2, 0)$，$D(0, 1)$，设 $C(x, y)$，根据 $\vec{AB} \cdot \vec{AC} + \vec{BA} \cdot \vec{BC} = \frac{4}{3} \vec{CA} \cdot \vec{CB}$ 知点 C 的轨迹是圆 $(x-1)^2 + y^2 = 4$，那么接下来呢？如何求目标 $CB + \frac{1}{2} CD$ 的最小值？联系图形思考，这是"一个动点到两个定点的距离之和最小"的问题，只是多了一个系数 $\frac{1}{2}$，怎么处理？联系到这里还有一个圆，可以逆向考虑阿波罗尼斯圆。假设 x 轴上存在一点 $T(t, 0)$，使得 $CB = \frac{1}{2} CT$，带入坐标根据已知点 C 的轨迹，化简可得 $t = 5$，从而 $CB + \frac{1}{2} CD = \frac{1}{2}(CT + CD) \geq \frac{1}{2} TD = \frac{\sqrt{26}}{2}$（当 D，T，C 三点共线的时候取得最小值）。

在数学解题过程中对于问题的分析与解决，通过联想比较、拓展延伸、逆向思考等方法，与学生一起体会数学解题的过程，充分体现了数学解题思维及创造能力的运用，让学生在成功解题中感受数学的魅力，提升学生的数学素养。

我们知道通过基础教育阶段的数学教育，无论接受教育的人将来从事的工作是否与数学有关，最终培养目标是让人学会用数学眼光观察世界，用数学思维思考世界，用数学语言表达世界，这就是数学学科的核心素养。创新能力的形成需要具备数学核心素养，因为这是培养创新型人才的基础。在中学阶段我们应重视数学解题思维的培养与提升，进而提升中学生的创新能力。

参 考 文 献

[1] 中华人民共和国教育部. 普通高中数学课程标准（2017 年版）[M]. 北京：人民教育出版社，2018.

[2] 单墫. 数学 2（必修）[M]. 南京：江苏教育出版社，2012.

[3] 波利亚. 怎样解题[M]. 阎育苏，译. 北京：科学出版社，1982.

化学魔术课题：培养科学人文素养的理性实践

徐晶晶

【摘　要】 本文论述了科学人文素养对于培养适应知识经济时代发展所需人才的必要性，以及化学魔术实践课题为中心的研究性学习对于培养学生科学人文素养的可行性，首次结合本校国际初中化学教学中的化学魔术实践课题案例，从多角度探讨如何在化学科学教育中渗透包含中国传统文化精神的人文关怀，同时对化学魔术课题中培养科学人文素养的具体实践提出了几点思考。希望能对化学教学中培养科学人文素养的实践途径提供借鉴意义。

【关键词】 化学魔术实践课题；科学人文素养；研究性学习

一、培养科学人文素养理性实践的背景

伴随着信息化和经济全球化时代的到来，国际合作得到了加强，同时国际竞争也日趋激烈。不论是科学技术的竞争还是知识信息的竞争，归根结底都是人才的竞争，而人才的培养不仅需要科学教育，而且需要人文教育，两者犹如鸟之双翼，缺一不可。但是20世纪以来，科学技术的革新带给人类的福利及科学知识力量的过度宣扬导致了人文教育的弱化，在社会和教育制度导向下，学校偏重学生的科学教育，疏忽人文素养的培养；重视教会学生生存的手段，忽视引导学生懂得生活的意义；实用主义和功利主义成为学生学习和专业选择的指导，忽略学生的兴趣爱好、个性特长和自身修养。当这些学生踏入社会，存在的社会弊端会日益暴露出来，比如很少重视观念性、价值性的理念和理论的学习，忽视道德、善良、传统风俗等伦理信条，将孝顺父母、尊师重道、诚信待人等传统美德抛之脑后。人们开始对科学技术的发展和人类自身的发展进行反思，开始意识到仅仅依靠科学文化并不能给我们带来完整的幸福，功利化的科学教育已经不能满足人们对幸福健全生活的向往和追求。

20世纪末，我国开始推行教育体制改革，开始重视在科学教育中渗透人文关怀，在人文教育中渗透科学精神，科学人文主义教育应运而生。所谓"科学人文主义教育"，就是既注重科学素养的培养，又注重人文精神的关怀，以科学教育为基础和手段，以人文为价值和目的，两者融合渗透，引导和满足人的物质需求和精神追求。科学人文素养是当前科学教育和人文教育相互融合、相互渗透的产物，是当前素质教育的核心内容和内在要求，是塑造完整教育不可或缺的重要部分，是一个人全面发展所需要的综合素养。因此，老师在教学过程中要注重变"人为的教育"为"为人的教育"，培养具有科学人文素养的复合人才。

二、培养科学人文素养的实施基础

化学与人类的各类活动密切相关，从衣食住行到工农业生产及现代化学科学技术的高速发展，再到不可再生资源的可持续发展问题和全人类面临的环境问题，都可以作为全方位渗透人文精神的载体和平台。以实践课题为中心的研究性学习是引导学生学习这门以实验为基础的自然学科的重要手段，尤其适用于初中化学启蒙阶段。在化学魔术中

选择合适的主题切入，引导学生查阅资料，调查研究，设计、完成并优化魔术实验，让学生在研究实践中不仅能够内化和深化基础知识用于解决实际问题，提升自己的实验操作能力和探究能力，也能提高观察能力及搜集信息的能力，还可以培养丰富的人文素养，如辩证唯物主义思维方法、创造和创新思维、环境保护意识、团队合作意识、热爱科学的态度、实事求是的求实精神及强烈的社会责任感等。只要教师激励学生充分发挥自我能动性，同时选择合适的切入点渗透中国博大精深的传统文化中蕴含的人文精神，就可以让化学研究性学习和这些人文关怀有机统一和融合。

三、培养科学人文素养的实施过程

笔者在化学教学过程中，除了重视学生基础理论知识的构建，有意地渗透人文精神，更加注重在实践中开展化学研究性学习，积极探索培养科学人文素养的有效途径，开展化学魔术实践课题的研究，以小组合作的形式在原有的魔术上进行创新，让学生感受化学的魅力，体验创新的快乐，从而激发学生学习化学的兴趣，培养学生热爱科学的态度和实事求是的精神。

（一）化学魔术实践课题实施方案

古人云："知之者不如好之者，好之者不如乐之者。"兴趣是最好的老师，在初中这个化学的启蒙阶段，笔者尝试开展化学与魔术的实践性探索。首先，以兴趣为出发点，让学生充分发挥自主能动性，以小组为单位分工合作，搜集相关化学魔术资料，选择最想探究的化学魔术，整理出所需要的实验材料；然后上报指导老师，通过安全性审核后，在兴趣课题课上进行实验探究，在实验过程中记录实验步骤和实验结果，课后和指导老师讨论优化实验步骤，改进魔术效果，最后进行兴趣课题的展示和汇报。

（二）化学魔术实践课题具体体验

1. 学生视角。在学生眼中，五水合硫酸铜晶体——蓝矾，"有着大海一样深邃迷人的蓝色，犹如晶莹剔透的宝石"，在学习分离纯化技术——结晶时，学生被硫酸铜晶体结构的形态美所深深吸引，为化学之美而惊叹。在某次兴趣课题研究课上，学生提出想要自己制作"蓝宝石项链"。她们首先仔细研究了结晶的操作步骤，找出了需要的实验药品和实验器材，然后设计实验步骤，在热的饱和硫酸铜溶液冷却过程中放入了一根细长的棉质线绳，希望晶体可以在细线上"长大"，期待美丽"蓝宝石项链"的形成。但是实验结果并不理想：大部分蓝色晶体在烧杯底部结晶结块，线绳上只有很少部分有一些小颗粒的晶体。学生起初有些失落，但是在她们听到居里夫人经历了 5 000 多次实验才从 8 t 沥青里分离出 0.12 g 氯化镭的故事后，立刻重整旗鼓，尝试再做一次。到现在笔者还清楚地记得，两个 14 岁的小姑娘目光坚定地说："老师，我相信我们一定能做出来的！"最后，她们经过多次尝试，在铜丝上做出了美丽的"蓝宝石"。

2. 教师视角。两位学生的话虽然朴实无华，但是至今仍让笔者非常感动，因为一个小小实验的成功带给学生无限的信心，已经胜过千言万语的劝学真言，可见实践在学生兴趣激发上的魔力，在学生教育上发挥的重要作用或许已超出预期。在类似的兴趣实践课上，学生有时需要合理地分工检索信息，沟通交流分享信息，协作准备实验材料，团结互助完成实验任务，培养了学生与人交流合作的意识和能力；学生在实验过程中体验到了晶体的结构之美、溶解度制造的神奇，这些直观的、赏心悦目的视觉体验能够激发学生的审美情趣，让学生对观察、研究认识化学新物质产生了浓厚的兴趣，提高了学生求知的动力。当然实验中遇到困难、寻找方法、克服困难的这些经历也让学生辩证地、全面地认识科学，能让学生意识到科学的产生和发展都是充满着"荆棘"，凝结着无数古今中外科学家不懈的追求和探索。教师再适时引导学生了解一些科学史，帮助学生树立战胜困难的决心，收获面对任何困难都百折不挠的信心。目前学生普遍生活优越，遇到困难容易退缩、气馁，经历这些可以让学生学会正视挫折、承受挫折和战胜挫折，就像中国诗词里那句"千磨万击还坚劲，任尔东西南北风"，这是中国人传统文化中气节的传承，也是人文素养的重要内涵。

四、培养科学人文素养的总结反思

在本校国际初中的化学教学中，笔者以化学魔术课题作为化学研究性学习的实践途径培养学生的科学人文素养，已经形成了化学魔术兴趣实践课作为课堂延伸的学习模式。在兴趣实践课上，"手上烧火""点水成冰""鸡蛋生烟""火山喷发"等化学魔术在带给学生视觉盛宴的同时，也让学生体验到了实验中的改进和创新带来的极大满足感和成就感。学生通过化学魔术课题在化学学科教学中的具体实践，不仅学习了科学探究的基本方法，掌握了检索信息的基本能力，将书本上的理论知识上升为实践技能，还提高了自己的软实力——交流合作能力、解决问题能力、实践创新能力。

在具体实施过程中笔者总结了以下几点思考和建议：（1）由于化学学科的特殊性，教师要注重化学魔术选题的安全性和可操作性；（2）根据对象不同，在学生动手实验之前进行科学研究方法的指导；（3）注重在实践中渗透人文精神以激发学生的科学兴趣和热情，根据学生实验反馈情况和学生的心理变化，适当地给予鼓励和引导。让学生感悟化学魔术实践中"柳暗花明又一村"的科学魅力，体味化学这把"双刃剑"对于促进现代科学发展所起到的重要作用的同时，也给我们的环境带来了巨大的压力，促使中学生的理性和感悟协调发展，科学素养和人文素养共同提升。

参 考 文 献

[1] 王贵杰，李绍荣. 21世纪人才素质与人才培养模式的探讨 [J]. 辽宁高等教育研究，1999（4）：75－77.

[2] 任改萍，王小亮. 浅析人才素质的结构和含义 [J]. 人才资源开发，2010（6）：66－67.

[3] 叶建坤，赵爱丽. 中学化学教育中人文教育的渗透 [J]. 化学教育学，2010（1）：13－16.

[4] 刘献君. 科学与人文相融：论结合专业教学进行人文教育 [J]. 高等教育研究，2002（5）：1－6.

[5] 杨桂华. 科学教育和人文教育的分化与融合 [J]. 中国高教研究，2010（9）：7－10.

[6] 徐佩武. 科学教育与人文教育结合是教育发展的必然趋势 [J]. 安徽教育学院学报，1997（1）：59－61＋67.

[7] 刘朝辉. 教育的希望：人文科学教育 [J]. 教育理论与实践，2001（5）：10－13.

活用学具，有效提高课堂教学效率
——教科版小学科学一年级《测量》单元教学反思

蒋秋娟

【摘　要】 小学科学教材的学具设计具有普遍性，科学教师应根据教学实际和学生实际活用学具。本文以教科版一年级科学上册《测量》单元教学为例，反思如何从细化、替换、增加等方面创造性地使用学具，有效提高课堂教学效率。

【关键词】 学具；科学素养；科学思维；科学体验

许多科学教室的墙上都能够看到这样的标语：听，会忘记；看，会记住；做，能理解。"做"的作用不言而喻，学具就是"做"的前提和基础。精心设计的学具能帮助学生更好地理解抽象的科学依据和科学过程，并能激发学生的学习兴趣，启迪学生思维，培养学生解决问题的能力，但仍然不能完全满足教学需要。科学教师需要开发最符合自己教学的学具。好的学具只有加上有效的引导、组织和利用，才能更好地发挥作用。通过教科版小学一年级《测量》单元的教学，我们发现，科学教师可以从以下三方面活用学具，有效组织课堂教学。

一、细化学具，优化课堂教学，促进学生科学素养

教材活动所建议的学具往往是粗略的，实际教学中关于学具的选择需要考虑的因素很多。例如，该学具如何使用最利于实现本课教学目标？该学具的大小、数量如何选择？如何安排活动过程中的组织方法和具体实施步骤？这些都需要备课时详细预设，教学时不断改进。

例如，《测量》单元第1课《在观察中比较》，教材建议的学具很吸引孩子，光是教科书上的恐龙图就已经大大激发了一年级小朋友的兴趣了，他们毫不掩饰地兴奋和欢呼。所以在备课预设中，让孩子们拿到恐龙模型后玩一玩，先观察描述一下它的外形特点很有必要。接着才是比较恐龙模型的活动。教材呈现了两大两小的恐龙模型图片，该如何细化利用它们组织活动呢？我们从网上自主购买了两批大小规格不同的恐龙模型，把很明显的大小方面的比较通过师生互比轻松带过。把教学重点放在如果模型大小差不多，"那我们可以比什么？"引发孩子们对高低、长短、宽度、胖瘦等方面的思考。

接下来的教学设计可以选择难度递进：第一环节，两个大模型比较；第二环节，四个小模型一起比较。

第一环节是重点，需要教师逐个指导，分别统一比较的标准：（1）比较恐龙模型的高度时，孩子们一般会用手比画和用眼直接观察。但备课预设中我们没有想到孩子们的比较标准会有很大不同，有的比背、有的比头、有的比脚，所以出现了不同结果。这个生成非常好。让他们先自主比较，然后说说自己的比较标准，老师再统一标准：统一让模型站立着，以身体的最高部位来比较一次。值得注意的是，目前一年级的许多孩子由于家庭、社会等因素的影响，还是比较自我的，他们有较强的占有欲，想自己玩模型，

想拿最好的。本环节中,四个人一组仅有两个大恐龙模型时,肯定有人手里没材料,这时候他们会觉得很不公平,注意力不在观察同桌手里的恐龙模型上,而在想自己手里没东西,不能玩了。因此,这里需要及时培养孩子们的小组合作和团结意识,树立典型。例如,有的男孩子体现了"绅士"风度,先让女生拿着,这时老师立即对其进行表扬。同时,老师在每次发放模型时,可以先明确地演示一遍,例如,当同桌两人只有一个模型时,先左后右,轮流观察;当前后四人两两比较时,前左与后左的两人先拿着比较,再分别交给前右与后右的两人拿着比较。让孩子们明确一种有序的、公平的操作过程。
(2)比长短时,孩子们会用自己的尺子去测量,但有的读对了,有的读错了。老师同样应先让他们自主体验,然后统一测量标准:制定一个起点,比如用一个盒子挡住,让模型统一站稳,再在模型尾巴处放把直尺,比出长短(以避免读尺子上的数字)(图1)。(3)教材上建议的"比较模型的胖瘦"不如"比宽窄"合理。但要请孩子们思考方法,他们通常会说用两只手挡住看谁宽,由此可引导他们用硬质的盒子挡住模型比较更合理。

图1 比较恐龙模型的长短

在第二环节每人有一个小恐龙模型,但也要先给孩子们自由观察的时间再开展比较活动。模型上一定要预先标明与座位对应的编号(图2),孩子们只能拿写着自己座位号的模型,这样就不会有争议。同时编号也利于他们产生"我与别人比"的兴趣和动力,利于有序开展高矮、长短等各种"排队"活动,利于活动记录和交流。

图2 不同编号的恐龙模型

另外,本单元"折纸青蛙"活动也是一大难点。虽然学具是简单的一张纸,但集体指导很困难;老师手把手教最直观,但班级学生人数众多,指导效率较低;许多一年级孩子对折法图片理解有困难;视频教程要切割,并且有些复杂的步骤最好能反复回放。通过实践,我们采取了将每个折叠步骤拍成10秒以内的短视频,然后转换成GIF动画的方法,轻松实现反复"回放",辅以相应的线条和折法图片,再辅以老师实际演示、让孩子相互帮助等手段,实现了最短时间、最多孩子完成折纸青蛙的活动。

总之,把学具做细,把教学过程做优,能更加有效地提高科学课堂教学的效率,更加有效地培养学生的综合科学素养。

二、替换学具,创新课堂教学,提高学生科学思维

教材活动建议的学具通常具有普遍性、常见性、生活性等,实际教学时,我们可以因地制宜地替换一些更适合学生的学具。通过有效的课堂组织,促进学生动手操作的同时培养他们一定的科学思维,收到更好的教学效果。

例如,《测量》单元第4课《用不同的物体来测量》,是在前一课学生发现"用手来测量"(图3)的缺点是"长度不固定"的基础上进行改进的,体验使用固定长度的不同物体进行测量、记录和分析的过程。围绕教学目标,学具的选择非常自由,教材建议了

橡皮、回形针、小棒、小立方体等，但橡皮这种学具对学生完全没有吸引力，且不够硬，使用完橡皮头部会变圆；回形针的两端是弧形，长度不够固定；这几种材料的长短区分度也不够大，不易得出明显差异的数据，不利于分析。因此可以替换为其他同样常见易得，但更有结构的新学具，如长短不一的木条、塑料片等组织教学。部分课堂教学分析如下：

比较用手测量的结果：

思考：我们的测量结果都一样吗？为什么？

图3 用手测量的结果

（一）巧用测量纸带，从直观记录过渡到抽象记录

本课测量活动是延续上节课的，因此可以继续使用上节课学生们自己测量桌子高度时得到的纸带。该纸带为自创学具，选用了表面光滑、色彩丰富的广告纸以区分用不同工具测量的结果。例如，用手测量的用了粉红色纸带，而这里用了深浅不同的黄色纸带。纸带反面加磁贴，便于在黑板上直观展示，巩固了用测量纸带代替桌子高度的方法。当在黑板上展示学生们的测量纸带时（图4），不仅可以发现用固定物体测量更准确，还引出了"用不同物体来测量"的课题，并且可以直观发现测量规律：测量相同长度的物体时，测量工具越长，数字越小，反之越大。同时也利于引导学生思考改进记录方法：由直观记录过渡到抽象数据记录，比如更复杂的多数据表格记录法。

图4 用不同物体测量的结果

（二）巧用测量工具，聚焦用固定长度的物体测量

本环节首先要让学生发散思维，充分观察和认识到身边许多物体都是固定长度的。因为学生视野中的东西有限，可能会说到墙壁、黑板等是固定长度的，老师可以适当增加出示一些物体，如吸管、塑料棒、小盒子等，帮助他们意识到生活中拿来当测量工具的物体需要使用方便，因此一般不会很大。然后锁定三个不同长度的物体：长木片、中木条、短木块，引导他们继续测量上节课测量的桌子高度。设计亮点：（1）工具长短区别明显，隐含着用长短不同的工具测量同一个物体时，工具越长，测得的数据越小，反之越大；（2）将测量工具编号，突出了活动的有序性、交流的便利性；（3）操作时将全班学生分成三部分，分别用长、中、短三个规格的工具同时测量桌子高度，满足了展示对比需要，节省了时间，引出了数据的矛盾，为转换为表格记录方法埋下伏笔，可谓一举多得；（4）最后预测，如果用一个更短的工具如4号塑料方块（图4），测得的数字会不会更大？教师演示，与学生共同见证，学生兴趣高涨。

实践表明，本课替换成有结构的学具后，通过教师有效组织和引领，课堂容量大大增加，教学活动更加直指目标。层层深入的探究活动有效地让学生在同样的时间内收获更多，学得更深，成功实践了"跳一跳，能摘桃"的教学理念。

三、增加学具，创新教学内容，丰富学生的科学体验

不仅是学具，教材设计的活动内容也具有普遍性、常规性。实践发现，我们本地区

一年级的孩子思维较强而动手能力较弱。因此，根据学生的兴趣、认知水平、能力水平和教学时间等实际情况，教师可以适当增加一些学具和动手实践的教学内容，以提高学生的实践能力，丰富学生的科学体验。

例如，《测量》单元中的《起点和终点》，因为重点是体验比较的公开原则，即在共同的起始线基础上比较终点远近。因此，可以为学生们增加许多体验活动，如塑料跳蛙比赛（图5）、小车比赛、纸飞机比赛，甚至全班学生的立定跳远比赛等。通过多种活动，孩子们意识到比较和测量是人们认识世界的基本方法，认识到我们可以通过一些方法解决比较和测量的问题。又如本单元来还可以增加"用身体来测量"的内容，因为用身体来测量特别方便

图5　塑料跳蛙比赛

实用。生活中的许多测量并不需要太精准，因此人们还是经常会用脚、庹（tuǒ）、步等历史传统测量方法。尤其用庹（tuǒ）来测量可以说是我们中华民族一种古老的测量方法：庹是一种约略计算长度的单位，以成人两臂左右平伸时两手之间的距离为标准，约合五尺（约1.67 m）。我国古代劳动人民用自己的智慧创造了这种用身体直接测量的方法，特别简单方便，我们现在仍然广泛使用。学习本单元最后一课《做一个测量纸带》时，则可以增加用裁缝专用的软尺来测量腰围、头围、腿围、手围等实践活动。因为裁缝专用的软尺同样是中国古代劳动人民智慧的结晶，使用和收纳都很方便。在使用时还可以让学生初步认识和体验"一市尺""一市寸"类似的我古代传统的测量方法，使学生感悟我们中华民族的智慧。

当然，从古到今测量工具在不断发生变革。本单元最后一课可以通过讲故事和实践模拟，让孩子们讨论和体验"尺子"这一测量工具的创造发明历程：一开始人们用身体的一部分或者身高来测量（如我国古代丈量土地的时候，经常用步数来计算）；然后出现木板、竹片等长度不一致的测量工具；后来鲁班制成了有刻度的"矩"，而鲁班的另一发明是能正确画出直角的三角板，也被称为"班尺"。但不同时期的一尺长度仍然不同，直到几十年前人类才开始使用国际通用的米、厘米等长度单位的尺子。我们可以看出，尺子的发展充分体现了人类智慧和社会科技的进步。

总之，学具的选择和利用是我们科学教师备课的重要环节，我们应该关注并努力去改进甚至自创学具，让我们的课堂教学更加丰富、有趣且高效。

参考文献

义务教育小学科学课程标准修订组. 义务教育小学科学课程标准解读［M］. 北京：高等教育出版社，2017.

论小学英语文化创新实践活动的可实施性

盛 晔

【摘 要】 时代的进步决定着社会各种方面的变革,因此基础教育课程的不断变革成为必然,其中综合实践活动便是基础教育变革中的"新生儿"之一,它突破了传统的教育模式,更加注重学生在实践中培养提高自身能力,同时加深对西方文化的了解。本文笔者力图用理论和案例就小学英语文化创新实践活动的可实施性进行初步的探究。

【关键词】 小学英语文化;创新实践活动;学生能力培养;实施性

一、文化创新实践活动在小学英语教学中的重要意义

《基础教育课程改革纲要(试行)》中指出:所谓"综合实践活动课程",主要指以学生的兴趣和直接经验为基础,以学生学习生活和社会生活密切相关的各类现实性、综合性、实践性问题为内容,以研究性学习为主导方式,以培养学生的创新精神、实践能力及体现知识的综合运用为主要目标的一门新型课程。

基于以上定义,我们不难发现综合实践活动的有效实施对于推动小学英语教学有着重要的意义,那么在此过程中,渗透西方文化对于小学生学习英语就有更深刻的含义:

1. 小学英语课本身是一门语言学科,语言学习需与生活紧密联系,综合实践活动的有效实施可以让学生将课上所学带入自己的学习生活与社会生活,学以致用,增强学生学习效果,提高学习兴趣。

2. 小学英语课堂较于其他学科课堂,优势在于它可以充满更多乐趣,教师可以设计各种场景,让学生在音乐中学习,在游戏中学习。但再生动的课堂也必须有静下心来讲解词、句、篇、语法的时候,满腹理论知识的小学生可能是考试的强者,却未必是生活的强者。综合实践活动的有效实施、创新实施可以让学生回归真实世界,在实践中获得直接经验,用经验积攒现实能力。

3. 综合实践活动着眼于实践,实践基于书本且高于书本,它的形式也是多样的,在实践中学生可以成为真正的主人,自主发现、提出、解决遇到的问题,因此综合实践活动的有效实施可以不同程度地锻炼学生的综合能力。

4. 当今社会创新精神难能可贵,教师课堂上的创新举措或许可以大大带动学生学习英语的兴趣,但课堂的有限时间、有限容量、有限参与机会,也使学生的创新精神受到束缚。综合实践活动的有效实施,让学生有了更多的自主时间与空间,学生为了达到自己想要完成的目标,不断发挥自己的想象力和创新精神,能力上得到了更进一步的提高。

5. 综合实践活动的有效实施可以给予师生能力提升的双丰收。教师为了组织开展综合实践活动,必须做好活动前方方面面的准备,这种准备不同于对于书本授课的准备,它是综合性的准备,是与时俱进的、充满创新的。教师需在开展活动前、中、后不断地思考、反思活动带给学生的意义,因此教师在活动中是组织者、引导者,同时也是学生,是可以与自己学生一起学习体会实践的学生;教师也可以利用创新综合实践活动拉近师生间的距离,服务于课堂,服务于学生综合能力的发展,学生不但可以在综合实践活动

中提升自身的综合能力，还可获得英语国家文化的实践性熏陶，学习到的不仅是语言知识，更是深层次的文化知识。"透过现象看本质"，学习语言不应只停留在语言表面，更应该注重能力与素养的提升。

二、综合实践活动在小学英语教学中的文化创新实践及分析

（一）案例一：**Our Great Inventions**——三年级英语创新综合实践活动

1. 活动取材背景：最近学生们在英语课上与过去著名的发明来了一次亲密接触，通过学习，学生们了解了许多伟大的发明创造。发明改变了我们的生活，他们佩服那些发明家的同时，对发明也有了自己奇特的构思，于是老师利用学生们的想象力，组织大家制作富有想象力的海报。

2. 制作宗旨：想象有多大，发明就有多大；
   小组合作，所向无敌；
   全英介绍，秀出梦想。

3. 制作与展示过程如下：
Step 1：每个人先想象画出自己的发明草稿，并附带简单英文介绍。
Step 2：小组组合，集合组员的智慧，把发明创想变得更棒。
Step 3：小组合作定下最终超级发明样图草稿，并合作撰写英文介绍。
Step 4：小组合作将发明着色，进行各种装饰，将英文介绍定稿。
Step 5：利用几次课前10分钟进行小组发明展示与介绍，秀出梦想。
Step 6：利用几次课前5分钟进行同学之间发明的英文评价。

4. 案例小析：本次综合实践活动，教师抓住了学生对伟大发明家的崇拜之情，将课堂进行了延伸，让孩子们在课后也做一回"发明家"，孩子们兴致很高。教师在活动前只安排了活动的基本流程，发明创造的整个构思由孩子们亲自做主，鼓励孩子们发挥无穷的想象力和创造力，小发明海报大大激发了孩子们对于科学的热爱，并与英语的应用反馈巧妙结合，更好地巩固了课上所学。其中小组合作的目的在于开阔孩子们的思维空间，集结集体智慧与力量，增强集体意识，小组中不乏能力稍弱的学生，在组内合作中也提高了他们的自信心。与此同时，学生们体会到在资源贫乏的几百年前，许多中国和西方的科学家们能排除万难创造出对人类有巨大帮助的发明是多么不容易，这种精神需要我们后人学习并传承下去，这是人类文化的宝贵财富。

（二）案例二：**Our Newspaper**

1. 活动背景：学生十分喜欢阅读《21世纪英文报》，他们常常被里面的故事、新闻、科学小常识所吸引。教师抓住这一份热情，鼓励学生创作属于自己的英文报纸，孩子们兴趣很高。

2. 活动流程如下：
Step 1：教师通过查阅资料给孩子们介绍简单的报纸构成，针对《21世纪英文报》的特点与孩子们一同构思属于他们自己的报纸。
Step 2：学生出谋划策构思报纸的板块构成。
Step 3：学生各领任务，收集素材（自己写的英文小作文、英语笑话等）。
Step 4：集体合作敲定不同的板块名称，分组在家中打字构成文本，再合并在一个艺

术框架内。

Step 5：教师帮助孩子校对，彩印出报。

3. 案例小析：本次综合实践活动教师仍然"投学生所好"，从兴趣出发，学生们在整个活动中充满动力。值得一提的是，孩子们在本次活动中有几大收益：① 有了一次制作报纸的全新生活体验，将英语学习同生活巧妙联系；② 活动中学生们可以在教师的引导下发现问题、提出问题、解决问题；③ 学生们集体的创意使创新精神得以体现；④ 学生们共同努力，增强了集体意识；⑤ 通过研究英文报的板块分类，进一步了解了西方文化的特色；⑥ 报纸的出炉使学生不但提高了学习英语的乐趣，还提升了对新事物的创造热情。

三、综合实践活动在小学英语文化中的实施性策略研究

（一）教育中要想将一项变革有效实施必须具有系统性

综合实践活动的实施对于小学英语教学是十分有益的，在实施过程中英语教师应通力合作制定出一套系统性战略，例如：① 针对不同年龄阶段学生、不同活动类型的构思系统性安排；② 针对不同年龄阶段学生、活动的不同时间系统性安排；③ 针对每一项活动流程进行系统性、科学性设计；④ 根据不同年龄学生能力培养的系统性目标设定；⑤ 设定来自一线教师的活动构思点子收集库；⑥ 成立活动后的反思小组等。

（二）综合实践活动的主人是学生，教师需为之服务

中国的早期教育未能以本国实际需要为基础，教育不够人性化、生活化；甚至小学教育让儿童"呆蠢"而不快乐，所谓的"教育"只是让儿童机械化地背诵、学习，而不是唤起他们的兴趣和好奇心。当今中国小学英语教学已经有了突飞猛进的发展，但我们不得不承认这些情况仍然在我们的教育中存在着。综合实践活动的"加盟"帮了教师们一把，它能更好地促进素质教育的繁荣发展，通过实践活动激发孩子们的兴趣，提升孩子们的创新能力，着眼于西方文化的渗透与语言知识学习的结合，将孩子们的学习与生活拉近距离。作为活动引导者的教师，需要根据综合实践活动的特点（生活化、实践性、创新性、多样性、合作性等）带给我们的益处，从学生兴趣出发，为学生铺路，让孩子们在活动中有多方面收获。

（三）综合实践活动实际是课堂教学后的活化产物，评价体系必不可少

教师在设计综合实践活动时，往往是将课堂所学联系生活实际开展各类活动，综合实践活动是课堂教学后的活化产物，为教学服务又广于教学的综合性的活动。教师在课堂教学中往往会实施多样的教学评价措施，为的是提高学生的学习积极性。笔者认为综合实践活动不同于我们想象中的活动，活动过后主要是"打扫卫生，分享活动照片"等，综合实践活动是学生能力的体现，更需要教师给予评价。因此，为综合实践活动形成评价体系是必要的。

（四）您做好准备了吗，教师？

综合实践活动比课堂教学更具自由性，但这并不意味着可以随便进行，而是要求教师成为合格的引导者。教师在基本功过硬的基础上还需要具备以下能力：① 把握时代脉搏，通过活动使学生开阔眼界，与时俱进；② 具备把握活动可以全民参与的能力，不让活动只成为"尖子生"的舞台；③ 具备设计多样化活动的能力；④ 教师间也需集体合

作，构思出更多的活动设计。

四、综合实践活动在小学英语教学中需关注的问题

1. 不打无充分准备之仗，不盲目，不贪多。教师切忌不可贪图活动开展得多，而需注意精致程度，需关注活动的整个过程与成效，宁缺毋滥。

2. 活动不一定要复杂，简单的活动也许可以达到更好的效果。

3. 最热闹的活动并不一定是最好的活动，教师在设计活动时应关注活动带给学生的意义，应以活动能提高学生的综合能力为出发点。

4. 教师不能真正全部放手让孩子们去做，科学的引导十分重要。

5. 小组合作的活动形式应被提倡。

6. 活动的设计需与英语学习反馈巧妙结合，活动需在服务于学习的基础上开展，同时教师要关注学生其他能力的培养。

7. 综合实践活动有效实施的不断研究是一个长久战，教师们需为之不断钻研，使其更好地服务于学生们的成长。

总之，随着基础教育课程的不断变革，综合文化创新实践活动应运而生，它突破了传统的教育模式，为小学英语教学注入了正能量，教师更加注重学生在实践中提高自身能力，同时加深对西方文化的了解。但它的成熟仍需一段漫长的道路，需要我们不断钻研、不断尝试，竭力提高文化创新实践活动在英语教学中的可实施性，进而提高学生的学习兴趣和英语综合能力。

参 考 文 献

[1]　王艳．浅谈如何组织轻松活跃的小学英语课堂［J］．当代教育之窗，2011（5）．

[2]　齐艳丽．小学英语有效课堂活动的设计与组织［J］．新课程学习（上旬），2013（10）：16－17.

[3]　王盼盼．新课程理念下如何实现小学英语高效课堂［J］．中国校外教育，2013（11）：75.

在民族文化浸润下初中数学核心素养的培养

朱呈霞

【摘　要】 当下,我国的综合国力日益强大,随着信息时代的不断发展,从学校育人的角度来说,很多学校都在国际化办学理念下,倡导培养走向世界的中国人。当然,这并不是丢弃或排斥自己的民族文化,而是创新民族文化的教育。作为文明古国,中华民族的传统文化中有很多值得我们传承和发扬的东西。作为数学老师,在强调学科间融合的教育大背景下,在数学教学过程中渗透民族传统文化教育,让民族优秀传统文化浸润学生的心灵,这对于培养具有世界视野的学生具有非常重要的意义。本文介绍了在教学过程中,如何让民族优秀的传统文化浸润数学课堂,并且很好地将传统文化教育和培养学生的数学核心素养相融合。

【关键词】 民族文化;数学课堂;核心素养

由于文化环境的差异和思维方式等各方面的不同,学生在数学学习过程中要掌握数学知识与技能、数学过程与方法,以及达到数学情感、态度、价值观等教学目标,都需要经历各自的富有个性的过程。在民族传统文化中,数学的内容、思想、方法和语言是现代文明重要的组成部分。在国际化的视野下,面对来自国外的大量信息,更要彰显出民族传统文化的力量。初中阶段正是学生形成自己观念的重要阶段,教师应该帮助他们树立正确的价值观、人生观和世界观。为此,我们结合理论知识,认真研究课堂教学中所用到的教材及其背景,进行深入的探究和思考,并将民族传统文化适当进行融合,以促进学生数学核心素养能力的提高,体现民族优秀传统文化的价值。

一、数学核心素养培养的重要性

目前,许多国家都在研究如何提高学生的数学核心素养。我国在实践的基础上提出,数学核心素养是以数学课程教学为载体,基于数学学科的知识技能而形成的重要的思维品质和关键能力。数学核心素养是在数学知识技能的学习过程中形成的,有助于学生深刻理解并掌握数学知识技能。数学核心素养不简单等同于数学知识技能,而是高于数学知识技能,指向学生的一般发展,反映数学学科的本质及其赖以形成与发展的重要思想,有助于学生未来甚至终身发展。数学核心素养与数学课程的目标和内容密切相关,数学核心素养对于理解数学内容的本质,设计数学教学及开展数学学习评价等,有着重要的意义和价值。

通过对于数学素养的解读,我们可以看出其中更加强调了数学作为一门基础学科,对于培养学生终身发展的重要作用。回望中国数学历史的发展,数学家们为了中国数学的发展不畏艰难、艰苦奋斗的敬业精神,值得我们不断学习,有助于学生们形成独立思考、勤奋坚毅的品质。

二、民族优秀传统文化浸润数学课堂

课堂教学是师生交流讨论、思维碰撞的主阵地,其中蕴含着巨大的生命力,只有老师和学生的生命力在课堂教学中得到充分发挥，才能真正有助于老师和学生的共同成长，课堂上才有真正的生机与活力。初中数学课堂经过数次变革，我们摒弃了很多落后的观点和做法，融入了国际上最新的教育研究成果和先进的信息技术，高效、创新的教学模式给数学课堂带来了勃勃生机。在扬弃的过程中，优秀的民族传统文化对于数学课堂仍然发挥着重要的作用和影响。

（一）问题情境引入民族文化

新课导入环节中，我们可以将一些与新课相关的历史知识、数学典故引入课堂的学习中来，这样不但可以激发学生学习的好奇心和兴趣，还可以加深学生对于解决相关数学问题思维过程的理解。

例如，在讲授江苏科学技术出版社出版（以下简称"苏科版"）的数学八年级上册《勾股定理》一课相关的内容时，笔者引入了《周髀算经》中记载的周公与商高的对话，学生通过对史实的了解，不但知道了勾股定理的探究最早发生在公元前1100年左右的西周时期，比毕达哥拉斯的发现还要早了500多年，更重要的是提升了学生的民族自豪感。

在讲到勾股定理的证明时，笔者介绍了赵爽弦图证明，学生通过学习和资料的收集，了解到在中国古代三国时期，吴国的数学家赵爽为了证明勾股定理，设计了这样一个弦图，这个弦图在中国数学界很有影响，从此我们开始了图证法，以后的数学家又陆续创造了各式各样的图证的方法，图证法跟计算比较，是一种解题的捷径。

在今天看起来特别简单的勾股定理及证明，在当时人们却是花了很长的时间才探索出来。学生在学习之余，不仅感受到了前人研究数学不畏艰难的精神，更提高了自己勇于攀登数学高峰的勇气。

（二）古典诗词凸显民族文化

初中阶段的学生，其年龄特点决定了数学教学需要有趣味性，要有数学的味道。民族传统文化中的古典诗词因其言简意赅、意境深远而大放异彩。古典诗词的魅力与数学的美相结合，能烘托出诗的优美意境，给学生以美的感官享受。

例如，在讲授《从三个方向看》时，笔者用了苏轼的《题西林壁》中"横看成岭侧成峰，远近高低各不同"的经典诗句来让学生感受物体的三视图。学生在形象而有意境的诗句类比中，很快能够正确理解：对于同一个物体，我们在不同的角度观察到的形状可能是不同的。

在讲到《二元一次方程组的应用》时，笔者选用了明朝数学家程大位所著的《算法统宗》中的一道题："肆中饮客乱纷纷，薄酒名醨厚酒醇。醇酒一瓶醉三客，薄酒三瓶醉一人。共同饮了一十九，三十三客醉颜生。试问高明能算士，几多醨酒几多醇？"学生对于诗词题立刻来了兴趣，于是笔进简明地跟学生介绍了程大位的生平和志向，再请作为"高能算士"的学生来算一算。他们不仅很快地解决了问题，有的同学还在课后专门查阅了相关的史实。

（三）作业布置体悟民族文化

数学课程的特殊性一般都是以解题为主，但在新时代的教育理念下，数学课程更应注重学生的综合能力，其中就包括数学阅读能力和文字表达能力。因此，在作业布置环节，笔者会有意识地让学生去尝试用文字从另一种角度来感悟数学民族文化。

在讲授《全等图形》时，笔者在课的末尾，通过多媒体设备带学生们一起欣赏了著名华人设计师贝聿铭先生设计的苏州博物馆，其简洁的几何元素与苏州古朴的园林风格完美融合，凸显出博物馆的端庄大气。课后，笔者没有像往常那样布置纯题目式的作业，而是让同学们通过课上的观察，结合自己的感悟，写一篇数学小作文。

学生们都认真地写出了自己的所思所想，事实上，通过这个反思感悟的过程，学生对于全等图形的概念和变换相关的知识了解得更加深刻。笔者觉得，这也是优秀的传统文化对于学生的"化"的功能。

三、具有苏外特色的数学核心素养培养

苏州外国语学校（简称"苏外"）是一所具有25年校史的国际化学校，是苏州最早的外国语学校。它的校训"科学务实，自强不息，追求完美"，在某种程度上也体现了苏外对我国优秀民族精神的传承。学校把"建设最具国际对话力、国际理解力和国际竞争力的外语特色国际化的中国学校"作为目标，着力培养阳光自信、富有朝气、善于表现与表达、具有国际视野、懂得国际理解、具备核心素养、通晓中国文化、具备跨文化能力的中国公民。

因此，基于学校的培养目标，我们需要在国际视野下，融合优秀的民族传统文化，形成具有苏外特色的数学核心素养的培养方式。

（一）数学文化史融入课堂教学

初中学生的年龄特征决定了数学文化史的融入需要简单易懂、有趣味性，当然还需要具备史实性。不管是中国文化史还是外国文化史，对学生的熏陶都是长期的，学生了解数学知识发展的过程，有利于激发学习兴趣、提高数学修养。

在一次教学活动中，教师在教授《实数》（苏科版八年级上册）一课时创设了如下的情境：古希腊，毕达哥拉斯学派有一个学生叫作希帕索斯，他在研究过程中发现了一种数，这种数既不是整数也不是分数。这种数的发现与当时的学派研究是绝不相容的，所以他们费尽心思将此事保密，不准外传，还将希帕索斯扔到大海中淹死。那么，希帕索斯发现的数到底是什么数呢？为什么会引起毕达哥拉斯学派这么大的恐慌呢？

学生在这种曲折的数学发展史中，既感受到希帕索斯为科学发展献身的可贵精神，也对这种引起数学史上的第一次数学危机的数充满了期待，急切地想了解这种数的奥秘，因此带着好奇心和求知欲走进了我们的数学课堂。

（二）开展数学系列活动——弘扬民族优秀传统文化

苏外实行的是双轨制并行、双通道发展，学生们可以选择国际路线或者国内路线就读。在苏外，学生课程丰富、视野宽广，学习活动多彩、主题多样。不同年级的学生开展了丰富多彩的、弘扬民族优秀传统文化的数学系列活动。学生们在活动中进一步感受到民族优秀传统文化的魅力，提升了学习数学的兴趣和能力。

在学习完苏科版七年级《七巧板》一课后，我们组织学生开展了"七巧板创意诗词拼图展"活动，七年级的学生在活动中发挥想象，创意不断。有学生用七巧板拼成"高脚杯"，她说："在灯光下，一张桌子上有一个高脚杯，里面插着小伞和一片柠檬，在模糊的泪水中，可以看到友谊的脸庞。"有学生在七巧板的图案运用中搭建了房子、流水、小桥等元素，还配上了诗句"小桥流水人家"；还有学生拼出了可爱的小鸡、小鸭，呈现"采菊东南下，悠然见南山"的岁月静好；端茶的人则流露出"新茶已上醅，旧架忧生

醴"的淡淡哀伤；站立的人表现着"娴静如同花照水"的优雅……

在学习了苏科版八年级数学《轴对称图形》之后，我们在全年级开展班徽设计活动，利用所学的"轴对称"的相关知识，设计出具有班级特色的班徽。八年级的学生在创意设计中融入了色彩因子，加入了"梅兰竹菊"等寓意丰富的元素，放入了所在班级数字，投入了对班级的满满的爱，一幅幅作品或寓意团结友善的大家庭，或寓意青春无限美好，或承载满腔激昂的斗志，或抒发对未来美好的期许……我们在活动中看到了学生创新合作的能力，也感受到了学生充满正能量的表达和呈现方式。活动不仅让学生展示了才华，更增强了他们对于班集体的荣誉感和幸福感！

四、结语

民族优秀的传统文化是一个民族不断发展、锐意进取的见证，是值得我们珍藏的文化瑰宝，更需要我们去发扬光大。人类文明的发展和社会的进步永远离不开数学这一重要的文化力量，民族优秀的传统文化和数学相辅相成、互相促进。在人类文明的发展中，数学的进程不断加速；在民族优秀的文化传统浸润下，学生数学的核心素养得以提升。

在教学过程中，我们将不断思考，对教材进行深入解读和思考，充分发掘其文化内涵，将实践与创新相结合；找准契合点，将传统文化教育和培养学生的数学核心素养相融合，让学生的内心获得美的感受与体验，获得巨大的人文力量。

参 考 文 献

[1] 史宁中. 义务教育数学课程标准（2011年版）解读［M］. 北京：北京师范大学出版社，2012.
[2] 涂荣豹. 数学教学设计原理的构建：教学生学会思考［M］. 北京：科学出版社，2018.
[3] 王弈标. 透视翻转课堂：互联网时代的智慧教育［M］. 广州：广东教育出版社，2016.
[4] 张奠宙. 数学学科德育的基点和层次［J］. 数学教学，2006（6）：2+1-2.
[5] 承小华. 高中课堂渗透数学文化教学的探究［J］. 数学教学通讯，2018（33）：38-39.

课堂创新一小步，学生发展一大步

冯启佳

【摘　要】 在国际化办学的过程中，学校应该重视语文课程，重视民族文化的创新教育，鼓励语文教师以课堂为主阵地，不断优化和更新自己的教学方式，促进学生对民族文化的多元思考。以初中语文课堂教学为例，教师可以通过角色体验、话题讨论、比较阅读等切实有效的阅读方法，将学生迅速引到文本的核心地带，帮助学生充分挖掘和感悟文本中蕴含的民族文化内涵，促进学生在课堂上的最大化发展。

【关键词】 国际化办学；民族文化；课堂创新

在国际化办学的过程中，语文课程必不可少。"语文课程对继承和弘扬中华民族优秀文化传统和革命传统，增强民族文化认同感，增强民族凝聚力和创造力，具有不可替代的优势。"语文教师应该以课堂为主阵地，积极寻求有效的教学方法，大胆地进行课堂创新，促进学生对民族文化的多元思考，切实提高学生的语文素养。

纵观目前的语文课堂，"少、慢、差、费"的现象仍在，归根到底是因为教师的教学方法比较陈旧，教学思路比较僵化，不少教师虽然花费了大量的时间和精力去备课，但是教学的收效甚微，学生根本不能将自己全身心地沉浸在课堂中，他们的大脑只是机械地跟着教师的课堂指令运转，缺少主动的思考和积极的探索。

为了实现学生在课堂上的最大化发展，教师应该从课堂创新做起，积极探索和尝试运用多种教学方法，开启学生的思考之门和表达之门，帮助学生采撷文本的关键信息，领悟文本中蕴含的丰富民族文化内涵。下面，笔者将结合具体的教学实例，介绍几种深受学生欢迎的课堂创新方法。

一、让学生在角色体验中有效对话

"角色体验法是指在教学过程中教师通过特殊情境的创设，指导学生以主体扮演客体的角色，或是引导学生体验文本中人物的内心世界，帮助学生理解文本、获得思想启迪、享受审美乐趣的一种教学方法。"在课堂教学中，角色体验的教学方法备受语文教师的青睐，因为这种方法好像一根火把，可以瞬间点燃学生的角色体验欲望，帮助学生在不同的角色体验中加深对相关民族文化的理解。

语文教育家方智苑先生说："最好的阅读境界是身临其境，设身处地，感同身受。"因而在设计教学活动时，教师可以创设情境，引导学生扮演文本中的重要角色，通过不同的角色体验，加深对文本和人物形象的感知。例如，在教学《走一步，再走一步》这篇记叙文时，笔者设计了"当一回电台主播"的创意教学活动，让学生默读课文，用笔圈画出这篇记叙文的六要素，然后分别从文中的"我"、父亲、杰里等人的角度任选其一，模仿电台主播的语音语调，用自己的语言动情地讲述这个故事。这个多角度的故事概述活动，不仅加深了学生对这篇记叙文的认识，也让学生在多个角色体验当中加深对不同人物的认识，感受亲情和友情的力量，这份力量恰恰是民族文化中至关重要的一部分。

在日常的教学活动中,笔者发现角色体验法深受教师和学生的喜爱,对教师来说,它是点燃课堂氛围和学生智慧的火把;对学生来说,它是开启文学之门和文化之门的钥匙。所以,教师在课堂上适时地运用角色体验法,可以帮助学生更快地走近民族文化,更好地理解和传承民族文化。

二、让学生在话题讨论中积极思考

语文特级教师余映潮认为,"整体反复,多角品析"是一种最基础、最简单的文本处理方式,语文教师应该以文本为抓手,巧妙设计一个个抓人眼球的教学话题,让学生一见倾心,迫不及待地想要从多个角度探索文本、品析文本,发现文本中蕴藏的"奇珍异宝"。在阅读教学中,话题的设计不仅可以减少"碎问碎答"的现象,还能提高课堂效率,促进教师、学生和民族文化三者之间的深度交流。

以部编版八年级下册的《安塞腰鼓》为例,余映潮老师在教学时设计了三个话题:一是从课文语言的角度说说课文中的美;二是从课文构思的角度说说课文中的美;三是从课文意境的角度说说课文中的美。在对这三个话题的讨论中,学生不仅充分感受到文章词语之美、句式之美、动静映衬之美、层次递进之美、画面之美、情调之美,也强烈地感悟到安塞腰鼓这种民族文化的美丽。借鉴余老师的教学创意,笔者在执教《回延安》时,也在课堂上运用了话题讨论的方法,让学生从内容、形式、结构、情感等角度任选其一说说这首诗歌的魅力。笔者发现,学生在对话题的不断思考和讨论中,逐渐理解了陕北民歌"信天游"的创作特点,理解了民族文化中"延安精神"的内涵和意义。

话题讨论对学生思维能力和语言能力的培养大有裨益,当多个话题出现时,学生首先要对每个话题进行一个浅层的研究,确定哪个话题自己已经胸有成竹,哪个话题自己还迷惑不解;然后再针对自己不解的话题与其他学生进行交流,获得对话题的深层次理解。所以在学生学习民族文化的过程中,教师可以灵活地运用话题讨论的方法,帮助学生深入地思考民族文化的内涵和价值。

三、让学生在比较阅读中快速成长

19世纪俄国教育家乌申斯基说:"比较是一切理解和思维的基础,我们正是通过比较了解世界上的一切。"在课堂教学中,教师也可以借助比较阅读的谋略,让学生研读和比较内容、形式、手法、情感等方面相近或相对的一组文本,在深入地分析中发现文本的共性和个性,达到举一反三、事半功倍的教学目的。学生通过比较阅读的训练,阅读思维将从单一走向多元,从浅层走向深层。

余映潮老师在处理教材时,有一种生动的手法叫作"一文为主,多文联读"。这里的"联读"其实就相当于比较阅读。受余老师的启发,笔者在教学毛泽东的《卜算子·咏梅》时,特意将陆游的《卜算子·咏梅》呈现在幻灯片上,让学生从背景、意象、意境和情感基调等几个方面比较两首词的异同点,明白毛泽东"反其意而用之"的目的,真正理解"托物寓意"这一种表现手法;而在与学生的课后交流中,笔者发现学生对梅花的高洁形象有了更清晰的认识,对毛泽东和陆游这两首词的异同点也能表达无误。紧接着,笔者在教学《诗经》二首时,也采用了比较阅读的方法,除了引导学生将《关雎》和《蒹葭》进行比较阅读,笔者这次还带领学生读了《君子于役》《桃夭》《黍离》等作品,从形式、内容、手法、情感等多个角度分析《诗经》中主要作品的异同点,使学生对《诗经》有一个全面而深刻的认识,激发学生阅读《诗经》的兴趣,感受民族文化中诗歌的独特魅力。在笔者的鼓励下,班级掀起了一场"诗经热",课外常能听到学生背诵《诗经》,有的学生甚至仿写《诗经》中的名句。

比较阅读"是一种应用较为广泛并且有效的阅读方法",在课堂教学中,教师可以根据自己的教学需求灵活使用这种方法,但是在运用这种方法时,不可以无目的地随意进行比较阅读,而应该确定几个比较的维度,供学生有效思考。相信在比较阅读的过程中,学生的思维将日益多元化和成熟化,对民族文化的理解将愈加深入和透彻。

在国际化办学的过程中,语文教师需要密切关注学生的发展,根据教学内容灵活运用角色体验、话题讨论、对比阅读等教学方法,积极培养学生多元思考的能力,拓宽学生的思维空间,提升学生的思维品质,使学生在面对陌生的文本时多一些思考的方向,增强学生学习民族文化的信心和乐趣。

当然,课堂创新的方法绝不止以上几种,语文教师还可以根据自己的教学实践,不断探索和总结适合课堂、适合学生的新的教学方法,引导学生近距离地欣赏民族文化,加深学生对民族文化的情感,同时帮助学生在课堂上快速成长、快速发展。

参 考 文 献

[1] 王东星,李文孝. 论经济全球化背景下中国传统文化的传承与创新 [J]. 理论观察,2005(1):25-26.

[2] 中华人民共和国教育部. 义务教育语文课程标准(2011版)[M]. 北京:北京师范大学出版社,2012.

[3] 余映潮. 这样教语文:余映潮创新教学设计40篇 [M]. 北京:教育科学出版社,2012.

[4] 余映潮. 余映潮的中学语文教学主张 [M]. 北京:中国轻工业出版社,2012.

让故事教学成为培养小学生创新思维的催化剂
——例谈中国传统故事《九色鹿》

陈本洪

【摘　要】 故事以字、词为载体描述的动人情节，加上丰富的图片能很好地吸引学生，对学生形成良好的语感、树立学习英语的信心及培养综合语言能力和创新思维具有重要作用。本文分析了一则中国传统民间故事《九色鹿》如何应用于小学英语课堂，积极发挥学生的创造性。着重介绍了笔者在小学英语课堂进行故事教学的操作步骤，反思了故事教学应用于小学英语课堂应该注意的问题。

【关键词】 故事教学；小学英语；创新思维

小学生喜爱故事，乐于接受趣味性强的事物。他们在读故事中学习语言，在交流故事中再次练习语言，不断熟悉各项语言内容和句子结构，同时充分激发他们的想象力和创造力。本文分析了英语故事在英语学习过程的优势，并对如何开展故事教学及故事教学中会出现的一些问题加以反思和讨论。

一、故事教学的显著特点

（一）故事教学体现英语课程标准的精神

《义务教育英语课程标准（2011版）》指出，语言技能二级标准为：能听懂简单的配图故事，能在教师的帮助和图片的提示下描述或讲述简单的小故事，能正确朗读所学故事，能在教师的帮助下表演小故事。故事是学生喜爱的语言形式，学生通过一系列的故事语言实践活动，形成综合语言运用能力，为真实的语言交际打基础。听故事、读故事，可以增长学生的语言知识；扮演故事中的人物形象，可以发展学生的情感态度；理解故事的意蕴，可以增强学生的推理能力；采用不同的方式去阅读故事，可以帮助学生形成策略意识；在故事中接触外国文化，也能增强学生的祖国意识。基于此，故事教学对于课程目标的实现有着不可估量的作用。

（二）故事教学符合小学生身心特点

小学生喜爱听故事和讲故事。通过有趣的故事，他们可以学习复杂的句子；通过意义丰富的句子，他们可以理解难的词汇。故事学习不仅可以丰富儿童的知识，还可以帮助他们掌握具体的语言内容，培养他们的语感和思维。

（三）故事教学锻炼学生的语言表达

通过有趣的故事，循序渐进开展听、读、表演等活动，学生的表达欲望愈加强烈。只有这样不断聆听、模仿和运用，学生的语言习得才逐渐形成。

（四）故事教学能培养学生的创造力

故事学习中，学生们不知不觉地进行预测、推断、假设、联想等思维活动，他们的思维技能不断得到锻炼。在这样持续的发散性思维锻炼的过程中，故事学习不断培养着学生的创造力。

（五）故事教学为教学提供更广阔的空间

故事教学能使师生置身于虚拟的故事世界中，为各个英语学习活动的开展，尤其是各种角色的扮演活动提供了广阔的空间。教师会借此创设更具生动情节的教学情境，更有利地培养学生的语言综合能力，特别是创新思维能力。

二、故事教学的实践步骤

故事教学无疑是培养孩子们想象力和创新精神的有效方法，教学过程无疑是最重要的环节。具体如何开展故事教学，实现对学生观察、记忆、思维、想象力和创新能力的培养，让故事教学成为培养小学生创新思维的催化剂呢？基于学生对中文版《九色鹿》故事梗概已了解，在具体的英文版故事教学中可以采取以下一些步骤。

（一）设计故事阅读前活动

1. 激活背景知识。通过让学生熟悉背景知识，学生对故事学习更有欲望。将学习内容与个人的经历结合起来，学生能更自信地表达个人的想法，为接下来的故事教学做准备。我们可以借助图片、简笔画、多媒体课件等来简要介绍故事中的时间、人物、地点，或者让学生根据故事的标题或主要图片来猜测故事的内容。采用这些方式能激活学生已有的知识背景，接着对故事中的重点词汇和句型也可以适当地讲解，为学生的阅读做好铺垫。

2. 情境创设。引人入胜的故事教学为孩子们在课堂上创设情景、营造语言交流的环境提供了可能，有利于儿童口语能力的发展。教师可以充分利用故事中的材料，如图片、视频、魔术表演或故事相关的实物，激发学生对故事学习的兴趣，让学生乐于表达与具体情景相适应的感受与想法，体会说的乐趣。

在教学实例中，教师带领学生在音乐声中欣赏有关九色鹿的视频，接着问学生"Do you want to meet the nine-colored deer?"（你们想见见九色鹿吗？）并呈现图片（图1），之后提问"Who will meet it?"（谁会遇见它呢？）自然引入了课本故事内容。

（二）设计故事阅读中活动

1. 整体感知泛读。初次呈现故事，旨在让学生对故事整体的感知。可采用播放音频整体呈现故事。需给出具体的听力要求，如故事发生的时间、地点、主

图1　九色鹿图片

要人物，训练学生记录关键信息的能力；也可让学生合作快速阅读了解故事，验证他们之前的猜想；还可以让学生根据时间、地点、人物进行问答，或者对故事中的内容做一些简单的判断练习，达到大概理解大意的目的。

2. 组织多种活动精读。理解故事是故事教学的主要环节。一方面，教师可根据故事的内容和特点，组织多种形式的活动，不断让学生预测、观察，在插图的帮助下学习故事，体会语言的运用；另一方面也要积极发挥学生的主动性，给学生提供表达自己感受和观点的机会，采用互动的方式引导学生理解故事内容。虽然故事的内容结构特点不尽相同，在教学过程中采用的教学过程也有所不同，但是不论采用什么样的方法，教学的重点始终要在语言的内容和意义方面。在本故事实例中，教师结合故事内容采用了分部分处理的方式：先一起阅读故事内容的前半段，主要通过插图理解的方式，关注故事中

人物的表情、故事发生的原因，谈论九色鹿："How did he rescue the man? What did he say to the man?"（他是如何救那个人的？他对那个人说了什么？）然后教师给一位学生带上商人头饰，将原故事中的情节再现课堂。"商人阅读街上发布的国王告示。"接着教师提出问题，"商人准备怎么做呢？"在教师的鼓励下学生踊跃猜测，激发了创新思维。之后各小组分享主意，紧接着学生们默读故事片段并找出具体答案。随后以竞赛的形式，学生合作模仿九色鹿和商人的对话，教师检测学生的语音语调。最后学生们观看屏幕上九色鹿远去的背影，深入理解感恩、不能背弃信义的意义。

（三）设计故事阅读后活动

1. 重点内容回顾。学生通过听、猜、读等方式理解了故事的大意，体验了语言的运用之后，对故事内容进行梳理与回顾显得尤为重要。该环节的目的是通过梳理，确保学生理解，同时给学生提供再次接触故事语言的机会。在实例中，执教教师与学生配合，结合板书一起复述主要内容，重温九色鹿与商人两次相遇的过程，用不同的颜色区分。板书流程图如图2所示。

The First Time：

| merchant, lost forest, deer rescued, man promised, reveal |

| Big Bonus for Dear Deer |

The Second Time：

| lead an army of warriors drowned, dust left the forest |

图2　板书流程图

故事梳理过程还包括对故事的深度学习和讨论，如向学生问一些检查理解程度或询问观点的问题，或者向学生解释某个插图、词或句型的意义。在实例中，教师引导学生根据故事内容讨论："Don't _____ \ Cherish _____ ."提升学生对故事深层次教育意义的思考。从以上教学过程可以看出，本阶段的教学重点依然是意义，同时让学生留意语言的形式。课中有学生分享了自己的思考结果："Don't be greedy，Cherish what we have. When we are grateful, we will have greater happiness and satisfaction in our lives."（不要贪心，珍惜我们拥有的。当我们懂得感恩的时候，我们会生活得更加幸福、满足。）

2. 自主学习分享。学生在引导下学习了整个故事，他们需要有机会来分享读故事的感受，这是故事语言转化为学生习得语言的良好契机。本课例中，教师留出几分钟的时间，让学生自己读故事并与同伴分享最喜欢的或不喜欢的部分。相信这对提高学生的语言交际能力、拓宽学生的思维都有很好的帮助。

3. 故事表演激趣。学完故事后，小组表演永远是孩子们的最爱，结合已有的知识储备和需扮演的角色，他们总是能创造出新的故事情节并且自信呈现。组织学生扮演角色表演故事，可以是选择其中的一个片段表演，也可以选择整个故事。本课例中学生们扮演九色鹿与商人的对话片段，语言丰富、表情到位，赢得听课教师的一致好评。

三、故事教学的反思与启示

（一）如何组织课后活动促进学生创新思维的培养

课堂上学生有着深刻的故事学习体验，创新思维得到了一定的锻炼。故事学习之后，教师该布置怎样的学习活动，分层次、有目的地调动学生课外故事学习的积极性，并培养他们的创新思维呢？目前常采用的方法是续写故事，制作班级故事集；结合所学故事，绘制思维导图；小组合作表演改编的故事。教师需要开动脑筋，不断创新，相信学生们在完成一个个课后故事学习的活动中，创意的火花会不断出现。

（二）如何更有效地面向全体学生实施故事教学

理想的故事活动设计从学生的整体水平出发，设计的活动有梯度，让每一位学生都有机会动口、动脑。如何设计能让所有学生参与的高效课堂活动，如何增加每个学生参与课堂语言实践的机会，提高全体学生的创新思维，值得每一位教育者思考。目前通过组织学生配对，开展小组活动，课堂活动有序开展，但这对教师的课堂组织能力和教学能力都提出了很高的要求。避免碎片式和牵引式的故事教学，将整体教学有效实施于课堂教学，从"Learn to Read"和"Read to Learn"两方面设计实效的故事阅读活动，离不开教师的勤学习、总结与实践。

故事教学给英语课堂带来了极大的发展空间和挑战，教师应在教学实践中不断积累经验，帮助学生提高英语语言综合能力，发展创造性思维，并最终能传播中国文化。

参 考 文 献

[1] WRIGHT A. 讲故事教英语（陈锡麟导读）[M]. 上海：华东师范大学出版社，1998.
[2] 张志远. 儿童英语教学法 [M]. 北京：外语教学与研究出版社，2002.
[3] 中华人民共和国教育部. 义务教育英语课程标准（2011年版）[M]. 北京：北京师范大学出版社，2012.
[4] 贾继平. 小学英语故事教学难度分析 [J]. 新课程（中旬），2011（1）：3-4.

基于数学核心素养 聚焦数据分析观念
——浅析美国 Harcourt 教材对"Table and Graphs"内容的安排

汤艳玲

【摘 要】 数据分析观念是十大核心概念之一,新一轮基础教育改革后,"统计与概率"在教材中的安排有了改变,而美国 Harcourt 版 Math 教材在这一部分的安排更为不同。本文从"分类"开始,介绍了美国 Harcourt 版 Math 教材在"Table and Graphs"内容上的安排与设计,思考中外教材安排的不同之处,以期"他山之石,可以攻玉"。

【关键词】 数学分析观念;美国 Harcourt 版 Math;分类;统计

"数据分析观念"是《义务教育数学课程标准(2011年版)》提出的十大数学核心概念之一。数据分析的观念包括:了解在现实生活中有许多问题应当先做调查研究,收集数据,通过分析做出判断,体会数据中蕴含着信息。了解对于同样的数据可以有多种分析的方法,需要根据问题的背景选择合适的方法。通过数据分析体验随机性,一方面,对于同样的事物每次收到的数据可能不同;另一方面,只要有足够的数据就可以从中发现规律。

对比旧教材中的"统计"部分,苏教版新版教材对这部分的内容做了很大的调整;而对比美国 Harcourt 教材,区别更大。两种不同的教学安排引发了笔者一些思考,就"数据分析"这部分内容在第一学段的安排,笔者罗列了几点,帮助大家多方位了解不同教材编排,以更好地帮助我们进行教学,促进学生的能力发展。

一、分类——数据分析的前提

对数据进行分类,是进行数据分析的前期准备。分类标准不同,分类的结果也不同。我们苏教版书中的例题是分树叶,按树叶的颜色可以分成3类,或者按树叶的形状分成3类(图1)。

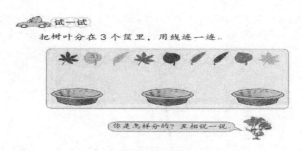

图1 苏教版数学书例题

分类标准一旦统一,分类的结果就定了下来;分类标准不同,分类的结果是不同的。学生可以任选一种标准进行分类。

美国 Harcourt 教材中给出的例子类似于我们的"集合"思想中的"交集",给出的图形是多样的,它的分类标准与我们教材中确定一种标准进行分类,或者用另一种标准进行分类不同，Harcourt 教材中的分类标准是糅合在一起的。例题给出不同的图形，直接让学生进行分类，分类的结果是一类是三角形，另一类是绿色的图形，那么中间是同时符合"三角形"和"绿色"标准的，学生需要分析的情况更加复杂化（图2）。

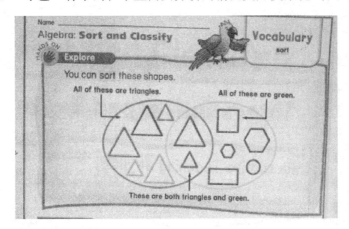

图 2　Harcourt 版 Math 教材例题

分类是一种非常重要的数学思想，分类能力的发展对于学生将来理解、接受知识和掌握系统化的知识，形成科学、严谨的思维方式也是有很大益处的。对比两个教材对这部分内容的处理，我们的教材内容非常清晰有条理，给出的物品也都是设计好的，按照标准进行分类后，物品不多也不少，没有剩余。学生能直观理解知识，不需要深入思考，知识内容和分类标准都非常清晰，这样的安排易于小学生的理解。

美国 Harcourt 教材中有这样一句话："Children who can classify have the ability to isolate a characteristic and identify it in many different settings or objects." 大意是学生要在多种物品中提炼出特征并进行分类整理。这样的教学内容安排，使学生需要独立思考的问题更多，对他们的分类思想和中学代数的集合概念的学习大有帮助，更注重学生的长久发展和独立深入学习能力，对于培养学生的解决问题能力也有所帮助。建构主义者认为，不应只教给学生基本技能和提供过分简单化的问题，因为学校之外的世界很少有只需要基本技能和一步一步按部就班就可以解决的问题，所以学校应确保每一个学生经历解决复杂问题的过程。

二、辨别——智慧技能的开始

加涅（R. M. Gagne）把智慧技能分为五个亚类，由简单到复杂构成一个层级关系：辨别——具体概念（以辨别为条件）——定义性概念（以具体概念为条件）——规则（以定义性概念为条件）——高级规则（以规则为条件）。

奥苏伯尔（D. P. Ausubel）认为，学习者在接触一个陌生的知识领域时，从已知的较一般的整体中分化细节，要比从已知的细节中概括整体容易一些。学前儿童主要是通过由具体到一般的方式获得知识，当他们入学后，获取知识的方式逐渐变为由一般到具体。因此，教材内容的编排和呈现应遵循由整体到细节的顺序。

在美国 Harcourt 教材中，学生从一年级开始全方位了解数据的收集与整理过程。教材先引导学生学习了 Concrete Graphs（实物统计图）（图3），然后让学生根据实物统计图回答问题,所给的问题也是简单的,比如各个项目有多少、谁比谁多多少、少多少、一共有多少等问题。

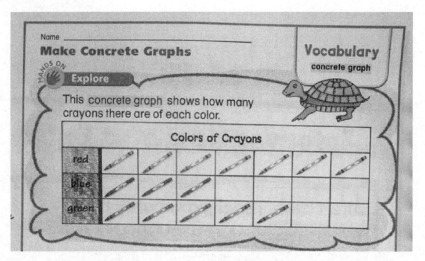

图3　Concrete Graphs(实物统计图)

学生在学习了最基本的 Concrete Graphs 后,再学习稍微抽象的 Picture Graphs(图像统计图)(图4),学生画出简单图像表示物体,进行分类整理数据。学生在画完统计图后,照例要根据统计图回答问题,学生在通过回答问题的过程中,对数据进行分析,了解数据分类整理所呈现出来的结果,这也是对数据进行整理分析的目的所在。如果将这种展示的结果整齐地画在格子里,就是条形统计图的雏形了。

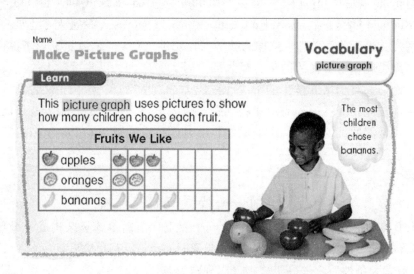

图4　Picture Graph(图像统计图)

一步一步深入学习后,学生开始学习 Tally Table(计数统计表)(图5),这是学生更高层次的学习,没有直观表象,学生需要用抽象思维进行理解。同时,学生开始学习自己收集数据了,教材中要求学生向组内学生提问并完成统计表,然后回答问题。

图 5　Tally Table（计数统计表）

接下来学生学习 Bar Graphs（条形统计图）（图 6），学习条形统计图能帮助学生更容易看到数量之间的差异，数据比较起来一目了然。同时把 Tally Table 和 Bar Graphs 放在一起学习，帮助学生理解两种统计图表的区别和联系。

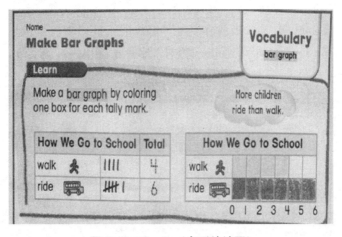

图 6　Bar Graphs（条形统计图）

在学习了这几种方法后，教材专门安排了一节课让学生利用统计图中的数据解决问题，所给的问题非常简单，目的是教给学生解决问题的思考方法，让学生在解决问题的过程中体会统计图的意义。

三、操作——内容学习的深入

弗莱登塔尔（Fredengthal）曾经说："学一个活动最好的方法就是做。"学生的学习只有通过自身的探索活动才可能是有效的，让孩子动手操作，理解最直观的知识，相信对构建数学思维是大有帮助的。Harcourt 版 Math 教材在发展学生数据分析观念的教学过程中，特别注重于指导学生动手操作，在二年级的这一知识点安排中，首先安排了"Take a Survey on a Tally Table"（用计数统计表进行调查）（图 7），让学生主动去收集数据，并用 Tally Table 记录结果，指导学生进行数据调查，然后帮助学生分析表中的数据，得到自己想要的信息。

图7 Take a Survey on a Tally Table（用计数统计表进行调查）

Harcourt 版 Math 教材还特别注重数学与生活的联系，每一个知识点的教学都离不开实际应用。随着数字化时代的到来，我们每天面对大量数据，我们要关注的不仅是数据，更是数据背后隐藏的信息，所以在小学数学课堂上，学生初次接触统计的知识，就要有数据分析观念。Harcourt 版 Math 教材在安排了简单的统计知识后，单独安排了"Problem Solving Skill：Make a Prediction"（解决问题的策略：学会预测）（图8）。

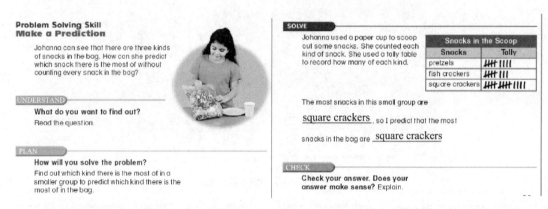

图8 Make a Prediction（学会预测）

图8 的例题中问到：Johanna 看到袋子里有三种零食，如果在不数数量的情况下，怎样推测出哪一种零食最多呢？书上给出了详细的解题步骤：Understand（理解题意）—Plan（思考步骤）—Solve（动手解决）—Check（回顾检查）。书上给出的办法是 Johanna 用纸杯取一些零食，数出纸杯中每一种零食的数量，然后推测出整个袋子里哪种零食最多。这样利用样本推测总体情况，帮助学生建立良好的数据分析观念。

要建立科学的数据分析观念，"三数"（平均数、众数、中位数）和"三差"（极差、方差、标准差）必不可少。我国数学教材中，小学阶段只学习"平均数"的知识，其他内容等到中学才会涉及。和我们不同的是，Harcourt 版 Math 教材还继续介绍了极差、中位数和众数（图9）。

教学为本，学科教学创新

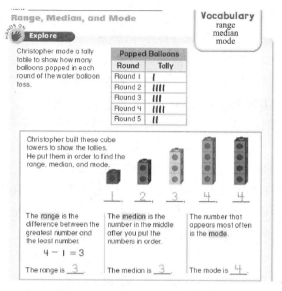

图9　Range，Median，and Mode（极差、中位数和众数）

教材中指出："The three basic statistical measures—the range, median, and mode."Range（极差）和 Median（中位数）的学习可以帮助学生练习数的排序；鼓励学生找 Mode（众数），可以帮助学生理解数据的多种呈现方式。我们知道 Range 是统计学中用来刻画一组数据的离散程度的，反映的是变量分布的变异范围和离散幅度，它能体现一组数据波动的范围；Median 是集中量数的一种，它能描述一组数据的典型情况；Mode 是在统计分布上具有明显集中趋势点的数值，代表数据的一般水平（众数可以不存在或多于一个）。在学生初次学习数据分析的时候就引入 Range，Median 和 Mode 的概念，激发了学生对数据分析的好奇心和进一步学习的热情。

四、思考——教学思想的升华

对比中美两国的数学教材，无论是课程内容的体系、知识结构的安排，还是教学内容的呈现和评价等方面，都有着较为显著的差异，就"统计与概率"这一部分知识来说，两个版本的数学教材内容安排截然不同。除了以上提到的，Harcourt 版 Math 教材在二年级还安排学生认识"Locate Points on a Grid"（表格上的点），为接下来学生学习折线统计图做好铺垫；在"Line Graph"学习中，侧重让学生"can interpret trends in line graphs"（可以解释折线图中的趋势），引导学生在实际问题解决过程中合理推断，发展学生的逻辑推理能力。二年级的教材几乎把涉及数据分析的内容都罗列出来了，但是内容都比较简单，只是让学生初步认识，在接下来的每一年，数学教材中还要继续深入介绍。

如果把整个小学的数学知识比作一块大饼，我们中国教材中常用的词是"知识点"，好比把大饼挖出一块来分析研究，深入理解一个知识点内涵，好比把大饼研碎了细细研究，曾有人开玩笑说教材上给出一个例子"蚊"，学生要知道的还有诸如"虮、蚖、虬、虱、虾、虹、茧"这些字。我国学生于细微处观察得很深入，在宏观方面却有所欠缺。美国 Harcourt 教材对知识的安排是直接把一块大饼给学生，学生看看、摸摸、尝尝，学生看的、摸的、尝的都是很直观的，教材对学生没有过高的要求，但是学生始终知道他面前的是一块大饼，等他有能力或者感兴趣了，他还可以拿来细细研究。

皮亚杰（Jean Piaget）提出了所有的人都需经历的一系列认知发展阶段。每一阶段的思维需以前一阶段思维为基础并涵盖前一阶段的思维，因此人的思维变得更有组织、更有适应性，更少与具体时间相联系。皮亚杰特别关心逻辑和普遍知识的结构，他认为逻辑和普遍的知识不能直接从环境中习得，必须通过对自己的认知、反思和协调才能习得。

斯波罗（Spiro）建议，为了达到获得高级知识的目的，有必要在不同时刻，重新安排背景，根据不同目的和不同观点重新温习同一材料。这与布鲁纳（Bruner）的"螺旋形课程"的想法一致，也与孔子的"温故知新"观一致。

美国 Harcourt 教材在内容安排上正符合了学生的这些心理发展特点，当然，不同的教材有其不同的优点，我们不能简单地评判孰优孰劣，也不能简单地实行"拿来主义"，应借鉴别人的有用之处，以促进我们学生能力的发展。

参 考 文 献

[1] 王光明，范文贵. 新版课程标准解析与教学指导 小学教学 [M]. 北京：北京师范大学出版社，2012：72.

[2] 皮连生. 学与教的心理学 [M]. 上海：华东师范大学出版社，2013：31-35，79-83.

[3] MALETSKY E M, SINGER D. Math [M]. New York：Harcourt, 2007：275-286.

［本文系苏州市教育科学"十三五"规划课题《基于数学核心素养下中美概念教学的行动研究》（项目编号：16032037）的研究成果之一］

析中美童话教材之差异，解创新思维培养之精髓

蒋 琴

【摘　要】 童话在儿童语言发展中具有重要意义，是中美教材低年级段的首选文本。本文以我国部编版二年级教材和美国 Harcourt 版二年级 Trophies 教材为研究对象，从童话教材编写原则、编排体系、呈现细节三个板块来研究中美童话教材的差异，并从此结果中分析归纳出童话教学活动中创新思维培养的定位和精髓，取长补短、比较融合，更有助于学生创造性思维方式的形成。

【关键词】 中美教材；童话；差异；创新思维

童话是儿童文学的一种，已成为大部分国家低年级语言文本教材中的首选内容。丹麦童话作家安徒生用"富有幻想的故事"来定义自己的童话作品；我国最早研究童话这一体裁的学者周作人将"童话"形容作"一种既不太与现实相近的东西，也不太与神秘接触的东西，它实在是一种快乐儿童的人生叙述"；苏联的一些民间文学研究者们把童话解释为"魔法故事"，可见其看重童话中的奇幻。总而言之，童话对于低年级学生语言学习起到了举足轻重的作用，本文以我国部编版二年级教材和美国 Harcourt 版二年级 Trophies 教材为研究对象，客观解析中美教材中童话的差异和其中的创新思维。

一、析：中美童话教材之差异

童话课对学生身心发展有很大的意义和帮助，它在培养学生的语言、智力、阅读能力和思想教育方面都具有独特作用，这也成为中外小学母语教学都十分重视童话教学的重要原因之一。因此，笔者聚焦于中美小学二年级阶段教材中对童话的安排，来获得一些改进的启示。他山之石，可以攻玉，相信这样的研究分析，对于开阔教师的国际视野，使教师更好地认识和实践常用教学模式有很大的指导意义。

（一）编写原则——统一与多样之差别

中美两国的教材编写机构和编写原则是不一样的。我国教材大部分是由教育部专门组织教材编写小组编选，按照统一教材编写规则执行，较为适合全国同年级学生学习，语文教材的编写过程秉承注重语文工具性和人文性的统一；美国教育采取分权制，教材的编撰是由地方或州教育机构来实施，他们的教材选编具有多样性，其价值更具有多元化，也可以说教材使用的宽度和自由度颇高。本文以部编版二年级教材和美国 Harcourt 版二年级 Trophies 教材为研究对象，从童话教材编写原则来研究中美童话教材的差异。先对中美教材涉及童话的课文进行统计分析：如表 1 所示，部编版二年级（上下册）教科书的童话课文比重为 40.8%；如表 2 所示，美国教科书的童话课文所占比例达 37.5%，说明中美两国的课文中童话所占的比例非常接近，两国都比较注重培养学生从童话故事中习得语言文字的能力。

表1　我国部编版二年级语文教材童话数量分布

部编版语文教材	课文总数/篇	童话课文数/篇	所占比例/%
二年级（上册）	24	8	33.3
二年级（下册）	25	12	48
总计	49	20	40.8

表2　美国 Harcourt 版二年级 Trophies 教材童话数量分布

美国 Harcourt 版 Trophies 教材	课文总数/篇	童话课文数/篇	所占比例/%
二年级（上册）	8	3	37.5
二年级（下册）	8	3	37.5
总计	16	6	37.5

（二）编排体系——学科与能力之互异

下面以部编版二年级教材童话课文《雾在哪里》和美国 Harcourt 版二年级 Trophies 教材童话"The Story of a Blue Bird"为研究对象，对课文编排体系做进一步分析研究。《雾在哪里》编排顺序是课文正文，随之是词汇，最后是课后练习；"The Story of a Blue Bird"课文编排采用的是先词汇和导言，之后是课文正文，最后是课后练习。中美两国课本编排所选内容项目是完全一致的，只是在顺序中有所差异，能从小处窥其一二。前者正文在前，可以感受到中国教材编写重视学科特质，先把握好总内容，再一步步剖析和学习语文学科知识，更加具有课文整体展现的完整性；后者更希望孩子们从小处着眼，用几个简单的词语及概括性的语言激发孩子们的阅读兴趣，从而再往下推进正文的学习，从中可以体会到美国教材比较重视孩子们内心的感受。从基本的学习能力出发，词汇掌握之后再推进学习正文，其实我们常规的语文课堂都是如此教学的，但没有想到美国的教材是如此编辑、安排的。

（三）呈现细节——统整与多元之迥异

1. 识字类教学的差异。中美童话教材中关于"识字"教学的差异比较大。中国教材把识字分为"四会字"和"二会字"，条理非常清晰，能让孩子们有梯度地学习，推进孩子们的课内掌握，并努力为课外阅读打基础；美国教材中只有单个词语竖排呈现，略显单调，孩子们虽然一目了然，但在学习的分层、清晰度上有些欠缺。

2. 课后练习的差异。中国教材课后练习的第一题一般都是朗读课文，有感情地角色扮演，孩子们能在大声朗读中找到语言感觉，简单易行，学生的参与度高又能让课堂生动起来；同时课后练习注重文眼和关键句的理解，协助孩子有主旨地学习语文学科知识。美国的课后练习是按照各个学科级别分类的，包括"Writing Connection""Science Technology Connection""Math Connection""Plot"，学科类练习清晰，注重多元学科的融合教学，学生收获的不仅仅是童话本身，更有很多其中包含的各个学科类知识。

3. 插图与知识内容的差异。我国部编版二年级教材中童话课文《雾在哪里》的插图是精美的小图片，课文题目边有个"雾宝宝"尽显可爱，最后一节匹配的城市清晰图很明亮，整个主色调较清淡，只是为了让文本添彩，在其中加入了一些生动的构图；美国

Harcourt 版二年级 Trophies 教材童话"The Story of a Blue Bird"里面的图片是整幅的,类似于绘本教材,好像在不经意间嵌入了少许文本,整幅插图全色展现,色彩丰富而又厚重,童趣洋溢在画面中。

二、解:创新思维培养之精髓

本文将部编版二年级教材童话课文《雾在哪里》和美国 Harcourt 版二年级 Trophies 教材童话"The Story of a Blue Bird"客观地比较研究,从中解析中美童话教学活动中创新思维培养的定位和精髓,取长补短,研究更有助于培养学生创造性思维的方式。

(一)注重阅读体验,培养语言底蕴

我们以《雾在哪儿》为例研究,可知中国童话教学注重学生的阅读体验,创设的情景有利于老师们进行对话式、感悟式教学,弹性式的教学目标,更有层递式的任务,让班级各个层次的孩子们学有所获,学有所提高。中国的教材把语言文字的工具性和人文性完美地结合在一起,着力培养孩子们缜密的思维体系、语言阅读感悟能力,让孩子们在童话作品中探索时代精神。

(二)注重多学科融合,培养综合技能

美国 Harcourt 版二年级 Trophies 教材中,我们可以看出美国课程性质与理念,课程注重培养学生的思维与语言能力、写作与口语能力、多元阅读文学作品的能力,特别是从课后练习中可知教材注重学生掌握一定的科学、数学等各学科的知识,建立学科互融的知识架构,培养创意思维。

(三)注重思辨能力,培养活跃思维

有相关研究显示,美国人擅长的思维方式是一种分析性思维,把每件事情一步一步、一环一环分得很细;我们擅长的思维方式是一种融合性的思维,是"潜移默化""推成出新"的过程。本次研究的两篇童话课文都有关于课文"关键句"的题目,美国教材中是线索关键句一步步推进,三个层次清晰可见,随后让学生选择哪个是全文的中心句;中国课本中的关键句着重于让学生自己去理解,如拓展思维的问题"在你眼里雾是什么?"孩子们可以畅所欲言,发表自己的观点,教师随后进行总结。中美教材训练点相似,虽然采用的方法不同,但都是在培养学生的创新思维,增强教材的综合性和学习的实用性,让孩子们的思辨能力得到提升。

小学低年级阶段童话教学是儿童社会化发展和思维形成的一个重要载体。本文以部编版二年级教材中《雾在哪里》和美国 Harcourt 版二年级 Trophies 教材中"The Story of a Blue Bird"为研究对象,分析中美童话教材之差异,尝试解析创新思维培养之精髓。相信"他山之石,可以攻玉",比较的目的是为了更好地前进,将比较融合的教学理念运用于小学童话教学的课堂中,让童话教学的实践可以更进一步。

参 考 文 献

[1] 钟启泉. 国际普通高中基础学科解析 [M]. 上海:华东师范大学出版社,2003.
[2] 庄文中. 外国母语课程改革与新课程标准 [M]. 武汉:湖北教育出版社,2004.
[3] 唐劲松,王秋英. 走进美国课堂 [M]. 北京:中国轻工业出版社,2006.

［4］ 李希贵. 36天，我的美国教育之旅［M］. 上海：华东师范大学出版社，2006.
［5］ 周立群. 新课程背景下中美阅读教学比较［J］. 现代教育科学，2008（06）：40-42+6.
［6］ 方蕊. 中美阅读教学比较研究［J］. 现代语文（教学研究版），2007（01）：69-71.

（本文系江苏省教育科学"十三五"规划课题《国际化办学中学生创新素养的培育研究》的阶段性成果，项目编号 D/2016/02/172）

由"认识分数"中外教学对比,思发展学生的数学核心素养

陈宏丽

【摘　要】　基于核心素养的教学是当下小学数学教科研的重要课题。抓住知识本质、创设教学情境、启发数学思考、感悟数学思想、积累思维经验是实现形成和发展学生数学核心素养的重要途径。本文尝试通过中美两版教材和两种教学对比,分析其中相似性和差异性,取长补短,借鉴创新,为广大小学教师的理论认知和教学实践提供一些参考,不断推进以"培养核心素养"为主题的数学教学改革。

【关键词】　分数的初步认识；中外教学对比；数学核心素养

史宁中教授在《推进基于学科核心素养的教学改革》一文中指出：基于核心素养的教学,要求教师抓住知识的本质,创设合适的教学情境,启发学生思考,让学生在掌握所学知识技能的同时,感悟数学思想,积累思维经验,形成和发展核心素养。

"认识分数"是小学生学习"数"概念的一次重要拓展和飞跃。由于分数概念比较抽象,学生头脑中形成分数概念本质比较困难,因此苏教版教材在编写"认识分数"这部分内容时,考虑到学生的年龄特征、思维能力特点与数学核心素养的可持续发展性,遵循分层递进、螺旋上升的原则分三个阶段进行了精心安排：第一阶段在三年级上册教学《分数的初步认识(一)》；第二阶段在三年级下册教学《分数的初步认识(二)》；第三阶段在五年级下册教学《分数的意义和性质》。美国 Harcourt 版 Math 教材中的"认识分数"内容安排则有所不同。下面将这部分知识的中美教学作一对比,以丰富我们的课程,改进我们的教学方法,强化我们对苏教版课程设置意图的认知,思考如何更好地发展学生的数学核心素养。

一、抓住知识本质

抓住知识的本质是发展学生数学核心素养的重要前提和保证。教师应当从数学本质的角度深入分析教材,理清数学知识之间的脉络和联系,基于学生已有的知识经验,立足于知识本质高度思考、设计教学。

认识分数的难点在于理解分数的意义。分数是什么？分数从哪里来？分数到哪里去？这些都是对分数的本质追问,在教学中如何深入浅出并准确地回答这些问题？教师自己首先应明确分数是一种"量",也是一种"关系",还可以看成是一种"比"。

苏教版教材三年级上册《分数的初步认识(一)》单元,教材关于分数概念部分的编写,教学设计环节细化、层次清晰。如例1首先由生活中的"半块蛋糕"引出分数——"$\frac{1}{2}$块蛋糕",这是让学生明白分数与自然数一样,也是一种"量",它是单位比1更小的"量"。当生活中需要用到比1更小的单位来计量物体属性时,便产生了分数。再引导学生尝试描述"$\frac{1}{2}$块蛋糕"和原来"一块蛋糕"之间的关系,即"把一块蛋糕平均分成2

份，其中的一份就是这块蛋糕的 $\frac{1}{2}$"，学生初步感知"$\frac{1}{2}$"还表示一种关系的意义。接着安排"试一试"，让学生在长方形纸上折一折、涂一涂，表示出这张纸的 $\frac{1}{2}$。学生在自己的操作中继续体会 $\frac{1}{2}$ 的意义，在交流中又发现虽然各人的折法与涂色的部位有所不同，但只要是把长方形纸平均分成 2 份，其中的每一份都可以用 $\frac{1}{2}$ 表示。这样对 $\frac{1}{2}$ 的理解就逐步趋于本质了。三年级下册《分数的初步认识（二）》单元，向学生揭示了"分数表示一个整体的几分之一或几分之几"的意义。教材以层次化的内容安排逐步促成学生对分数更深层次的理解。在三年级上、下两册《分数的初步认识》中，教材只是从直观层面通过观察图片或操作活动来引导学生初步认识分数，而从五年级下册《分数的意义和性质》单元开始，学生才正式跨进系统学习分数知识的"门槛"。再次教学分数的意义，先引出单位"1"的概念，得到"把单位'1'平均分成若干份，表示这样的一份或几份的数叫作分数"。

美国 Harcourt 版 Math 教材中的"认识分数"内容安排在四年级下学期学习，教材用 22 页的内容逐步揭示分数的本质及相关知识教学。与苏教版教材相同的是，教材一开始即引出分数 "$\frac{2}{25}$ 英寸"，使学生明白分数和自然数一样，也是一种"量"。接着通过层次清晰的习题逐层教学分数的意义。

如图 1 所示，第 1 题要求找出与 $\frac{1}{2}$、$\frac{1}{3}$、$\frac{1}{4}$、$\frac{1}{6}$ 相对应的图，第 2、3 题要求用分数表示图中的涂色部分，其中第 3 题各个图有两种不同的写法。可见，Harcourt 教材在第一课时便同时教学将一个图形平均分和将一个整体平均分，进而揭示分数的本质内涵。

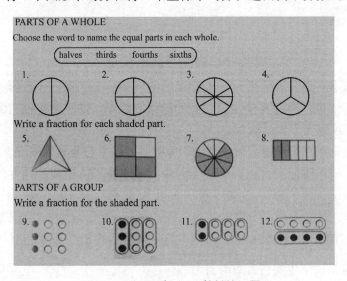

图 1　Harcourt 版 Math 教材练习题

比较来看，苏教版教材分三个阶段由浅入深、由表及里的安排，既可以缓解学生学习的困难，又有利于他们不断丰富和逐步加深对分数本质的理解，教学过程更为细化，充分发挥操作活动中学生手脑并用对理解分数本质的作用；Harcourt 教材由于是安排四年级下学期学习分数，内容安排学段合理，但概念教学则稍简单，仅通过几道习题的讨论交流恐难达到预期的教学效果。

二、创设教学情境

在认识分数前学生已习惯于整数范围内的计数、计算、解决问题，骤然要将数向新的领域拓展，需要激发学生强烈的动机来支撑。学生的学习动机源于解决问题的需要，苏教版教材正是出于这样的考虑，创设现实生活的问题情境，营造认知冲突，激发学生的求知欲和学习兴趣。在三年级上册《分数的初步认识（一）》单元的例 1 中，教材创设两个小朋友郊游时平均分 4 个苹果、2 瓶矿泉水、1 个蛋糕的情境，学生很容易想到每人分得 2 个苹果、1 瓶矿泉水这样的整数结果，而在分蛋糕时，学生对每人分得"半个"蛋糕不知道用什么数来表示。教材以这样的契机引出"半个"可以用分数"$\frac{1}{2}$"表示，从而引出了分数。

Harcourt 教材编写也有相似的考虑，教材首先出示了美国短道速滑运动员阿波罗（Apolo）的参赛图片和几种不同冰上项目所用冰刀的厚度的表格，提问哪种运动用的冰刀比阿波罗所用冰刀厚度更厚（图 2）。

图 2 表格里出示的几种冰刀厚度是用分数表示的英寸数，从而向学生推出分数概念。

苏教版教材创设的问题情境富有极强的现实性，在巧妙引出分数概念的同时，也让学生理解分数是怎么得到的，体会分数来源于生活，学习分数是为了更好地认识世界、解决问题，由此成功激发学生学习分数的动机和兴趣。Harcourt 教材中是学生喜闻乐见的运动比赛场景，通过创设问题情境促使学生产生解决实际问题的内部需求，激发学生的好奇心和学习兴趣。可以把该问题理解为这一单元的引导，

图 2　Harcourt 教材情境导入图

该问题在第一课中并不能得以解决，只是起到引出分数概念，让学生产生探索分数知识欲望的作用。笔者认为苏教版教材创设的情境效能性更高，不仅突出分数也是一种"量"的本质，同时又引出分数还表示一种"关系"的本质，学生能够感受到当计量单位比自然数 1 更小时就产生了分数，初步解释了分数从何而来的问题。

三、启发数学思考

数学学习的重要内容是数学思考。在教学中启发学生思考，并使学生逐步学会想得更清晰、更全面、更深刻。怎样才能启发学生思考并积极主动地思考呢？问题是数学思考发生的动力，好问题才能启发思考，高质量的问题才能促使积极主动地思考，而问题

与问题之间的关联性才能促使思考得更全面、更深刻。因此,教学中高质量的问题设计是启发学生数学思考的关键。如在苏教版三年级下册《分数的初步认识(二)》单元例1之后的"试一试":12 个桃可以平均分成几份?每份各是它的几分之一?先分一分、填一填,再和同学交流。在学生纷纷发言的同时,教师将若干种结果一一出示,正当学生们为想出这么多种答案而洋洋得意的时候,教师追问:都是 12 个桃,表示每一份的分数为什么不同呢?课堂一下子陷入了沉静,大家都努力地、积极地思考。独立思考再交流得出初步结论后,教师再问:在这道题里,像这样的表示一份的分数还有吗?学生的思考热情再次被点燃,补充回答的同时也验证了刚刚得出的结论。这样层层递进的数学思考逐步升华,使学生深刻理解"把一个整体平均分"的分数意义。苏教版教材中类似精心设计的"是怎样?""为什么?""还有吗?"等的问题串还有很多。

类似的教学内容在 Harcourt 教材中是这样展现的(图3):

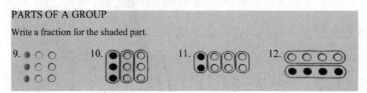

图3　Harcourt 教材练习题

第 9 小题学生会用分数 $\frac{3}{9}$ 表示,第 10 小题学生会在 $\frac{3}{9}$ 和 $\frac{1}{3}$ 之间犹豫不决,教师可以提问:为什么想到用 $\frac{3}{9}$ 表示?为什么想到用 $\frac{1}{3}$ 表示?他们的想法有道理吗?为什么都是 9 个圆,都涂了其中 3 个,表示涂色部分的分数却不一样呢?你还能想到什么?在教学可以把用"〇"圈起来的部分看作一份(中外教材不约而同都采取了这种做法)后,再讨论第 11 小题和第 12 小题,学生容易得出分别用分数 $\frac{1}{4}$ 和 $\frac{1}{2}$ 表示,此时教师可以追问:都是 8 个圆,都涂了圈出的 1 份,为什么表示涂色部分的分数却不相同呢?通过层层追问,学生的数学思考愈加深刻。可见,两版教材虽然内容设置上有所差异,但都关注思辨性内容的安排和高质量问题的设计,重视在有效促进学生积极思考的同时,不断将学生的思考引向深入,拓展其思考维度,发展其数学素养。

四、感悟数学思想

数学思想是数学的灵魂,是数学教学的精髓。有"思想"的数学课堂才能够真正实现培养学科核心素养的教学目标。苏教版教材"认识分数"单元内容中蕴含着集合思想、分类思想、数形结合思想、对应思想、符号化思想、极限思想等。如在苏教版五年级下册《分数的意义和性质》单元的例1,归纳总结分数的意义之后,安排"练一练"第2题(图4)及练习八第 12 题(图5):

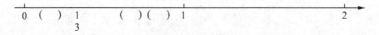

图4　苏教版教材数线练习题(一)

12.在直线上画出表示下面各分数的点。

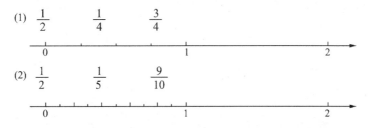

图5　苏教版教材数线练习题（二）

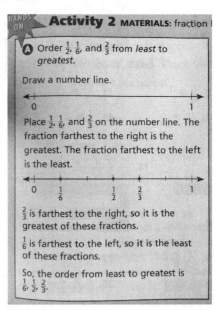

无独有偶，Harcourt 教材在学生认识分数概念之后也提出了用数线（number lines）表示分数的方法（图6）。

比较两国教材上的数线不难发现，都是将数线上0到1这部分平均分成若干份，让学生填写或观察比1小的分数，不同的是 Harcourt 教材上的数线多了向左的箭头，暗指负数、负分数的存在。两版教材都是借助数线帮助学生找到自然数和分数各自的"家"，学生不仅可以直观感受分数的大小，而且体验到一个数就对应数线上的一个点，感悟数形结合思想和对应思想。教师还可以在安排学生找到数线上 $\frac{1}{2}$、$\frac{1}{4}$、$\frac{1}{8}$ 的位置后，再引导学生想象 $\frac{1}{16}$、$\frac{1}{32}$、$\frac{1}{64}$ 等的位置，学生惊奇地发现分数单位的分母越大，数的位置就越接近0，却永远不等于0，从而感悟极限思想。

图6　Harcourt 教材数线教学例题

五、积累思维经验

数学是思维的"体操"，有效的数学课堂应有"思维"的味道。在认识分数的过程中，苏教版教材为学生提供了大量的观察、实验、操作、推理和交流等活动的机会，以训练学生的思维能力，帮助其积累思维经验。如三年级上册《分数的初步认识（一）》单元之后的综合与实践课——"多彩的分数条"，在活动中教师应结合游戏进程适时点拨，引发学生思考，如"抢1"游戏中可以要求学生一边铺分数条，一边估计已经铺了几分之几，还要铺几分之几就能正好铺满。学生根据不同分数条的长度进行直观判断，大大增加游戏中的思维活动量，并使学生对下一次投掷的结果有所期待，游戏的趣味性也得以增强。在"清0"游戏中涉及各种分数条的替换，需要学生熟练掌握 $\frac{1}{2}$、$\frac{1}{4}$、$\frac{1}{8}$、$\frac{1}{16}$ 几个分数之间的关系，因此每次"换数"都要建立在学生智力活动的基础上。

"多彩的分数条"活动课程是苏教版改版之后新增的内容，不难发现其中缘由与 Harcourt 教材的启发不无关联。Harcourt 教材中除了在数线上表示分数之外，最常见的便是运用摆分数条解决问题，例如，图 7 是用不同分数单位的分数条摆出 $\frac{3}{4}$，让学生直观感受各个分数单位之间的关系，图 8 是将 $\frac{1}{4}$、$\frac{5}{12}$、$\frac{1}{3}$ 按照从大到小的顺序排列。两个版本的教材设计的分数条操作活动，都锻炼学生的手脑并用能力，反复训练学生思维的灵活性，丰富学生思维活动经验。

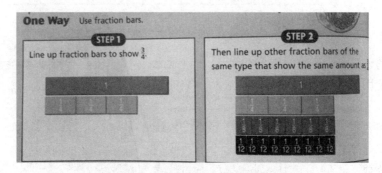

图 7　Harcourt 教材分数条教学例题（一）

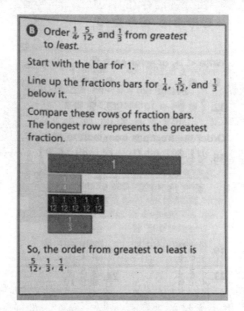

图 8　Harcourt 教材分数条教学例题（二）

"教育带给人们的不仅是书本上的学科知识，还有超越书本知识的人的素养。""我们在学习知识时理解了其对自身生命的意义，当知识被淡忘后，这种意义却可以永远融合在我们的生命之中。"欧美国家的教育比我们更早地意识到这一点，我们的课程和教学改革也正以轰轰烈烈的态势展开，强化自身优势，取长补短，借鉴创新，相信定有美好未来！

参 考 文 献

[1]　史宁中. 推进基于学科核心素养的教学改革［J］. 中小学管理，2016（2）：19 – 21.
[2]　苏明强. 魅力课堂：发展学生的数学核心素养——以"分数的初步认识"为例［J］. 小学数学

教师，2017（12）：18-20.

[3] 周峰. 着眼发展　分层递进　螺旋上升：苏教版教材"分数的认识"设计意图与编排特点［J］. 小学数学教育，2015（6）：31-33.

[4] 王琦，李莉. 在游戏中思考　在操作中积累："多彩的分数条"教学实践与思考［J］. 小学数学教育，2016（12）：23-25.

一辞同轨，两处开花
——在中外数学课堂教学中寻启示

施海燕

【摘　要】 数学家华罗庚说过："宇宙之大，粒子之微，火箭之速，化工之巧，地球之变，日用之繁，无处不用数学。"可见数学应用有多广，有多重要。我校国际教育服务意识领先，英特班的中英文两种教学方式相辅相成，知识内容和语言训练并肩同行。但我们要知道机遇和挑战是并存的，要与国际教育服务市场接轨，还要在教育中凸显优势和特点，这并不是一朝一夕能成功的。

【关键词】 中英教学；相辅相成；并肩同行

本文通过中美小学数学教学中中外教课堂实例的对比，探索两种方式的共性与区别，理解教育中的差异特点，从中美两套数学教材领悟不同教学思维和理念，以便今后教学方式的反思，结合当前教育理念，在教学过程中综合出最符合现当代教育的出路。

与时俱进、与国际教育接轨一直是苏外国际部老师追求的目标，为了很好地与外教教学融合，苏外开展了中外教研课。每周由一个中教和一个外教分别上一堂课，教师观摩和思考两种教学的不同和可借鉴之处，进一步促进两种教材的融合。

一、两种教材：互相借鉴，相辅相成

（一）美国 Harcourt 教材与苏教版教材编排的区别

任何知识都有一定的体系。数学教学中，知识都是相互关联、层层深入、螺旋上升的，知识体系是不可切断的。小学低年级数学教学中，对图形概念的教学是一个重点，低年级学生对思维的具体形象性和图形的感念的抽象性是很难理解的。苏教版教材的知识是板块状的，学生对一个知识点从认识、感悟、体验到解决。

以小学阶段图形概念教学为例，分为四部分：图形的认识、图形的测量、图形与变换、图形与位置。苏教版的教材编排特点为根据知识难易度分散编排。儿童认识物体都是在整体感知"体"的基础上，逐渐认识"面"，再建立"形"的概念，从粗略感知到细致观察研究。从儿童的认知规律出发，先认识"体"，后认识"形"，能降低认知难度，有利于学生学习。二年级的时候安排了多边形的学习，从简单图形认识到图形分类，让学生结合生活认识图形的边、角特点。三年级安排学习简单图形的周长、面积的认识及计算。苏教版要求学生通过实物认识、辨别，再通过观察、操作，测量并结合生活了解图形的特点，在此基础上通过探索、比较、归纳等方式对平面图形和立体图形做深入学习。

美国 Harcourt 版的教材为集中平铺编排，整个单元涉及的知识面广。每本书都自成一个单元，就如几何图形知识的学习被安排在一个单元，并分为以下几个环节：从平面图形的理解到立体图形研究，再发展到空间认知，并掌握如何找规律。教材中知识点广泛，让学生对每个内容都能有初步认识，知识点之间没有特别明显的界限，如低年级学生在认数的学习中,已经能接触万和亿的数,对分数、小数、正数、负数都能初步感知。美国 Harcourt 版的教材给孩子提供了一个知识的大平台,学生可以接触的点很广。

(二) 美国 Harcourt 教材与苏教版教材内容的重合

让学生通过动手操作获得数学基本活动经验是培养小学生空间观念的一种有效方式。动手操作的学习经验对巩固知识具有更大的效果,能进一步使学生理解空间观念,让学生在数学活动过程中体会"做中学"的理论。

美国 Harcourt 版教材与苏教版教材虽然在知识和教学方法上各有区别,但它们之间也是有联系的,可以形成互补关系。只要合理地利用,并对教材进行有机整合,两版教材对提高教学深度和广度都有很大的帮助。作为数学老师,我们要有远大的目光,在现代化技术和科技便捷的时代,利用好手中的工具和材料,为学生提供广阔的学习和思维空间,提高学生对数学应用的综合能力,让数学与生活有更紧密的联系,从而有效地培养学生的数学素养。

二、两种风格:构思独特,各有千秋

(一) 中外教课堂教学目标的差异分析

正如陶行知所说,要解放孩子的头脑、双手、双脚、空间、时间,使他们充分得到自由的生活,从自由的生活中得到真正的教育。外教老师的课堂上充分体现了学生是主角、老师是配角的课堂模式。将"日常渗透"与"集中教学"相结合,任何数学问题都是在学生已有知识经验的基础上渗透并解决,让他们思考再总结,得到更深层次的经验。老师都会依据学生已有经验、对方法的归纳总结,侧重于对个体解决问题过程中的感悟来升华凝练解决问题的经验。

在外教 Eva 老师的课堂上,老师先是让学生复习之前学过的数对,然后从简单的数对开始联系到反方向的数对,再接着引导学生感受确定位置的特点,让学生思考如何读写,总结方法。外教的数学课不仅仅是对课本知识的教学,还将总结方法升华到更高层次,教学的内容很广也很深。

(二) 中外教课堂教学环节的共性分析

数学活动经验的获得离不开数学活动的"过程"与"经验"。特别是在"几何与图形"内容的教学过程中,教师应创设多种形式的学习活动,把在课堂学习中应获得的相关数学经验嵌入学生能参与、能操作、能体验的学习活动之中,让学生在数学活动的"过程"与"经历"中获得丰富的数学活动经验。

章华丽老师在上图形活动课的时候,收集了很多学生的问题,做了很多的道具,让学生分小组操作,在活动中体验图形的特点,最后通过活动记录的数据分析总结;在外教 George 的课上,老师从学生感兴趣的情境入手,侧重培养学生自主学习的能力,让学生自己设计出不同的图形,自己解决问题,然后与学生一起讨论解题中的疑惑,讨论如何设计,让学生在操作中提高解题能力。

爱因斯坦说:"一切关于实在的知识,都是从经验开始,又终结于经验。"这一观点表明,数学知识经验的积累来源于生活经验的积累,最后又应用于生活,对"几何与图形"内容的学习更应如此。

三、两种语言：凝心聚力，共探思维

（一）中外教课堂中教学模式的差异分析

中教的课堂对纪律要求比较高，包括孩子的上课行为习惯，回答问题的完整性等。例如，在低年级学生解决问题时，老师要求学生把题目的要求完整地表达出来，然后再分析其数量间的关系，思考怎么写算式，如何计算；计算好了之后交流不同的解题方法；然后在不同的解题方法中总结出简单易懂的方法。教学设计环环紧扣，按步骤一步步完成。教学追求严谨的表达和科学的方法。

外教的课堂更注重学生表达和独立完成能力的培养。例如，在解决面积问题的时候，让学生独立理解一些题目的意思，表达自己的解题思路，然后完成问题，并不会很刻意地要求学生如何书写，如何规范画图，学生可以用不同的形式解决问题。

（二）中外教课堂中思维培养模式的重叠

数学教学也是培养数学思维活动的重要教学手段。数学也是一种语言，数学课程的知识是由数学语言来表达的，数学活动的最终目的是数学问题的解决，其实质要么是数学语言之间的转化，要么是把元问题翻译为数学语言，再把所得结果返回到元问题的过程。

苏教版中计算部分的教学，每一步的算理都要让学生体验理解，讲解比较细致。老师上"笔算两位数乘两位数"这节课的时候，学生是通过把未学的计算转化成已学的知识进行分析。老师在学生解题方法的基础上，利用黄色的框和红色的框帮助学生理解算理，学生经历计算过程的探索，总结计算方法。中教课堂以学生为主体，步步引导。

苏教版还注重"一题多解"，一年级学习"20以内退位减"的时候，如"计算 $15-9$"：第一种方法叫"破十法"，即 $10-9=1$，$1+5=6$，这种算法大部分学生都能接受；第二种方法叫"平十法"，即 $15-5=10$，$10-4=6$，有个别学生就是用这样的方法计算的；第三种方法是"想加算减法"，即想 $9+6=15$，所以 $15-9=6$。因为学生对于加法比较熟悉，因此这种方法是用得最多的。解法的多样化正是培养学生思维的多层次的有效方法。

思维的培养在外教的课堂中体现也很明显。外教通常是以大问题呈现，发散学生对题目的理解，然后放手让学生合作找寻解题方法，经历探究过程，总结计算方法。

中外教师有不同的教学特色，在培养学生思维方面互相借鉴，可弥补单一课堂中的不足；融合两种教材内容，能够更好地提升学生的数学综合素养能力。有教就有思，教师对教学活动的反思是走向成功的起点。每个教师性格都是不一样的，有的教师幽默，则课堂气氛活跃；有的教师沉稳，则课堂教学严谨细致。每个教师都有自己独特的思维方式和教学风格，通过中外教师的课堂教学的融合，我们可以体验课堂中的不同教学方法和人文素养；可以找出各自的优点和缺点，扬长避短，更好地融合两套教材，以促进中外教师教学的完美整合。

参 考 文 献

[1] 王光明，范文贵．新版课程标准解析与教学指导 小学数学［M］．北京：北京师范大学出版社，2012．

[2] 李帮魁．获得图形与几何活动经验的基本路径：以"长方形、正方形的认识"教学实践为例［J］．小学数学教育，2017（Z1）：64-65．

当数学遇上游戏
——浅谈中美数学课堂教学的融合

杨 璇

【摘　要】 随着时代的发展和新课程的改革,数学游戏已充分运用在小学数学教学中。把游戏引进数学课堂,不仅可以为学生创设轻松愉快的学习氛围,还能激发学生的学习兴趣,提高课堂教学效果。本文结合当前外国语学校的小学数学教学现状,分析如何在课堂上利用中美教材中数学游戏进行课堂教学,对教材中的教学内容、教学形式、教学意义进行分析融合,为小学数学教学提供一些建议。

【关键词】 中美融合；课堂游戏；教学形式；教学意义

德国教育家毕尔肯比尔说:"为了孩子们能积极主动地学习,我们要让孩子游戏般地学到东西,要使学习过程重新成为一个有趣的、令人着迷的经历,而且要为孩子创造成功的经历。"教师为教学内容带上些许游戏色彩,使孩子们在学习知识的同时享受学习数学的乐趣,并培养思维能力,真正做到"乐中学,学中乐"。

伴随着中外之间广泛而持久的互相学习和交流,本文将重点探究中美数学课堂游戏教学所采用的具体形式和方法。

一、中美小学数学课堂游戏教学实例

（一）中国小学数学课堂游戏教学

在国内,根据新课标的理念,数学课堂积极运用有趣灵动的教学模式,常常从学生感兴趣的情境入手,用动画、故事、游戏的方式引入新知。在中国低年级计算类课堂教学中,常常用扑克牌游戏作为课前热身环节,不仅能激起学生学习计算的积极性,训练学生的计算能力,还能为接下来中高年级的计算教学做铺垫,一举多得。教师在学生学完20以内的加减法和表内乘法后,可以这样运用扑克牌来教学：同桌两个各拿1到9九张牌,一起出牌,算出这两张牌的和或差,谁算得又对又快,谁就赢,这两张牌就归谁,在规定的时间里谁手里的牌多,谁就赢。

混合运算是小学三年级数学的重要内容,内容相对单调、枯燥,有效地运用游戏教学能让学生处于兴奋和活跃的状态,充分有效地培养学生的计算能力。学习混合运算后,组织学生使用扑克牌进行"24点"比赛,让孩子们在运算加、减、乘、除的过程中大显身手,在点燃学生学习计算的激情和灵感的同时,训练学生的快速反应能力、口算心算能力,锻炼学生的数学思维能力。

（二）美国小学数学课堂游戏教学

那在美国老师的课堂中,又是怎么运用游戏来进行教学计算的呢？在苏州外国语学校国际部英文班,外籍教师早上纯英文教学。经过长时间的研究和学习,笔者发现美国教科书本身就很有趣,老师始终按照教材要求让孩子在玩中学、学中玩,结合课堂游戏巧妙地让孩子们吸收数学知识。因此,美国数学课堂培养孩子数学思维的精髓就是游戏。

我国教材中加减乘除的运用通常出现在枯燥的算术题中，但美国教材把算式安排在妙趣横生的迷宫游戏中。在环环相扣的迷宫地图上，孩子们需要集中精力仔细计算，才能走出迷宫。通过玩游戏，孩子们对四则运算的使用会越来越熟练。对图形的变换和拆分，这是看起来更深一层的几何问题，很多低年级的孩子都不敢去挑战这个难度，而在国外教材中出现了很多机器人、魔方、纸艺玩具游戏，孩子们在动手动脑的游戏中充分领悟几何的奥秘，始终带着探索的目的去玩，去享受思考和创造的快乐。

二、数学游戏在教学中被采用的形式

游戏教学符合小学生的年龄特点和认知规律，在提高教学质量和提高学生学习兴趣方面发挥着至关重要的作用。中美小学对数学游戏的采用有许多不同的形式。

（一）数学游戏在中国教学中被采用的形式

在低年级的数学课堂中，常常运用讲故事的形式，让学生们在听故事的过程中学习到知识。例如，在教授二年级"观察物体"一课时，可以向学生介绍盲人的故事，让孩子们知道这些盲人用自己的双手触摸大象，但是都只摸到了大象的一部分，所以他们说出的都不是大象真正的样子，只有把5个人说的都综合起来才是大象真正的样子。数学课上，还可以通过讲一些数学家的故事，让学生们去了解数学的历史，陶冶学生的数学情感。例如，在教授"认识小数"一课时，可以向学生介绍我国古代著名的数学家刘徽，他在1 700多年前就已经开始使用小数了。

动手操作活动也是数学课堂上常用的游戏教学手段，能够促进学生在教师的指导下积极有个性地学习，动手操作可以让学生思维、语言和肢体的配合得到锻炼。当我们在认识长度单位"米"时，先让学生大胆猜测和估计1米有多长，然后让学生进行实际测量以加强对知识的理解；当我们在学习质量单位的时候，也常会运用估一估的方法进行教学，通过称一称、比一比等活动，让学生感受1克、1千克物品的质量。教材还要求学生到生活中去找一找、看一看、称一称，将质量单位和具体实物相关联，从而形成质量观念。

（二）数学游戏在美国教学中被采用的形式

在美国小学数学课堂上，为了让孩子们充分在游戏中学习数学知识，课堂中将所有游戏穿插排列，涉及的知识有自然数、奇数、偶数、图形、货币、时间等。在多种多样的游戏中，孩子们不仅可以一直保持好奇而期待的心理，还能以持续的热情，快速而深刻地学到丰富的知识。

除了课本上的游戏，美国老师上数学课时还会借助很多在线游戏网站（图1、图2、图3）。

图1所示网站充满有趣的数学游戏，适应每个年级的需求。无论孩子是刚开始学习加减还是已经开始学习乘除，这里的在线数学游戏都有助于提高孩子的数学技能。

图 1　Fun 4 the Brain（网址：www.fun4thebrain.com）

图 2 所示网站有各种数学游戏：水鬼射击、气球乘法……极大地提高了学生的兴趣。

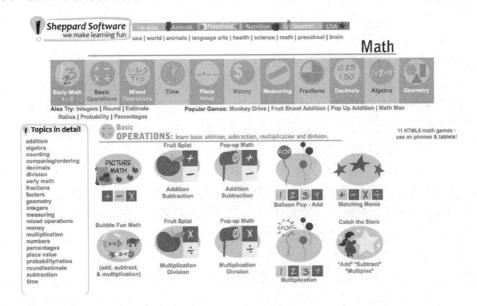

图 2　Sheppard Software（网址：www.sheppardsoftware.com/math.htm）

图 3 所示网站设有上百个数学文字问题，一年级到六年级学生都可以在线游戏。就算是成年人，也可能沉迷其中的数学游戏。

图3　Math Playground（网址：www.mathplayground.com）

三、数学游戏在教学中应用的意义

（一）游戏能调动学生的多感官发展

数学游戏需要学生手、眼、脑的多感官同时运用，在他们专注于数学游戏的同时，能在轻松愉悦的氛围中更好地学到新的知识。爱玩游戏是儿童的天性，他们容易被一些新鲜事物吸引，合理运用数学游戏，能有效地调动学生学习数学的积极性；比起枯燥单调的数学练习，游戏教学的加入能让学生接受知识更加自然、更加容易。

（二）游戏有利于传承传统文化

算盘是我们祖先创造的一种简单的计算工具。二年级学生学会了用算盘来表示数后，为了检验学生的学习成果，班级举行了算盘拨数比赛。这一比赛让学生感受到了更多计算以外的乐趣，激发了他们学习数学的兴趣和信心，进一步推进孩子们的数学思维和动手能力，更是一种传统文化的传承。

（三）游戏能有效将数学融入生活

生活中处处都有数学游戏的影子，数学游戏不仅仅存在于数学课堂上，在课堂外同样受用，结合一年级学习的"认识人民币"、二年级学习的"千克和克"，组织学生利用假期到超市选购商品、计算价格，感受物品的质量。让孩子们在玩的过程中体验数学的乐趣，把学习数学的热情积极投入实践中。

游戏是数学课堂上必不可少的教学手段，巧妙地增添游戏能使学生在欢乐的气氛中求知、在愉快的氛围中学习。合理运用游戏进行数学教学活动，用游戏打开数学大门，让游戏走进课堂、走近学生，让游戏真正服务于数学，让学生真正爱上数学课，领悟数学的无限魅力。

传统文化在高中语文课堂中的教授与传播
——以教材古诗文为例

李 军

【摘 要】 中华民族传统文化源远流长，博大精深。在新时代的飞速发展之下，国家不忘加大对传统文化的重视。聚焦到课堂教学上来，则是将古诗文作为文化载体，增加篇目数量，以讲授的形式对学生进行潜移默化的影响。在这样的背景之下，课堂教学推动了文化的传播与传承，但仍旧存在一些问题和缺憾。

【关键词】 传统文化；高中语文；课堂教学；古诗文

新课程改革以来，国家日益重视传统文化的继承与传播。针对这一背景，笔者从实际教学出发，结合高中生课堂与心理特点，从专题整合、激发兴趣、开辟读书课、用好教材几个方面，提出一些教学措施与相关思考。

一、古诗文在高中语文课堂教学背景初探

语文教科书，作为语文教师的教学凭借，也是学生学习语文知识的最主要来源，它承载了我国众多的优秀文化知识和价值观念，在发展智力、提高思想道德水平和传播传统文化等多个方面发挥着重大的作用。古诗文作为我国历史上存在的特殊语体，在语文教科书编写中占据着重要地位。学习古诗文有助于学生了解我国悠久历史，感受先辈的生活状态与内心思想，增强自身文化底蕴，一代又一代地将我国古代先贤的智慧结晶传承下去。

中国传统文化博大精深，我国一直有学习优秀传统文化的传统，早有将其放入课堂教学的先例。尤其是文质兼美的文章、诗词，更是体现了中国文化的精粹。而在21世纪新形势下，重提"传统文化进课堂"仍旧是当务之急。

（一）新时期传统文化教学困境

中国的传统文化，是早于清晚期在中国形成和发展的古典文化体系。其创作主体为中华民族，具有鲜明的中国特色和特有的结构，得以世代传承并在世界上影响深远。中华文明历史悠久，源远流长，其传统文化形成了自己独特的式样与体貌。仁、义、礼、智、信等充分展现了中国人民的思想道德水平和民族文化精神，在我们的性格培养、人格养成方面具有十分重要的地位。

近代以来，尤其是五四运动时期，胡适率先提出用白话文取代文言文这一口号。并且随着时代的发展，世界文化的融合和碰撞，西方民主、科学、自由等理念不断渗透，"洋"文化及"洋"节日的大量涌入，使得中国的传统文化一度面临十分"尴尬"的境地；加之古典文学文言文气息较为浓厚，学生读起来有些费解，更加剧了传统文化在继承方面的难度。

（二）国家教育课程改革有利于传统文化传播

我国课程改革总目标要求，学生应热爱祖国，将我国优秀文化传统和革命传统继承

和发扬。这就要求我们在教学与课程设置中加入传统文化，以其优秀元素更好地培养合格的社会主义接班人。

此外，《普通高中语文课程标准（2017年版）》（以下简称《课程标准》）"基本理念"中指出语文课程对继承和弘扬中华优秀传统文化、革命文化具有不可替代的优势，要培养学生具有优良的道德品质和健全的人格，引导其形成正确的世界观、人生观和价值观；其"课程目标"中进一步要求学生传承中华传统的优秀文化，通过学习运用祖国语言文字，体会中华文化的博大精深、源远流长，体会中华文化的核心思想理念和人文精神，认同、热爱中华文化，增强文化自信，传承、弘扬中华优秀传统文化和革命文化。

这些都是从国家课程设置方面对优秀的传统文化进入课堂的指导性文件，更加明确了传统文化在教学中的突出地位。随着国家课程改革及中学语文新课标的颁布，我们能够更清楚地看到传统文化对于中国国民建设的重要性，它将是优秀的精神源泉，滋养着我们的心灵。

（三）时代与社会发展需要传统文化的发展

众多教育专家指出：实现中华民族伟大复兴的中国梦，需要立足于中华民族优秀的历史传统文化，这是文化自信的重要体现。我国优秀传统文化是当代中国最深厚的文化软实力，蕴含着丰富的文化和精神财富，是发展社会主义先进文化的基础，在世界文化领域占据着重要地位。这明显表明中国梦、文化软实力与我国优秀传统文化联系紧密，是我国新时代文化发展的新要求。

二、古诗文在高中语文课堂教学实施的可行性分析

（一）语文课堂的不可替代性使得课堂成为传播传统文化的主阵地

课堂是保证国家课程实施的重要场所，语文课堂除了教授学生一般语言文字的知识文化之外，更肩负着向学生传授中华传统文化的重要任务。课本中的古诗文是学生学习传统文化的主要来源，学生在日常的生活学习中，需要对其中的文化因子、传统文化和民族精神产生强烈的认同感，才能进一步对其传承和弘扬。

《课程标准》指出：语言文字是人类社会最重要的交际工具和信息载体，在文化传承和发展上发挥重大作用，有利于增强民族凝聚力和创造力。因此，语文课堂中传授的内容除了语言文字外，还应该兼顾文化层面的内容。

此外，《课程标准》中单独列出了"中华传统文化经典研习"模块和"中华传统文化专题探讨"模块，其学分和课时组成超过"外国作家作品研习"模块。因此，语文课堂成了传播民族优秀传统文化的重要阵地。

（二）中学生学习特点决定了传统文化传播在该群体中更有利

高中生在接受九年义务教育以后，识字量已经在3 500字以上，具备初步的工具书查阅能力及简单的文言文阅读能力。因此，在传统文化经典阅读和学习方面，可以在教师的指导和引领下，有计划、有目的有序进行。

除了知识水平以外，高中生在心理发展方面也存在较为明显的变化。高中生的独立意识较强，在对知识的学习方面有自己特有的观点与想法，不太愿意受到像小学生、初中生那样规范式的约束，独立思考与自主学习的意识和能力明显增强。这表明，学生的心智逐渐成熟。

在知识量不断扩充、学习自主性不断增强之际,高中生更偏向于深层次的思考方式,他们在学习上不再喜欢表面的热闹,而是重点探索事物的本质与规律,在探究中获得学习上的个性化体验及满足感,并通过对问题的发现和分析,提高解决问题的能力。

三、古诗文在高中语文课堂的具体教学方法与途径

鉴于上述对于学生的分析,笔者在实际教学中为促进传统古诗文在课堂的教学,全面贯彻党的教育方针,培养学生德智体美全面发展,成为合格的社会主义建设者和接班人,采取以下方式促进古诗文在语文课堂上的教学。

(一)专题整合,构建大语文平台,升华学生对传统文化的认识

《课程标准》在前言部分明确提出"重视以学科大概念为核心,使课程内容结构化,以主题为引领,使课程内容情境化,促进学科核心素养的落实"。因此,课程标准就为我们整合了18个学习任务群以供选择。

在新教材编制出来之前,笔者也在课堂教学中尝试专题教学整合,以课本内容为依托,充分发挥传统纸质书本的优势,借助多媒体的先进技术,在教学实践中取得了良好的效果。

苏教版《唐诗宋词选读》专门为浪漫主义诗人李白开辟整个单元,虽选取其《梦游天姥吟留别》《将进酒》等部分著名佳作,然而依旧不能使学生更深刻地理解和感受到李白的飘逸诗风、浪漫型人格。

因此,在实际教学中,笔者结合本单元内容,做出如下单元活动(图1),将课堂时间充分交给学生。

李白阅读与探讨

一、情景引导

时光流逝,岁月变迁,追忆那盛唐的繁荣,在诗的文字中走近李白,走近那影像叠重的"对影成三人";走近那挥洒月色的"低头思故乡";走近波浪翻涌的"直挂云帆济沧海";走进诗仙的内心深处,打开他的精神之窗,体会其心中丘壑。

二、活动设计

(一)学习活动

1. 阅读《唐诗鉴赏辞典》中李白的作品不少于25篇,积累相关古诗文知识,包括典故、手法等,增加文言文阅读量,提高独立阅读的能力。

2. 欣赏李白,在诗词中感受李白的复杂情感。

3. 研究李白,结合所学知识、所查阅资料,撰写关于李白多方面的文章。

4. 多媒体辅助:莫砺锋《诗意人生五典型》之李白,王步高《唐诗鉴赏·李白》。

(二)活动要求

1. 能够熟悉某些篇目,背诵精彩段落;阅读推荐篇目,做好读书笔记。

2. 同学之间互相交流,老师总结点拨。

> 3. 师生一起品味相关篇目，鉴赏其手法与描写效果。
> 4. 根据任务描述，尝试不同类型文章的写作，表达自己对李白的体会。
>
> 三、任务描述
>
> 1. 能够理解所选篇目写作内容、思想情感。
> 2. 对李白的诗歌进行鉴赏，从艺术手法、思想内容和表达情感等方面写一篇约 800 字的作品赏析。
> 3. 小组合作，呈现研究性结果——意象使用与设置、复杂情感、人物形象等。

图 1　单元活动

这个活动持续时间为一周，前面的课堂时间全部交给学生，最后的语文课进行汇报展示。孩子们对李白的研究与诗词的理解程度均有了很大的提高。这个活动充分考虑了高中学生学习的身心特点，让他们自主阅读，独立思考与辨别，在交流讨论中使自己的思想认识得到升华。

（二）激发学生学习兴趣，变被动接受为主动学习探索

兴趣是最好的老师。高中生的学习更加如此，在感兴趣的内容方面，高中生的学习更加主动，思维更加活跃。

在某一次教学活动中，恰逢 2 月 14 日西方情人节。中学生正处在爱情的朦胧期，借此机会不仅可以传播优秀文化，还能够引导学生树立正确的爱情观。本节课内容随即发生变化，以"爱情"作为切入点，老师带领学生一起赏读古代爱情诗歌，了解我们传统的七夕节的相关内容。

在一次正月十五元宵节的课堂中，笔者给孩子们讲解相关灯谜的知识，还带领孩子们一起写灯谜、猜灯谜，在教室的墙上挂满了灯谜。学生不仅在班级内部互猜互赏，还邀请隔壁班级同学一起玩乐。这样一来，教学效果已然从课堂内部生发，走向课余时间，更体现了语文课堂对于传统文化传承的独特影响。

（三）开发读书课，在古诗文阅读方面进一步提升学生对传统文化的认同

中学教学阶段，阅读的重要性不言而喻。一方面，作为高中生来讲，他们阅读的时间被更多的功课挤压，无暇光顾图书馆；另一方面，因为考试内容方面的要求，我们要求阅读的图书都是孩子们，尤其是男孩子所不喜欢的，如《美的历程》《红楼梦》等；此外，学生在这一阶段学习功利性有所增强，对于潜移默化、短期很难提高分数的语文，更是不愿意多花时间，尤其是理科生。因此，在课堂上单独开辟阅读课，让语文课成为阅读、分享课，给学生以时间，给学生一个整体统一的阅读环境至关重要。

笔者在教学中，有时候会带着孩子们在图书馆阅读，借助安静的环境，让他们身心沉浸于阅读中；有时候在课堂中，统一学习进度，让孩子们交流分享阅读心得，效果甚佳。讲《唐诗宋词选读》时，我们直接拿来《唐诗鉴赏辞典》，和学生们共同阅读其中的某些篇目，借此拓宽学生的视野和视角。

（四）以教材为依托，因文解道，把握古诗文中传统文化因素

叶圣陶先生有言："教材无非是个例子。"优秀作品众多，教材只选取一瓢。这些"例子"既然作为语文课堂的主体部分，必然要受到语文老师的密切关注。应充分发掘教材中古诗文的文化元素，努力找出文本中所蕴含的传统文化知识点，以此来提高学生对传统文化的认识。

笔者在教授《山居秋暝》之时，除了提及关于"松""莲""清泉"等意象的一般含义之外，还带领学生挖掘这些文化意象与佛教的密切关系，比如说，松树还是长寿的象征，以大量词语诠释"莲即是佛，佛即是莲"。不仅使学生更好地理解了王维"诗佛"的称谓，也更好地为我们传统文化的传播加油助力。

在讲解苏教版《唐诗宋词选读》之前，将我国古代诗歌发展的历史清晰地讲解，并且重点讲述隋唐以前五代、南北朝时期诗歌发展，这样使学生更好地理解初唐诗坛的特点，又懂得了"初唐四杰"缘何地位如此之高。例如，《春江花月夜》这篇文章在诗词领域的地位极高，闻一多先生在其《宫体诗的自赎》中就讲述了其为何"孤篇压全唐"的原因。这类借助其他文章辅助理解的方式，既满足了高中生知识量丰富这一特点，同时也帮助他们更好地建构语文知识体系，学生的思维训练进一步提升。

四、古诗文在高中语文课堂的教学反思

在国家政策的指导下，为弘扬优秀的中华传统文化，语文教师责任重大。丰富多彩的教学内容和形式，以及各项相关活动的开展，是学生在理解、认可传统文化方面的重要手段，也收到了良好的效果，但是课堂教学仍旧存在着一些问题和缺憾。

面对浩如烟海的古诗文，语文专业出身的教师也难以完全涉猎。在常规备课教学中，偶有老师对古典文化感兴趣，可以凭借个人的兴趣爱好加以发挥，课堂上洋洋洒洒，深受学生的好评。此外，绝大多数老师则是在网上搜集课件，加以整理，知识处在同一层面，以课件为依托，难以拓展更多内容。因此，对教师的专业水平，尤其是古典文学方面可以加强相关培训与拓展，使教师开拓视野，从而帮助学生打开更广阔的视野。

随着国家对于传统文化重视的程度不断加强，高考试题命制越来越具有文言色彩，大量古诗文涌入。一线教师迫于学生成绩压力，以考纲为主要教学对象，服务高考，使得语文教学中文化渗透时间与力度逐渐降低，学生缺少学习古诗文的时间与空间。教师有时所讲授的文化知识目的性明确，要么是为了提高学生对于语文课堂的短暂兴趣，要么是为了应对考试要求学生记忆，使得学生学习古诗文的兴趣渐退。

五、结语

中华传统文化，尤其是编入高中语文教材中的篇目，为众多优秀作品中的精华。语文教师应承担弘扬和发展中华优秀文化的伟大使命，结合自身教学特色，结合班级实际情况，通过创新多样化的教学方式，使学生认识、理解、学习和热爱传统文化知识，提升学生的核心素养，使学生感受中华传统文化的迷人魅力。

参 考 文 献

[1] 中华人民共和国教育部. 普通高中语文课程标准（2017年版）[M]. 北京：人民教育出版社，2018.

[2] 赵洪恩，李宝席. 中国传统文化通论[M]. 北京：人民文学出版社，2003.

[3] 常丽华. 传统文化进课堂：浅析传统文化与语文教学的关系[J]. 现代语文（教学研究版），2016（3）：31-32.

[4] 王宾. 高中语文教学与传统文化的契合初探[J]. 中学课程辅导：教师通讯，2018（6）：84.

创编故事：培养发散思维的有效途径

白 杨

【摘 要】 培养学生的发散思维是语文教学不可或缺的教学任务，但是，在阅读教学中笔者发现学生的思维角度比较单一，容易趋同。目前通用的中外小学语文教材中有许多故事性课文，这些故事内容生动有趣，选材角度丰富多彩，深得小学生的喜爱。充分利用教材中的这些故事，让学生打开思路多角度创编故事，是一条培养学生发散思维能力的有效途径。通过多年的教学实践研究，笔者认为从以下几个方面着力，可以让学生打开思路多角度创编故事：多路思维，续写故事；逆向思维，反转故事；组合思维，创作故事；横向思维，新编故事。

【关键词】 故事；创编；发散思维

发散思维就是多角度思维、创造性思维。通过观察、想象、研究等方法，打破常规的思维方式，找到与众不同的解决问题的方案，是发散思维的核心。培养学生的发散思维是语文教学不可或缺的教学任务，当然培养的途径和方法也有很多。笔者通过研究发现，目前通用的中外小学语文教材中有许多故事，它们或许是童话故事，或许是寓言故事，或许是成语故事，或许是科普故事，也或许就是发生在我们身边的生活故事等。充分利用教材中的故事，让学生打开思路多角度创编故事，是一条培养学生的发散思维能力的有效途径。

一、多路思维，续写故事

续写故事的结尾是创编故事中最常用的方式之一。由于学生自身的成长经历、阅读理解能力、思想认识水平、人生态度等存在各种差异，所以学生续写出的故事也是五花八门，各不相同。

例：成语故事《滥竽充数》中，南郭先生混在齐宣王的吹竽队里充数，骗取俸禄。最终却在齐湣王即位后败露，不得不逃走。那么，南郭先生逃走以后会怎么样呢？请同学们续写这个故事。

续写一 南郭先生逃走之后，心想：天下的昏君多的是，此处不留爷自有留爷处。齐国混不下去了，就再到别的国家试一试。齐、鲁、燕、韩、赵、魏、秦，七国争霸正是用人之际，宫廷之中演奏乐曲、歌舞表演，不过是"自娱自乐"的小把戏，谁又会把一个名不见经传的小乐师的失踪放在眼里呢？于是，南郭先生策马扬鞭投奔他国。过了没多久，就混进了魏国的宫廷乐队。

续写二 南郭先生逃走之后，躲进了消息闭塞的乡村，每天过着提心吊胆的生活，生怕哪一天被齐湣王派来的军队抓走。白天，他不敢大大方方地跟别人聊天，出门的时候总要戴着一顶破帽子挡着自己的脸；晚上，他不敢放心大胆地睡觉，只要有一点点风吹草动，他就被吓得瑟瑟发抖。南郭先生在乡下生活了几年，没有人找到他。村民们只知道在村子里突然来了一个"怪人"，他要么不见人，要么见了人也不说话。也不知过了多久，在一个夜黑风高的夜晚，这个"怪人"缩作一团，撞墙而死。

续写三 南郭先生逃走之后痛改前非，他拜师学艺、潜心练习，三年之后终于成了一位真正的吹竽高手，于是他重返齐国。南郭先生凭借真才实学回到了齐国的宫廷乐队后，在给齐湣王演奏时得到了齐湣王的赏识，获得了很高的报酬。他终于依靠自己的真本领成了一名真正的乐师，从此他拿着丰厚的俸禄，过上了衣食无忧的生活。

学生妙笔生花，在续写时体现出多种思维方向，折射了他们各自家庭生活对创编故事的多元影响，表达了对故事中人物充满个性的价值评价，同时还蕴含着扬善惩恶的情感期许。学生们发散思维的能力在续写故事中得到了培养。

二、逆向思维，反转故事

《司马光砸缸》的故事大家都很熟悉，其实这就是一个非常经典的逆向思维故事。常规的思维方式是：当人掉进水缸里，应该赶紧把人捞上来，使人离开水，以达到救人的目的。但是，当时的小司马光根本没有能力把人从水缸里捞上来，于是他用大石头砸破了水缸，水从缸的破洞处流出，让"水"离开了"人"，一样达到了救人的目的。

在文学创作中，就有不少因为使用了逆向思维，而创造出"峰回路转""柳暗花明"新境界的作品。毛泽东读了陆游的《卜算子·咏梅》，反其意而和之，创作出与以往风格截然不同的佳作。梅花在毛主席的词中一改往日的清高、孤傲，成为报春的"使者"，热烈奔放而又超凡脱俗，散发着积极向上的革命者的浪漫主义情怀。"风雨送春归，飞雪迎春到。已是悬崖百丈冰，犹有花枝俏。俏也不争春，只把春来报。待到山花烂漫时，她在丛中笑"，句句激越，字字铿锵，给人鼓舞，动人心魄。

在小学课本中，同样也有许多类似的逆向思维的例子。《第八次》中的布鲁斯王子屡战屡败，却屡败屡战，坚持不懈的奋斗使他终于获得第八次反抗的成功；《司马迁发愤写〈史记〉》中司马迁身受宫刑，却忍辱负重，用如椽巨笔写下了"史家之绝唱，无韵之《离骚》"的《史记》；《卧薪尝胆》中的越王勾践不惜一身布衣，为吴王养马推磨，为奴为仆，忍辱负重，而后东山再起，终于在二十多年后厉兵秣马，报仇雪恨……逆向思维，常常能让人在黑暗中看到光明，在无望中重获希望。其实改编教材中的故事是一件比较困难的事，因为我们的教材是用来传递真、善、美的，那些负能量的东西都不会被收录其中。那么，这正好给学生在生活中进行"逆向思维"反转故事编写提供了锻炼的机会。

冬季运动会上，笔者所在的班级在长绳比赛中获得年级第二名的好成绩。可是却有不少学生抱怨："练了那么久，才得了第二名，真不划算！"笔者抓住契机，引导学生逆向思维："刚开始训练时，我们跳长绳的水平很低，大家都不会跳，三分钟只能跳 30 个。经过训练，在比赛前我们的最好成绩是三分钟能跳到 139 个。比赛时，大家集中精力全力以赴，一共跳了 172 个。这样的进步简直不敢想象，难道我们的成绩仅仅是获得了年级亚军这样的称号吗？"学生反思之后，提炼出了"有志者事竟成""人心齐，泰山移""狭路相逢勇者胜"等各种主题，创作出了多篇角度不同、立意新颖而又积极向上的生活故事，同时也提高了思想认识水平，增强了班级凝聚力。这也算是一种对学生发散思维的良好训练吧!

三、组合思维,创作故事

什么是"组合思维"呢?就是以某一事物为发散点,尽可能多地与其他事物联结,重组成具有新价值(或附加价值)的新事物的思维方式,可以用公式表示为 $1+X$。

由于知识水平的限制,小学生当然还不能创造出像牛顿、麦克斯韦、狄拉克等大科学家那样的伟大"组合思维"来为人类造福。但是"组合"的思维方式,却是我们在日常教学中可以加以应用并用心培养的。

给一组词语让学生创作故事,是我们在中低年级教学中常用的一种作文训练模式。比如:

请你根据"老樟树、开会、大象、百灵鸟、春天"这几个词语编一个动听的故事,展示你的创作才能吧!题目自拟。

这是一篇材料作文,给出的这几个词语看上去关系不大,但在故事中必须出现,这就告诉我们必须通过自己的观察和想象,挖掘出这几个词语之间的内在联系,让它们成为串联整个故事的纽带。为了使这几个看似关联不紧密的词语串联成一个动人的故事,需要学生以题目中的五个词语为发散点,展开想象。"老樟树""大象""百灵鸟"是故事中的主要人物,"春天"是故事发生的背景,"开会"是故事中人物所做的事情。把词语拆分、归类之后,我们发现"开会"是一个可以发散的"点"。开什么会?动员会、运动会、联欢会、选美大会……学生结合各自的生活经历和向往进行创编,写出了一个个创意十足的故事,同时描摹了美丽的春光,塑造了各具特色的人物形象,比如:《奇妙的歌舞会》《森林运动会》《一个也不能少》《刺猬的长处》《寻找检查员》等。

这样的故事创作活动就渗透了组合思维的思想。在讲评作文的环节,学生听到那么多思路迥异的故事,除了惊叹故事的精彩,更有一种豁然开朗的感觉,体验到了创作的乐趣。训练学生写作能力的同时,还能在潜移默化中对学生进行发散思维的训练,一举两得,何乐而不为呢?

四、横向思维,新编故事

横向思维,其实就是鼓励人们不要墨守成规,要敢于打破常规,换角度思考问题。

《苹果梨的五角星》这篇课文告诉我们,创造力往小处说就是换一种"切苹果"的方法:在切苹果的时候,人们习惯于从顶部切到底部,可是拦腰从中间把苹果切开却可以看到一个漂亮的五角星,这是切苹果的意外之喜,也是对换角度思考问题的开拓者的特殊奖赏。

《总也倒不了的老屋》中,按常规思维,"老屋"总是要倒的。但是,因为小猫、老母鸡、熊宝宝、蜘蛛等许多小动物的需要和求助,它一次次延迟倒下去的日期,成为一幢"不怕麻烦,乐于助人"的老屋。按横向思维,老屋塑造了高尚的灵魂,演绎出了动人的故事。

《蓝鸟的故事》中，初生的蓝鸟想学习飞翔，但是心中充满恐惧。当它在一个不眠之夜问妈妈外面有什么时，妈妈说"Nothing!"（什么都没有）并让它快快睡觉。我们可爱的萌宝小蓝鸟，心里却激发出对"Nothing"的迫切向往，它忘记了恐惧，飞出了巢穴，在小河边、树林里、悬崖上寻找"Nothing"，在不知不觉中融入了飞鸟的行列，锻炼了飞行的本领。当它回到家中时，蓝鸟妈妈和它的兄弟姐妹都惊异于它一天之内的进步，问它在外面经历了什么，怎么学会飞行的？它骄傲地说："Nothing!"这又是一个横向思维的经典故事，小蓝鸟在忘记飞行中学会了飞行，告诉我们：不执拗于一时的得失，不在遇挫时钻牛角尖，成长的天空无比辽阔，成长的选择非常丰富。

横向思维的方式，给每个孩子的故事创编提供了"独一无二"的可能，让发散思维的"触角"肆意伸展。只要敢于想象，就能在创编故事中另辟蹊径，从而获得"山重水复疑无路，柳暗花明又一村"的美好体验。

发散思维是学识的积累，更是创新的源泉。不少心理学家认为，发散思维是创造性思维最主要的特点，是测定创造力的主要标志之一。我们生活在这个鼓励创新的时代，学会发散思维，学会在"大同"中求"小异"，这不仅仅是语文学习的需要，更是一个人终生发展的需要。目前，在我们使用的语文教材中，无论中国的还是外国的，都为我们提供了丰富多彩的故事素材。如果老师们能够慧眼识"材"，充分利用课文中的故事有意识、有方法、成系统地进行训练，孩子们的发散思维意识和发散思维品质都将得到长足的锻炼和提高。

参 考 文 献

马建明. 2018 百题大过关：小升初语文·基础百题（修订版）[M]. 上海：华东师范大学出版社，2018.

浅谈中美小学作文教学的同题异构

蒋 琴

【摘 要】 随着中国进一步走向国际,中美两个世界大国在母语教学中的比较和探索也正在逐步加深。写作是母语教育的重中之重,文章从搜集的多项中美共同写作选题、不同的教学轨迹中得到思考,进而从写作的教学目的、教学模式、评价体系等三个板块来研究中美写作教学中的差异。

【关键词】 中美教育;小学母语写作;差异

世界跨入经济日趋一体化、教育日趋国际化的 21 世纪,笔者作为苏州这个国际化大都市的教育者,也正在感受着中美母语教学的碰撞和推进。美国得克萨斯州公办小学(People Republic of Texas)2013 年四年级学生的写作考题是"描述自己"(Personal Narrative),写作提示:当你完成一件事,有人对你说"伟大的作品!"你的心里一定会是甜甜的,写出关于某人对你说"做得棒"的那个场景。中国某小学四年级的一次考试的写作题目是"_____真开心",提示:[1]把题目补充完整,横线上可填"得了一百分""得了一等奖""受到了表扬""旅游"等;[2]通过具体的事例写出开心的原因,写出自己真实的感受。

这两则写作要求都是给当地四年级的学生出的考题,选题的主旨是对自己的一种赞扬,可以说基本一致,同时两则写作要求也明确学生要抓住心理活动来描述。但是也可以很清晰地看出前者题目是全开放式的,后者会有一定的指引;前者比较夸大,后者比较讲求内容实质;前者思维扩散度比较大,学生写出的作文会别出心裁,后者选材会比较聚拢,学生写作文不易偏题等若干差异。以这样的对比为契机,本文以中美两国写作目的的不同为中心点,进一步研究以此产生的写作教学模式和评价体系的不同构想和设计。

一、从中美教育育人目标的差异,透析写作教学目的的不同

中国与美国教育的差异首先在于两国小学教育的育人目标不一样。美国的育人目标没有统一的版本,根据各校、各州的情况不同而有所差异,总体来说不太重视基础知识的学习,极其看重学生创造力的培养,他们觉得要趁孩子年龄小时抓紧其培养创造性思维;中国的语文重视提高学生的品德修养和审美情趣,语文是工具性和人文性的高度统一,我们既要在语文教学中抓好学生的语文基本功,又要对学生进行文化思想的熏陶和道德情感的培养。

美国教育告诉学生学习是自己的事,让学生自己去思考想学什么东西,所以学生一般学得主动、灵活、高兴;而中国的教育总是要事先给学生做出细致的、步骤式的各种规定:该学什么,学多少,什么时候学,怎么学等,所以中国学生视学习为重要的责任和任务。一个 10 岁的孩子被送进了美国学校,在英文课上一位老师布置的作业是写论文,题目居然非常大——"我怎么看人类文化";另一位小学老师布置的作业是写一篇论文,

题目也令人震惊——"中国的昨天和今天";还有一位小学老师布置了一项家庭作业,写一封家书:"假设你是一个 1870 年移民过来的中国人,写一封寄回家的信,描述你在这边的感受……"中国的写作题目是"一件令人难忘的事""童年乐趣""我的老师"等。前者需要学生有相当的阅读量和知识广度,无法抄袭,学生可以无限大地拓展自己思绪的广度;后者是可以借鉴的,有范本可依据的,同时也是一步一步扎实稳健地在学习写作中递进的。

二、从中美教学过程的差异,解析写作教学模式的不同

美国的写作模式注重一个周期的循环,在课堂上常常采用较为标准化的写作教学过程,大部分是采用"分享""修改""抄写""展示""海报"的形式进行,在一次次思维碰撞的火花中,师生之间互动式地建立起写作过程,进行着开放式的写作研讨。如作文题目"我的父亲",美国的学校要求是一周内交稿,让孩子们去采访父亲、母亲、祖父,乃至伯伯、叔叔及他们的领导和同事,使孩子们从多角度了解父亲,继而一篇生动而深刻的调查报告或纪实文章出现了;对于作文题目"我的老师",美国的老师布置了"我给老师写广告词"的写作要求,美国老师引导学生全面地扩散思维、提出质疑,鼓励他们发表自己独特的见解。

中国传统的写作模式教学学生写作"我的父亲"时,首先建立在字数的要求上,三段论更是在小学阶段被封为首选,孩子的写作可以借鉴好词、好句、好段,如眼睛总是"炯炯有神"的、内容总是"丰富多彩"的,不太注重内容的真伪,偏重于辞藻的优美程度、谋篇布局的结构模式。对于小学阶段我们常选用的作文题目"我的老师",中国的孩子们可以用文字写出感人至深的师生情谊。

现在随着我们课改的进一步深化,小学作文教学模式的改革春风也已经吹到了孩子们的身边。江苏省特级教师李吉林老师创立了情境教育理论体系及操作体系,于是有了情景作文教学模式。所谓"情景作文模式",就是教师根据具体的场合,有意无意地利用或创设一定的情景,吸引学生的多种感官,使他们获得一定的体验。上海市特级教师贾志敏老师从语感练习着眼、创设情感入手,开创了语感作文模式;从激发学生的情感和情绪入手进行作文训练,取得了骄人的成绩。北师大教育博士、香港理工大学 MBA 硕士(工商管理类硕士)史秀荣女士潜心研究 20 载,精心探索并总结出了"小学生奇趣作文"教学方法等。

中国当前的写作教学在原本比较规整的、步骤式的模式中,有序地融合了多元化、综合性、实践性和思维广度,从而更加合理,更让孩子卓有成效地灵活使用母语进行写作。

三、从中美作文批改形式的差异,比较评价方式的不同

(一)美国的作文评价方法

美国教师更加重视对学生作文"创造性"的发掘,如教师在给出简洁的评论后,不是马上做评讲与修改,而是给学生"消化"的时间,先让学生自己修改,不因教师过早地介入评改而扼制学生的创造性。例如,对于本文开头的选题"描述自己"(Personal

Narrative），如果孩子写的内容是考试得了一百分或者比赛得了一等奖，一定不会有高分，因为美国教师会认为孩子没有写出独特的自己，但是美国教师很少纠正孩子们使用语言时的不准确，所以美国孩子成年后还会有单词误拼、语法出错等现象。

（二）我国的作文评价方法

我国作文批准的形式有眉批、旁批、总批等，对错别字、病句、优美句等也有标注方法，可以看出我国老师们都很细致地对作文进行修改，这种批改方式常被人称为"地毯式的全批全改"。如果是评价选题"_____真开心"，老师们注重学生文章选材的同时还会更加关注这个学生使用的语文辞藻的优美程度和谋篇布局，我们评价的方法就更加多维度、更加规范、更加有条理。

从中美小学作文类似选题的不同写作目的、教学模式和评价体系，可以看出中国的教育注重学生对知识的积累，培养学生对知识体系的构建，美国则更注重培养学生创新能力的尽情展示。所以有专家分析指出，中国的写作教育像一个正方形向外拓展，规整在设计好的几个方向；美国的母语写作教育就像是一个圆，由一个点随意向周围拓展。"圆"和"方"都有其优势及劣势，我们要保留中国传统写作教学的精髓，汲取美国写作教育中的精华，让中国千千万万的孩子们获益，在写作中规范自己的用语，拓展自己的创造力，展现出中华文字的真实魅力。

参 考 文 献

[1] 王小丁．中美教育关系研究［M］．成都：四川大学出版社，2009．
[2] 戴前伦．中美语文教育比较研究［M］．成都：巴蜀书社，2010．
[3] 厄克特，麦基沃．教会学生写作［M］．晋学军，译．程可拉，审．北京：教育科学出版社，2008．

跨文化背景下的中美小学数学关于"数的认识"教学研究

黄莎莎

【摘　要】　近年来，我国教育改革的发展在日新月异地变化，我国教育改革的抓手日渐着眼于中西方教学的融合和相辅相成，植根本土教学优点，汲取美国教育的精华，对深化教育改革大有裨益。而在我国小学数学教育中，数的认识是小学数学"数与代数"教学领域的重要内容，是学生学习数的运算和解决问题的直接基础。本文立足于对中美小学数学融合教学的实例进行对比分析，以执教"千以内数的认识"这一教学实例为出发点，对比美国 Harcourt 版和苏教版"数的认识"内容在教材中的异同，从中选取可利用的理念或方法，在苏教版小学数学教学中适当融入一些美国 Harcourt 版小学数学教材的元素，努力让外域教材资源丰富我们的教学，融会贯通地驾驭教材，在数学教学的过程中努力培养学生的创新意识。

【关键词】　中美比较；融合教学；数的认识；教材对比

随着全球经济大发展、大融合，社会各界人士愈发意识到教育的重要性。在教育全球化、跨文化的背景下，办国际化的教育成了教育改革的重点和热点。基于此背景，笔者在进行美国 Harcourt 版数学和苏教版小学数学的对比分析研究过程中，尝试挖掘两种教材在关于"数的认识"教学中的不同之处，从而帮助学生更好地理解教学内容、发展思维。本文以"千以内数的认识"一课为例，对比分析研究两种教材对同一数学概念的编写安排、编写特色。找出两种教材关于这一内容的联系与区别，进行对比分析，并在课堂实施中应用。

一、两种版本教材的呈现形式

从两种版本教材的呈现形式来看，中美小学数学教材存在共性，且各具特色。无论是苏教版的创设情境式，还是美国 Harcourt 版的开门见山式，都旨在唤醒学生的生活经验和已有知识。建构主义学习理论认为，学生已有的知识和经验对建构新知识起着重要的作用，此乃共性。

特色在于苏教版教材（图 1）呈现的是两幅赋予了实际生活意义的数字情境图，勾起了学生们的生活回忆，同时在数学与生活之间架起了桥梁，为数感的培养奠定了生活基础。其一，苏教版中一位小女孩测量身高，测量结果是 134 厘米；其二，买这台电风扇要 300 元，这两幅图均提取于真实的生活素材，图中的数学信息为学生从不同角度观察提供了素材，满足了孩子们学习需求中多样性的要求。美国 Harcourt 版（图 2）则是开门见山地直接给出十个为一组的条形方块图，问由几个十、几个一组成，用十分直观的形式强化、联系学生在本节课中已有的知识经验。

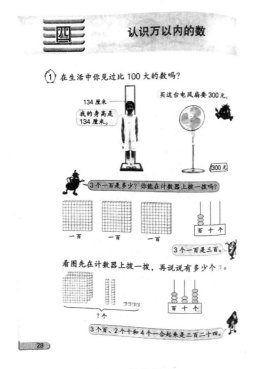

图1 苏教版

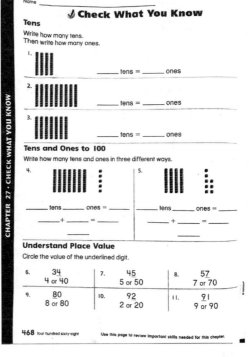

图2 美国 Harcourt 版

二、两种版本教材中教与学的引领

《义务教育数学课程标准（2011年版）》中提道："教材是教师教和学生学的重要依据，更是实现课程目标、实施教学的重要资源。"两种版本的教材无不体现着编写者对于教学内容的一些独特的理解和意识，笔者称之为教材对教师教和学生学的引领。

从教与学的引领上来看，两种版本教材存在以下几点异同之处。

（一）教与学的引领上的相同点

小学低年级的学生特点是以具体形象思维为主，学生在学习中需要通过大量的操作活动促使所学的新知识不断内化到已有的知识结构中。因此，这两种版本的教材在编写上都特别注重使学生通过操作进行学习。教学"千以内数的认识"都是通过数与物一一对应的方法，让学生经历从具体物体的多少到抽象出数的过程，帮助学生理解数，两版教材都渗透着数形结合的思想。苏教版的数学教材（图3）以新课程标准为依据，每节课都有完善的知识与能力培养目标，在情境创设上更符合生活实际，让学生了解到生活中处处有数学、处处需要数学。美国 Harcourt 版数学教材（图4）在"数的认识"教学时，创设的情境更有趣、更生动，更能激发学生的兴趣，每一个章节都有 Problem Solving Strategy（问题解决策略）的问题方法分析和解决的过程。两种教材都注重学生的逻辑思维能力的培养，使不同的学生在数学学习中得到不同的发展。

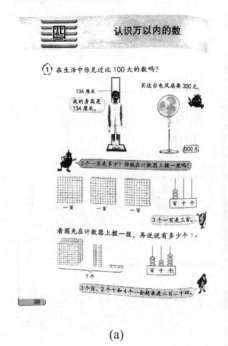

(a)

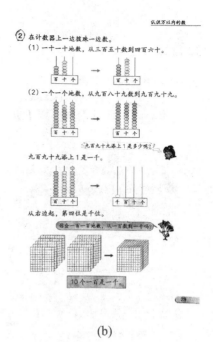

(b)

图 3　苏教版

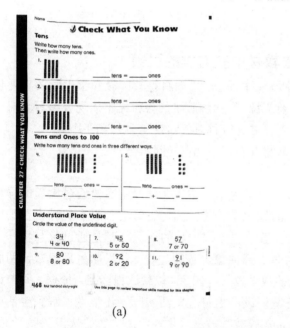

(a)

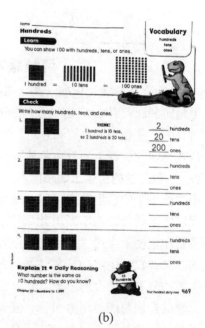

(b)

图 4　美国 Harcourt 版

另外，两种版本的教材中都用到了学具小方块，将十个小方块叠在一起，抓住了"10 个一就是 1 个十，10 个十就是 1 个百"这一重点，非常形象有力。

（二）教与学的引领上的不同点

其一是苏教版教材中出现了更多教师对教与学的引导痕迹：（1）以问题的情境引入，引领教师教学中问题意识的培养，也是对学生学的启发；（2）学生不同的数数表示方法，这是数法多样化思想的一种引领，也是对以后学习加减法的算法多样化的渗透。

其二是苏教版教材中在学具的选用上改变了美国 Harcourt 版教材的一贯模式，教材编排中采用了两种不同的学具（小方块、小棒）。笔者认为可以体现出以下几点：（1）通过 100 个小方块堆积成一片方块图，让学生直观感悟"10 个十"与"100 个一"的联系；（2）由竖起的方块过渡到计数器，帮助学生经历一个计数器形成的过程，使他们体会到建立数位的必要性及计数单位的意义；（3）感悟同一个数在不同数位的位置值的不同，计数器百位上的 1 颗珠子表示的是 100 个小方块，十位上的 1 颗珠子表示 10 个小方块，而个位上的 1 颗珠子表示的是 1 个方块，借助实物理解位置值，符合低年级孩子的思维特点。

其三是中美这两种版本的教材在内容的结构安排上各具特色，在横向和纵向的知识纬度上有差异。"千以内数的认识"的内容位于美国 Harcourt 版数学教材第二册第六单元第 27 章，相当于中国苏教版教材二年级的内容。苏教版教材中，首先提出"在生活中你见过比 100 大的数吗？"的问题，同时呈现小女孩量身高和电风扇价格的场景图，以激活学生已有的生活经验，诱发学生进一步认识较大数目的心理需求，从而教学千以内数的组成；其次借助计数器进一步教学数的顺序和计数单位"千"。教学内容结构紧凑，为接下来进一步学习更大的数打下扎实的基础。美国 Harcourt 版教材以 Check what you know（复习旧知）引入，利用直观的方块图带领学生复习百以内的数，提问：How many tens, how many ones（几个十，几个一），注重让学生扎实掌握计数单位"十"和"一"之间的进率关系。同时以计算练习的形式，让学生复习百以内数的加法计算；Understand place value（理解位置值）练习的设计让学生进一步理解 4 位以内数每一数位上数的组成。在新授教学部分，美国版教材相比较苏教版教材，内容相对简单，但横向广度延伸。

三、两种版本教材中知识应用的设计

练习的宗旨在于强化知识、解决实际问题。教学应从趣味性出发，激发孩子们学习的热情，让孩子们在游戏中体验数学，加深对数学的认识。学有所用是各种版本教材在编写上都亮出的特色。两种版本的教材都在巩固、强化重难点知识的基础上，充分体现出知识和生活的密切联系，从而设计了形式不同的练习方式。另外，在突出知识拓展性的同时，教材编排上还遵循了学生学习中的身心特点和思维特点，更符合学生的学习规律。

不同教材的编写各有千秋，教师要在对比研读中感悟，在实践中领会，反思自己的教学和对教材的解读，心中时刻要有"处处是教育"的信念，给学生营造在知识中成长的氛围。如何有效利用两版教材的优势，合理整合教学，笔者进行了教学实践尝试。

通过对比分析及教学实践，笔者发现美国 Harcourt 版教材在引入、建立、深化等环节与我们苏教版教材有所不同。与苏教版教材（图 5）相比，Harcourt 版教材（图 6）特别注意从实际出发，帮助学生逐步建立数学概念，让学生体验到数学学习的乐趣，同时引导他们利用所学知识解决实际问题，感受数学知识与现实生活问题的密切联系。我们在进行两种教材的对比分析后，要发掘其中的内在联系，汲取美国教材中的创新点，完善补充我们苏教版的教材。

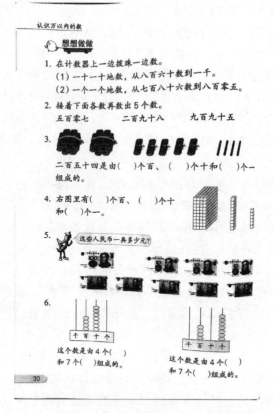

图 5 苏教版

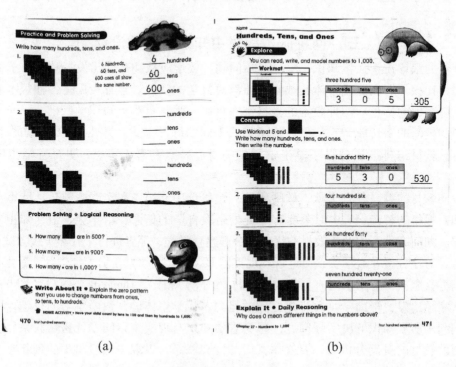

(a)   (b)

图 6 美国 Harcourt 版

［附］融合教学实践案例设计：

【教学过程及设计意图】

本节课是融合了苏教版二年级下册第 4 单元《万以内数的认识》第一课时和美国 Harcourt 版教材第二册第六单元第 27 章教材设计的教学，笔者主要设计了以下几个环节：

【导入】1. 利用模型，唤醒已有经验。

谈话：瞧！谁来了！——米奇和米妮。今天他们要和我们一起学数学。

（1）依次出示 1 根小棒、1 个方块。

谈话：这是 1 根小棒，这是 1 个方块，它们都表示 1 个"一"。

（2）依次出示 1 捆小棒、1 条方块。

谈话：一根一根地数，10 根小棒就是 1 捆；一个一个地数，10 个方块就是 1 条。不管是 1 捆还是 1 条，都表示 1 个十。

（3）谈话：十根十根地数，10 捆小棒是多少？（生：1 个百）。十个十个地数，10 条方块也是 1 个百。依次出示 1 大捆小棒和 1 板方块。

【设计意图】从学生的现实起点出发，利用"小棒""方块""数珠"这些"一""十""百"的模型，引导学生提取结构化的块状知识，唤醒已有的认数经验，作为认数核心知识的"十进"与"位值"，为学生认识千以内数并理解其数学本质埋下伏笔。卡通人物米奇和米妮的加入，让学习活动更具童趣。

明确：10 个一是 1 个十，10 个十是 1 个百。（板贴：1 个、10 个、100 个方块图，画进率图）。

（4）这样的 1 片方块是一百，表示 1 个百，也表示 10 个十，同时也表示 100 个一。

【设计意图】这一环节是美国 Harcourt 版教材关于本课内容不同的地方。在认识了个、十、百之间的十进制后，笔者用方块图直观地展示，这样的一板方块是一百，表示 1 个百，一条一条分开仍是一百，所以一百还可以表示 10 个十，一个一个分开还是一百，一百又可以表示 100 个一，自然地融合了美国 Harcourt 版教材关于这一课内容的重点。

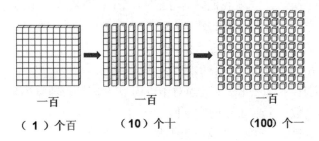

（5）提问：个、十、百这些计数单位都是我们以前学过的，谁能说说它们在计数器上的位置？（板书数位：个、十、百）

（6）提问：老师想在计数器上拨出一百，怎么拨？能不能拨在十位，为什么？拨在个位呢？

小结：同一颗珠在不同的数位上，表示的意义不同。

【活动】2. 数像转换，理解千以内数的组成。

（1）学习三百。

出示计数器，提问：现在计数器百位上有 3 颗珠，如果用这样的图来表示，要几板？

（生：三板）你是怎么想的？

师：一板表示一个百，三板就表示 3 个百，3 个一百是三百。提问：三百里面有几个一百，几个十，有几个一？

师：那六百里面有几个一百呢？有几个十？几个一？

（2）学习三百二十。

出示表示 320 的方块图，提问：现在这里的方块图分别表示什么？［手势引导，看一看左面（3 个百），看一看右边（2 个十）］

提问：你能在计数器上拨珠表示这个数吗？

指名拨珠，反馈：能说说这个数的组成吗？

再指一名学生说，齐说。

（3）学习三百二十四。

谈话：老师再添上 4 个方块，会在计数器上表示出这个数吗？

指名拨珠，反馈：这个数是多少？你是怎么想的？（指名上来点课件）

指名说，同桌说，齐说。

【设计意图】从整百数→几百几十→几百几十几，有层次展开千以内数的学习，学生在珠像、物像、珠像和物象的数中来回穿梭，在具体与抽象之间不断转换，在操作中顺利理解千以内数的组成。看方块图拨数，让学生在巩固拨数的同时，再次体会不同数位表示的位值不同。

（4）看图拨数后填空。

老师出示表示 302 的方块图。

谈话：刚才我们在计数器上拨出了三百、三百二十和三百二十四，考考大家有没有学会，请同学们看图拨数。（巡视）指名电脑上拨_____个百和_____个一合起来是_____。

反馈：怎么拨珠？十位上要拨吗？

对比体会位值，谈话：刚才我们认识了三百二十，现在又认识了三百零二，这两个数有什么相同的地方？有什么不同的地方？

追问：如果 2 颗珠在百位呢，表示什么？

小结：珠子所在的数位不同，表示的大小就不同。

【设计意图】对比练习，进一步巩固对千以内数的组成的理解内化，再次在珠像图中体会同样多算珠不同数位上所表示的数不同。

【活动】3. 自主数数，建立"千"的表象。

（1）体会千以内数的十进关系。

① 十个十个地数，从八百七十五数到九百八十五。

米奇想和大家玩个数数游戏，这个计数器表示的数是 875，他在十位上填了一颗珠，表示几个几个数的？同桌合作，边拨珠边数数。

指名拨珠，数到八百九十五时，提问：接下来数多少？为什么？

强调：八百九十五再添 1 个十，十位满十，要向百位进 1。所以，十个十个地数，八百九十五后面是九百零五。

② 一个一个地数，从九百八十五数到九百九十九。

指名拨珠，数到九百八十九时，提问：接下来数多少？为什么？

强调：九百八十九再添上1个一，个位满十，要向十位进1。所以，一个一个数，九百八十九后面是九百九十。

③ 数到九百九十九，再次体会位值。

提问：这里百位、十位、个位上都是9颗珠，表示的意义一样吗？

【设计意图】千以内数的十进关系，并非所有二年级的儿童都能主动迁移，应在多样的数数活动中让学生感悟并理解。调动多种感官，让每个学生动手、动口，开展数数活动，才能让学生在十个十个、一个一个数的过程中感受到数与数之间的联系，体会千以内数的数序，理解"满十进一"，感悟位值，进一步积累认数的直接经验。

（2）自主建构计数单位"千"。

① 九百九十九添上1是多少？

学生尝试拨珠。

明确：个位满十向十位进一，十位满十向百位进一。

提问：现在百位满十怎么办？

生：向千位进一。

追问：老师的计数器上没有千位，怎么办？

生：在计数器左边添上一个数位"千位"。

谈话：现在计数器上又多了一位新成员，请小朋友们闭上眼睛记一记，从右边起，第一位是个位，第二位是十位，第三位是百位，千位在右起第四位。（板书：数位"千"位）

谈话：睁开眼睛，现在有了新的数位，当百位满十，我们可以向千位进一。课件演示百位满十向千位进一的过程。

提问：千位上一颗珠表示什么？

② 一百一百地数，完善十进关系。

谈话：刚才我们请计数器帮忙，一个一个数到了一千，现在不用计数器，你会一百一百地数，数到一千吗？

课件演示把10片方块拼成一个大方块的过程，提问：一百一百地数，你发现了什么？（或问：一千里面有几个百？）

③ 梳理个、十、百、千之间的十进关系（板贴：1 000个方块图）。

④ 揭示课题（板贴：千以内的数）。

⑤ 品味"一千"，建立表象。

提问：10张100元是多少？

【设计意图】学生借助计数器将九百九十九添上1，一方面体会到数起源于数，另一方面他们遇到连续两次进位后需要再次进位，"千"这个新的计数单位呼之欲出，且由他们再创造而来，这让学生充分体会到学习成功的快乐，认识到数学知识之间的内在联系。同时学生将新旧知识融通，新构了千以内的数位顺序，感受到了十进制计数法的特点。老师带领学生借助新年收压岁钱、数红包的过程，了解10张100元是1 000元人民币，让学生结合实际体会了一千，建立了一千的表象，培养了学生的数感。再转换成方块图，"如果把一千元用这样的方块图表示需要几片？"意在让学生从不同的角度感受计数单位

"千"的形成过程,建立百、千之间的十进关系。梳理各相邻计数单位的关系,有利于学生形成对计数单位整体结构和特征的认识。

【活动】4. 趣味游戏,适时巩固拓展。

投飞镖游戏:

(1) 规则:每位选手投七次飞镖,投中绿环得 1 分,投中蓝环得 10 分,投中靶心得 100 分。

米奇得分(二百四十一)　　米妮得分(七百)　　黄老师得分(五百二十)

(2) 提问:这些得分在数轴上大概是哪个位置?指名在数轴上指一指。

(3) 排名颁奖,猜价格。

三等奖:一套《小小达尔文》,价格在一百三十八和一百四十之间。

二等奖:一台电子词典,价格是五百九十八往后数的第 3 个数。

一等奖:一台学习机,价格是最大的三位数。

提问:如果购买这台学习机,付一千元,应找回多少元?

【设计意图】趣味游戏搭建了知识到能力的发展通道。飞镖比赛,将练习转化为学生的内在需要;观察飞镖在三个区域的落点情况,让学生结合数的组成说出数,巩固了对千以内数的理解;利用数轴,借助几何直观帮助学生比较千以内数的大小,学生初步积累了大小比较的经验;价格猜想活动,激活学生思维,让学生体会数序中蕴含的德育。

【总结】5. 全课小结,提出新的问题。

提问:通过今天的学习,你对千以内的数有了哪些新的认识?你还想研究哪些有关千以内数的问题?

【板书设计】

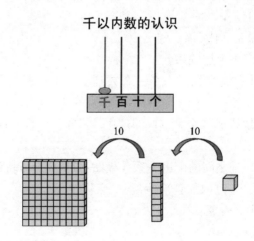

中美小学童话故事教学策略之比较

张 瑜

【摘 要】 童话故事在中外小学语文教材中频繁出现，中外小学在童话故事教学中也存在明显的不同。比较中美小学童话故事教学之内容、过程与方法、思维训练，中美小学童话故事教学都有闪光之处。比较分析后，我们可借鉴美国教学策略可取之处，在我国童话故事教学基础上加以创新，不仅可为一线的小学语文教师提供教学参考，还可有效推进国内童话故事教学的改革。

【关键词】 童话故事；教学内容；教学过程与方法；教学思维训练；童话教学策略

童话故事，不分国界；各国的童话故事教学，各有策略。鼓励学生阅读童话故事，向往美好的情境，关心自然和生命是中外小学童话故事教学的共同宗旨。童话虽和其他文学作品一样具备多种特质，可以是想象的、幻想的、夸张的、拟人的、情节曲折引人入胜的，但它有其特殊之处，无法用一两个词语来精准概括出文体特质。童话故事作为文本时，教学特征也不是非常明显。就目前中外小学运用的语言教材而言，无论是国内语文课本还是美国的 Trophies 教材，童话出现的频率一直较高，我们如何在运用童话故事的教学过程中引导学生感受童话魅力，并促进学生语言学习能力的提升呢？下面笔者从教学内容、教学过程与方法、教学思维训练三方面对中美小学童话故事教学策略进行比较及思考。

一、中美童话故事教学内容之比较

教学片段选取中美相同的教学内容，将我国湘教版（湖南教育出版社出版）小学四年级语文第七册第五单元中的经典童话《灰姑娘》和美国流传已久的阅读课例《灰姑娘》进行比较分析。

（一）我国《灰姑娘》的教学内容

1. 教学重点。

从短文的重点词句中正确理解课文内容，领会故事蕴含的道理。

2. 教学难点。

理解灰姑娘的遭遇，并对其产生同情之心。

3. 具体教学内容。

（1）初识"童话"这一文体；

（2）初读把握童话主要内容；

（3）赏析故事内容，探究人物；

（4）聚焦"灰姑娘"，总结人物特点；

（5）总结全文，感悟故事蕴含的道理；

（6）简单介绍作者，推荐阅读《格林童话》。

我国教师教学《灰姑娘》，主要通过教师引导学生捕捉文本内的关键词来理解故事内容，并体会总结灰姑娘人物形象的特点。如：

"谁能说说你是从课文的哪些词句中体会到她是个虔诚、善良的姑娘？"

"请同学们再读一读短文，在文中勾画出描写灰姑娘艰难处境的词句。并且仔细读一读，看从这些词句中你能体会到什么？"

"默读第 10～18 自然段，看看在什么情况下仙女是怎样帮助灰姑娘的？灰姑娘又是怎样按仙女的要求做的呢？从这里你又体会到灰姑娘是个什么样的人呢？"

我国童话故事教学重在指导学生梳理故事内容，体会故事中的情感，领悟其中蕴含的道理。这一教学目的是通过品读文中的关键词句达成的，故事所蕴含的道理也在体会人物特点时突显：正因为灰姑娘有一颗善良与美好的心，最终成了王子的新娘。我们要像灰姑娘那样心地善良，用自己的真情和爱心去影响身边的每一个人，从而让社会变得更加和谐、更加美好。

（二）美国《灰姑娘》的教学内容

在美国，问题式学习理念引领着课堂教学，美国小学课堂注重减少教师的讲解，关注学生感兴趣的问题，整合学生的问题来提高学习效率。以《灰姑娘》课堂教学为例，教师提出了以下 5 个问题，与学生们一起探讨：

（1）你们喜欢故事里面的哪一个人物？不喜欢哪一个？为什么？

（2）如果在午夜 12 点，Cinderella 没有来得及跳上她的南瓜马车，想一想会出现什么情况？

（3）如果你是 Cinderella 的后妈，你会不会阻止 Cinderella 去参加王子的舞会？你们一定要诚实回答哟！

（4）Cinderella 的后妈不让她去参加王子的舞会，甚至把门锁起来，她为什么能够去，而且成为舞会上最美丽的姑娘呢？

（5）这个故事有什么不合理的地方？

通过以上五个话题，教师轻松带领着学生"穿越"童话内容，享受丰富的情感体验和深层次的阅读，领略经典童话的魅力。学生经过集体讨论后，体会到了比个体阅读更为清晰、更为深刻的道理——"守时""需要朋友""爱自己"……

（三）综合分析

中美老师在教学经典童话《灰姑娘》时，存在明显的差异：

首先，中国的童话教学着重于对故事内容的整体梳理、理解，童话更多是被当作培养、训练或提升学生语言学习能力的材料，对于感受童话这一文本的文学魅力、培养学生高级的审美情感，课堂中涉及较少；美国教师对《灰姑娘》的教学内容没有面面俱到，只侧重一方面，重点讨论故事中蕴含的道理，反而更显开放，更为灵活。美国课堂教学没有像中国语文课堂那样对字、词、句、篇具体落实，没有字词的朗读品析，也没有去捕捉童话中的具体词句写作特色来体会；讲解故事蕴含的道理时明显更宽泛，不局限于"守时""好人有好报"，还会得出"正确评价好人、坏人""再伟大的作家也会犯错"等多元化的观点。

其次，美国教学中话题的开放性让学生的思维在课堂中更为活跃，这来源于教师对教材文本的极大程度的开发和挖掘。美国教师教学时引导学生从多元的角度探讨问题，如我国教师在总结 Cinderella 和她的后母形象时，将前者总结为善良、虔诚，将后者更侧重概括为自私贪婪、不尊重他人；而美国教师对人物分析时更为巧妙，能从继母这个身份的角度来进一步思考，而不是局限于灰姑娘的角度，也暗暗传达了思考问题的多元角度，培养了学生的分析能力。

二、中美童话故事教学过程与方法之比较

教学片段选自我国胡燕老师在北京十一学校的《三只小猪的真实故事》教学实录和美国芝加哥小学老师执教的教学过程进行比较分析。

（一）我国胡燕老师的教学过程与方法

1. 问题导入。

（1）回忆《三只小猪》的故事内容，老师讲述故事内容，一名学生表演故事内容。（讲述法、讲演法）

（2）提问基本情节。（提问法）

（3）问题激趣，过渡语：来听听狼先生讲述三只小猪的真实故事吧！

2. 精读故事。

（1）图文结合，讲述故事情节，讲到情节重要之处用相机出示文中的图片。（图文结合讲授法、问答法）

（2）出示狼与小猪的对话，师生合作朗读对话。（角色朗读）

3. 思考。

两则故事的角度分别是什么？（分析法、讨论法）

4. 总结故事主旨。

同一件事情，从不同的视角看，便有天壤之别。别人对同一件事情出现不同看法的时候，你要都去听一听，都去看一看，但最后得出判断的还是你自己，是你经过观察、思考、分析得出的结论，而不是谁说什么，马上就信什么。（讨论法）

（二）美国小学教师的教学过程与方法

1. 导入。

（1）教师带领学生回忆故事。（讲述法）

（2）小组讨论、角色扮演，学生通过角色表演熟悉故事内容。（角色表演）

（3）老师提问有关三只小猪和狼的基本问题。（问答法）

2. 精读故事。

（1）学生回答课堂提问，熟悉故事情节。（问答法）

（2）教师讲述文中的数学词汇。（讲授法）

（3）学生用准备的数学词汇卡片来回答问题。（问答法）

3. 总结故事。

（1）学生判断童话中的真话、假话，写一些句子说明谁是可信的，并说明理由。（讨论法、问答法）

（2）学生完整复述故事。

（三）综合分析

对于同一教学内容，中美教师在教学过程中均设计相同的教学环节：导入—精读—总结，同时也运用一些基本的教学方法。不同之处在于：首先，中国老师的教学方法稍

显单一，精读故事环节基本运用讲授法、问答法；而美国老师在教学时，灵活变换组织形式，同样是问答法，但形式时而是口答，时而是角色扮演，时而是讨论作答，时而书面回答，最后让学生写句子表达童话中蕴藏的道理。其次，美国教师在教学时还充分挖掘教材中的教学元素（数学词汇较多），所以在教学中准备了相应数学词汇卡片，在讲述故事中介绍这些数学词汇的特定用法，让学生在学习故事、体会童话蕴藏的道理时还能理解数学词汇，实现一举多得的教学目的。

三、中美童话故事教学思维训练之比较

教学片段选取美国教师格里夫执教的童话故事《阿莫斯和鲍里斯》和笔者执教童话故事《总也倒不了的老屋》教学案例做比较。这两篇教学案例的教学主题都是关于友谊，且都是在低中年级进行教学的。通过比较，可以分析出中美教师对学生思维训练的不同之处。

（一）美国教师格里夫执教的童话故事《阿莫斯和鲍里斯》教学设计环节

1. 头脑风暴。

让学生列出今天所要学习的单词，并抄写在"小组阅读角"黑板上，其中一组单词以"B"字母开头，目的是让学生尽可能多地认识与本课有关的单词。

2. 问题引领。

哪些单词可以让我们仿佛听到海浪的声音？这些单词中哪些是以字母"B"开头的？通过类似问题，有意识地引导学生积累单词。

3. 朗读对话。

学生通过朗读阿莫斯和鲍里斯的对话，意识到两种动物外形不同，但是具有相同点：都是哺乳动物。同时教师概括哺乳动物的特征，进一步扩大学生的词汇量。

4. 齐读。

学生齐读故事。

5. 延伸活动。

第二天学习另一篇关于友谊的童话故事《狮子和老鼠》时，组织学生进行比较相似主题下的相同点和不同点，写出两篇故事之间的联系，并启发学生在阅读故事时寻找与阅读过的其他故事的联系。

（二）笔者教学部编版童话《总也倒不了的老屋》教学设计环节

1. 激趣导入。

看图片猜古诗，引出预测。（有依据的猜测）

2. 读题预测。

学生手中没有童话故事文本，跟随老师引导，老师出示童话故事题目让学生来预测。

3. 看图预测。

根据出示的第一部分内容插图，学生预测接下来可能展开的情节。

4. 品文预测。

朗读训练；根据出示的第二部分内容，学生捕捉关键词句来继续预测。小结：预测时，可以联系故事题目、插图、角色特点，还可以根据生活体验来预测。

5. 想象预测。

老师不出示课文的结尾部分，让学生在课堂上开展随堂练笔，写下自己对童话故事的预测。小结：联系故事上下文的结构来预测故事。

6. 总结全文。

概括"预测"这一阅读策略的方法。

(三) 综合分析

在美国教师的阅读教学中，对同一主题的教学活动持续了两天，将字母的读音、单词、单词的发音规律、语言的优美及故事表达的主题教学相结合，有意教给学生阅读方法，引导学生走上阅读的道路，发现童话故事的奇妙、乐趣和蕴含的知识。

笔者在教学这一则童话故事时，围绕着童话故事有意识地教给学生阅读策略，设计了六个环节教学，概括总结预测的方法，创新之处在于没有将童话故事原文发给学生，让学生在学习预测阅读策略的同时，活学活用，预测接下来的故事情节。随后将学生预测和童话原文进行比较：预测可以和书中一样，也可以不一样，只要合情合理皆可。打破学生对预测策略理解的局限性。比较两位老师的阅读教学，可以看出中美老师在阅读教学中都对学生的思维进行有侧重的训练。

1. 针对同一主题，中美教师设计训练点不同。

美国教师在阅读教学中培养学生发现单词和语音之间的联系，教给学生积累单词的方法、朗读单词的技巧；而笔者在教学时考虑到对于中年级学生来说童话内容较简单，因此训练学生对童话故事的角色朗读。

2. 对学生思维训练的程度、要求不同。

美国教师在教学有关"友谊"的主题时，组织活动引导学生体会主人公之间的友谊，并进行相应的拓展阅读，要求学生更深入地体验，不限于一个文本；笔者在教学时，围绕所学童话故事，进行"预测"阅读策略的学习，概括预测方法，让学生现学现用预测故事的下一步发展。学生通过阅读教学活动，深入地、透彻地掌握"预测"这一教学策略，并应用于实际的阅读活动中。

3. 美国教师在教学中设计多方面的训练活动。

美国教师在教学中设计的训练活动有：朗读写字训练，听故事捕捉故事内容大意，通过对声音描写的词语来感受语言的韵律美，对比阅读，感受不同的表达方式。相比较而言，笔者设计的六大板块都是围绕一个主题（预测），目的是扎扎实实引导学生从这一则童话故事学会"预测"这一阅读策略。

四、对我国小学童话故事教学策略之思考

通过比较中美教师在教学童话故事的教学内容、教学过程与方法、教学思维训练方面的异同，根据我国学生的实际学情，我们可以看出美国教师的童话教学可以给我们一些教学启示。

(一) 灵活性

教学内容可以更为灵活，不能只把童话这一文学体裁当作严肃教学的文本，可以精心设计问题，引领学生多角度思考、深层次阅读，享受丰富的情感体验，感受童话这一文学体裁的魅力。

(二) 多样性

在教学过程中需要充分挖掘童话的特征，变换教学形式，变单一的教学模式为多样化，激发学生更多的阅读兴趣。

(三) 专题化

在教学活动中，根据所教童话故事内容，可以采取童话专题教学形式。通过一个童话专题的训练，学生对这一文本有深入理解，并在不断扩大的阅读量过程中提升阅读的能力。

(四) 拓展化

加强教材与拓展教材的联系，不局限于现有教材，进行开放式课堂的教学实践。

他山之石，可以攻玉。本文在比较分析中美教师童话故事教学片段的基础上，对中美小学童话故事教学策略进行了总结，提出了对童话教学在教学内容、教学过程与方法、教学思维训练方面的一些看法和改进措施。相信将比较后的体会运用于童话故事教学实践，定会有更多的收获。

参 考 文 献

[1] 周一贯. 小学语文文体教学大观 [M]. 上海：上海教育出版社，2017.

[2] 杨晶. 整体语言教学法对我国小学母语教学的启示 [J]. 内蒙古师范大学学报（教育科学版），2008，21（6）：78 - 80.

[3] 洪宗礼，柳士镇，倪文锦. 母语教材研究 [M]. 南京：江苏教育出版社，2007：104.

中英高中化学教材有机化学模块比较及对学生创新素养培育的思考

庄 凌

【摘 要】 本文选取中英两国高中化学主流教材，以有机化学模块为比较对象，从模块内容、现代科技发展知识介绍、环保意识培养、教材练习题、教材栏目设置等方面进行了比较分析，并对教材促进学生创新能力培养提出建议，希望对今后以发展核心素养为目标的教材编写提供参考和借鉴。

【关键词】 化学教材；有机化学；创新素养

《普通高中化学课程标准（2017年版）》指出：教材编写要立足于立德树人的基本任务，以发展核心素养为主旨，体现基础性、时代性和人文性，密切联系学生实际和体现先进的教学理念。具体内容涉及以学科核心素养为主旨确定化学教材的整体结构和内容体系；帮助学生了解化学学科发展前沿，体会化学对科技发展和社会进步的重要作用；通过探究性实验和思考性问题促进教学方式的转变，培养学生的创新能力和实践能力；习题设计具有情境性和开放性，鼓励学生从不同视角分析和解决问题。鉴于教材对于落实课标和核心素养所承载的重要作用，本文选取江苏教育出版社出版的化学必修2和有机化学基础选修教材（以下简称"苏教版化学教材"）和英国剑桥大学出版社出版的高中化学主流教材（以下简称"英国化学教材"），以有机化学模块为比较对象，从多角度进行比较分析，最后从教材培养学生创新素养的角度提出思考和建议，希望对今后以发展核心素养为目标的教材编写提供参考和借鉴。

一、中英化学教材的比较研究

为方便和苏教版高中化学教材进行比较研究，首先列出英国化学教材有机化学模块的相关章节和具体内容（表1），并从模块内容、现代科技发展介绍、环保意识培养、教材练习题、教材栏目设计等方面进行了比较分析。

表1 英国化学教材有机化学模块的相关章节和具体内容

章节	具体内容
有机化学入门	有机分子的表示方法（经验式、分子式、结构简式、骨架式）；有机官能团介绍；有机化合物的命名（以烷烃和芳香烃为例）；异构体（同分异构体、顺反异构体、对映异构体）；涉及有机反应机理的重要概念（均裂、异裂、亲核试剂、亲电试剂）；有机反应的主要类型
烃	烃的来源（石油分馏）；烷烃的反应（燃烧反应、自由基取代反应），烷烃燃烧造成的污染和防治；烯烃的亲电加成反应；烯烃的氧化（与高锰酸钾）；加聚反应，塑料使用后的处理
卤代烃	卤代烃的亲核取代反应（与氢氧化钠水溶液、氨气和氰化物），亲核反应机理介绍（S_N1和S_N2）；卤代烃的消去反应；卤代烃的用途，氟氯昂对环境的影响
醇、酯	醇的命名，醇的燃烧反应；醇与卤化试剂反应生成卤代烃；醇与钠的反应；醇的消去反应；醇的氧化；醇的酯化反应；酯的水解

续表

章节	具体内容
羰基化合物：醛和酮	醛和酮的命名；醛和酮的制备，醛和酮的还原；醛和酮的亲核加成反应；羰基化合物的检验；醛的检验（土伦试剂和费林试剂）；碘仿反应
苯	苯的分子结构（成键和杂化方式）和命名；芳香烃的亲电取代反应（卤化、硝化、烷基化与酰基化），芳香烃侧链的卤化和氧化；苯酚的酸性，苯酚的亲电取代反应
羧酸及其衍生物	羧酸的酸性，甲酸和乙二酸的氧化；酰氯的合成和亲核取代反应（与水、醇、酚和胺）
含氮有机化合物	胺的碱性、乙胺的合成；苯胺的制备和反应（与溴水），偶氮染料的合成；氨基酸的结构和化学性质（两性）、多肽、酰胺的制备和水解
聚合反应	缩聚反应的单体；合成聚酰胺（尼龙、凯夫拉）、生物体内聚酰胺（蛋白质）、蛋白质的三级结构；DNA 的结构和复制；聚酯；功能聚合物材料（聚乙烯、非溶剂型黏合剂、可降解聚合物、导电聚合物）
有机合成	新药的设计（分子建模），手性药物的合成；不同有机物的转化关系和有机合成路线的设计
仪器分析	电泳的原理和氨基酸的分离；色谱分离基本原理（分配系数、移动相、固定相、R_f 值），四种常用色谱（纸色谱、薄层色谱、气相色谱、高效液相色谱）分析原理和过程；红外光谱的原理和图谱分析；核磁共振氢谱、碳谱的基本工作原理和图谱解析（有机物结构分析）；质谱分析的原理和图谱解析：分子离子峰、分子中碳原子个数，分子中 Br 和 Cl 原子的分析

（一）模块内容

英国化学教材与苏教版化学教材有机化学模块（必修 2 专题 3 和有机化学基础选修教材）都涉及有机化学基本概念（结构表示方法、命名、异构等）、烃、卤代烃、醇、酚、醛、羧酸、蛋白质、核酸等章节。不同之处是苏教版还涉及糖类和油脂，而英国化学教材还包括酰氯、胺、酰胺，在内容深度方面明显要高于苏教版化学教材，主要体现在以下几方面：① 教材涉及的有机化学专业名词更多，如自由基、亲核试剂、亲电试剂、均裂和异裂等；② 教材不仅要求学生掌握常见有机反应的类型，而且要求学生能够掌握五类有机反应的机理，包括自由基取代反应、亲核取代反应（S_N1 和 S_N2）、亲电取代反应、亲电加成反应、亲核加成反应；③ 教材介绍了给电子和吸电子基团对不同有机物酸碱性的影响。

中英教材主要差别还体现在有机化合物结构表征部分，相比国内教材仅在有机化合物组成研究部分简单介绍了核磁共振、红外光谱和质谱等现代分析方法，英国化学教材用了 20 多页篇幅比较详细介绍了色谱、红外光谱、核磁共振（氢谱和碳谱）、质谱、电泳等重要的有机物分析方法，并要求学生根据谱图推测有机化学物的结构，尤其侧重核磁共振谱和质谱两种重要仪器分析方法。

（二）现代科技发展介绍

教材不仅要体现基础性，还需要体现时代性，关注科技发展的前沿和趋势。苏教版化学教材介绍了我国境内已经发现的"可燃冰"，"西气东输"工程，用固体分子筛催化苯和烯烃反应的绿色化学工艺，利用二氧化钛粉末在紫外光催化下降解废水中的含酚污染物，甲壳素、壳聚糖及其衍生物的广泛应用，人类蛋白质组计划等现代科技知识和成果；英国化学教材则介绍了汽车催化转化器的结构和工作原理，生物质燃料的使用，非有机溶剂环保型黏合剂，生物可降解和光降解塑料、导电聚合物、现代仪器分析方法（色谱、红外、核磁共振、质谱、电泳）及其应用。总之，中英教材都非常关注科技发展前沿并将其相关知识合理融入相关章节中。

（三）环保意识培养

中英化学教材都关注到化学与环境保护、人类健康和社会可持续发展的关系，如苏教版教材介绍了芳香烃对人体健康的危害、含酚废水的处理方法及分子筛固体酸催化的绿色化学工艺。英国教材在有机化学相关章节详细介绍了汽车尾气含有的污染气体（一氧化碳和氮氧化物）如何通过催化转化器转变为无害气体（尾气中二氧化碳会产生温室效应）；在废弃塑料的处理方面谈到燃烧法的利弊及可降解塑料的研制；在介绍氯氟烃的用途时谈到其对高空臭氧层的破坏及其替代物；在功能聚合物部分介绍了不含有机溶剂的环保型黏合剂。以上可知，英国教材在环境健康方面渗透的内容相对更广泛。

（四）教材练习题

苏教版化学教材在每个单元和专题后都有"练习与实践"环节，大部分练习都直接与书本正文知识相关，主要题型有化学方程式的书写、异构体的推断和书写、不同有机物的区分和鉴别、根据已知数据和反应现象推断有机物的结构等类型，难度适中。除了常规练习外，苏教版练习题还鼓励学生做一些深入调查研究和探究性实验，如在学完脂肪烃单元后让学生选取一个石油化工产品调查其生产过程和行业现状，分析解释不同塑料袋中葡萄成熟的快慢并设计简单易行的葡萄保鲜方案；在卤代烃的"练习与实践"环节要求学生设计实验判断涂改液中是否含有卤代烃。英国化学教材的章节（相当于苏教版的单元）后练习主要涉及书写有机物的结构式、有机反应方程式、反应的机理、反应类型、描述反应现象、解释不同有机物的反应活性和比较有机物的酸碱性等。英国化学教材的主要特点是在章节中的每个微主题后也安排了对应的练习（如《苯及其化合物》一章中在六个微主题后都配有练习）来帮助学生及时复习并诊断对相关知识的掌握情况，教师也可将其作为课后练习布置学生完成，这样可以减少对教辅资料的依赖，也更方便学生自主学习。

（五）教材栏目设计

苏教版化学教材的栏目设计丰富多样，包括化学史话、拓展视野、交流与讨论、活动与探究、观察与思考、信息提示、问题解决、整理与归纳等。这些板块具有多元功能：① 在学生完成必要学习之余开拓视野，也为教师提供了有价值的教学素材和教学策略，为教学提供方便；② 通过问题情境，引导学生展开讨论，并提高科学语言的表达和交流能力；③ 通过实验、图表和数据并结合学过的化学知识，学生发现并解释相关的现象和问题，培养学生在解决实际问题的活动中提升自主构建和探究能力。相比之下英国化学教材的正文部分没有细化的栏目设置。

二、教材对学生创新能力培养的思考

基于传统化学教学重理论轻实验的现象，化学学科核心素养（科学探究与创新意识）专门提出具体要求：学生能发现和提出有价值的问题，依据实验目的设计探究方案，运用实验、调查等方法进行探究，敢于质疑，勇于创新，这也为国家创新型人才的早期培养指明了方向。北师大王磊教授指出学科的迁移创新能力作为知识和经验的高级输出方式，是指学生利用学科核心知识、学科特定活动的程序性知识和活动经验等来解决陌生和高度不确定性问题，以及发现新知识和新方法的能力。具体包括了复杂推理、发散思维、创意设计、批判思考等基于学科知识经验的创造性活动。以下结合中英高中化学教材有机化学模块的比较分析，提出对教材培养学生创新能力的几点思考和建议。

（一）加深有机化学理论知识的学习

英国化学教材有机模块比较详细地介绍了五种化学反应机理和重要概念（如亲核试剂、亲电试剂、给电子和吸电子基团），理论深度明显高于国内教材。有机机理的学习可以帮助学生从本质上理解有机反应的内在原理和基本规律，有助于学生通过知识的迁移理解更多相似类型的化学反应，并能通过复杂推理设计合理的反应路线合成新物质，对培养学生的创新能力起到重要作用。国内教材由于有机理论知识介绍较少，在一定程度上影响了学生对有机反应原理的理解，如介绍烯烃的加成反应时给出了烯烃和卤素单质的反应，又指出烯烃还能和氢气、水和卤化氢等物质反应；介绍苯可以和丙烯反应获得异丙苯，但没有给出具体解释，如为什么烯烃可以和这些物质发生加成反应，为什么苯和丙烯反应不能生成正丙苯。由于缺乏理论解释，学生可能只能通过"死记硬背"记住这些反应，但这些事实性知识比较碎片化，抽象概括水平低，而且不具有预测价值。在不增加学生学习和考试负担的情况下，可以考虑在教材"知识拓展"栏目或者提供网上学习资源对一些重要反应的机理予以介绍，这样可以帮助学生深入理解有机反应过程，形成结构化知识和发展迁移创新能力。

（二）提高化学探究实验的比例

苏教版教材有机模块各章节中都融入了不少实验，实验步骤也比较详细，只需要按照要求操作并记录现象和得出结论，但实验的整体探究性不足。英国教材本身没有实验部分，但在教材配套的实验手册里介绍了七个有机实验，只有一些实验给出了详细步骤，给教师的实验教学较大的自主空间。比如在研究卤代烃的反应速率和卤素原子种类、碳链结构的关系时，可以先要求学生通过变量控制设计合理的实验方案，教师可以给出参考步骤，学生完成实验记录现象后自行予以分析，卤代烃的反应速率和卤素原子种类的关系在教材中予以解释，但卤代烃的反应速率与碳链结构关系的研究问题相对更加陌生，需要学生结合实验现象，并综合考虑亲核试剂强弱和亲核取代反应的机理（S_N1 和 S_N2）等多角度因素，通过相对复杂的推理分析才能提出合理解释，因此可以在更高层次培养学生的迁移创新能力。国内教材也可以融入一些探究性实验，着力培养学生的设计、观察、操作、分析、推理和评估等多方面综合能力，致力于培养学生的学科核心素养。

（三）提高探究和思考性习题的比例

虽然课本习题主要起到知识和概念的巩固作用，但从构建学科观念和培养核心素养的角度来看，习题还可以促进学生知识结构化，提升学生的概括关联和预测推论能力。研究表明，这些能力对于学生的迁移创新能力表现贡献更大。如苏教版教材在学完"卤代烃"后，习题要求学生用沉淀法推断有机物的分子式和可能的结构；英国教材中在学完"苯的硝化反应"后的习题中要求学生预测和分析苯的磺化反应机理，学过"苯酚"后要求学生比较甲醇和苯酚的酸性（考虑基团的电子效应），这些练习在巩固基本知识的基础上需要学生建立知识联系并进行预测推论。国内教材可以适当增加探究思考类习题，通过习题拓展学生认识的角度和方式，提高学生知识关联和分析推理能力，也可以将其作为发展学生创新素养的途径和进阶方式。

三、总结

教材是落实课程目标、发展学生学科素养和培养创新能力的重要载体和工具。中英高中化学教材的比较研究有助于我们了解两国教材的特点和各自优势，通过系统分析、借鉴和参考，希望对我国新一轮课改进程下的教材编写、教师备课资料的丰富、教学方式的转变产生积极意义和影响。

参 考 文 献

［1］ 中华人民共和国教育部．普通高中化学课程标准（2017 年版）［M］．北京：人民教育出版社，2018.

［2］ 王祖浩．普通高中课程标准实验教科书：化学 2 ［M］．南京：江苏教育出版社，2010.

［3］ 王祖浩．普通高中课程标准实验教科书：有机化学基础［M］．南京：江苏教育出版社，2011.

［4］ RYAN L，NORRIS R. Cambridge International AS and A Level Chemistry Course book ［M］. Cambridge：Cambridge University Press，2014.

［5］ 王磊．学科能力构成及其表现研究：基于学习理解、应用实践与迁移创新导向的多维整合模型［J］．教育研究，2016（9）：83－92.

体验式教学对创新素养培育的实践
——以经济学科教学为例

翁人炬

【摘　要】 自杜威提出经验学习这个概念以来，有关体验式教学的理论研究和实践研究不断涌现。特别是近几年，体验式教学对学校教学的积极作用备受关注。本文参照库伯的体验式学习圈理论，展示高中经济学课的设计。希望能对体验式教学在学生创新素养培育中的运用有一定借鉴意义。

【关键词】 体验式教学；创新素养；经济学科

一、体验式教学的含义

体验式教学（experiential learning）是一种通过教师结合教学内容创造的具体情境，学生亲身体验，学习、理解知识，反馈、反思知识，并在实际操作中运用和掌握知识的教学方式。有别于传统的说教课堂，学生不再是被动地接受学科知识，而是从实践中学，即"做中学"，通过实践理解知识的形成过程。

美国教育家约翰·杜威（John Dewey）指出经验在教育中十分重要，并提出了"从做中学"这个基本原则。在他看来，儿童天生就对活动充满兴趣，应让儿童在活动中学习知识，获得各种直接经验。同时，他指出学习者应对经验进行改造，即从活动结果回到最初的假设，进行反思。因此，一切教育都从经验开始，而教育也是不断改造经验的过程。

在总结了杜威等学者经验学习理论的基础上，美国心理学家和教育家大卫·库伯（David Kolb）提出了体验式学习循环模式，即"学习圈理论"：具体体验—反思性观察—抽象的概念化—主动检验。库伯认为知识的获取首先来自人们的体验，学习者在具体情境中获得知识是学习的起点；在体验结束后，学习者对经验加以回顾、分析和反思，对经验过程中的知识进行整合梳理；在学习的第三阶段，学习者能理解所观察的内容，并使之成为合乎逻辑的概念；到了最后一个阶段——主动检验，学习者能够验证这些概念并学以致用。如果在实际解决问题的过程中产生了新的问题，意味着新的一轮"学习圈"开始，人们的知识就在不断的学习循环中得以增长。

二、体验式教学对创新素养的意义

体验式教学作为近几年新兴的教学方法一直颇受欢迎。与"教师讲—学生听"的传统教学模式相比，体验式教学有其独特的优势和意义，已被不同学科、不同层次段的教师提及。例如，胡志力（2018）指出在高中数学教学中体验式学习能有效地培养学生的思维能力和创造力，提高学生对基础知识的掌握，并调动学生学习的主动性和积极性；鄢碧玉（2018）认为体验式教学让传统小学数学教学模式的弊端得以弥补，是提升教学效率的最佳选择；王超（2016）提到体验式教学法能够让历史教学活动的效果更加明显，也更容易得到学生的学习反馈。

中国教育部高教司曾在2014年发布了一份关于大学专业的报告，报告显示学生对经济学专业的好感度排名倒数第二，继续深造意愿排名倒数第二，而旷课率排名所有专业第一，退学意向更是排名第三。被调查的大学生反馈了三个原因：第一，理论枯燥乏味；第二，理论与现实太遥远；第三，老师照本宣科。在经济学学科的相关研究上，郭玲（2018）提到传统的教学方式是机械灌输经济理论，学生往往觉得知识枯燥乏味、抽象难懂，这样就无法深入地理解和运用所学知识，导致学生实际分析经济问题的能力欠缺，特别是对学生创新素养的培育效果不甚理想。目前部分国内中学，特别是国际学校对高中生甚至初中生开设了经济学课程，对于抽象思维能力尚浅的中学生来说，以上问题尤为突出。因此，体验式教学如果融入经济学学科的教学将具有非常重要的意义。

三、体验式教学实践：国际收支平衡表

（一）教学背景

"国际收支平衡表"是A-Level国际高中经济学课程的必修内容，其中国际收支平衡表的构成、记账方式、国际收支盈余和赤字是基础内容，掌握基础之后学生可以深入研究赤字产生的原因及其经济影响。

为高中生讲授国际收支平衡表会面临三个问题：第一，这一知识远离学生的日常生活，学生缺乏相应的感性知识；第二，知识本身的趣味性不高，特别是收支表的构成需要机械记忆；第三，真实的国际收支平衡表内容繁杂，包含诸多专业会计词汇，不适合直接用于高中课堂教学。在这样的情况下，如果依旧采用传统的以教师为中心的教学模式，必然会使学生失去对知识的兴趣和对探究的渴望，抹杀学生的创新思维。

本文依照库伯的体验式教学理论，以国际收支平衡表教学为例，围绕"什么是'国际收支平衡表'？国际收支如何记账？什么是'国际收支盈余'或'赤字'？"这些基础内容，展示在苏州某国际部高中经济课堂中的教学设计。设计的初衷旨在推动学生思考，培养学生的创新素养。

（二）教学设计

1. 具体体验。

库伯的体验式学习圈理论提出学习的起点是具体体验。换言之，学生需要实际参与某项活动，而不是仅仅看着教师完成活动或从书本里阅读活动的过程。因此教师应当紧扣教学内容，创设与学生现实生活贴近的实践情境。

活动1：课堂初始教师首先向学生抛出问题——"一个普通的苏州家庭有哪些收入？哪些支出？一年的收入和支出总计有多少？"随着学生提出各种猜想，教师展示官方统计数据，如工资、饮食消费、水电煤气费用、孩子教育经费、股票投资所得等（图1）。在观察这些费用的同时，学生尝试按照收入和支出将其进行分类，如工资和股票投资所得可以算收入。

活动2：在这个活动里教师尝试让学生将所有的收入和支出再进行一次细分，如股票投资所得和奖金可以归入工资外其他收入项，汽油费用和汽车保险保养费是交通费用，属于支出项。最终指导学生以表格的形式清晰地展现收入和支出（图2）。依据表格，学生可以计算出一个家庭一年的总收入和总支出，查看这个家庭是出现资金赤字还是资金

盈余。

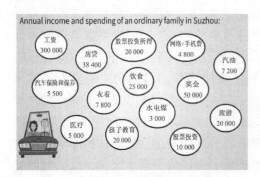

图 1　苏州普通家庭一年的收入和支出

Account 账目 →

		Cash inflow	Cash outflow
工作收入	工资	300,000	
其他收入	奖金	5,000	
	股票投资收入	20,000	
贷款	房贷		38,400
饮食	饮食		25,000
衣着	衣着		7,800
交通	汽油		7,200
	汽车保险和保养		5,500
杂费	水电煤		3,000
	网络+手机费		4,800
教育	孩子教育		20,000
休闲	旅游		20,000
医疗	医疗		50,000
投资	股票投资		10,000
	Balance /余额	133,300	

图 2　家庭收支表

活动 3：教师此时向学生进一步提出问题——“那么一个国家有哪些收入？哪些支出？一年的收入和支出总计有多少？”在学生陷入思考的时候，教师将 30 名学生分成 5 个小组，每个小组代表一个国家，各获得一个国家的国际收支平衡表，如图 3、图 4 分别为简化版英国、美国国际收支平衡表。

Office for National Statistics

Balance of payments (in millions £)	2015		2016	
	Debit (-)	Credit (+)	Debit (-)	Credit (+)
Current account				
Trade in goods				
Exports of goods		287,584		301,405
Imports of goods	-407,304		-435,472	
Trade in services				
Exports of services		229,862		246,185
Imports of services	-139,930		-149,144	
Income				
Receipts		133,726		143,135
Payments	-159,472		-166,264	
Current transfers				
Receipts		19,889		20,413
Payments	-44,588		-44,762	
Net current account	**-80,233**		**-84,504**	
Capital account				
Net capital account	**-1,112**		**-1,953**	
Financial account				
Direct investment		75,365		197,334
Portfolio investment		271,974		188,910
Other investment	-290,856		-244,563	
Reserve assets	-21,079		-6,511	
Net financial account		**35,404**		**135,170**
Net errors & omissions		**45,941**	**-48,713**	

图 3　简化版英国国际收支平衡表

bea Bureau of Economic Analysis

Balance of payments (in millions $)	2015		2016	
	Debit (-)	Credit (+)	Debit (-)	Credit (+)
Current account				
Trade in goods				
Exports of goods		1,510,303		1,459,667
Imports of goods	-2,272,868		-2,209,592	
Trade in services				
Exports of services		750,860		752,412
Imports of services	-488,657		-503,047	
Income				
Receipts		782,915		801,923
Payments	-600,531		-621,333	
Current transfers				
Receipts		128,614		128,172
Payments	-273,602		-289,409	
Net current account	**-462,966**		**-481,207**	
Capital account				
Net capital account	**-42**		**-59**	
Financial account				
Direct investment				
US inv abroad	-348,646		-347,528	
Foreign inv in US		379,435		425,256
Portfolio investment				
US inv abroad	-153,968		-20,682	
Foreign inv in US		250,936		270,924
Other investment				
US inv abroad		270,924		39,344
Foreign inv in US	-235,137			63,190
Reserve assets		6,292	-2,090	
Net financial account		**169,836**		**428,414**
Net errors & omissions		**293,172**		**52,852**

图 4　简化版美国国际收支平衡表

这堂课并没有开门见山地讲解国际收支平衡表，而是先向学生询问了生活的问题，创设出一个贴近学生的情境，让他们可以轻松地融入话题，逐渐对即将学到的知识产生兴趣。随着问题的逐渐深入，到第 3 个活动才真正将课堂引入国际收支平衡表。由前两个活动进行铺垫，国际收支平衡表的概念就以很形象的方式被学生接受了。

为了能够给学生创造出轻松愉快的体验，教师可以采用多种手段。如在活动 1 中制作整体风格较为活泼的 PPT，或者使用更具观感的 Prezi 软件。在活动 2 中教师应保证苏州家庭的收入支出数据是有据可查的，做到真实、贴近生活：在指导学生完成家庭收支表的时候，教师可以让学生在表格模板中进行填写。在活动 3 中，教师选取了 5 个国家真实的国际收支平衡表（英国、美国、哥伦比亚、俄罗斯、斐济），涵盖了发展中国家和发达国家，大国家和小国家，工业国和农业国。值得一提的是，每个国家的国际收支平衡表已经做了简化（图3和图4），剔除了详细内容，留下了主要内容，数据真实、一目了然，更适合学生进行学习。

2. 反思性观察。

体验式学习的第二个阶段是反思性观察。学生需要能够从多个角度观察反思第一个环节的体验经历。在这个阶段，教师需鼓励学生互相交流，对经历设问反思，并将自己的观察想法与其他人进行分享和讨论。这是一个非常重要的阶段。

活动1：在你的国家哪些交易是收入？哪些交易是支出？这个国家的总收入大于总支出（盈余），还是总支出大于总收入（赤字）？（教师提出问题）

活动2：观察你所在国家的国际收支平衡表，看看一个国家是如何对国际交易进行分类的？观察一下邻国的国际收支平衡表，看看交易的分类是否一样？（教师提出问题）

了解了家庭收支表之后，学生开始探索各自国家的收支表。为促进学生的学习积极性和鼓励他们进行相互交流，在第一环节学生就已经分成了5个"国家"小组。通过分组，学生的"国民"代入感很强，小组讨论的效率也更高。每个小组都体现出对自己"国家"收支情况的极大兴趣。在这个时候，教师可以用诙谐的语气加入一些额外的问题让学生敢于发表自己的想法，比如"哪个'国家'觉得自己的收入支出差额是最大的？""为什么你的'国家'可以有比较高的收入？"等。教师也可以拿斐济这样大众了解偏少的国家让学生们进行分析："你觉得斐济会在哪些国际交易中获得较高的收入？会在哪些交易中支出偏高？"之后让斐济的"国民"来给大家揭晓答案。学生在这个环节的表现十分活跃，他们在了解了自己"国家"的收支情况后，也更乐于去观察其他"国家"的情况以进行比较。

在学生探讨交流的过程中，国际收支平衡表中不可避免地会出现一些专业性词汇，比如"单方面转移"。教师可以提供现实生活中的一些例子，比如菲律宾的侨汇和英国向其他国家给予的国际性援助来解释这个专业概念。

3. 抽象的概念化。

抽象的概念化是第三阶段。学生通过具体体验和观察反思，将自己的体验进行抽象概括。不同的学生会有不同的想法和概括。在此阶段，教师需要引导并尊重学生将自己理解所得概括成合乎逻辑的一般性概念并形成知识。

活动：请用思维导图画出国际收支平衡表的构成，并用自己的话描述什么叫作国际收支赤字，什么叫作国际收支盈余。（教师布置任务）

学生利用思维导图画出第二环节的所学知识，一方面是再一次将体验的知识进行梳理，另外一方面也是尝试对所学进行概括，使学生的思路更加清晰。

由于思路角度不同，学生们对"国际收支盈余和赤字"概念的定义各不相同。比如有的学生说国际收支盈余是一个国家的总收入大于总支出；有的学生说国际收支盈余是一个国家的资金流入大于资金流出；也有的学生说国际收支盈余是国家商品出口远高于商品进口。教师可以将书本知识与学生概括的知识进行比较，或让学生查阅更多的资料，形成一般性概念。

4. 主动检验。

体验式学习的最后一步是学习者学以致用。教师可以创造主动检验的应用情境，让学生运用概括出的概念或理论在新的情境中解决问题。如果没有这一步,那么学生对所学知识也很容易遗忘。

活动1:根据题目,分析美国应该如何记录每一笔国际交易?应该计入哪一类交易?属于收入还是支出?(教师提出问题)

活动2:根据活动1的结果,请制作一张美国的国际收支平衡表,查看美国的国际收支是赤字还是盈余。(教师布置任务)

在这一阶段,教师可以根据前三个环节学生所学设计合适的应用。在学生们第一次进行真实操作时,在活动1的过程中会出现分类错误或收入支出判断失误的情况,经过同学们互相帮助或教师的指导,学生可以加深对知识在现实情景下的使用理解;活动2则进一步对学生的实际应用能力提出了挑战。当学生能够成功地自己制作国际收支平衡表时,他不仅已经理解了知识,更重要的是,他对知识形成的过程已经印象深刻。

(三)学生表现

在国际部高一的这节课,学生学习兴趣高涨,课堂参与度高。整堂课学生始终处于积极的、兴奋的和讨论的学习状态中。

通过案例和提问来激发学生兴趣,为学生创造了较强的体验感受;同时教师有意识地增加小组合作交流的机会,学生们共同探究知识,提出了不少颇有新意的问题。

四、总结

体验式教学不同于传统教学,它强调学生从"做中学"。很多研究都发现体验式教学可以提升教学效率,培养学生的思维力和创造力,提高学生学习的主动性。教师在进行课堂设计时需要为学生创设良好的具体情境、激发学生进行反思性观察、鼓励学生的抽象概括,以及指导学生在实际问题中的检验。在经济学课堂里应更多采用体验式教学,使经济学知识更加生动,以高质量的教学培养学生具有更多的探究精神。

参 考 文 献

[1] 胡志力. 体验式教学在高中数学教学中的积极意义 [J]. 考试与评价, 2018 (1): 131.
[2] 鄢碧玉. 体验式教学在小学数学教学中的运用 [J]. 新课程(中), 2018 (4): 154.
[3] 王超. 体验式教学在初中历史教学中的应用探究 [J]. 中国校外教育, 2016 (11): 90.
[4] 郭玲. 《经济学基础》体验式教学研究 [J]. 文化创新比较研究, 2018 (11): 166–168.

教学为本，学科教学创新

中英高中生物教材的比较
——以《组成细胞的分子》为例

任丝璐

有关部门曾对中国恢复高考30多年以来共计3 300余名高考状元的情况进行了统计分析，这些状元基本无人能在各行各业成为引领者和开拓者。这一现场引起国家高度关注与反思，我们的教育应该重视对学生创新意识的培养，高中生不应纯粹为了应试，而应重视在人文底蕴、科学精神、学会学习、健康生活、责任担当、实践创新这六大核心素养上综合发展。

本文以人教版高中生物必修第二章《组成细胞的分子》为例，通过对比中英高中生物教材，在肯定人教版生物创新素养的基础上，对进一步完善人教版生物的创新素养提出了一些参考性建议。选择对比的教材是英国剑桥大学出版社出版的A-Level生物教材与我国人教版高中生物教材。之所以选择英国剑桥版高中生物教材作为比较的对象，是由于现在出国留学的本科生已经多于出国留学的研究生，我们需要更多的老师教授国际生物课程；我国人教版教材以兴趣为主，通过结合生活激发学生对于生物的思考，与此同时英国在对学生的创新素养培养方面也经验丰富。对这两版教材进行比较，可以给教人教版课本的老师和教A-Level课本的老师在培养学生创新素养方面提供一些借鉴和思考。

一、比较中国人教版教材及英国剑桥版A-Level教材

（一）中英高中生物教材宏观比较

1. 教材组织结构比较分析。

人教版教材每节都由一个"问题探讨"引发学生兴趣，并引出这一节内容。"问题探讨"一般是和日常生活密切相关的知识，或者是和其他学科结合的常识或案例，在这一部分还会配上相应的图片或者表格，使问题更清晰有趣。随之由"讨论"激发学生的思考。"本节聚焦"部分帮助学生掌握这节内容的重点。内容按知识点分类，并配上相应知识点的"思考与讨论"，让学生了解自己是否及时掌握了这个知识点。有时还会有"与生活的联系"，或者"知识链接"和提问，让课本不仅仅只有枯燥的知识点，还有知识的引申，让高中生物更生动、更贴近生活。在相应章节还会配上相应的实验。最后每节都会有"练习"，并且按难度系数分为"基础题"和"拓展题"，更方便学生检查自己对这节内容的学习情况，发挥了学生的自主学习。

英国剑桥版A-Level教材着重于知识的科学及全面性，章节标题后就是本章学习目标，帮助学生明确这章具体要掌握的知识点；然后接着一段引言、正文（主题一、主题二……），中间穿插"问题"，再到"章节总结"，最后"章节习题"。

两版教材从总体来说都是有清晰的设计理念的，但是出发点略有不同。剑桥版教材知识点更全面、更深，重视高中和大学的衔接，但内容相对枯燥，知识点分类不太清晰，逻辑也不适合中国学生学习；人教版的教材语言更口语化，更接近生活，较生动有趣，

但是知识相对较少。

2. 教材内容比较分析。

（1）我国人教版高中生物必修一第二章先介绍基础内容——细胞中的元素和化合物，然后用实验鉴定生物组织里的物质，先介绍怎么鉴定，然后一一介绍。具体分析如表1所示：

表1　人教版高中生物必修一第二章生物内容体系

节数及实验	内容
第一节	细胞中的元素和化合物
实验	检测生物组织中的糖类、脂肪和蛋白质
第二节	生命活动的主要承担者——蛋白质
第三节	遗传信息的携带者——核酸
实验	观察DNA和RNA在细胞中的分布
第四节	细胞中的糖类和脂质
第五节	细胞中的无机物

在内容上，先介绍组成生物的元素和化合物，为学生奠定一定的基础知识。在掌握这些知识的基础上，根据大分子重要性，先介绍有机物，从最重要的蛋白质——生命活动的主要承担者、核酸——遗传信息的携带者，到细胞中的糖类和脂质，最后介绍细胞中的无机物。将第一个实验"检测生物组织中的糖类、脂肪和蛋白质"放在介绍的所有物质的前面，引起学生对于物质本质的兴趣。在介绍完核酸之后，教材又设计了观察DNA和RNA在细胞中如何分布的实验。

（2）剑桥版A-Level生物学教材第二章内容安排如表2所示：

表2　剑桥版A-Level第二章生物内容体系

节数		内容主题
2.1 检测生物分子	A	做还原糖和非还原糖的检测，用碘液检测淀粉，检测脂质的乳化测试，检测蛋白质的双缩脲测试
	B	用稀释、标准化测试和结果做半定量班氏测试来估计还原糖的浓度
2.2 糖类和脂质	A	描述α葡萄糖和β葡萄糖的环状形式
	B	定义单体、多聚体、大分子物质、单糖、二糖和多糖
	C	描述如何通过缩水聚合形成糖苷键，形成多糖和二糖（包括蔗糖）
	D	描述多糖、二糖如何通过水解断裂糖苷键
	E	描述多糖（包括淀粉、糖原和纤维素）的分子结构及功能
	F	描述酯键的形成、甘油三酯的分子结构及功能
	G	描述磷脂分子的结构及功能
2.3 蛋白质和水	A	描述氨基酸的结构和肽键的形成和断裂
	B	解释名词的意义：蛋白质的一级结构、二级结构、三级结构、四级结构；介绍四种键：氢键、二硫键、离子键和疏水作用力
	C	描述血红蛋白、胶原蛋白的分子结构及功能
	D	解释水分子之间的氢键、水的特性及功能

这章介绍了细胞中重要的有机分子：碳水化合物、蛋白质和脂质（核酸在另一章介绍），碳元素是生物分子的基本元素。这章还解释了小分子物质（比如葡萄糖、氨基酸、甘油和脂肪酸）是如何合成大分子有机物的。我们都知道生命离不开水，所以理解水的性质是非常重要的部分。这章同时强调了分子间的关系及其功能。有些知识点会在后面的章节介绍，比如血红蛋白在气体运输中的作用、细胞膜中的磷脂分子及免疫中的抗体。学生需要用本章学到的知识处理熟悉或者不熟悉的问题。

两本教材在内容上的比较：人教版教材是从基础知识点着手，然后开始介绍大分子物质，先是有机物，然后是无机物；英国剑桥版教材先介绍糖，然后是脂质、蛋白质、水，并且知识点偏向生物化学，更全面、更深入。

（二）中英两国高中生物教材第二章微观比较

1. 学习目标。

人教版高中教材在每小节都有一个"本节聚焦"，便于学生知道学习目标。如水这节的"本节聚焦"是：水在细胞中的存在形式有哪些？水在细胞中的作用是什么？而英国剑桥版 A-Level 生物教材在每一大章前面有一个总的"学习目标"，这样并不利于学生了解每一小节的目标，如关于水的"学习目标"：解释水使生命变得可能的关键特性。

剑桥版教材的学习目标系统全面，而人教版教材学习目标性强，知识构架比较简明。比如关于蛋白质的一节，前者描述了小分子是如何形成大分子，描述了蛋白质的结构和功能，介绍了生化实验鉴定蛋白质；而后者关于蛋白质的一节重点介绍了氨基酸的结构特点，细胞中蛋白质的种类多样的原因，蛋白质被称为"生命活动的主要承担者"的原因。

2. 内容架构。

剑桥版教材在介绍水的章节时更在意"结构决定功能"的阐述和解释，具体介绍了水分子之间的氢键、极性分子及由于结构造成的特性（作为溶剂、作为运输媒介、比热容大、蒸发潜热高、密度和冷冻特性、表面张力和内聚力大、作为反应物）；人教版教材更注重引起学生兴趣，更联系生活实际。如在介绍结合水和自由水时，用图片形象生动地展示了幼儿和成人体内的含水量，引起了学生的兴趣。

剑桥版教材在介绍蛋白质的章节中，先介绍蛋白质的功能，帮助学生感性上认识蛋白质，然后介绍蛋白质的基本单位——氨基酸，以及肽键与两个氨基酸形成二肽的过程；详细介绍了蛋白质的一、二、三、四级结构，并且以血红蛋白和胶原蛋白分别为例，详细介绍了两类蛋白质（球状蛋白、纤维蛋白）。讲得略深，可以帮助学生在未来更好地理解大学内容，但是缺少与生活方面的联系，不能很好地激发学生兴趣。人教版教材蛋白质一节由生活引入，简单介绍了氨基酸，然后通过氨基酸只有 20 种，但蛋白质却有 $10^{10} \sim 10^{12}$ 种，引出氨基酸如何导致蛋白质的多样性；具体介绍两个氨基酸的结合，再推出一条肽链的形成过程；最后介绍蛋白质功能。

3. 提问方式。

人教版教材在介绍水的章节时通过让学生举出实例说明生命活动离不开水，来引发学生从已有生活经验来思考水的本质及作用；而剑桥版教材在关于水的一节提出的问题是："阐明水的特性在以下现象中的重要性：a. 流汗时皮肤会凉快；b. 哺乳动物中葡萄糖和离子的运输；c. 湖里和海里比陆地上的温度变化更小。"所提的问题更具有科学性。

4. 图片展示。

剑桥版教材介绍了水分子的结构图,以及 NaCl 溶解在水分子中的分布图(图1)。

图1展示了水分子之间原子及电荷的分布,将 NaCl 溶在水里时 Na^+ 和 Cl^- 的分布。更充分清晰地展示了水分子因为带电荷,所以可以作为很好的溶剂。

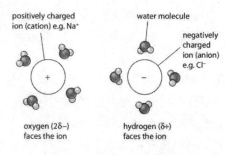

图1　NaCl 溶液中水分子的分布

图2中展示了一只小昆虫站在池塘水面上。小昆虫能"站而不破"是由于水分子之间形成的表面张力导致的。剑桥版生物教材的图偏重解释化学原理,图片清晰,便于学生看到反应本质;对图片介绍比较详细,说明是画出来的还是用某种仪器(如电子显微镜、光学显微镜等)拍出来的,拍出来的图片会标明放大倍数,并稍微介绍一点原理。

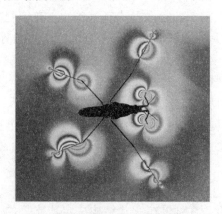

图2　站在池塘上的水邑

(这张照片是通过干涉仪拍摄出来的,展现了水邑站在水面上时的干涉图。水的表面张力使得水面永远不会被打破)

人教版教材在介绍水这一节时,提及水母的含水量高达97%,配了水母的照片(图3)。同时,为了说明不同生物体内含水量不同,均配以其他有趣的图片(图4、图5)。

图3　水母

(水母的含水量高达97%)

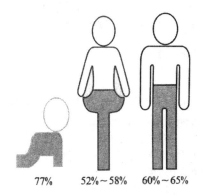

图4 幼儿和成人体内的含水量

（不同年龄段及不同性别人体含水量有差异。年纪越大，含水量越少。男性普遍含水量高于女性）

图5 幼儿和老年人

（此照片取自生活，体现了不同年龄段人体含水量的差异，形象生动，但不深入。配图的文字解释过少）

人教版教材与生活相关的部分做得很好，能够引起学生通过对周围的生活观察来思考生活，引起学生的兴趣；剑桥版教材与化学联系很紧密，充分地解释了结构如何决定功能，与大学内容联系紧密，对未来大学生物的学习进行了很好的铺垫，不会让学生进入大学后觉得跨度太大。人教版教材可以保持与生活的联系及从生物的角度思考生活，但是应提高图片质量，内容应再科学一些，与大学生物保持一些联系。

5. 课后习题与高考题。

剑桥版教材对于水的性质提的问题：哪张图最好地展示了溶液中的钠离子（Na^+）和氯离子（Cl^-）周围水分子的排列（图6）？　　　　　　　　　　　　（　　）

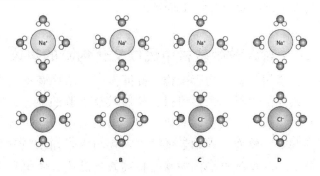

图6

A-Level 题：水的哪个特性可以使细胞内的温度变化最小？　　　　　　　（　　）

A. 内聚力　　　　B. 蒸发潜热　　　C. 最大密度在4℃　　　D. 比热容

对比剑桥版课后习题和 A-Level 题，发现二者在难度上、内容上差距不大。学生通过训练课后习题，也可以提高应试能力。两种题型都相对紧密，题目不难，考点清晰，一般只考"水"这个知识点，不和别的知识点混考。每题一分。

图7、图8分别为我国人教版课后习题和2015年山东高考题：

二、知识迁移

刚收获的玉米种子在阳光下晒干，重量减轻，这个过程损失的主要是________，这样的种子在条件适宜时，仍能萌发成幼苗。把晒干后的种子放在一洁净的试管中加热，试管壁上有水珠出现，这些水主要是________，这样的种子将不能萌发。代谢旺盛的细胞内________的含量相对高些。

图 7　人教版课后习题

2.(2015·山东高考·T4)下列有关细胞内物质含量比值的关系，正确的是

A.细胞内结合水/自由水的值，种子萌发时比休眠时高

B.人体细胞内O_2/CO_2的值，线粒体内比细胞质基质高

C.神经纤维膜内K^+/Na^+的值，动作电位时比静息电位时高

D.适宜条件下光合作用过程中C_5/C_3的值，停止供应CO_2后比停止前高

图 8　我国高考题

通过比较可以发现，人教版教材课后习题比较简单，与课本知识联系紧密；但是高考试题涉及的知识点多，并且难度大。学生仅通过学习教材和做课后习题准备高考，是完全不够的。高考题目跨度较大，一般几个章节知识点一起混考，思维跳度较大，能够锻炼学生的综合水平。每题六分。在“水”的部分，剑桥版教材更科学全面地介绍了水分子、分子之间的作用力，以及水分子的特性及实例，有点像高中转大学的过渡。难引起学生的兴趣。但是配有图片，图片都非常精美。人教版教材更在意知识与生活的联系，更在意引起学生的兴趣，有点像初中转高中的过渡，但是与大学生物有点脱节。将水和无机盐一起介绍，便于学生综合理解无机盐溶于水，并且容易解释：如果发生脱水或者大量流汗，其实不仅要补水，也要补盐的原因。

二、对人教版教材中民族文化创新的建议

本文对两版教材从学习目标、内容架构、提问方式、图片展示、课后习题及高考题等方面进行了比较，人教版教材有很多值得剑桥版教材借鉴的地方，如人教版教材注重知识点的趣味性，把知识点和生活关联起来。但是对人教版教材也有一些改进建议：第一，考虑到与大学的联系，要有一些知识铺垫，不要与大学知识脱节太多，以免让学生进入大学不适应；第二，改良教材插图质量，提高教材品质，使得学生更容易理解；第三，补充介绍知识点——结构决定功能。

参考文献

袁丽虹．人教版高中生物学教材与英国 CIE A-Level 生物学教材的比较研究［D］．福建：福建师范大学，2016.

中美物理竞赛知识点考查的对比分析

孙 慧

【摘 要】 据统计，虽然到目前为止中国在科技创新方面的总投入高于美国，但中国科研成果在国际的认可度仍落后于美国。本文结合自身实践，通过对比中美物理竞赛试题，将试题分为四大力学与其他共5类，从知识点的广泛度、相同知识点的组合考查，以及其他类别进行对比，找到中美两国利用物理竞赛培养学生创新能力的不同之处，从而对中国物理竞赛提出合理的建议。

【关键词】 中美物理竞赛；对比分析；创新能力

21世纪以来，科技的快速发展大大提高了人们的生活水平，使得人们意识到了科技发展的重要性。科技的发展则与创新能力息息相关，所以培养国民的创新能力迫在眉睫。然而，尽管到目前为止中国对科研创新的投入高于美国，可相关科研成果的出口却远不如美国，这引起了笔者的思考。结合自身的教学实践，笔者希望能从中美物理竞赛的对比研究中，找到中美两国在创新能力方面存在差异性的可能原因，并对中国利用物理竞赛对学生创新能力的培养提出合理的建议。

一、中美物理竞赛基本信息

笔者选择中国全国中学生物理竞赛与美国"物理杯"竞赛进行分析，相关的考试基本信息见表1与表2。

表1 中国全国中学生物理竞赛预赛、复赛与决赛基本信息表

	内容	分值	时间与题型	命题人	晋级本轮比赛方法
预赛	理论	200分	每场考试时间均为3小时，考试题型为简答或计算题	全国中学生物理竞赛命题组统一命题制定评分标准，办公室统一制卷	学校统一报名
复赛	理论	160分		全国中学生物理竞赛命题组统一命题制定评分标准，办公室统一制卷	不少于本赛区一等奖名额的5倍
	实验	40分		地方委员会命题并评定成绩	不少于本赛区一等奖名额的1.2倍
决赛	理论	140分		全国中学生物理竞赛命题组统一命题制定评分标准，办公室统一制卷	地方委员会结合复赛成绩与分配名额择优推荐
	实验	60分			

表2 美国"物理杯"高中物理竞赛基本信息表

	考试内容	考试题型	分值	考试时间	命题人
决赛	理论	单选题	40分	45分钟	由协会注册的大学物理教授和教学经验丰富的高中物理老师
	考试共两种选择，建议高一学生选择题号为1～40考题，建议高二和高三学生选择题号11～50考题。后者难度大于前者				

二、中美物理竞赛知识点的差异性对比

本文以中美 2015—2017 年共 3 年的竞赛题为基本数据。由于中国物理竞赛需要经过层层筛选，其竞赛试题包括初试、复试与决赛共 3 套，本文中对中国物理竞赛试题的分析主要集中在决赛试题，而美国物理竞赛试题则选择美国"物理杯"。

（一）考查知识点广泛度的对比

通过对中美两国物理竞赛中考查知识点的对比分析，可以发现中国物理竞赛考查知识点的范围明显小于美国物理竞赛。为分析方便，本文按照"四大力学"与"其他"一共 5 类，针对 2015—2017 年间两国物理竞赛考查知识点的内容进行分类统计。其中四大力学包含理论力学、热力学与统计物理、电动力学、量子力学。统计过程中，由于中美物理竞赛均有部分题目无法归类到四大力学中，所以增添一个"其他"类别。中国物理竞赛"其他"类别中包含考查学生的数学计算能力与根据题干信息理解新概念的能力等；美国物理竞赛中"其他"类别则主要包含物理学史与现代物理学发展的一些人文历史问题。数据表明，中国物理竞赛决赛一共考查了 41 个物理知识点，其中理论力学 24 个，热力学与统计物理 2 个，电动力学 11 个，量子力学 4 个；美国"物理杯"竞赛 3 年一共考查 59 个物理知识点，其中理论力学 27 个，热力学与统计物理 4 个，电动力学 16 个，量子力学 12 个。结论表明，中国全国中学生物理竞赛决赛中考查的物理知识点少于美国。

其次，美国试题多为多项选择题，每份试题包含 50 道题目，而中国则是 8 道非选择题，其中包含 1～6 个小问。为对比方便，在统计中国试题个数时，本文将每一小题计为 1 题，则中国物理竞赛 3 年来总题量为 73 题，美国是 150 题。在中国物理竞赛的 73 题中，约 79%（58/73）的题目涉及了与理论力学相关的知识点，25%（18/73）的题目涉及电动力学的知识点，仅有 10%（7/73）的题目考查了热力学与统计物理相关知识点，而与量子力学相关的题目最少，只有 2 题（3%）。四大力学类别考查题目数量的百分数相加大于 100%，这是由于有些题目需要结合多个领域的知识点才能解答，如 2017 年中国物理竞赛第四大题的第 2、3、4 小问，均涉及了理论力学和电动力学的知识点，所以该题被重复计算。中美物理竞赛四大力学题目考查百分比见表 3。

表 3　中美物理竞赛四大力学考查题目数量百分比

	理论力学	电动力学	热力学与统计物理	量子力学
中国	79%（58/73）	25%（18/73）	10%（7/73）	3%（2/73）
美国	70%（105/150）	35%（52/150）	8%（12/150）	3%（5/150）

可以看出，中美对四大力学知识点的广泛度考查相差不大，在一定程度上反映了两个竞赛都非常注重知识的广泛度，而中美高中生创新能力存在不同并不是因为考查知识点的广泛度存在差异。

（二）同一模块知识点组合考查的对比

在四大力学中，两个竞赛考查知识点比较多的分别是理论力学和电动力学。其中理论力学常考的知识点有平衡状态、冲量定理、牛顿定律、角动量定理等；电动力学常考的知识点有库仑定律、欧姆定律、电磁感应、基尔霍夫定律等。

分析 2015—2017 年中国中学生物理竞赛的题目得出，在理论力学中，考查知识点通

常以"1+X"模式为主,其中1为受力分析,X为平衡状态、动能定理、刚体转动定理、角动量定理等。在理论力学相关的题目中,有约49%的题目是按照这种组合来考查。知识点的组合度较大,知识点之间存在着密切的联系。这样容易让学生在潜意识中形成惯性思维,形成单一的解题方法,习惯性地总结解题的固定套路,在一定程度上限定了学生寻求新方法和新思路的创新能力。

分析2015—2017年美国"物理杯"高中物理竞赛的题目得出,理论力学知识点和电动力学知识点的百分比较大,每道题目考查的知识点较少,知识点之间的结合度相对较低,大部分题目考查的知识点只有1个,因此题目难度相对较低。在降低题目难度的同时,解题的方法灵活多变,很多题目可以一题多解,在一定程度上可以提高学生的想象力,让学生的思维不受到限制。

(三)关于其他类别知识点的对比

1. 物理学发展相关知识点的对比。

对比2015—2017年中美物理竞赛中关于物理学发展相关知识点的考查,发现中国中学生物理竞赛中几乎没有这方面的题目,而美国"物理杯"竞赛中,平均每年都会出现2道关于物理学近况及发展的题目,有的是关于著名物理学家及其理论,有的是关于最新的物理前沿知识,如诺贝尔物理学奖等。这些题目的考查,尽管不需要强大的解题逻辑思维能力,但是可以看出学生对现代物理学发展的了解情况,在一定程度上反映了学生对物理学科的关注程度,从而体现学生对物理学科的热爱和兴趣,有助于挑选出真正适合学习物理和热爱物理的人才。

在了解物理学发展的过程中,物理学家们对于科学研究的批判精神有助于启发学生的创新思维,他们对于科学治学的严谨态度、孜孜不倦的探索精神有助于培养学生坚韧不拔的意志,从而为学生将来进行科学创新铺垫了情感基础。

2. 数学计算能力的对比。

对比中美物理竞赛试题,可以发现美国竞赛对数学计算能力的考查是几乎没有的。一方面可能是由于欧美国家学生自身计算能力远远弱于中国学生,所以不便考查;另一方面,也表明美国物理竞赛命题人不认为数学计算能力是体现学生物理能力的指标之一。在这一点上,中国与美国截然相反。中国物理竞赛在73道题中,几乎每一题都涉及复杂的数学计算,如微积分求导、极限、三角函数、韦达定理等知识点,学生也许可以利用物理知识列出等式,但或许会因为数学计算能力不足而不能解答题目,更有16%(12/73)的题目完全就是考查数学计算能力,与物理没有关系,这一类题目的考查对培养学生创新能力的作用令人质疑。

此外,更多的一类考查数学计算的题目是中国物理竞赛中存在上下关联的题目。以2015年第八大题的第3小问为例,该题目的解答是在前两问解答的基础上,进行数学求解得到理论上的极大值与极小值。仅第3小问来看,本题并没有考查任何物理知识,而是考查了数学的代入与计算,所以出于得分的目的,会使得培训物理竞赛学生的老师更多地关注到学生计算能力的培养。

3. 学生阅读能力的对比。

中国物理竞赛还有一类题目是要求学生能根据题干给出的信息与解释,现场阅读并理解一个物理概念或物理公式、定律,从而解答一系列问题。如2017年第八大题的第1

小问，用大段文字解释了什么是色散关系，并给出了某种材料的色散关系公式，学生运用这个公式解答本题。或许学生的物理创新能力很强，但是可能会由于不能读懂题目，不会套用题目给出的公式，所以无法解答本题，本题实际上是在考查学生的自学能力。教师在分析每年真题时，会针对性地培养学生的这一能力，但学生的自学能力实际上与创新能力并不直接相关。这一类题目大约占总题量的8%（6/73）。在解决这一类问题时，学生更多的是对某一个已知的结论进行分析与说明，而不是结合自身已有的知识点去创新一些没有的新事物。所以这一类问题的考查是否能够促进教师对学生物理创新能力的培养，仍需讨论。

三、对中国物理竞赛的几点建议

综上所述，中美物理竞赛在四大力学方面考查的知识点的广泛度相差不大，说明考查知识点的广泛度并不是中美学生创新能力存在差异的主要原因。但是中国物理竞赛同一模块知识点考查的组合率较高，题目难度较大，需要学生有较强的数学计算能力和阅读理解能力。为了帮助学生解答这一类难度较大的问题，培训教师往往会为学生总结相应的解题"套路"，从而容易让学生形成固定的思维模式，按照固定的解题步骤解决问题。这与创新能力的培养是矛盾的，因为创新能力应是一种不被限制、拘束的能力。笔者认为，创新能力可以从学生的思维是否被禁锢、思想是否灵活得到体现。创新能力是指学生创新出之前没有的东西的能力，一旦学生的思维被禁锢，形成定性思维，那么该学生的创新能力是不够的，因为这一类学生的思维已经形成了"套路"，并习惯于遵循"套路"解决问题，自然无法跳出固定的思维定式，进行有效的创新。

美国"物理杯"竞赛题目较为灵活，虽然难度相对较低，但学生可以一题多解，思维不会受到很大的限制；同时美国"物理杯"涵盖一些关于物理学史的问题，可以帮助命题人寻找到对物理感兴趣的学生，从而进行引导与培养。学生通过了解物理学的近况及发展，有助于培养批判精神和创新思维，能够面对困难勇于挑战。

所以，通过中美物理竞赛知识点考查的对比研究，对于未来中国物理竞赛的发展，笔者从以下几个角度提出建议：（1）降低题目难度，增加题目灵活度，鼓励学生多种方法解决问题；（2）知识点组合考查灵活化，而不是某一个知识点贯穿到每一题中；（3）尽量减少考查数学计算能力的题目，同时可将关联的题目改为独立的题目，而不以大题套小题为主；（4）减少让学生通过阅读题干信息、理解新概念后解决问题的题型；（5）增加对物理学史相关知识的考查，如物理学家及其理论、近几年的诺贝尔物理学奖等。

四、在苏外进行的物理竞赛培训的改变

针对以上建议，苏外尝试对物理竞赛培训做出了一些改变。首先，苏外加大了在物理竞赛培训上的时间投入，允许学生有足够的时间拓宽思路，想出更多的解题方法，而不需要遵循教师为了省时间而规范整理出来的解题"套路"，跳出单一固定的解题框架；其次，苏外教师在讲解竞赛题目的同时，加大了对于物理学近况发展的介绍，使得学生对现代物理前沿知识和最新科技发展有一定的了解，从而可以大大激发学生对物理竞赛

培训课堂的兴趣；再次，在学习理论知识的同时，教师将理论知识与生活实践紧密联系，使复杂抽象的理论知识具体化，让学生将对理论知识的了解与具体的实际应用联系，使得学生更加透彻地理解所学的物理知识，并意识到将理论知识迁移到实际应用并没有想象中困难，从而激发学生的创新意识；最后，考虑到培训教师必须依赖于竞赛试题的内容对学生进行培训，针对竞赛题型、知识点考查的内容与方式的更改并不以培训教师的意见而转移，所以苏外教师在进行物理竞赛培训时，更多的还是遵循竞赛大纲的要求，对学生的相应能力进行培养与锻炼。

参 考 文 献

[1] 马艳玲，何建武. 中国创新能力的国际比较［J］. 发展研究，2018（1）：45－50.

[2] 褚宏启. 培养创新能力的三个因素［J］. 教育文摘，2018（1）：69－71.

[3] 杨政泽. 浅析在初中物理课外实验中如何培养学生的创新能力［J］. 中国校外教育，2019（5）：89.

[4] 贺登超. 浅谈初中物理实验教学中创新思维能力的培养［J］. 学周刊，2019（9）：31.

古典名著阅读应抓住其文化 "硬核"
——以《西游记》整本书阅读为例

王 萍

【摘　要】　统编语文教材对古典名著阅读提出了新的要求，每一位语文教师都要肩负起传承名著中蕴含的人类文明精髓的使命。初一学生阅读古典名著多停留于故事情节，因此，教师要通过名著阅读，引领学生深入挖掘名著蕴含的文化精神，展现文化的永久魅力。笔者在实施《西游记》的阅读教学时，着力从三个方面引导学生的阅读思维向纵深发展：一是打通情节"任督二脉"，探明取经故事缘起；二是了解玄奘取经的历史事实，研究《西游记》的成书过程，还唐僧、悟空师徒真面目；三是从《西游记》的回目、起叙和收束入手，领略章回体小说的魅力。借一部《西游记》，一步一步带领学生走近中国传统文化的"硬核"。

【关键词】　西游记；文化硬核；取经故事；人物形象；章回体小说

《西游记》应该是中国古典四大名著中群众基础最广泛、最受小孩子喜爱的一部，其中许多故事早已家喻户晓，很多学生在幼儿园时就知晓若干。市面上也是各种删减版、青少版层出不穷。在这样的教学背景之下，《西游记》作为统编教材七年级上册的精读名著，教师该如何引导刚步入初中的学生深入阅读原著，达到教材的精读要求呢？教师又该如何在名著阅读指导教学中培养学生的语文核心素养呢？

《礼记·学记》上说："学然后知不足，教然后知困。"在对任教班级的学生对《西游记》的阅读情况做了大致了解之后，笔者发现他们往往只关注书中离奇的故事情节、有趣的人物，就像小时候读青少版那样，有的学生甚至还抱怨原著太长了，读起来费劲；而对于为何要设置九九八十一难，人物的深层内涵又是什么，《西游记》的成书过程是什么样的，章回体小说有什么特色等问题并不清楚。在进一步了解之后，笔者找出了问题的根源，那就是学生只是把《西游记》当成一部一般的小说进行阅读，而忽略了它所承载的文化精华，不清楚其文化"硬核"。于是在"学生会的不教，只教不会的"原则的指引下，笔者决定进一步引导学生的阅读思维向纵深发展，找出学生的知识盲点；让学生抓住古典小说的文化内核，真正读懂《西游记》，领略章回体小说的独特魅力。

一、打通情节"任督二脉"，探明取经故事缘起

在《西游记》第一百回，历经磨难的唐僧师徒，在西天灵山取得真经回到长安。玄奘进宫拜见唐太宗，面对太宗皇帝西天取经路程一共多远的提问，玄奘回答说共有十万八千里之远，共历一十四遍寒暑。这个距离刚好是孙悟空一个筋斗云的距离，也就是孙悟空翻一个筋斗的功夫就能完成的事情，为什么非要耗时十四年，登山越岭，跋涉崎岖，历尽艰辛而为呢？

（一）关联前后，探究情节的合理性

这一问题，无疑将学生从各类妖魔鬼怪的精彩故事中拉出来，让学生从小说情节的层面来思考故事设置的合理性，引领学生注意小说前后情节之间的相互勾连。为了解答

这一问题,自然还是要回到小说中去。

《西游记》第八回如来在"盂兰盆会"上对一众神仙说:"如今我四大部洲,众生秉性,善恶有别,各有不同:东胜神洲,百姓礼敬天地,安居乐业;北俱芦洲,虽然喜欢杀生,但为了养家糊口,性情疏拙,也没有什么大问题;我们这西牛贺洲,人们无贪念不杀伐,颐养性灵,虽称不上人人得道,但每个人都能寿终正寝;只有那南赡部洲,贪淫荒乱,喜好杀伐生事,实在乌烟瘴气。我如今有三藏真经,可以普度众生,劝人为善。想要将它传到东土,只是那里众生泯顽愚昧,破坏真理,不知晓我佛门精旨。在座诸位,谁能去东土找一个善信。让他一心一意,潜心向佛,愿意历经千辛万苦,跋山涉水,到我这里求取真经,然后传到东土大唐,教化众生向善,那时节实在是'山大的福缘,海深的善庆'。"

从这里我们可以看到,西天取经幕后的"操盘手"就是如来,旨在劝南赡部洲民众为善,担心世人轻易得到便不珍惜,便不肯直接将三藏真经送去东土,必须找一个意志坚定的"善信",经过九九八十一难,诚心诚意磨炼意志,方才传授真经。于是接下来便有观音奉旨上长安,在水陆大会上寻得佛子转世的坛主陈玄奘,才有了后来的取经故事。这是作者在写取经故事的时候已明确解释的缘由,只是学生在阅读时往往会忽略其中的关键,读得粗疏罢了。

(二)着眼人物,考虑情节的可行性

从人物形象上来看,《西游记》中悟空幼时从菩提祖师那里学了长生不老的法术,后又在兜率天宫偷吃了太上老君的"九转金丹",早已练就金刚不坏之身。孙悟空的形象,其实是扎根在中国传统文化中,融入了我国古代神话、民间传说,以及道、佛两教的奇异故事,包含了历代民间艺人和创作者的想象和爱憎。比如"石中生人"的夏启,"铜头铁额"的蚩尤,"与帝争位"的刑天等,与悟空从花果山仙石孕育而出,拥有铜头铁额、金刚之躯,大闹天宫称玉帝之位"我也可坐"等情节无不相似。可见,孙悟空的形象被着力塑造为一个有强烈个性、坚定理想、降妖除魔能力的超级英雄。

相较之下,小说中陈玄奘只有一具凡人的皮囊,怎经得起这十万八千里的"超音速"呢?因此,前有情节上的明确交代,后有人物的条件限制,所以取经之路还得一步一步慢慢走。

二、锁住人物"琵琶骨",还原师徒真面目

《西游记》中多次提到"琵琶骨",说是妖怪被锁住琵琶骨,它便无法变形,无法脱身。取经路上,一个软弱无能的师傅,一个胆大包天的徒弟;一个胆小懦弱需要保护,一个上天入海降妖伏魔。可是待唐僧师徒将三藏真经送回大唐,复转灵山缴旨,唐僧、悟空、八戒、沙僧、白龙马分别被封为旃檀功德佛、斗战胜佛、净坛使者、金身罗汉、八部天龙马。五圣果位之时旃檀功德佛在斗战胜佛之前,于是有学生提出质疑:取经一路,悟空功劳甚大,当在唐僧之前。那么,取经一事究竟是唐僧功劳大呢,还是悟空功劳大呢?这师徒二人究竟谁才是主角呢?

(一)了解历史故事,还唐僧一个"清白"

为了解答这一疑惑,必须让学生了解唐僧西天取经的真实事件。为此,笔者查阅了《大唐西域记》,本书由唐朝和尚玄奘口述,其弟子辩机记录。书中明确记载:玄奘法师

自幼出家为僧，禀赋聪慧，又勤奋努力，一时颇有名气。恰逢大唐盛世，八方来朝，玄奘和尚为了研究佛经教义，于唐太宗贞观三年，只身一人前往天竺。资皇灵而抵殊俗，冒重险其若夷，假冥助而践畏途，却往往又能化险为夷，转危为安。最终，透彻研究佛经教义，见不见于空有之间；广博考察事理精微，闻不闻于生灭之际。十七年后，从天竺带回六百五十七部经书，得到太宗皇帝的褒奖。

《大唐西域记》主要记载玄奘只身游历西域的见闻，途经两百多个国家和城邦，见到了不同民族的民俗风土、地理形势等，几乎没有涉及自身遭遇的艰辛与不易，但路途遥远，只身深入，其中艰辛即使自己不说，人们也能想象。正是因为玄奘不诉苦，更能体现玄奘西天取经的执着与坚定、勇敢与机智、坚韧与超拔。据此，学生们终于明白了：原来《西游记》里的陈玄奘与历史上的陈玄奘差了十万八千里，真正的取经人还真是玄奘；而孙悟空，史无其猴，完全是虚构的形象。

（二）梳理成书过程，给悟空一个定位

了解了唐僧西天取经的历史故事之后，学生又产生了新的疑惑：为什么《西游记》里的陈玄奘与历史人物差距如此巨大？为什么《西游记》中平白多了一只猴子呢？要回答第一个问题，就必须了解《西游记》的成书经过。经过对相关资料的查阅和研究，我们共同得出了以下结论：

辩机将师傅玄奘到天竺取经的见闻经历写成了《大唐西域记》一书。唐代末年，一些笔记小说已不时用夸张神化的笔调穿插入一些离奇故事，给历史故事增添了神异色彩；到北宋便有了说书人使用的话本《大唐三藏取经诗话》，开始将取经的历史故事文学化，并出现了《西游记》中孙悟空的雏形——猴行者，这一形象在流传过程中被认可，并逐渐成为故事的主角；唐僧师徒四人取经的故事在元代渐渐确定下来。元末明初，《西游记》问世，只是最后的作者究竟是谁，目前仍存在争议，一般将其归于吴承恩名下。由此可见，西游取经故事在不同的时期，通过不同的途径和不同的文学样式流传下来，原有的故事情节也不断地被改变和充实。

那么，作者为什么要在取经故事中增加孙悟空这一形象呢？这一问题实际关乎作者创作的主旨。

于是，笔者又引导学生们去了解吴承恩的生平及创作背景，在课堂上进行了交流。学生最终明白，在孙悟空这个虚拟人物身上，寄托了作者的社会理想和宗教批判：他的"超出三界外，不在五行中"的大胆厥词是对神圣皇权的有力叛逆；他的"尽你到那里去告，老孙实是不怕"的傲慢无礼是对黑暗现实的不屑嘲弄；他的"树大招风风撼树，人为名高名丧人"是自我成长的感伤自怜；他的"济困扶危，恤孤念寡"是替人间打抱不平。正是这些复杂多样的特征，才让孙悟空的形象如此深入人心，再加上手中那根威力无比的金箍棒的助阵，让他与各类妖魔鬼怪的斗争读起来让人更加痛快淋漓。以致部分学生提出"取经一事，悟空功劳更大，五圣果位，悟空当在唐僧之前"的疑惑。

吴承恩在《西游记》的结尾之所以将唐僧的功劳排在前面，个人以为，是为了尊重历史，尊重玄奘不变的初心。

三、修炼阅读"独孤剑"，领略章回体小说的魅力

中国古典名著基本都是长篇巨著，而主要的体裁便是章回小说。《西游记》作为中国

古典四大名著之一，无疑是章回小说的翘楚。如今市面上有各种删改版本，如何引导学生自觉拿起原著来阅读？章回体小说又有什么独特魅力呢？带着这样的思索，我们做了如下研究整理。

（一）分章叙事，分回标目

试比较这两个标题：1. 孙悟空大闹天宫；2. "乱蟠桃大圣偷丹，反天宫诸神捉怪"。问题一经抛出，立即激起学生的思维火花，他们发现了后者的种种好处：既对称又押韵；道出了孙悟空大胆叛逆的个性特征；既写了孙悟空大闹天宫这一事件，扰乱蟠桃盛会和偷食仙丹，又写了天庭绝对镇压的鲜明立场；"怪"字体现了孙悟空的横空出世在天庭看来绝非同类，即使他已是神仙之体；"诸神"可看出孙悟空的法力之深，对天庭的破坏力之大，需要调动天宫四大天王、星宿星官、揭谛、功曹等十万天兵天将。并且总结出，原著中有回目，且古典语言凝练工整，而改编版没有回目且概括简单。由此可见，原著的回目是一个小小的宝藏，内涵丰富，语言典雅。

（二）固定起叙，套语收束

接下来，关注章回体小说开头和结尾的特点，引导学生认识这种古典小说体裁。从"却说那大圣""却说美猴王""话表齐天大圣"说说章回体小说如何开头；从"毕竟不知那猴王性命何如，且听下回分解""毕竟天晓后如何处置，且听下回分解"等套语来体会章回体小说结尾的特点。这样点醒之后，学生不难发现：开头既是对上文内容的概括，又引起要说的话，并且有标志性词语过渡；结尾都有"且听下回分解"。

章回体小说每回都有一个相对完整的故事，它们既相对独立，又承上启下。每一回的起叙和收束都有相对固定的语句，是章回体小说的另一个特征。因为，明清章回体小说的源头是宋元时期的"讲史话本"，其内容大多侧重演说历史或叙说英雄，讲述野史故事。后来随着世俗文学的进一步发展，内容不再限于历史英雄，而是更广泛地涉及现实生活中的普通人。这些故事大多篇幅较长，说书艺人必须分成几次完成。每说书一次，就相当于章回体小说中的一回。每次开始说书之前，艺人需用简洁的话语，概括上一回的主要故事情节，这就形成了起叙；讲完一个故事之后，为吊起观众下一次继续听书的胃口，就有了"且听下回分解"的收束。

（三）话本体制，穿插诗词

《西游记》的文学性还表现在每一回中都会插入诗文。"请同学们不妨找找看，是否能发现其中规律？"一经老师提醒，同学们便开始探索与发现，在一番交流与探讨后，我们得出如下结论：

引用诗词大体分布在三个位置：一是回目开头用开场诗；二是故事结尾用散场诗；三是一回中间，需要场景描写或人物评赞时多引诗词曲赋。这也是章回体长篇小说保留宋元话本体制的另一特征了。

如《西游记》第一回开篇即引诗："混沌未分天地乱，茫茫渺渺无人见。自从盘古破鸿蒙，开辟从兹清浊辨。覆载群生仰至仁，发明万物皆成善。欲知造化会元功，须看《西游释厄传》。"全书从天地混沌未分、盘古开天辟地说起，为下文悟空破石而出营造一种神秘虚幻的宏大背景，同时暗示小说西天取经、向佛向善的主体事件，同时还透露出有明一代将道家"修心炼性"与佛家"明心见性"相融合的心学主张。

又如第二十七回白骨精初次出场时的外貌描写："冰肌藏玉骨，衫领露酥胸。柳眉积翠黛，杏眼闪银星。月样容仪俏，天然性格清。体似燕藏柳，声如莺啭林。半放海棠笼晓日，才开芍药弄春晴。"从八戒的角度来观察女子的容颜，真个是"女菩萨"一般人物，怎能不动凡心，于是撺掇师傅对悟空念紧箍咒。看似枯燥难懂的古诗文其实并不难，而是很有趣味和韵味，学生可以从中学到不少写作文的方法，如外貌描写时的比喻修辞等。

如此引领，学生不仅深入了解了《西游记》的情节和人物，而且知道了《西游记》的成书过程，探究了创作主旨，还领略了章回体小说的独特魅力。从此学生应该不再惧怕名著中深奥难懂的内容，他们会以更浓厚的兴趣投入古典名著的阅读中，觅得属于自己的文学"花蜜"。

参 考 文 献

[1] 吴承恩. 西游记［M］. 北京：人民文学出版社，2012.
[2] 辩机. 大唐西域记［M］. 北京：中华书局，2014.

理论为重，教育管理创新

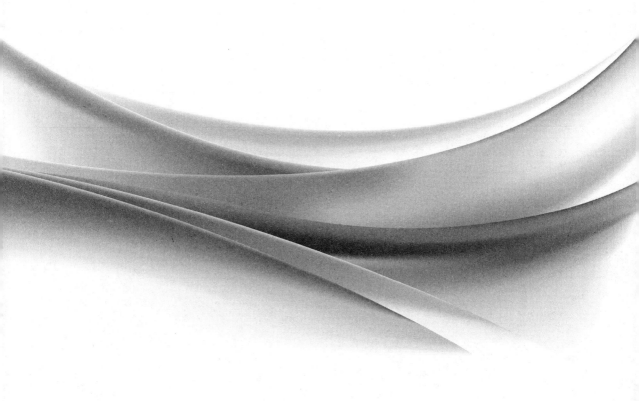

中国国际化教育中的"四课"创新

杜少梧

【摘　要】 笔者从事国际化教育20余年,梳理总结了在中国国际化学校中实施国际化教育的经验,从课程、课本、课堂、课外四方面对比中西方学校教育,特别从苏州外国语学校与西方教育的交流互鉴中对学生创新素养培养的实践探索过程出发,思考中国国际化教育中的"四课"创新。

【关键词】 课程;课本;课堂;课外;融合创新

创新是指以现有的思维模式提出有别于常规或常人思路的见解为导向,利用现有的知识和物质,在特定的环境中,本着理想化需要或为满足社会需求,改进或创造新的事物、方法、元素、路径、环境,并能获得一定有益效果的行为。

在中国,在教育行业,在开放性相对灵活的国际化学校,如何利用优势,在传承中国教育优良基因的基础上,融合西方先进的教育理念和教学方法,探索实践,不断创新,值得我们思考。本文以高中为例,从课程、课本、课堂、课外(简称"四课")四方面对比中西方学校教育。

一、四课的中西方现状对比

(一)课程

课程是为实现培养目标而选择的教育内容及其进程的总和,它包括学校老师所教授的各门学科和有目的、有计划的教育活动。

1. 总体目标。

中西方高中阶段课程体系总的培养目标是基本相同的。中国注重均衡全面的培养,西方更愿意看到学生的独立、个性和特长。

2. 学术目标。

中国高中阶段学术目标清晰明确,以大纲和考纲为纲,要求严格、具体。西方课程的学术目标相对笼统,但有严格的底线要求和功能定位;对于学术要求没有上限,甚至大学内容可以提前至中学学习,让学习能力强的学生不囿于基本学习内容和进度,并且可以根据学生的学术能力,在其进入大学后给予相应的学分抵扣(以A-Level课程为例,我校毕业学生在美国大学最高抵扣学分高达120分,相当于大学阶段应修学分的一半左右);高中和大学的关联度相对较高。

3. 教学内容。

中国高中课程分科清晰,国家课程主导性强,主次明确;部分省市的高考试点和学业水平测试依然围绕国家课程的组合平衡展开;课程数量较少且相对固定。西方高中通常都提供几十门丰富的课程选择,不设文理限制(除个别专业有特殊要求),这和西方国家的大学招生自主制度有关。

4. 评价方式。

中国高考选拔既讲究学术公平，又考虑地区差异，基本以学术成绩作为唯一选拔标准（近年来部分大学开始尝试自主招生）。西方大学招生更在乎学生特质与大学的匹配，除了将学术成绩作为重要的指标外，还要有学生自我的评价陈述、个人经历、他人的评价推荐等，更立体多面地选拔学生。

（二）课本

在国内高中，课本是依据课程标准编制的、系统反映学科内容的教学用书，教材是课程标准的具体化，大多由教育部组织专家编写（部分省市有省编教材），具有很高的权威性和严肃性，是高考内容最重要的学术依据；在西方，教学大纲中会推荐很多不同的课本，由授课教师自行决定选用，教材没有唯一的指定，只是作为教学的参考资料之一。

（三）课堂

课堂是学生在校学习的主要场所。课堂的座位排布曾经作为中西方课堂显著差异的直接标志引起过广泛讨论。我国"排排坐"形式的优点是突出老师的权威，实现老师讲授的高效性，教师的主导地位突出；西方"讨论组"或"U"型座位排布更有利于学生的思考碰撞，老师知识点的讲授输出效率相对较低，但学生的兴趣和积极性容易调动，课堂的参与度、知识的接收度相对较高，学生的主体性地位突出。

（四）课外

课外既是课堂的延伸，更是人的社会性充分发展的重要时空。课外时间与活动的安排，体现了学生的兴趣倾向和情绪心态。家长对学生课外生活的安排有着举足轻重的作用。国内很多家长非常重视课外补习对孩子学术能力的影响，为孩子报了各类培训班；国外很多孩子在此时间内去打工，做社区工作，发展个体的社会性。二者取向有非常明显的差异。

二、围绕四课创新，形成创新氛围

"创新是一个民族进步的灵魂，是国家兴旺发达的不竭动力。"国际化学校对创新的要求更加迫切，创新的内容应更加丰富，创新的方式应更加多样，创新的涉及面应更加广泛。

差异成就创新，对比优化成就创新。在以上分析了四课的中西方差异后，我们可以看到，不同的高中教育体系的基本框架大体相同，都是在充分考虑学生的身心认知发展特点的情况下，让学生完成基本的知识储备，为进一步学习深造打好基础。中西方教育在注重学生知识能力，关注学生个性特长方面已达成共识。

因为中西方教育资源的发展水平不同，所以在立足各国国情的基础上，设置高中教育课程体系，只有侧重点的取舍不同，没有优劣之分。实现中西结合，形成优势互补，围绕四课创新，以达成国际化学校的独特优势，为教育发展改革蹚出一条新路，这是我们国际化教育工作者的使命。

（一）课程融合

1. 总体目标。

立德树人是教育的总目标。作为国家课程，必须考虑到地区发展的不平衡，作为普惠、托底的基础。作为一所学校，可以在完成基础课程的前提下，设立更多的特色校本课程，形成学校鲜明的教育特色，以形成特色学校，比如传统足球基地校、传统乒乓球基地校、传统羽毛球基地校等。苏州外国语学校依据自身特点，以外语作为特色，为学生提供了英语、德语、法语、日语、西班牙语、阿拉伯语等不同语言的学习机会。

2. 学术目标。

可以借鉴西方学术目标，对于高中学术要求有底线，无上限。让学习能力强的学生不囿于学习内容和进度，鼓励他们提前学习大学内容，为他们提供大学资源，提高高中和大学的关联度（目前，苏外有数名学生在高中阶段已自行完成了大学阶段的专业课程）。另外，中学阶段学习的主要内容是基础理论。一些地区和学校已经引入STEAM理念，开设了3D打印、机器人等专用教室，开设了相应课程；一些学校以项目研究的方式鼓励学生们在高中阶段理、工结合，书本与实践结合。

3. 教学内容。

以国家课程为基础，提供较丰富的校本课程供学生选择，可以让学生有更多选择的机会和特长凸显的机会。我们以国家课程为必修课，设立必选课和选修课。在保障主体课程的前提下，发展学生兴趣特长，突破文、理限制，让优者更优，特长更"长"。一个人的时间和精力是有限的，但是多元的课程选择可以激发学生的热情，丰富学生的体验感受，提升学生的学习效率。经过多年的探索实践，我们看到了令人欣喜的效果。

4. 评价方式。

评价方式在很大程度上影响着教育过程。在调整学术目标，丰富课程设置的情况下，多元评价和多元选择是所有创新举措的"压舱石"。随着社会的发展，家庭经济条件的改善，选择教育的可能性大大增加。家长对教育的理解，对评价的认识都有很大变化，他们不再仅仅满足孩子学术能力的进步，更期待孩子各方面能力的提升。因此，学校提供丰富的课程、多元的评价，满足人民对教育的不同需求，是较长一段时间内社会对教育的刚性需求。目前在苏外高中部，国内实验班的人数已经远小于国际班的人数了。

（二）课本融合

当前处于知识爆炸、信息爆炸的新时代，课本已经远远满足不了学生对知识的需求。然而，对于文明成果的传承，课本是重要的载体，特别是关于自然科学的知识体系，中西方的课本内容大同小异，呈现方式灵活多样。如果我们能提供多样的参考，可以打开学生与老师的思路。同样的内容、不同的阐述方式可以大大拓展学生的思维能力，并促进学生知识的融会贯通，而且双语（中、英文）版本的课本可以很好地提升学生的英语应用能力。笔者在实践这些课程的时候有很深的体会。

（三）课堂融合

有经验的老师都知道，不同的课型有不同的教学方式。讲授型的课堂和讨论型的课堂应该是相互结合的，应当根据不同的课型灵活选择不同的形式。不论是中方还是西方教育，"授鱼"还是"授渔"的争论早已达成共识。善于引导学生提问，启发学生思考一直是老师们孜孜以求的。以学习效果为导向的教师引导和学生思考学习的课堂永远是最美的课堂。

（四）课外融合

课外作业是课堂学习的延伸，课外实践是社会性发展的要求。学校、家庭、学生都应形成"大课堂"的理念。学生应以世界为教室，以生活为课堂，在不断的体验中找到自己的兴趣爱好并深入发展。学校作为资源平台可以为学生提供很多机会，如：带领学生参观现代化工厂、公司，了解尖端科技公司，了解苏州的产业集群优势、人才优势，了解身处的社会和时代；组织学生在暑假、寒假外出研学、修学，这是了解融合多元文化、滋养传统文化的重要方式。

创新教育是一个庞大的系统课题，"四课"的讨论只是教育创新话题中粗略的尝试。人是创新中最重要、最活跃、最积极的要素，教育是人的培养事业，不止于学校，不止于家庭，不止于个体。教师应该在师与生、教与学、家与校、品与行、智与能等各个环节中都以学习的心态、务实的作风、创新的思考投入学校的教育工作中去，消除思维定式，不迷信所谓的"权威"，不盲目从众；帮助孩子们了解自己，了解多元文化，了解社会与时代，开阔视野，丰富经历，积淀知识，锻炼能力，在传承和创新中奋发努力，以回馈社会，建设祖国。

融中西文化　享多彩童年
——我园国际化课程的构建与实施

周　瑶

　　构建园本特色课程是提高园所教育教学质量的关键因素，同时也是幼儿园内涵发展的核心动力。苏州外国语学校附属幼儿园以《幼儿园教育指导纲要（试行）》为指针，以《3～6岁儿童学习与发展指南》（简称《指南》）为教育指导，旨在"让孩子享受快乐的童年，让孩子获得有益的经验，让孩子拥有良好的基础"。

　　我园有着开放、多元的办学模式，秉承"一日生活皆课程"的理念，努力开发和构建适宜幼儿学习和发展的国际化园本课程。我园的课程目标为：顺应国际幼儿教育发展主流，开创中国特色、苏州特点、苏外特质的教育课程。反映生活、了解生活、利用生活、为了生活是我园课程的总体追求。

一、我园国际化课程构建的理论依据

（一）多元智能理论

　　霍华德·加德纳（Howard Gardner）在《智力的结构》一书中，从心理学的角度提出了多元智能理论，这为当今幼儿教育课程的改革与发展提供了有利的依据。他认为，人的智力不是某一种能力，而是相对独立的、相互平等的八种智能。《幼儿园教育指导纲要（试行）》也十分强调幼儿园教育内容的全面性和启蒙性。因此，我园的国际化课程尊重不同幼儿的个性发展特点，注重各领域之间、目标之间的相互渗透和整合，强调幼儿身心全面协调发展。

（二）社会文化理论

　　维果茨基（Lev Vygotsky）提出，社会、文化、历史是影响个体发展的首要因素，学习者的知识建构是学习者与个体和社会文化环境互动时有意义的社会实践活动，这充分体现了幼儿身心发展的社会文化性。最近发展区是社会文化理论中的核心内容之一。维果茨基认为，实际发展水平是对已取得的智能水平的回顾，潜在发展水平是对学习者通过中介辅助能达到的智能水平的预测。因此，我园在园本特色课程建设中十分关注文化的多元性与本土性，同时力求为幼儿实际发展状态和预期发展目标之间搭建适切的发展路径。

（三）生活教育理论

　　陶行知在其教育理论体系建设中提出"生活即教育""社会即学校""教学做合一"的观点，描述了教育和生活之间的关系，对当前阶段幼儿教育回归生活化和启蒙性具有指导作用。我园的园本特色课程从幼儿的兴趣、需要及经验出发，关注幼儿的真实生活情境和直接感官体验，紧密围绕幼儿生活核心经验选择课程内容、设计教育活动。

二、我园国际化课程的主要内容

　　幼儿园课程内容应贴近幼儿的实际生活，关注幼儿的已有经验，强调幼儿知识的主动建构。我们坚持"以学定教",关注生活,走向融合:每种课程都有效利用园内外丰富多样的资源,发挥最大教育功能,构建了"以多元化教育为灵魂,以生活教育为主线,以英语活动为依托,以主题活动形式为主体"的课程模式。目前,我园开设的园本特色课程已有六种:多元文化主题活动课程、英文课程、绘本阅读课程、中西方节庆活动课程、创意课程、艺术体能课程。

(一) 多元文化主题活动课程

以生活教育为主线,以主题活动形式为主体,实现本土化与国际化的融合,促进幼儿健康、语言、社会、科学、艺术五大领域的均衡发展。我园以《指南》精神为引领,积极开展园本主题活动。教师通过提出主题—制订实施方案—反思方案—修订方案—验证方案等多个环节,逐步建立一套较为科学、适合幼儿园的多元文化主题活动。在课程实施过程中,我们重视与家长的合作,形成家园合力、资源共享,推进多元主题活动开展。通过"妈妈团"和"爸爸团"的特色家长资源开发,家长成为主动的策划者和快乐的参与者,从而在活动中转变家长的教育观念和行为。

(二) 英文课程

我园引进英国 Yippee 教材和美国 Spotlight 教材,来自欧美的专职外教以生活教育为主线、以游戏活动为形式开展英文活动,并与中文主题活动整合,将国外教材本土化。引导幼儿自然习得"原汁原味"的英文,培养幼儿从小爱听、乐说英文的兴趣和习惯,使幼儿初步感受与体验西方文化。

(三) 绘本阅读课程

我园多年来一直重视幼儿的早期阅读,并以世界经典绘本为抓手,组织实施了全园性绘本阅读的实践研究。本课程主要根据不同年龄段幼儿的特点,选取语言、健康、科普、情商培养等主题绘本,结合绘画、表演、手工等多种形式引导幼儿深度阅读,培养幼儿的阅读兴趣,引导幼儿养成良好的阅读习惯。同时通过"绘本漂流""绘本主题活动周""亲子绘本童话剧""视频秀"等系列活动的开展,真正使幼儿成为阅读活动的主人。

我园将绘本阅读贯穿在幼儿的一日生活中:在园内创建充满童趣的"绘本屋"、班级"阅读吧"、开放式绘本楼道,在每一个阅读区域放置席地而坐的软垫,为幼儿挑选各种主题的绘本读物,让幼儿在温馨的环境中爱上阅读,以快乐的情绪进行阅读;鼓励家长在家中给幼儿开辟"阅读角",并利用专家讲座、"亲子讲堂"等形式指导家长选择适宜的绘本,有效进行亲子阅读。

(四) 中西方节庆活动课程

在传承、发展中西方传统节日庆典活动的基础上,以幼儿的年龄特点、兴趣需要和独特的文化审美视角为基本出发点,中西合璧、多元融合、创新开拓,研发并形成符合幼儿认知特点、贴近幼儿生活经验、利于幼儿长远发展的具有生本发展意识的,同时也适合本园多元化、国际化特色的一系列活动。该活动以中西方传统节日、法定节日、幼儿园自主开发的特色节日为载体,把幼儿园自身特有的国际化教育资源与当下的多元社会文化创新性地整合,旨在让幼儿传承中国优秀传统文化,体验西方节日本色内涵。

(五) 创意课程

创意课程分为"主题派对""角色扮演""环境装扮""烘焙时光"四大板块。根据幼儿发展水平及兴趣爱好、教育教学内容、所提供材料的不同,充分发挥中外教师的优势和特点，为幼儿创设自由的活动氛围。创意课程的特点是教师与幼儿、幼儿与幼儿之间的交互作用增强，在活动中幼儿之间、师幼之间可以一起操作、一起探索、一起讨论合作，让幼儿尽情地表达和释放自己，乐享趣味创意，玩出无限精彩。

（六）艺术体能课程

艺术体能课程是指从事身体运动时结合音乐、舞蹈表现能力的课程。它将健康与艺术相结合，让幼儿在艺术的美感中感受运动的快乐。艺术体能课程的内容包括："创意玩圈""趣味拍球""花样跳绳""体能训练""百变的人体 DIY"。教师根据幼儿的体能测评，为幼儿制定相应的艺术体能课程，让幼儿运用艺术的形式进行体能锻炼。在晨间体育锻炼、阳光运动、户外游戏中渗透艺术体能元素，加上轻柔动感的音乐、丰富适宜的锻炼玩具，让艺术体能渗透在幼儿的一日活动中。

三、我园国际化课程的特色

我园的课程具有国际化、生活化、游戏化、体验性、互动性、整合性等特点，具体表现为以下几点。

（一）整体和个体的有机结合

我园特色课程的种类和表现形式都是多元的，在关注幼儿学习与发展整体性的同时尊重个体差异，重视幼儿的学习品质。我园的课程内容通常来源于日常主题教学、中西方经典节庆、季节时令变化、幼儿近期兴趣点、班级教师特长、家长义工资源等，这些内容不仅有利于调动幼儿的好奇心与学习兴趣，还可以帮助幼儿逐步养成积极主动、认真专注、不怕困难、敢于探究和尝试、乐于想象和创造等良好的品质。

（二）传统和外来的相互交融

在全球化和多元化的大背景下，我园不仅传承和发扬中华优秀文化，还吸取外来文化中有价值的东西。在课程实施过程中，中外教齐心协力共同制定课程方案与计划，既让幼儿体验到了多样化、多元化的课程模式，也为中外教师互相学习、取长补短提供了平台。此外，我园坚持将中华优秀文化渗透在园本课程中，如我国的传统节日庆典活动、经典绘本阅读等。

（三）公平和多元的有效促进

课程的多元化可以削弱幼儿教育的不公平现象。因此，我园在倡导兼容并蓄、教育公平的原则下，我园课程走向多元化，为有差异的幼儿群体分别提供适宜的课程。在园本课程实践过程中，尽量保证所使用的教具（玩具、音乐、书籍等）能反映多元文化要求；在组织各种教学活动时，也尽量使用具有不同文化和民族特色的图片等。与此同时，我们还对幼儿教师进行英语培训、多元文化培训，注重多元文化教育经验的积累。

为保障课程的实施，我园还建立起课程实施的管理制度，确保课程实施的有效性。同时注重教师的专业成长，结合本园现状和教师能力特点制订分层培养计划，调动教师的内在动机，满足其发展需要。相信孩子们在中西文化的浸润下，能够尽享多彩、有趣的童年，成为"健康自信有朝气、个性鲜明有灵气、思维活跃有才气、乐于探索有胆气、视野开阔有志气"的世界小公民。

参 考 文 献

[1] 中华人民共和国教育部. 3~6岁儿童学习与发展指南[M]. 北京：首都师范大学出版社, 2012.
[2] 中华人民共和国教育部. 幼儿园教育指导纲要（试行）[M]. 北京：北京师范大学出版社, 2017.
[3] 费尔德曼. 发展心理学：人的毕生发展[M]. 苏彦捷, 邹丹, 译. 6版. 北京：世界图书出版公司, 2013.
[4] 金林祥. 二十世纪陶行知研究[M]. 上海：上海教育出版社, 2005.

教育信息化2.0时代，学校的变革与坚守

黄贤君

【摘 要】 2018年4月，我国教育部印发《教育信息化2.0行动计划》，标志着教育信息化、教学智能化2.0时代的来临。当下教育的主题也无不围绕着信息化、数据化、智能化、个性化等关键词。本文从新时代的教育特征、新时代的教学实践、新时代的未来趋势三个方面，阐述了一所学校应该坚守什么、变革什么，以迎接信息化新时代。

【关键词】 信息化；多元融合；综合评价；立德树人

近年来，科技迅猛发展使学校的教育方式不断更新升级，教育外延不断持续拉长，与此同时，信息技术的滥用、误用问题频出。站在教育信息化2.0新的起点上，教育工作者更应该梳理作为基础教育段的学校，我们的教育应该变革什么？应该坚守什么？以培养出更多满足国家需要、顺应时代发展、适应人民要求的创新复合型人才。

一、进入新时代，教育面临全新变革与挑战

1. 现代化、信息化带来的加速创新。现代化、信息化时代已然到来，使知识的迭代速度空前加快，教育的创新进程也随之加速，需要学校不断地加强对学生创新能力的培养。创新是时代的呼唤，那么应该如何创新？首先要学会独立思考。独立思考是创新的前提，所以要培养创新能力，首先应该培养实践探究和独立思考的能力。

2. 校内外教育资源越来越融合。世界在改变，家长们的意识在改变，教育格局也在发生着翻天覆地的变化，学校不只是一间四角围墙，仅仅靠校内教育已经不能满足学生的需求。学校要主动"出击"，与社区、专家、企业、单位合作，把潜在的教育资源转化成课程，引导学生走出校园进行学习，让博大的自然、丰富的社会生活也成为学生的课程资源。

3. 国际化与本土化越来越融合。在教育国际化进程中借鉴和引入国际课程已经成为常态化，但面对国际课程不能奉行拿来主义。引进国外统一的课程标准与不同群体学生之间存在的差异决定了国际课程本土化改造的重要性，引进国际课程并不是用国际课程完全替代本土课程，而是用其先进思想和优质经验优化本土课程，在两种课程的融合过程中形成新的课程体系。

4. 学生学习方式的变革。信息化时代的飞速发展与教育教学紧密融合，对转变教师角色、改变传统课堂教学模式提出了新挑战。教师在教学中应该成为活动的设计者，同时积极探索多学科融合，进行综合性学习。

5. 人才培养模式的变革。国家的经济发展方式已经从原来的粗放型、加工型、单纯追求速度，向如今的高质量、高效率、科技创新型转变，经济结构从原来以第一第二产业、代加工业为主，向大力发展第三产业，倡导自主研发为主转变。因此，如今社会对于人才的培养模式，也发生了变化，由原来的单一型人才培养转向为复合创新型人才的培养。

二、拥抱新时代，创新升级指向个性与融合

技术的迭代升级，带来了学习方式、课堂内容的创新和改变。除了技术层面的改变，更重要的是当代教育应该使用互联网、大数据思维，而"尊重个性、融合创新"是教育更新迭代永恒的主题。围绕这个主题，从以下几个方面做出转变。

1. 在课堂上。从一门学科教育到多门学科融合的转变，即跨学科融合。核心素养的培养不是一门学科，而是强调跨学科、多领域做工。在课堂上，教师应更注重设计跨学科课程，使学生从基于学科的学习转变为基于项目的学习，由此解决过去单科教学狭隘的问题。学生的核心素养既包括问题解决能力、探究能力、批判性思维等"认知性素养"，又包括自我管理、组织协调、人际交往等能力。

2. 在课程上。从面向全体到面向个性化的转变。随着互联网的广泛运用，学生可以通过不同的媒介汲取知识，面向全体的课程已远远不能满足学生需求。学校应建立适合每个孩子成长所需的课程体系，形成基础课程、特色课程、拓展课程、挑战课程四级梯度。

3. 在评价上。从结果性评价向综合性、过程性评价转变。利用信息化技术手段，注重学生的过程性评价和个性发展。如今的学校教育应远离只看考试分数的片面化评价，而是遵循以学生为中心、尊重学生个性发展的教学原则。

4. 在教育上。从"没有围墙的学校"走向"超越学校的学校"。当下正处于跨界融合的时代，教育已不仅仅是学校的事，应该鼓励社会各界人士积极投身学校教育事业发展。打破围墙，让学生走出去只是第一步，更需要充分利用现有的学校资源、社会资源和家长资源，构建教育与社会的立体交互，创造更丰富的课程，如鼓励社会各类人才为学生授课，引导课程向生活开放，向时代开放，在实践中提高学生的综合素质，培养学生分析和解决问题的能力。

三、创造新未来，坚守立德树人本质

随着互联网+、创新+时代的到来，信息化教育已然从1.0走向2.0时代，但"培养什么人，怎么培养人，为谁培养人"的教育命题仍在每一位教师心中铭刻。无论时代如何发展，教育的根本——立德树人，不可能被机器替代。要做到立德树人，应做到以下几点。

1. 注重情感交流。教学不止是学科技能的传授，其核心的本质是学生通过相互交流理解人与人之间的关系，学会体察、关怀他人，获得解决问题的能力。正所谓"教育就是一棵树摇动一棵树，一朵云推动一朵云，一个灵魂唤醒另一个灵魂"。

2. 注重心理建设。教育的过程是一个"塑心"的过程，教师要为学生提供学习、生活、安全教育、生涯规划等方面的个性化帮助和指导。教师的职责不仅仅是指导学生学习、解答学生疑问、帮助学生提高学习成绩，更重要的是引导学生学会合作、学会生存、学会做人。

3. 注重社会责任。信息化迭代带来不同文化的交流与融合。不管科技如何发达，学校应该牢记一个使命，就是要唤醒学生的民族自信和对国家责任的担当，润物无声地让学生理解"责任"二字，并勇于担起责任，将社会责任的精髓在学生心灵深处根植，成

为他们健康成长的"养分"。

在教育信息化2.0时代，不管我们承认与否，改变每天都在发生，既然"跑"不掉、"躲"不过，那么就需要每一位教育工作者去调整、去创新。如今所处大数据时代，教师应该真正地去理解孩子，提供他们所需要的服务和价值，做好个性化教育的细分，这就是大数据思维。与此同时，我们还要坚守教育的价值，让教育回归本真。读懂孩子，是我们永远都要努力做的功课。

多元培训促提高　多彩活动促发展

商珺宁

【摘　要】　在幼儿园管理中，如何加强师资队伍建设？怎样开展丰富多彩的活动，彰显幼儿园特色，促进师生共成长？笔者从多元培训促提高、多彩活动促发展两个方面进行了阐述。

【关键词】　多元培训；多彩活动；儒雅宝贝；社团活动

幼儿园是个神奇的乐园，幼儿园老师是个值得自豪的职业，我们意气风发，勇往直前，追逐着绚烂多彩的教育梦想。在追梦的旅途中，有遭遇困难的踌躇、有经历失败的遗憾、有大胆创新的激动，更有收获成功的喜悦。美国教育家班纳、卡农在《现代教师与学生必备素质》一书中提到，一个人开始从事教育的时候，不会拥有一个优秀教师的所有素质，只有随着经验的积累和自我认知的提高，受到工作的多面性和责任感的激励之后，才会逐渐得心应手地迎接教育的挑战，成为智慧型优秀教师。因此，我们以多元方式、极具创新的视野，让教师在培训与学习中提升专业素养与情怀。

一、多元培训促提高

我们提出"中西融合·做有情怀的教师"，通过"菜单自助"、"短板突破"、线上线下"微教研"、"名师讲坛"等多元化的培训，促进教师专业素养的提升。

（一）"我的培训我做主"之私人培训菜单订制

幼儿园常规的师资培训一般代表着幼儿园管理层的愿望和要求，怎样让这些培训变为教师自身积极的需求，实现"被培训"到"要发展"这样突破性的质变呢？我们通过教师访谈与问卷调查，了解老师们当下最需解决的难题与困惑，归纳提炼出学期培训计划，深受老师们的欢迎。在系列园本培训中，我们有时向名师学习，有时与专家对话，有时还邀请资深教师做讲座分享，我们甚至会抽签组合，现场挑战。由于培训的主题与内容是老师们感兴趣的方向，或是他们薄弱的地方，因此大家的参与度、受益度都有显著提高。

（二）"撸起袖子加油干"之短板突破培训

众所周知的木桶原理：一只木桶能盛多少水并不取决于桶壁上最长的那块木板，而恰恰取决于最短的那块。对于我们幼儿老师来说，弹、唱、跳、说、写、画每样教育技能都应具备，但常常会每样都不太精通，或是只擅长其中几项或一项，其他技能则特别弱；在环境创设、班级常规建设、家长工作开展、班级特色活动预设、游戏的组织与指导、集体教学活动组织等多样的教育教学工作中，大部分老师常常几项或一项工作开展得特别出色，另外的相比之下会弱一点。我们深入分析本园每位老师的教学特色与工作风格，找出共性的专业短板，进行集体周期性的培训；针对不同老师不同的专业短板，通过个别指导与培训，"扶着上马，赶着上架，逼着提高"。很多老师在这些个性化的培训中，逐渐弥补了自己的专业短板，专业成长的信心被点燃，大家笑谈：撸起袖子加油干，成就最好的自己！

（三）"有品工作·有味生活"之花样教师节

我们抓住教师节的契机，组织进行"一言不合辩论会""志行千里的分享""别样风情的 Show 场""书香世界的漂流"等系列活动。"努力工作和幸福生活是背道而驰还是相得益彰？"老师们理论结合实例，唇枪舌剑，后援团队友全力以赴，现场激辩难分上下。正反方从开始的针锋相对到最后的相视一笑——努力工作的同时享受更幸福的生活，不约而同地成了大家的公认和首选。暑期旅行的短片分享——我们一路从淳朴民风的南浔古镇到我国台湾，再到韩国、意大利等国家，体验风土人情，感受多元文化，国际化视野也在这行走和分享中悄然融成。还有中国旗袍风与西方礼服派的"邂逅"、经典书籍推介与阅读点评、美味节日蛋糕与幸福树下的许愿……老师们对工作的憧憬和对生活的热爱被不断地激发，形成了团队温馨和谐的凝聚力。

（四）"示范·研讨·模仿"之即时课堂

我们总结与反馈随堂听课发现的问题，以"打造即时课堂，提升教学时效"为主题展开了系列园本教研活动。从个性设计、课例共享、模仿执教、互动对话四个环节入手，开展各领域集体教学活动的示范、观摩、研讨活动。立足于即时的教学，在真实、直观的现场发挥团队的力量，相互质疑、释疑，有效地解决实践问题，激发了教师审视自己课堂的勇气，使他们产生了更多的教育智慧。

（五）"有情怀的教师是这样炼成的"之跨年联欢会

一学期的各项工作紧张而忙碌，在新年来临之际，我们特别策划了"有情怀的教师是这样炼成的"跨年联欢会：创新性述职之"寻忧解难"、骨干教师的"最美理想，最好约定"、全员拓展——"赢在 trust"、全员创新总动员——"2017 的精彩你 Get 到了吗"、"诗·乐联盟——水韵江南与一百种语言的探访"、"美味厨房——我的西点与拼盘"……老师们既有对一学期工作客观真实的评价，又有对未来自身发展的追求。在拓展活动中，几个考量大脑容量和团队协作的游戏，让大家对包容、接纳、合作有了更深入的理解。在创新总动员中，老师们合理化的建议、创新性的提议，都一一被纳入我们新学期的工作计划中。

（六）"成功，没有什么不可以"之组团参赛

幼儿园中年轻教师居多，部分教师在专业竞赛与获奖方面比较薄弱，在职称评定时往往难以突破；而区、市组织的各项比赛，若能有一个参赛名额已属不易，僧多粥少，怎样给老师寻找和打造专业成果积累的平台呢？我们另辟捷径，找到资深幼教刊物登出的竞赛公告，鼓励和引导老师们根据自己的专业特长积极参加。幼儿园多人次在各类比赛中获奖。大家参与的热情、为比赛付出的努力都是对专业素养很好的"打磨"。此外，我们还分别向老师们推荐资深幼教专业杂志的"每月话题"，组织大家通过不同的视野、观点来阐述与表达自己的教育理解，并集体投稿。在有限的条件下，我们寻找新的通道，组团参赛，乃至获奖。成功，真的没有什么不可以。

二、多彩活动促发展

美国著名教育家杜威倡议：现在，我们教育终将引起的改变是重心的转移，这是一种变革，这是像一种革命，这是哥白尼把天文学中心从地球转到太阳一样的革命。在幼儿园里，儿童变成了"太阳"，而教育的一切措施则围绕他们转动。每天清晨，当幼儿园

大门敞开，迎接每一个笑靥如花的宝贝入园时，各种多姿多彩的活动就开始了，可以普通到如厕后洗洗小手，亦可隆重到全园盛典，做舞台上的主角。对于老师们来说，踩着朝阳上班的那一刻，从弯下腰与幼儿的亲切拥抱，到下班后灯下的凝神反思，都是与孩子的相会、交流、学习。我们力争以孩子的兴趣、经验、发展为起点，组织丰富多彩的活动，让孩子们在体验、展现、分享中获得成长与进步。

（一）经典节庆有内涵

围绕中外经典节日，我们开展了"月儿圆·人团圆""浓浓中国情，暖暖爱国心""九九重阳·久久相伴""疯狂 Cosplay·玩转 Halloween""感恩在线·爱要大声说出来""世界侧耳为你听——圣诞庆典"等系列主题与全园同庆活动，通过体验、欣赏、制作、游戏、表演等，孩子们体味西方传统节日文化与中国本土文化的韵味，培养了幼儿包容、接纳的国际情怀。

（二）儒雅宝贝在行动

我们在全园推行了"儒雅宝贝行动计划"，从礼仪、行动、学习三个方面，用通俗易懂、朗朗上口的"儒雅公约宝贝篇"向幼儿进行渗透教育。我们结合幼儿的已有经验，开展系列"儒雅"主题教学活动，将儒雅教育渗透到幼儿一日活动中。儒雅文化教育渗透需要儒雅的老师，更需要儒雅的家长。我们的"儒雅公约之教师"活动，从教师礼仪、言行守则、教育教学推进"智慧老师"形象的塑造，并提醒与鼓励每一位教师在平时的教育教学工作中不断践行；我们的"儒雅公约之家长"活动，从亲子教育、家园合作、礼貌礼仪、言行守则等方面，向全体家长公布倡议，约定遵守。

（三）"小舞台·大世界"惊喜不断

每学期我们以年级组为单位组织"小舞台·大世界"梦想舞台秀，宝贝们勇敢、自信地走上舞台，用不同的艺术形式在小小的舞台上，展示自己眼中、心中大大的世界。每个宝贝都是主角，在闪亮舞台上浓情绽放。伴随着"小舞台·大世界"展演活动的圆满落幕，我们有了更深入的思考：舞台表演可以激发幼儿的艺术潜能与表现，让孩子获得满满的自信与快乐；这样的活动具有无限的教育张力，形成的动态课程将实现教师、家长和儿童的共同发展。

（四）社团活动显特色

我们根据 3~6 岁幼儿的兴趣特点、发展需要，结合老师们的艺术特长，全园联动，以社团活动的形式，开设了创意美术、儿童芭蕾、益智拼插、酷炫街舞、童声合唱、极速轮滑、水墨江南、动漫配音、超级篮球、创客工坊、萌童学语、陶艺小瓷共 12 项艺术拓展活动。先发放家长意向书和调查表，老师们结合孩子的兴趣，全园联动整合编班，保证每位幼儿每周至少能参与其中 1 项艺术拓展活动。这样的自助可选式社团活动，激发了幼儿的艺术潜能。由于是全园打乱班级与年龄，孩子们的交往能力及面对陌生环境的适应能力也有了极大的提高。

（五）家园联动有活力

让每一位幼儿都获得健康和谐的发展是我们和家长共同的目标与愿望，基于这样统一的目标，我们与家长紧密携手，多形式、多途径开展家园互动活动：学期初的全体家长会，家访、电访、随访，班级博客与幼儿园网页的更新互动，家长半日活动的精彩开放，家长来园担任客座教师，各个家长社团的成立与行动……这样的活动让家长们走近了幼儿园，油然而生的是成为幼儿园主人的自豪。每天放学时，门厅里总见妈妈团的成员们为孩子借阅绘本忙碌的身影；全园庆典活动中，爸爸团的成员承担场务、后勤工作，给我们提供了不小帮助；爸爸妈妈们每两周一次的客座教师活动，为孩子与老师们带来了不一样的体验与感受。家长们在活动中与幼儿园的情感日益加深，对幼儿教育、家园配合也有更深入的认识、更直接的行动。家长与幼儿园的距离拉近了，幼儿获得有益经验的机会、途径变多了，实现了家园无缝隙互动，从而实现家长、教师、幼儿共成长。

伴随着幼儿、家长、老师交集的画面在脑海中似微电影般地放映，笔者深深地感受到"学生是宝贝，家长是朋友，教师是财富"这样的教育理念的魅力与价值。我们带着教师团队在多元的培训中提高，我们携手老师、幼儿、家长在多彩的活动中成长。作为幼儿教育工作者，我们的工作历程注定要经历很多不平凡，让我们带着希望的种子一起追梦前行！

参 考 文 献

[1] 班纳，卡农. 现代教师与学生必备素质［M］. 陈廷榔，译. 北京：中国轻工业出版社，2000.
[2] 杜威. 民主主义与教育［M］. 王承绪，译. 北京：人民教育出版社，1990.

早教课程的建构与实践

宋 迟

【摘 要】 早教课程以《0~3岁婴幼儿教养方案》为理论指导,为婴幼儿提供适宜的环境、多元化的材料,鼓励婴幼儿大胆参与主题形式的亲子游戏。本文结合苏州外国语学校早教中心的办学实际,围绕园中早教的具体特点,充分发挥学前教育教师的专业优势,分别从材料的提供、多感官体验、各领域的巧妙融合,探讨早教课程新模式及其实施特点。

【关键词】 早教课程;婴幼儿;创新

早期教育是幼儿启蒙的重要时期,优质的早教课程能够使幼儿的行为习惯、动作发展、社会性交往、情绪情感等方面都得到较好的发展。苏外早教将借助苏州外国语学校这个大平台,通过专业的师资团队、成熟的课程体系、生动有趣的实践活动,让更多的幼儿在接受早期教育时期就有高起点。我们努力利用校园的各项资源,让苏外早教的课程更好地与幼儿园课程衔接,让幼儿在参与早教各类课程的同时,潜移默化地熟悉幼儿园的课程模式与活动方式,从而更好地适应幼儿园的教学与活动。

一、课程巧构思,探讨教学新模式

(一)低结构材料结合 STEAM 理念,玩转"创艺"课堂

早教课程突出亲子互动与合作,因此我们在创艺活动中以材料为突破口,多提供以自然物为主的低结构材料,在幼儿与材料积极互动的同时,也让家长对低结构材料有一定的认识,知道幼儿在探索材料的过程中可以获得感官上的认知及触觉上的体验,从而逐步转变家长以结果为重的观念。

创艺课不仅是艺术创作,也是对材料的探索,幼儿在这一过程中也能感受到探索的趣味。鹅卵石、小木棍、松果、水果网兜等低结构材料已成为苏外早教创艺活动的"主打产品",让幼儿不仅涂涂画画,而且能摆弄、触摸,在这个过程中了解材料的特性,丰富相关常识,从而大大提高参与活动的积极性。

(二)音乐节奏碰撞身体语言,增色"悦动"活动

音乐教育可以发掘幼儿的潜能,塑造幼儿健康活泼的个性,促进幼儿全面和谐发展,幼儿园的音乐教学形式多样,深受幼儿喜爱。早教选择音乐教学中的节奏、律动、欣赏等形式,并以《3~6岁儿童学习与发展指南》《0~3岁婴幼儿教养方案》为参考,巧妙结合不同月龄段幼儿动作发展目标和悦动课的实际教学内容。幼儿伴随着音乐节奏,做着有趣的身体动作,在老师简洁有韵律的语言指导下,在高低组合的器械中穿梭不止,体验反复攀爬、跳跃、翻滚的乐趣。让幼儿在潜移默化中感知音乐的节奏、体验音乐的乐趣、感受音乐与艺术结合的美好,同时在游戏中得到体能的发展。

(三)多感官体验融合科学态度,丰富烘焙课程

烘焙课一直深受幼儿和家长的喜爱,看似只是吃吃玩玩的过程,老师们却巧妙地将 STEAM 理念渗透其中。例如,青团子是大家非常熟悉的传统时令小点心,在青团子的制

作过程中,老师会先让幼儿"玩"各种食材,其实这就是感知探索的过程。首先,幼儿用手指蘸一蘸、舔一舔面粉,体验捏上一小撮、抓上一大把的感觉的不同之处,还可以像下雪一样让面粉飘落。其次,幼儿向面粉中加入水,不停搅拌,发现面粉变成了面团,再加上有颜色的水,发现面团还会变色。面团就像橡皮泥,宝贝们百玩不厌,将面团压得扁扁的,搓得长长的。最后,在爸爸妈妈的帮助下,孩子们舀一勺豆沙馅,"私人订制"的青团子就完成了。在整个制作过程中,老师引导幼儿多种感官参与,同时感受食材的变化,获得生活技能与经验。不仅如此,幼儿在玩面粉时发现面粉遇水会凝结成面团,块状的黄油遇热融化成了液体,液态的奶油搅打后又变成了固体……有趣的烘焙课也像幼儿不停探索着的生活实验。

（四）精彩课程1+5,托幼衔接更有效

结合老师们学前教育专业的优势,衔接活动是为大月龄幼儿量身定制的。参照幼儿园半日活动的模式,老师们将幼儿园五大领域的课程融入早教教学活动,在教学活动中渗透科学游戏、体育运动、创意美术、趣味数字等,并且加入了区域游戏与生活自理环节,让苏外早教的衔接课更接近幼儿园,让幼儿能够熟悉并适应幼儿园的活动模式,真正实现托幼有效衔接。

幼儿多感官地参与到活动中,并且大胆表达,尝试探索,愿意合作,表现多样。在此过程中,幼儿初步接触了幼儿园的课程模式,从刚开始以自我为中心的状态逐渐转变为具有初步的规则意识,如愿意等待、乐意分享,为今后进行集体生活做了铺垫。

二、实施有成效,探索过程显特色

我们的早教课程与幼儿园接轨,资源与幼儿园共享,让孩子爱上幼儿园,爱上老师,让孩子在真正上幼儿园时不再有特别强烈的分离焦虑。

（一）户外教学常态化

有好奇心、爱探索是孩子们的天性,他们喜欢尝试探索周围的一切。让孩子们与环境互动,在互动中探索、感知、体验是最好的认知方式。结合课程计划,尝试有选择性地将创艺课与衔接课由室内转移到户外,并在户外开展各类主题活动,让幼儿园的一方小小的户外空间成为早教的自然实践基地。在户外捡落叶,拾松果,让幼儿直观地感知到原来每一片树叶、每一颗松果的大小、颜色、形状都有区别,亲身感受自然界中事物的细微变化,多感官的参与、体验与探索激发了幼儿的好奇心;放风筝,转风车,种豆豆……在玩的过程中,幼儿似乎懵懂地察觉到了事物之间的相互联系:风筝、风车和风是好朋友,埋在泥土里的种子有了阳光和水就会发芽。STEAM教育理念于无形中渗透,幼儿也体验到了成功的喜悦。

（二）主题与实践活动相结合

结合早教主题内容及每学期的重大中外节庆活动,我们精心策划了一场场既有趣又带有挑战性的闯关游戏——"端午赛龙舟""夏日水上趴""超级Daddy的霸气之旅"。幼儿来到户外共享空间,和爸爸妈妈们一起享受户外游戏带来的愉悦体验,感受浓浓的亲子之情。同时,我们把社会实践活动纳入课程计划,有效利用周边资源,开展了"比萨DIY""小小牙医体验""嗨翻亲子水上趴"等社会实践活动。通过一系列多元、动态的社会实践活动,孩子们走进自然、接触社会,在真实、生动的情境中获得发展。

(三) 完善早教幼儿评价体系

随着课程的不断丰富与完善,幼儿在活动中也获得了较好的发展,我们也建立了早教幼儿评价体系来关注幼儿的发展。早教幼儿的发展评价从评价表、个案观察记录及幼儿成长档案三方面进行。早教幼儿评价体系的完善过程如下:

首先,制订科学合理、切实有效的评价方案。为了客观、持续、有效地评价幼儿阶段性发展,我们的评价方案将分两步走——幼儿园与家庭,通过幼儿园与家庭的合力,让幼儿健康快乐成长。根据不同月龄段幼儿的身心发展特点制定发展目标,每月依据评价表上的内容对幼儿进行观察评估,针对幼儿的弱势或优势进行客观分析,并提出相应的调整措施及家庭辅导建议。这样做并不是要判断幼儿的发展好坏是差,而是让老师可以更有针对性地观察幼儿并给予个别指导,老师通过文字及发展程度的记录,可以看出幼儿在各个阶段发展的趋势、存在的问题。

其次,随着课程的不断完善,并为了符合婴幼儿各阶段发展需求,早教课程根据幼儿月龄段进行了更细化的划分,并且早教幼儿的最小月龄也由之前的 18 个月调整到了 6 个月,使早教的月龄范围更广。在实践中,我们不断梳理早教现有主题,调整、选择适合的内容,实行主题式的课程架构,制订与幼儿园主题相符的课程计划,并在单项课程中融入健康、语言、社会、艺术等多元化的课程理念,实行单项课程 N+1,凸显苏外早教课程特色,形成园本早教课程。我们的课程特色体现在主题架构严谨,领域融合自然,托幼衔接有效,资源共享互通。相信丰富多彩、生动有趣的苏外早教课程会陪伴 0~3 岁的婴幼儿度过每个精彩的瞬间。

"崇尚自然" 之德国森林幼儿园的启示思考

郭晨晏

【摘 要】 德国的学前教育一直以来都走在世界学习教育的前端。当前,以崇尚自然、尊重儿童自然生长的"森林幼儿园"发展非常迅速,森林幼儿园主要是针对儿童的实践动手、创新能力进行充分培养的幼儿园。本文主要探讨崇尚自然教育的森林幼儿园对我们的启发:幼儿教育应以儿童为中心,有效利用户外的自然环境,将教室搬进大自然中,利用自然赋予我们的资源,创设更加贴近自然的教育环境,培养幼儿创新素养。

【关键词】 崇尚自然;森林幼儿园;幼儿教育;创新素养

环境的快速发展和社会架构的改变,使得孩子们的童年在高压力竞争的市场环境下被迫搬到了室内、儿童机械式被动地接受大量传统学科教育,太多的孩子与自然界脱节等趋势造成了深远的后果,包括儿童肥胖、压力和抑郁等高发生率;而热爱大自然,在自然环境中探索的好处包括:改善健康、增加创造力、加强社交和情感学习。

在我们国内,目前很少有森林教育,苏外首创了苏州首家森林幼儿园,利用地理化的优势和特别的环境资源,让幼儿真正回归自然,释放天性。德国森林体验式教育和STEAM教育处处都体现出崇尚自然的理念,德国的学前教育充分体现出了尊重幼儿自然成长的特征。大自然为孩子提供了一处圣地,一个可以发现爱与奇迹的地方;大自然为孩子提供了众多机会,一个可以在其中展开探索、获取新知、体验惊奇的空间;在这种教育模式下能够逐步培养孩子热爱自然、保护自然的意识,而打造苏州教育的新亮点、新高点。

一、整合式森林体验的特征分析

(一) 森林是教学环境

人本身就属于自然界的一部分,在自然教学环境中能够让幼儿的创新力、情感、社会性得到全面的发展。森林幼儿园将孩子放到一个可控的、有一定挑战的环境中,孩子会迅速建立起属于自己的判断、管理及自立的能力。在苏外附属阳山幼儿园教学活动过程中,幼儿可以在大自然中自由地奔跑,也能够直观地感受和观察各种自然景象,对四季变化进行体验;广阔的大自然环境可以为幼儿提供新鲜的空气,使其能够享受充足阳光的沐浴。森林幼儿园的教育模式充分体现出自然教育中,幼儿的创新能力培养、知识学习主要是通过与大自然的直接接触来完成的,而森林能够为幼儿提供更加丰富的学习资源和学习环境,在这种形势下,幼儿的学习积极性和主动性更高。

(二) 混龄模式促儿童全面提升

我们的编班模式是将所有适龄儿童进行混龄编班,充分尊重了每一个幼儿的个体差异。在这种班级设置的情况下,幼儿能够有充足的时间与异龄同伴进行直接交往,不仅能够让幼儿对社会进行提前适应,而且幼儿的社会交往能力也能得到进一步提升。在此基础上能够实现人的全面发展,包括创新能力的培养。孩子们在活动中充满了对事物探索的动力,大胆发挥想象,观察力也变得非常敏锐。老师更多扮演着引导者、看护者、参与者的角色,把学习的主动权交给了孩子;以儿童自我发展为中心,尊重孩子的天性,给他们一个应有的童年。

二、森林教育与幼儿创新能力的培养相结合

(一)挖掘教学资源,满足幼儿探索欲望

幼儿的生长与自然环境中的阳光、树木、砂石、小动物等存在非常紧密的联系,而森林幼儿园主要是以大自然为教育场所,幼儿可以尽情地探索。森林幼儿园主要的教育特征是不会为了某一个固定的主题来布置教学场景,儿童可以在大自然中自由地进行游戏,大自然就是幼儿的活动场景。借鉴德国森林幼儿园的教育模式,我国幼儿园应不断扩充户外活动空间,充分利用周边自然环境,为幼儿提供更加广阔的探索空间。

(二)幼儿创新能力的培养

森林教育鼓励孩子们在学习中找回自己的个性,发展自己感兴趣的事物,而不是提前进行填鸭式灌输学习。这对幼儿创造力的培养是极为重要的。在孩子们获得健康体魄的同时,教师要鼓励他们成为自信的、有韧劲的、独立的、自我驱动的人,而实现这一切的核心,最重要的是创新力的培养。

与德国的森林幼儿园相比,我园的规模较大,设施也相对较齐全。教育教学活动开展过程主要包括集合、晨会、游戏、用餐、活动、结束六个环节(称为"森林六部曲"),我们明确主题,将自然、教育融合在一起,推出"森林日"和"森林周"的主题活动。在具体活动过程中,幼儿可以充分结合自身的兴趣爱好自由地组成游戏小组,如可以通过建立小组来进行捡树枝、玩石子、爬树、寻找蜗牛等相关活动。午餐的时候,大家席地而坐享用美味,饭后休息片刻后,继续进行游戏。幼儿在课程自由探索的过程中提升了创造力及表达能力,培养了更强大的心态及对事物深入研究的兴趣。

在有了丰富的探索经验后,幼儿会本能产生思考判断的能力,提出问题和对知识学习的需求。此时,教师可以为幼儿开设延伸课程,延伸课程是指进一步将学科领域的专业知识展示给幼儿,让其按照自己的兴趣发展深入研究学习。这是一种自然而然形成的流程,让幼儿在充满自信的状态下学习和研究探索,这种学习方式会潜移默化地在幼儿心中形成,一直提醒着他们用最健康的方式快乐学习、成长,并且热爱、尊重、关怀自然环境,这正是我们课程的期望与宗旨。

三、结束语

森林幼儿园的教育模式充分体现出幼儿作为学前教育主人的基本思想,在这种教育模式下,幼儿不会受到巨大约束。崇尚自然的德国森林幼儿园教育模式给我国学前教育带来了巨大的启发。苏外附属幼儿园作为一所国际化学校的附属幼儿园,在教育国际化进程的推进中,我们只有心怀教育梦想,深入智慧地思考,充分重视幼儿的自然成长和创新性的培养,才能演绎教育的真谛,做最真的教育。

参 考 文 献

［1］ 朱丽君. 幼儿园家园共育的积极互动策略研究［D］. 上海：上海师范大学，2017.
［2］ 高艳. 华德福幼儿园课程本土化的研究：基于山东省几所华德福幼儿园的课程实践［D］. 济南：山东师范大学，2017.

用服务意识驱动 促进教育管理创新

蔡 杰

【摘 要】 从某种层面看,教育教学管理工作也是一种服务,正是带着这种服务的意识,教导处在工作中不断提高管理创新能力,寻找工作中的创新点。我们用服务意识驱动,从为学生全面发展服务、为家校合作服务、为教师专业成长服务三个方面思考,结合管理工作中遇到的具体问题,提出管理创新的新举措,提高教育教学质量。

【关键词】 服务意识;教育管理;创新

党中央国务院在《关于深化教育教学改革全面提高义务教育质量的意见》中提出深化教育改革的指导思想:"落实立德树人根本任务,遵循教育规律,强化教师队伍基础作用,围绕凝聚人心、完善人格、开发人力、培育人才、造福人民的工作目标,发展素质教育,培养德智体美劳全面发展的社会主义建设者和接班人。"教导处作为学校中层管理部门,如何在教育教学管理上进行不断创新,提高教育教学质量,落实立德树人的根本任务,这是我们在工作中需要不断思考和落实的。企业家董明珠在"创造改变世界,科技改变生活"的演讲中谈到创新,她说:"格力对创新的理解就是消费者的需求就是创新的方向,消费者现在生活中有什么不方便的地方就是格力要思考的创新点。"从某种层面看,企业的创新就是为消费者服务,那教育教学管理工作某种层面来讲也是一种服务工作,是为学生的全面发展服务、为教师的专业成长服务、为家校合作服务。正是带着这种服务的意识,我校教导处在工作中不断提高管理创新的能力,找到工作中的创新点,为实现学校"办高品质教育,做最好学校"的教育愿景努力。关于用服务意识驱动促进教育管理创新,谈以下几点思考和做法。

一、开创校本课程和活动舞台,为学生综合素质发展服务

(一)设置传统经典诵读校本课程,铸就学生华夏根基

习近平总书记在提出,我们要坚定文化自信,没有文化的繁荣兴盛,就没有中华民族伟大复兴。中华优秀传统文化是我们民族的"根"和"魂",是我们走向世界、拥抱世界文明的价值根。苏外虽然是外语特色学校,但根本还是中国学校,对中国传统经典的学习也非常重视,只有在教育中做到国际视野和华夏根基并重,才能培养真正的国际化人才。从这个思考出发,我们创造性地把传统经典诵读融入校本课程中,把品德教育和传统经典文化的学习结合起来,让苏外学生的综合素养、礼仪修养再上一个层次,达到由内而外的儒雅,真正成为具有国际视野、华夏根基的国际公民。

教导处制定了一个校本课程计划,选用北京师范大学出版的国学教材,精选其中四本——《弟子规》《笠翁对韵》《论语》《道德经》,由语文老师指导学生从一年级开始诵读传统文化经典。每学期安排16课时,另外每天晨会学生用5分钟进行诵读,老师鼓励学生背诵;结合我们学校的《国际公民评价手册》中"国文小翰林"的单项奖进行每周评比,对能背诵当周学习内容的同学奖励两颗星;学期末进行年级诵读比赛、班队会

展示活动。通过两年的推广,已经形成了苏外小学部的德育特色。

中央电视台的节目《中国诗词大会》引爆了全社会对诗词的热爱,教导处也在各班诵读经典的基础上打造了苏外小学部诗词大会系列活动,把传统经典诵读活动推向高度。活动比赛从班级诗词大会比赛到年级组诗词大会比赛,再到全校诗词大会总决赛。我们在"六一"儿童节这一天进行了一场精英云集的诗词大会总决赛,用诗词大会给孩子们一个终生难忘的儿童节。正如苏外校长所说,苏外是一所国际化中国学校,苏外学生阳光自信,富有朝气,善于表现与表达,具有国际视野。继承和发扬优秀传统文化是我们的重要使命,我们要带领学生们诵读经典,奠定学生的传统文化根基,把苏外学生培养成为真正具备核心素养、通晓中华文化的国际化的中国公民。

(二)推出"荣耀之光"迎新汇报演出,搭建展现学生能力大舞台

苏外一直重视学生综合能力的培养,小学部一直秉承文化知识与综合能力并重的理念。学校有传统的校园文化四大节,一般十二月份是外语节的汇报展示,以英语剧、英语歌曲、英文配音等内容为主,内容相对单一。为了能全面展示学生近一年来课堂学习、兴趣课、社团活动的学习成果,给学生展示自我才艺和综合能力的舞台,教导处决定把小学部外语节"典范之夜"演出创新升级,变成全面展示教育教学成果的小学部大型演出——"荣耀之光"迎新汇报演出。

"荣耀之光"迎新汇报演出凸显三个"面向":一是面向更多学生,小学部有一半以上的学生参演;二是面向更多学科,汇报演出除了突出外语学科,还面向语文学科、体育学科、美术等其他学科,展示学生全方位的学科素养;三是面向所有兴趣组和社团,展现了兴趣组和社团的教学成果,如演出展现了小学部管乐团、小学部"天使"合唱团、"轻舞飞扬"舞蹈团、街舞团,以及古筝、陶笛、二胡、尤克里里等兴趣组的成果,充分展现了学生的特长。迎新汇报演出是展示小学部学生素质教育和核心素养培养成果的新举措,现连续举办两届,已经成为小学部影响力最大的品牌活动,有力推动了各项学科活动的开展,促进了兴趣社团建设的精品发展,同时也让老师、学生和家长更凝心聚力、更团结、更自信、更进取,充分彰显了苏外自强不息、追求完美的精神。

二、创新沟通方式,为家校合作服务

(一)创设"家校直通会客室",家校零距离沟通

家校沟通、家校合作对学校工作的开展非常重要。我们在工作中发现,家长和任课老师之间的关系总是比较微妙,有些时候家长担心沟通提建议会对自己孩子产生不利影响,有要求不敢提,有想法不敢说;有时候会因为家长和老师沟通不畅导致问题加重,变成家校对立,甚至学校被投诉,等事件发生后教导处再进行沟通处理,已经是"亡羊补牢"。为了能解决这一问题,教导处提出创设"家校直通会客室"的创新举措。我们采用随机抽签的方式,分批定期邀请各年级家长到学校,教导处成员直接和家长代表面对面沟通,家长们畅所欲言,对自己孩子学习上、生活上出现的问题,对班级管理、学校教育、教学工作都与我们做了深入交流。教导处通过交流更全面地了解了各班的情况,及时解答了家长的问题,阐述了学校的理念。"家校直通会客室"活动取得了良好的效果,家长很欢迎这样的交流方式。

家长对任课老师如果有建议,教导处会第一时间与老师沟通了解情况,进行改进,

有效地化解了许多家校矛盾。同时家长对学校工作的意见，我们也都一一记录，对于有价值的、急需改进的我们都落实到平时的管理工作中去，成为工作创新的一个有效资源，为提高办学质量助力。比如低年级家长提出：语文老师对写字教学的辅导很重要，要对孩子提出适当的要求，要多和家长进行沟通；男孩子的心智心理成熟度不够，学校和班级要保证男孩子和女生一样有公平的竞争机会。中年级家长提出：老师要注重培养学生的学习习惯和学习兴趣，特别是要调动学生学习的兴趣。高年级家长提出：老师和学生要有效沟通，平等相待；孩子的体育课、体锻课、体育活动要加强，老师要给学生更多的活动时间，以提高学生的身体素质；老师最好能告知家长体育项目优秀、良好、及格的标准，以便家长配合孩子在家里进行练习；苏外重视西方节日，孩子在学校中国外节日过得多，中国传统的节日过得少，学校的重视度不够……这些有价值的建议我们都认真做了讨论和落实，给我们的工作改进提出了很好的思路。

（二）创设期初家长会，家校配合再上新高度

学校的家长会一般都安排在学期中进行，为了表彰先进、与家长交流孩子学习状况。在一次"家校直通会客室"活动中，一位家长提出她家孩子因为文化成绩优秀但体育成绩不好，没有评上"三好生"，学校是否能告知家长体育项目优秀、良好、及格的标准，以便家长配合孩子在家里进行练习。教导处从这个家长的建议中发现家校合作中的滞后问题，意识到家校合作其实可以做得更好：我们为什么不可以在刚开学的时候就把各个学科的考核要求、学习内容、需要家长配合的事情提前告知家长，让家长更有目标、提前有准备呢？这样做家校配合就能更加有效。由此，我们又有了一项创新工作——增设期初家长会。

我们在全体教师会上和老师们讲了实施期初家长会的原因和意图，老师们一致表示支持，达成共识。期初家长会由年级组长牵头主持，全体任课老师参与，在假期里就精心准备宣讲内容，开学前由小学教导处组织验收。年级组长和年级各学科老师代表进行模拟演讲，相互提意见、改方案，做到图文并茂、深入浅出，又有实际指导作用。在开学的前两周各年级分别召开期初家长会，会上年级组长先宣布本学期的学校重大活动时间节点、年级活动安排，再由各学科教师讲述学科学习的重点及家庭指导的方法和技巧。除了语、数、英等主要考试学科的宣讲外，音乐、体育、美术、信息、科学老师也走上了讲台，讲述这个年级的孩子在美术、音乐、体育等各方面所要达成的目标和家长需要做的辅助和准备。期初家长会非常成功，受到家长的热烈欢迎，家长对于孩子一学期的学习内容有了明确的方向，能更好地配合学校的教学工作。同时，期初家长会也促进了学校期初工作的开展，老师们工作状态特别饱满，各备课组认真分析讨论教学内容、教学重点、教学难点，深入研究，促进业务能力提高。

三、创设研究讨论平台，为教师发展服务

（一）创建"微课题"工作室，提高教师的教科研能力

学校的发展离不开高质量的教师队伍。苏外小学部教师工作热情高，活动组织能力强，得到了家长和社会的一致肯定。但从区学科带头人、区教学能手评选等优秀教师培养计划中发现一个现象：不少老师教学优秀，但存在缺少主持或参与课题研究、缺少论文的情况，导致评优评先落选，成为制约教师队伍发展的一个瓶颈。因此小学教导处提

出了建立"微课题"工作室的设想：由教研组、备课组组织推动成立课题研究小组，培训教师的课题申报和撰写能力，发挥骨干教师的带动作用，提高教师的科研能力和意识，为教师发展助力。

微课题工作室活动推进分四个阶段：第一阶段，发动各学科教师进行申报。开学初教导处在全体小学部教师会上阐述课题研究对教师自身发展的意义和作用，积极发动老师们申报，以备课组为单位研究课题，成立微课题工作室。第二阶段，组织关于课题研究步骤和开题报告撰写的培训。教导处分教研组组织开展培训，通过案例学习、教科研骨干谈体会等方法开展课题申报、研究方法的指导。第三阶段，考核提升。教导处在学期末考核工作室研究成果，评选校级优秀微课题工作室，推荐校级优秀课题申报区、市课题，提升教师教科研能力和教育水平。第四阶段，学年结束总结展示科研课题研究的成果，表彰先进，助力教师发展提升。

通过一年时间的推进落实，小学部教师教科研方面取得的进步明显。小学部课题现申报成功省级课题两个、市级课题两个、区级课题五个。课题组在省级以上发表课题论文17篇，在省市级论文评比获奖37人次，在区市级赛课、基本功比赛中4人获奖，课题组老师在区市级开设教研课、公开课10人次，6位老师被评上区"学科带头人"称号。微课题工作室活动给老师的专业成长提供了良好帮助，促进了教师教学水平和业务素养的提升，帮助更多老师业务发展和提高，也助力苏外发展再腾飞。

（二）创建教研组长和年级组长联席例会制，提高团队执行力

小学教导处在工作中发现一个现象：一般开学初老师们工作热情高，年级组、教研组工作及时、有力，但到了学期的中后期，由于事务繁多，各个年级组、教研组工作落实的情况不一，有的组工作到位，有创意，有的组相对滞后，出现懈怠。所以小学教导处在管理上进行创新改革，建立年级组长、教研组长双周联席例会制。我校音、体、美、信、科教师都是独立办公室，在管理上教研组长相当于年级组长的角色，所以教导处把年级组长和教研组长召集在一起组织例会，更有利于学部工作开展。

例会每两周召开一次，时间是周五学生放学后，例会主要内容有三个方面：一是教导处及时反馈近两周的教育教学中的情况，表扬先进，指出问题；二是进行阶段性工作的提醒和安排，组长汇报组内工作开展情况，促进组内相互学习、交流，统一要求和步调；三是进行理论和观念的培训，统一教师的思想认识，提高年级组的执行力。教导处每次开会都会把平时教学管理中值得表扬或者需要提醒的事件拍照制作PPT，根据一学期不同时期的工作重点及时与教师进行反馈沟通，达成共识。比如开学初餐厅卫生秩序、教研组活动的实效、特色班的建设、英语晚读落实、教学"七认真"检查、年级集会、汇报演出等方面存在的问题，教导处及时与相关人员面对面沟通。通过双周培训会，小学部在工作认识上更加统一，上下沟通更顺畅；教导处和年级组、教研组联系更紧密，信息更畅通；其他老师工作落实更加高效，执行更好，更到位；同时年级组长和教研组长的工作能力也得到了培养。

总之，在教导处的教育教学管理工作中，本着服务的意识，我们让学生发展得更好，教师发展得更好，家校合作做得更好。我们不断寻找管理工作中的创新点，引领学部的各项工作不断前行，再上新高度，实现苏外品牌的集团化发展。我们的目标是——办高品质教育，做最好的苏外。

参 考 文 献

［1］ 中共中央国务院. 中共中央国务院关于深化教育教学改革全面提高义务教育质量的意见［N］. 人民日报，2019 – 6 – 23.

［2］ 习近平. 决胜全面建成小康社会 夺取新时代中国特色社会主义伟大胜利［N］. 人民日报，2017 – 10 – 18.

浅淡如何在英语综合实践活动中提升学生的核心素养

黄玉娟

【摘　要】　小学英语学科的教学在核心素养背景下有了新的使命，如何打破教材壁垒，打破时间和空间的限制，充分有效地激发学生的兴趣，形成学力和由内而外的英语应用能力是一线教师一直探索的主流课题。基于此，笔者注重开展课内外英语综合实践活动，在设计、组织、引领、评价等方面构建立体操作模型，力求在英语综合世界活动中提升学生的核心素养。

【关键词】　核心素养；英语学科核心素养；综合实践活动

《义务教育英语课程标准（2011年版）》指出："英语课程的学习既是学生通过英语学习和实践活动，逐步掌握英语知识和技能，提高语言实际运用能力的过程，又是他们磨砺意志、陶冶情操、拓展视野、丰富生活经历、开发思维能力、发展个性和提高人文素养的过程。"由此看出，课改提倡采用多种途径，让学生们在教师的指导下，通过感知、体验、实践、参与和合作等方式学习英语，促进语言实际运用能力的提高。

一、认清综合实践活动的本质

从综合实践活动的设计切入教学，无疑是最有生命力的教学策略。综合实践活动（comprehensive practice）强调超越教材、课堂和学校的局限，在活动时空上向自然环境、学生的生活领域和社会活动领域延伸，密切关注学生与自然、社会、生活的联系。"活动"（activity）的内涵可理解为："活"即活化、激活（activation），"动"即行动（act）。活动化教学在处理教材时，要将教材内容按其交际原貌活化于课堂，形成不同层次、不同性质、不同形式的活动，让师生共同参与，相互交流，从而使学生在使用英语的过程中掌握此交际工具，培养学生初步运用英语进行交际的能力。

二、开展综合实践活动的原则

如何在核心素养背景下，从英语学科关键能力和必备品格出发，有效地开展英语综合实践活动呢？可遵循以下原则。

（一）关注学生语言能力的提升

所有的学科活动都应该围绕语言来展开。在活动中，除了培养学生掌握听、说、读、写及语法知识等语言技能外，还应该提升学生对语篇知识和语用知识的掌握。简言之，活动的开展既要基于教材，又要高于教材。教师不应按部就班地使用教材，而是应灵活地整合教材，用教材来教，比如在夯实语言的基础上，整合教材中project板块（译林出版社出版的小学英语教材）或者task板块（朗文出版社出版的小学英语教材），省时高效。这些板块不是可有可无的，也不应因为教学进度而被教师随意取消，它应该是教材的"活化"部分，是学生期待的环节。

为了促进学生语言能力的提升，教师可以开展如下活动：朗读大赛、拼字比赛、配音大赛、整班书写比赛、英语故事创编比赛、自编吟诵大赛、讲英文故事比赛、结合故事做故事地图、英文演讲比赛等。

（二）关注学生文化品格的提升

在活动中，带领学生体验中国传统节日文化，将英语作为传播中国文化的工具，让世界了解中国。引导学生关注世界，关注这个世界正在发生什么。在中西文化的对比活动中，教师可结合译林版英语教材和中国新年，组织学生举办"Chinese New Year in My Eyes"（我眼中的中国新年）小报展；让学生用英语讲述中国传统故事，参加跨国界的主题演讲比赛等活动，在各种活动中增强文化自信和民族自豪感。仅举几例：

在"人与自然和谐相处"活动中，可带学生走进社区、自然界，让学生学会感知人、动物，尝试用英语思维理解环境，提高规则意识和社会责任感。

在"走近现代化生活"活动中，可以带学生到机器人中心认识智能化生活系统；到垃圾填埋场认识城市环保系统，学习垃圾分类；到红绿灯处观测、调查、分析行人通过红绿灯情况，并写报告，从而提高安全意识，提高生存技能。

在"走向世界的脚步"活动中，可以通过模拟海关安检，用汇率兑换货币，带学生认识不同的货币，了解货币来源国的文化。

（三）关注学生思维品质的提升

用英语进行理解和表达的过程不仅有利于学生培养通用思维能力（如识别、理解、推断），更有利于学生逐步形成英语使用者（不一定是以英语为母语者）独有或擅长的思维方式和思维能力。比如，学生做 make a pizza（制作比萨）实践活动时，学生在熟知单词和操作流程如何用英文表达的前提下，进行计划、采购、制作、录制视频、反思和总结。学生需要独立思考如何按照合理的步骤完成任务，在碰到困难时应该请谁帮助，如何解决问题等，还要请人品尝制作的成品，并让对方提出修改意见等。在这样的活动中，每个环节都离不开思维能力。

（四）关注学生学习能力的提升

活动是课堂的必要补充，改变着学习的空间和时间，使学习从课堂内延伸到课堂外，从教室延伸到家庭、社区甚至大自然，既开拓了学生的视野，又大大提高了学生对英语的学习兴趣。学生的学习方式从个体学习到小组合作，从跟老师学、课本学转变成跟同伴学、跟生活和大自然学。

掌握英语学习的要领，养成良好的学习习惯，形成有效的英语学习策略对学生尤其重要。通过活动培养学生对英语学习正确的认识和持续的兴趣，培养学生形成积极主动的学习态度和动机，使学生确立明确的学习目标，有主动参与语言实践的意识和习惯。

三、坚持综合实践活动的意义

在英语学科核心素养的背景下，英语综合实践活动也引起了教师理念的重大转变。

（一）改变了教材观

我校的教材有三种——外语教学与研究出版社出版的《剑桥新思维英语》《典范英语》和译林出版社出版的《英语》，这三种教材的要求不一样。如果没有整合，教师往往找不到重点，所以需要教师有较强的整合能力。比如将板块教学和综合实践活动相结合，就能够切实改变课堂内教师"一言堂"的局面，教师经过合理安排，将课堂放手给学生，既减负又高效。教师也能向其他学科借力，提高教师的跨学科能力，发挥教师的特长。

有些教师把美术、自然科学、音乐、体育等元素和活动相结合，使英语活动更能发挥作用，在不知不觉中，提高了学生对语言的综合运用能力。比如有些教师擅长科学实验、喜欢探索科学知识，他就组织学生观看纪录片，带领学生制作太空模型；有些教师喜欢研究英美文学，他就将写无韵诗作为实践活动的目标，学生最终完成的作品非常精彩。

（二）改变了教学观

传统的英语课往往是基于教材，有了实践活动后，学生的午间活动、晚自习、周末、假期也丰富多彩，教师应在活动中上充分凸显学生"主体"的作用，让学生参与活动的始终，学生不再是学习任务的执行者，而是活动的策划人和参与者；融育人目标于教学内容和活动中，学生在活动中的表现更自由，学习方式更开放，学习效果更明显。活动并不能取代书本和练习，但一定为教学锦上添花。

（三）改变了评价方式

教师对学生的评价方式从以分数为主，逐渐走向多元化：重视学生参与活动的过程性评价，重视基础知识、基本技能和价值观的评价，重视他人的评价和自我评价相结合，不断提升学生英语学习的信心。有的学生也许学业水平一般，但在活动中，我们能看到他的交往能力、艺术修养、思维能力等方面的优势，此时教师应不断给予其激发、鼓励和肯定，让学生提升深度的自我认知，不断探索发现，不断解决矛盾和问题，实现自身的发展。

（四）改变了工作方式

在教学中骨干教师发挥带头作用，年轻教师也不会掉队。在每学期期初，就制订好本学期的英语综合实践活动计划，由备课组长牵头，每一位老师负责一项活动的策划、开展和总结，忙而有序。在不断发掘自己的潜能中，教师的整体素质得到提升。

英语是一门实践性很强的学科，在核心素养的背景下，如何结合学科特点开展综合实践活动，是英语教师的重要任务。苏联心理学家列昂捷夫认为：个体在活动中，一方面作用于外部世界，一方面改变着外部世界，从而也改变着自身。我们相信，在丰富多彩的英语综合实践活动中，学生的英语学科核心素养一定会快速地建立和发展。

参 考 文 献

[1]　哈默. 朗文英语教学实践［M］. 王蔷，译. 4 版. 北京：人民邮电出版社，2011.

[2]　朱浦. 教学理论探究［M］. 上海：上海教育出版社，2008.

[3]　王蔷，陈则航. 中国中小学生英语分级阅读标准（实验稿）［M］. 北京：外语教学与研究出版社，2016.

[4]　中华人民共和国教育部. 义务教育英语课程标准（2011 年版）［M］. 北京：北京师范大学出版社，2012.

[5]　《中国学生发展核心素养》项目组. 中国学生发展核心素养（征求意见稿）［R］. 安徽基础教育研究，2016（2）：10 - 11.

[6]　程晓堂，赵思奇. 英语学科核心素养的实质内涵［J］. 课程·教材·教法，2016，36（5）：79 - 86.

浅谈创造在教学中的重要性

李君瑜

【摘　要】 著名教育家陶行知视创造为人生的真谛，把培养学生的创造力作为教育的宗旨，把培养学生的创造品质、创造能力作为教学的最高目标。教育工作者应亲授学生人生之铲，挖掘学生创新之不竭之源，实现陶行知先生在《创造宣言》中"处处是创造之地，天天是创造之时，人人是创造之人"的美好愿望。

【关键词】 创造力；创新；质疑；独立思考

《中共中央国务院关于深化教育改革全面推进素质教育的决定》指出，素质教育应以培养学生的创新精神和实践能力为重点，激发学生独立思考和创新的意识，并培养学生的科学精神和创新思维习惯。这与陶行知所奉行的创造教育思想相符合。虽经时光变迁，陶行知的教育思想却历久弥新，对于当前的儿童创造力培养具有深远的指导意义。

一、去除思想束缚，树立创造自信

陶行知指出："儿童的创造力被固有的迷信、成见、曲解、幻想层层裹头布包缠了起来。"殊不知何时起，传统课堂和教师已然成了这层层"裹头布"。我们传统的课堂限制了学生在情感、想象、领悟、兴趣等多方面的发展，忽视了对个体多样性的尊重，过多地强调知识的机械记忆，极大地限制了学生创造性思维的发展，极易导致学生丧失主动性和创造性。所以一个有利于张扬学生创造精神的"场所"是急需被开发的，学生的创造性可以在宽松、自然、愉悦的氛围中得到淋漓尽致的释放，学生可以成为全面发展的人。

学生要有创造的自信，在求知中不怕艰苦，勇于求知，突破固有的牢笼，拥有创新的信念和志气。创造的产生也需要一定的心理条件。陶行知认为，儿童一生下来就秉承了人类的创造潜能，一旦有适合的环境，其创造性就能萌芽、开花、结果。其实在我们的课堂里不乏具有创造潜能的人，他们身上蕴含着无限可能，他们本也准备释放潜能，可是一次次被他人否定，在一次次大声的"你不行"的评论后，他们逐渐不相信自己可以成为具有创造力的人。这群正准备在"战场"上建功立业的"战士们"突然被取消了出战的权力，变得消极气馁，不再热血。最终他们还是选择随大流，紧随前人留下的脚印前进，墨守成规，谨言慎行，这种不自信抑制了他们聪明才智的挥发。因此，教师和家长应该尽可能帮助学生树立自信心，点燃他们创造思维的火花，促进小学生逐渐形成创造力。更重要的是，我们要培养其不怕艰难的攀岩精神，让他们不被一时的失败击垮，而是勇敢站起来，从失误中汲取经验，在反思中获得新的灵感，不断创造革新。

二、敢于质疑，独立思考

陶行知指出："学贵知疑，大疑则大进，小疑则小进，不疑则不进。"要创造就必须具有善于发现的眼睛，能够从各个角度发现问题；而发现问题，就要有质疑的精神。质疑是对固有知识的冲破,是个体的思维体现,同样也是创造的来源。哥白尼提出了"日心说",否认了教会的权威,改变了人类对自然、对自身的看法。如果当年哥白尼也奉行长期以来既定的"地心说",压制内心质疑,人类对宇宙的认识或许还停留在错误层面。孟子曰:"尽信书,则不如无书。"亚里士多德曾说:"吾爱吾师,吾更爱真理。"古往今来,前人用智慧向我们揭示着这样一个道理:没有质疑就没有创造创新。因此在日常教学中,面对学生提出的质疑,有时我们要承认自己的"不懂",并肯定他们善于观察、勇于提出问题的科学态度,同时鼓励他们自己试着寻找答案,并与大家分享。学生的质疑是他们勤于动脑的可喜现象,是思维活跃的生动体现。陶行知认为,有了疑难,就是成功的一半,疑难是创造之师,是学生追求真理、创造的内驱力,有了它,教师毋庸频挥教鞭,学生仍自进不息。

质疑的前提是独立思考。爱因斯坦指出,发展独立思考和独立判断的一般能力,应当始终放在首位。创造力的培养,需要促使学生养成独立思考的习惯。不能让学生处处跟随着老师的思维走,而是促使他们自己思考、领悟,从而掌握知识。只有通过他们自己的努力理解了的东西,才能成为他们自己的东西,才能不断构建并丰富自身的认知框架。当然,教师要善于给学生提供独立思考的机会,拒绝做知识的灌输者,争当思考的培养者,帮助学生们走上独立学习的道路。在此,将独立思考的维度进行了扩展:教师引导学生从多角度思考,打破定势,对同一问题思考多种可能性,尝试多种途径;在教学过程中,教师给学生介绍多种形式的思维方式,发掘学生的潜力,更好地培养其创造力。

三、交还自主权,提供创造空间

新课改倡导凸显学生的主体地位,教师就要尽可能多给学生一点思考的机会,让学生自始至终参与到知识形成的全过程中,为他们的创新培育一片肥沃的土壤。过去传统的教学活动,从教学目标的确立到教学过程的设计,直至最终的课程实施,无不都是老师一个人的舞台。被束缚在老师、教材、课堂的学习,实际是一种被动、消极的学习状态,学生的创造性也因此被掩埋。所以在教学过程中教师要树立正确的学生观,学会放手,让学生做学习的主人。教学活动的展开以学生的全面发展为中心,让学生在自主学习中,学会自我感悟、自我探究,从而培养学生的创造性。具体应做到:首先要充分信任学生,相信学生自己会学,能够学会,敢于放手让学生上台表演,确定主题让学生成为活动的策划者和组织者,使学生成为知识的再发现者和再创造者。其次要增强民主平等的观念,善于营造民主、和谐的教学氛围,给学生发言权,鼓励他们敢于真实地表达自己,充分地展示自己,自由思考,创造性地解决问题。

学生掌握自主权之后,我们还要给他们提供观察和操作的空间。"问渠那得清如许,为有源头活水来",这在陶行知先生看来便是"行是知之始,知是行之成"。没有一项发明创造是凭空出现的,都是在苦心的实践过程中产生的,所以我们要为学生提供实践的舞台,以学生已有的经验为基础,重视过程,让学生在已有经验的基础上获得与形成新经验,这是创新能力培养的基础。同时教师要注重创新培养,以课堂教学为主阵地,借助创新的教学观念、模式和创新内容,激励学生主动求知、主动探索、主动创造。因此在课堂教学中,笔者经常预留一个板块,让学生改编课文内容,以自己的理解演绎故事,让每一位学生都有机会展示自己的创新成果；学生园地里，欢迎各位学生入驻，把他们创新的作品张贴在此，供大家欣赏交流。只有允许多样性的存在，才能百花齐放，创新的大花园才会五彩缤纷。

四、激发创新热情，获得成功体验

创造是在一定的需要、动机、兴趣下产生的，是长期积累、教育引导的结果。它是一种主体性活动，是对世界的探索，也是自我的延伸。小学语文中拼音学习是比较难学、枯燥的部分，不少学生在刚入门时便望而生畏，产生畏难的情绪，以封闭的状态去面对语文学习，何谈创造呢？爱因斯坦说过，兴趣是最好的老师。孩子们一旦对某事物有了浓厚的兴趣，就会主动去求知、探索、实践。在课堂中，教师给孩子营造一个愉快的语文世界，让学生对语文这门课程产生兴趣，用兴趣带动热情，以饱满的情绪投入到创新活动中去。教师要耐心引导、理解学生，尊重学生的意愿，创造良好的学习气氛。语文拼音比较枯燥，但运用直观教学法就生动形象多了，并且有助于学生理解，通过视、听、说加深印象，强化记忆。如教学拼音 g、k、h 时，为了激起学生的兴趣，笔者运用儿歌来帮助学生记忆，如"一只鸽子咯（g）咯（g）咯（g）"，甚至让学生自己编写儿歌来记住字母。

成功的体验会诱导下次事件的发生，老师要善用这个规律，采取多鼓励和多表扬的举措。对学生主动探索的精神，教师一定要给予积极的支持鼓励，用言行去关爱每一个学生，以发展的眼光看待每一个学生，让学生体会到成功的喜悦，从而产生后续的动力，激起更强的探索创新的积极性，这会像多米诺骨牌一样持续下去。通过激励、评价学生的创新思维和创新行为，学生会产生创新的勇气和自信。创新需要尝试，所以教师要允许学生犯错误，发现和催开学生创新的花蕾，在创新教育的土壤中甘做辛勤的耕耘者，浇水、施肥，为创新教育创造一个良好的环境。例如，在教学《家》这课时，为了让学生仿照课文说"_____是_____的家"，笔者出示图片，帮助学生举一反三。在学生回答问题时，笔者会对大家的创造性想法进行肯定和表扬，保护学生的积极性。有时学生说的不恰当，笔者并不会冷冰冰地说"错"，而是微笑着鼓励他"你再想想，老师相信你一定可以的"。就这样通过种种行动，我们为学生的创新保驾护航。

我们要彻底改变学生被动学习的局面，真正确立学生在学习过程中的主体地位。解放他们的眼睛、头脑、双手、嘴巴、时间和空间，引导孩子们积极主动地参与学习，激发他们对自己未知的领域进行探索，生成和构建自己的真知，渐渐形成自己的创造力，实现"人人是创造之人"的乐园。

参 考 文 献

[1] 陶行知. 陶行知教育文选［M］. 北京：教育科学出版社，1981：74.
[2] 陶行知. 陶行知全集［M］. 长沙：湖南教育出版社，1985：62.
[3] 陶行知. 陶行知文集［M］. 南京：江苏人民出版社，1981：26.

文与道的结合，教与学的转变
——浅谈统编教材下语文核心素养的培养

吴雅静

【摘　要】 2019年秋季，我国小学语文教学全面使用教育部统编教科书。新的教材引发新的思考，基于统编教材编写理念的语文教学需探索深度教与学方式，学生的学习方式由被动接受知识向主动建构知识与能力转变；教师基于教材特点及学生已有经验确立教学内容，设计有意义的语文学习活动，引导学生将所学知识、方法等迁移运用到具体情境，尝试解决学习与生活问题，在实践中积淀阅读与言语经验，提升阅读与言语品质，建构语文能力。

【关键词】 统编教材；语文核心素养；教学方式转变

2019年秋季，小学语文教学全面使用统编教科书。基于教材编写理念，小学语文教学更注重文与道的结合，追求阅读与表达并重，整体与局部统一，语文与生活结合。苏教版小学语文教材已成为历史，在新的语文教学环境下，作为小学语文教师，着力转变语文教与学的方式，促进学生发展语文核心素养，是我们需要努力的方向。

一、关注要素，让语文要素在课堂落实

我们在语文教学中，需要努力促使学生把握要素，培植能力。例如，培养学生深层理解能力（理解课题含义），拓展他们质疑思辨、深度思考的能力，还有围绕观点、准确选材、有序有理说理的能力。比如《普罗米修斯》所在单元的语文要素包括了解故事的起因、经过、结果，学习把握文章主要内容，感受神话中神奇的想象和鲜明的人物形象。这篇课文的课后习题包括：1. 朗读课文，注意读好众神的名字。2. 按照起因、经过、结果的顺序，讲一讲普罗米修斯"盗"火的故事。3. 故事中哪个人物或情节最触动你？和同学交流。可以看出，课后习题与单元语文要素吻合，那如何让学生对语文要素的理解在课堂上落实呢？我们可以这样设计：先问学生，希腊神话中，谁的力量最大？学生回答出神的名字，教师即可引导学生说出这位神的特点，如众神之王、宙斯、太阳神、阿波罗等（落实练习1）；在学生说的基础上，引导学生按照起因、经过、结果简要讲述故事内容（落实练习2）；继续问学生，"火种"仅仅是指小火苗吗？普罗米修斯把什么带到了人间？（精神、幸福、希望、进步的台阶、文明……）引导学生由触动人心的情节入手，想象画面，进而体会鲜明的人物形象（落实练习3）。

在整个教学过程中，老师通过比较阅读，带领学生初步了解中国神话与古希腊神话的异同；又通过创设情境，引导学生想象创编故事，感受神话的奇妙，在课堂中落实了语文要素的培养。

二、注重整合，语文要素能渐进发展

新的教材，新的内容，需要老师进行合理的整合，而这种整合是需要循序渐进的。以教材为依托，提升学生的语文素养，培养学生的语文能力，是我们最终的目标。

（一）整合课文内容，培养学生的景物描写能力

我们需要整合年段教学资源，打通年级联系，培养学生的观察能力，为学生描写景物做铺垫。以"观察"为例，部编语文教科书在三年级上册第五单元，带学生学习留心观察、细致观察。通过《搭船的鸟》《金色的草地》两篇精读课文，让学生知晓"留心"观察，在熟悉的地方寻找新风景、新发现，比如"船头停着一只翠鸟""草地会是金色的"；了解只有"细致"观察，才会对事物有深入的了解，比如"翠鸟是彩色的鸟、捕鱼动作非常敏捷""草地之所以会有绿色、金色的变化，是与蒲公英花开与合拢有关"。四年级上册第三单元中，带学生学习"连续"观察、"细致"观察，学生只有连续观察，才能发现爬山虎脚的变化；只有连续细致地观察，才能发现蟋蟀住宅的特点及修筑住宅的过程，学生才能将景物描写得准确。细致观察不仅是指用眼看，还要用耳听、用心想等。

（二）整合单元内容，培养学生的思考、提问能力

我们还需要整合单元资源，以单元为整体，循序渐进培养学生的提问意识、能力与习惯，让学生边读边思考，从不同角度积极提出问题；教师整理筛选出值得思考的问题，与学生讨论，加深学生对文本的理解，让学生养成敢于、善于提问的好习惯。统编教材教学中，教师不能看一课备一课，要整体看单元内容，尤其是"交流平台"中的内容，将语文要素的细化分解、梳理的知识方法在前面的课文中落实，不能前面的课文孤立文教，等学到园地时，再孤立、机械地讲这些知识方法。四年级上册第二单元关于"提问"，需要引导学生"学什么"的教学中，从第一篇课文开始，逐步落实这些目标。例如：《一个豆荚里的五粒豆》鼓励学生积极思考，尝试提问；借助问题清单，初知提问的角度（部分内容、全文内容）。《蝙蝠和雷达》中，借助旁批和问题清单，学生进一步了解提问的角度和层次（课文内容、写法及得到的启示）；通过课后练习1，学生学会按照不同角度整理问题；通过练习3，学生初试身手，尝试从不同角度提问。《呼风唤雨的世纪》借助旁批、问题清单、练习提示，引导学生明白提出问题后还要善于整理筛选，重点思考解决对于理解文本有帮助的问题，对于关系不大或无关问题可以舍弃或以后解决。《蝴蝶的家》一文的学习，可以培养学生综合运用以上方法，自己提问、分类、筛选，并尝试解决问题。

三、重视迁移，将语文要素转化为能力

建构主义理论认为，学习不是由教师把知识简单地传递给学生，而是由学生自己建构知识的过程，这种建构是无法由他人来代替的。

基于统编教材编写理念的语文教学，教师需探索深度学习方式，让学生的学习方式由被动接受知识向主动建构知识与能力转变；教师基于教材特点及学生已有经验确立教学内容，设计有意义的语文学习活动，引导学生将所学知识、方法等迁移运用到具体情境，尝试解决学习与生活问题，在实践中积淀阅读与言语经验，提升阅读与言语品质，建构语文能力。

统编教材"语文园地"中一以贯之的设计实践，低年级的"字词句运用"，中高年级的"词句段运用"，意在引导学生在言语实践中丰富言语经验，提升言语品质。在单元编排中，有精读、略读课文，精读有精读学方法，略读是用学得的方法自主阅读，进而培养能力。四年级上册第六单元要求学生"学习用批注的方法阅读""通过人物的动作、语

言、神态体会人物心情"，《牛和鹅》一文的旁批形式意在教学生批注的角度（在写得好的、有疑问的、有启发的地方写批注）、方法（标画词句、写简单批语、重读文章和批注、与伙伴交流）和好处（加深理解、有新发现等）。

精读教学生阅读策略，略读教学生迁移运用策略，通过反复实践，学生学会阅读，成为积极的阅读者。比如三年级上册第四单元阅读策略单元《预测》，《总也倒不了的老屋》一文通过旁批，以表格、泡泡等形式引导学习抓住题目，借助图画、情节内容、生活经验等，学习有依据地预测；《胡萝卜先生的长胡子》中，文前阅读提示、课后习题指导学生从多种预测视角进行预测实践，学会不断反思预测是否有依据，"修正"自己的预测；《不会叫的狗》阅读提示中引导学生预测不同结局，并在课后交流自己的预测及理由等。通过教学，学生将预测视作阅读常态，逐步形成预测习惯。

总而言之，基于统编教材编写理念的语文学习，让我们从模糊走向清晰，让语文要素落地；从零散走向整合，将语文要素逐层落实；从肤浅走向深刻，学生从被动接受走向主动建构，将要素转化为能力，最终学会学习、表达、思辨、合作，学会运用知识解决学习与生活问题，提升了核心素养，为自身的长远发展奠定了基础。

项目式研学：学术启蒙与思维创新的有效支架

徐余忠

【摘 要】 项目式研学课程的开发与探索对深化初中教育改革具有重要的课程意义。苏外初中部历时5年缜密构思，细致推动项目研学课程的建设，取得显著成绩。该项目在实践中突显出领航性、突破性、扶持性三个特点。项目选题方面取得了三大经验：一是关注学情基础的适切性；二是关注生活情境的真实性；三是关注问题视角的开放性。同时我们掌握了项目开展流程控制的五大核心要素，对未来项目课程的校本化定型提出了建设性的思考。

【关键词】 项目式研学；选题要素；效能反思

信息时代下，当前教育的变革迭代正在加速进行。教育的本质不是为了让学生获得分数，而是聚焦学生可持续发展，为学生的未来发展做好核心素养的奠基，这个理念已然成为各界人士的共识与呼唤。从外在知识的学习延伸到学生关键能力的养成，由陈述性知识记忆走向程序性知识的理解与创造，突出关注学生思辨能力、创造能力、实践能力、合作能力的培养是教育实践的应有之义。为此，苏外初中紧扣教育脉搏，以"项目式学习"为抓手，积极探索校本化实践策略，使之成为初中生学术启蒙与思维创新的有效支架。

一、苏外项目式研学的缘起与现状

"项目式学习"（Project-Based Learning，简称PBL）理论起源于美国，目前对国内教育界产生了广泛影响。项目式学习是强调以学生为中心，为学生提供关键素材、构建学习环境，由学生组建团队来解决问题的学习过程。在项目式学习中，学生以动态的、开放的学习方法主动探究问题，迎接挑战。学生并在此过程中，不断习得和强化获取知识的新方法，不断提升研究的计划能力和过程实施的组织能力。我国教育部2017年颁布的《中小学综合实践活动课程指导纲要》指出，综合实践活动是从学生的真实生活和发展需要出发，从生活情境中发现问题，将问题转化为活动主题，通过探究、服务、制作、体验等方式，培养学生综合素质的跨学科实践性课程。

综合实践性学习往往说起来容易、做起来困难，其制约因素是多维的，有理念问题、课时问题、师资问题、家长支持问题、学生能力问题等。基于项目式学习理论及教育部指导精神，苏外初中部积极展开校本化研究实践：首先，透彻理解新课程思想，紧紧跟随学生核心素养养成的方向标，以未来视角剖析学生当下能力养成的缺失点；其次，在充分调研讨论的基础上，结合苏外学情基础，通过教师的理性参与为学生提供真实环境下的选题参考，为研究过程提供有效引导，启蒙初中生学术研究意识，让初中生了解课题研究过程、学习文献检索、实验设计、社会调研、论文写作等基本方法和思路。

我们把这个项目式研学课程通俗地称为"师生共研"，它是苏外初中部传统研究性学习的创新升级版。具体课程目标为：

1. 学生初步了解学术科研的基本思路、方法，培养基本的科研意识和严谨精神。

2. 通过具体课题项目研究，促进学生学习方式的转变，突出实践体验、发现问题、分析问题和解决问题的能力养成，培养学生组织、沟通、协作研究的能力。

3. 激发学生对未知世界的好奇心，培养学生的创新能力。

4. 深化学校特色课程内涵建设，丰富校园文化氛围，树立课程品牌。

苏外初中部项目式研学课程已经历时5年，至今已经成功完成5期课题项目，共计52个课题的研究，累计参与学生达800余人，参与指导教师及专家达120余人。课程项目取得了丰硕的成果，得到了学生与家长的热烈响应，《苏州日报》、《姑苏晚报》、《扬子晚报》、《苏州新闻网》、《江苏政府网》、苏州电视台等知名媒体都进行了广泛报道。经过近5年的实践探索和打磨，项目式研学课程已经成为苏外初中特色课程体系中不可或缺的一部分。项目式研学课程充分凸显了三个特点：

一是领航性。苏外的做法是前期先让学生们申报课题，教师经过可行性评估后批准其中的一些立项；考虑到初中生还比较稚嫩，也可以让老师结合自己的专业、兴趣提出课题来引领、指导学生。老师参与课题研究的每个重要环节，为每个课题组保驾护航，有效避免了学生探究的盲目性，大大提升了过程的效度。做到师生同研究，师生共成长。

二是突破性。项目式研学以课内为基点，研究触角延伸到家庭、工厂、社会生活的若干方面，真正突破了固有课程的限制，突破了传统的学习时空限制，突破了现有学习内容和学习方法的限制。师生共研课程为学生搭建一个发掘自我、发展自我、表现自我的全新研究性平台，对学生未来进行更深、更专业的学术研究有着不可估量的意义。

三是扶持性。芬兰《基础教育国家核心课程大纲》强调编排学科融合式的课程模块，师生共同围绕某一学习主题开展教学活动，并要求每所学校每一学年至少要进行一次跨学科学习。苏外项目式研学从学校层面给予了四大制度扶持：一是课时扶持。每学年开展一次课题研学，每周二下午两节课将研学课程排进课表；每个课题跨越两个学期，确保不少于40个课时。二是经费扶持。学校对每个课题有经费投入，最高可达8 000元。三是师资扶持。选拔和鼓励学术背景强的老师积极参与课题活动。四是评价扶持。参加研学指导的老师在同等条件下参与校"卓越教师"评选时有优先资格。

二、苏外项目式研学的选题与要素

项目式研学的内容、方式与传统科目学习完全不同，它着重以问题驱动、任务引领，运用多种知识和素养整合式解决问题，师生依托项目展开合作、研讨、探究，其间或加强了学生对某一科的深度学习或渗透学习了各科知识，有效打破学科壁垒，大大促进知识的融合运用能力。项目式研学的课程内容涉及语文、数学、英语、政史、物理、化学、生物、计算机等众多学科。因此，研学选题为内容服务，好的选题要充分做到三个关注：关注学情基础的适切性，关注生活情境的真实性，关注问题视角的开放性。研学选题的具体类型大致有如下五种。

（一）基于文化比较的选题

学校师生常常基于学校国际化特色，站在文化的立场，针对某一文化现象从古今视角或中外视角展开比较，寻找区别与关联，探讨对应与反应关系，如"西方教堂与苏州园林建筑风格之对比研究""中英浪漫主义悲剧文学对比探究及展演""中国造纸术与埃及纸莎草对比研究"。文化比较课题的跨文化色彩鲜明，学生对文化现象的理解得以深化，学生的创新思维在比较中得到极大发展。

（二）基于科技应用的选题

科学技术的应用是项目式研学的重要组成部分。如课题"苏外社团报名系统设计研究"，师生针对学校社团人工报名的复杂问题，利用计算机编程设计出一个智能简便的报名系统，解决了重要实际问题；"苏外校园的3D模型设计与打印"课题内容是完成5个任务：学习3D打印软件的使用、实地测量、三维建模设计、打印彩绘、完成论文报告。每一项内容的学习与操作都锻炼了学生的细致动手与密切合作的能力，有力地提升了学生的科学素养。

（三）基于文史辨析的选题

文史故事、文史知识浩如烟海，选取典型文史现象，爬梳勾连、寻觅因果、辨析立论是文史类课题研学课题重要内容，如"古典文学中的苏州书写研究""清代苏州商帮史研究""苏辛词豪放特点研究"。文史课题源于课内，深于课内，把阅读与思辨有效地结合起来。

（四）基于地域环境的选题

很多课题带有浓郁的苏州地域色彩，如"苏州地理与苏州典型菜肴关系研究""苏州路名文化研究""苏式糕团民俗文化研究""安全伴我行——苏外周边十字路口交通安全状况调查与对策分析研究""太湖水检测研究"等。对这些课题，师生都亲自动手实践和观察，运用地理与文学、地理与科技等知识的融合，或探索文化现象，或关注环境的保护、资源合理利用等社会问题，体现出强烈的社会参与意识和责任感。

（五）基于生活规划的选题

让学生触摸真实生活是项目式研学的核心要义。"城市公共自行车使用年限最优化研究""商品定价与利润之间的关系研究""苏外直饮水模式的可行性研究""生活用水硬度软化研究""生活中塑料垃圾的精细分类和回收利用的研究""中学生'住商'的培养研究""含糖饮料调查及其对健康影响的研究"等课题从日常生活中汲取灵感，敏锐地抓住热点、焦点和难点问题；带领学生展开数学建模、理化实验、审美设计等知识的学习与运用，着力解决实际生活问题，促进了学生知识的内化，提高了学生分析与解决问题的能力。

项目式研学是围绕特定任务展开的团队协作、学科融合式的学习，其实施过程耗时长、组织要求高、有机整合难，为确保实践效果，下面以"苏外社团报名系统设计研究"课题为例，阐述如何控制好核心要素。

项目式研学案例："苏外社团报名系统研究"主要流程

一、调研阶段

组员们深入了解苏外初中部社团目前的规模与运作方式，探讨苏外社团管理系统设计的最佳模式及实现的可能性。在这个阶段，小组成员们分成两个小组：以吴王言修及吴子昂牵头，分别走访了初中部社团管理刘老师、吴主任，掌握初中社团开展的具体情况。根据实际情况，结合具体的管理要求，课题组再组织了多次有针对性的讨论，探讨苏外社团管理实现的方式。在课题组指导赵凌君老师的帮助下，最终形成可行性报告，组内分工画出社团管理系统流程图。

二、深入探究学习阶段

在这个阶段，课题组在赵老师的带领下开始深入学习系统开发所要用到的一些工具软件，主要学习掌握了 ASP 程序脚本语言、Dreamweaver 网页编辑软件、Access 数据库、Windows 2008 Server 服务器设置等知识，为系统的开发做知识的准备。

三、模块开发阶段

1. 根据系统需要，课题组首先利用 Access 建立了社团管理关系型数据库结构，经过两次的讨论与修改，最终成形。数据库的各个表分别为：管理员数据表（admin）、社团信息表（course）、学生信息表（students）、教师信息表（teachers）、成绩表（result）。

2. 根据流程图，课题组利用 Dreamweaver 8 搭建一个互动的网站平台，分为首页、学生注册、学生登录、教师登录、管理员登录等模块，这几部分涉及学生、老师、管理员三个实体，他们互相关联，数据表之间要进行有效数据传递。

3. 在赵老师的指导下，课题组成员在网页中嵌入 ASP 脚本语言，基本完成了各模块之间的功能，学生模块实现了学生注册、学生登录、学生个人信息修改、社团报名、查看社团报名情况、社团成绩查询等功能，学生只有通过老师的审核才能注册成功，只有使用账号密码登录后，方可进行以上的功能；教师模块实现了教师登录、社团报名查询、个人信息修改、查询并修改社团组员成绩、社团课程安排上传等功能；管理员模块实现了管理员登录、添加社团课程、修改社团课程、删除社团课程、查看各社团报名情况等功能。

四、页面美工阶段

课题组用了 2 节课的时间完成了现有页面的美化工作，加入了诸多的苏外元素，如学校 logo（标志）、各社团早期的精彩活动图片，在系统开发中体现出了苏外特色。

五、内部测试阶段

为了检验系统的可行性及稳定性，课题组还进行了大量的组内系统内测，以布彦杰老师为专门的负责人，对现有开发的系统进行局部测试，还真的发现了大量的小 bug，组内成员共同研讨并及时纠正，确保了程序开发过程中少走一些弯路。

六、结题评比阶段

撰写研究论文及报告，参与结题展评。邀请软件工程师作为专业评委参与结题点评。

"苏外社团报名系统研究"课题是项目式研学课程非常成功的一个案例，基于生活，从无到有，赢得了校内师生的广泛赞誉。其成功的原因在于研究过程非常好地控制了以下 5 项关键要素：

1. 完整的流程设计。项目式研学需要关注好四个维度的内容：① 学什么？项目式学习的主要学习目标是掌握核心概念和重要原理；② 为什么学？项目式学习是为了解决真实问题，实现知识的学科价值和社会价值；③ 怎么学？在学习的工程中，通过小组学习、自主探究来获得知识，并锻炼动手实践能力；

④学得如何？对于 PBL 学习的评价包括：学生获得的知识、学生习得的方法及最终完成的作品。只有将四个维度都关注到，才能设计出一个完整的研究流程，即调研筹备—项目选题—任务计划—方法指导—策略深化—成果生成—总结评价。完整流程的闭环确保了研究的规范推进，使学生获得了完整且宝贵的研究初体验。

2. 合理的项目分解。每一个项目都需要展开才能获得细致的研究入口，取得实质的研究进展。项目分解、任务细化与子课题设计是同一个道理。在某个选点下，谁能开动脑筋从多角度展开，谁就能获得研究的灵感，取得独特的成果。没有合理的项目分解就难有深入的研究发现，难有客观的研究结果。囫囵吞枣、泛泛掠过的现象是项目式研学需要竭力避免的。"苏外社团报名系统研究"在模块开发阶段的项目分解细致科学，有效保障了系统设计的全面性和实用性。

3. 持续的动机激励。项目式研学有很强的实践性、体验性和学术性。随着研学的逐步深入，部分同学会越发感觉枯燥，从而减弱兴趣，消极应付甚至退出。保障学生能持续保持学习热情，推动项目式研学有意义地持续下去，关键有三点：一是保障每个孩子参与的自主权，充分尊重和肯定学生的原始创意；二是创新变化研学活动形式，适时进行组内展评，让每个人的贡献得到呈现；三是适当借助物质奖励，调节团队气氛。

4. 成人的专业参与。项目式研学的课题有一些是结果既定的，在成人专业视界中也许是小儿科，但对于初中学生来说，却是一场完全陌生的旅程。这个研学旅程中发现了什么，如何发现的，其获得的过程经验是否能被认可和鼓励，对学生的未来的持续学习的信心影响深远。为此，多年来苏外研学的各个课题在实践过程及结题中都广泛要求社会各界专业人士参与指导评价和反馈，大大激发了学生的参与热情。如"太湖水检测研究"课题得到了苏州科技大学教授的热情支持，"苏式糕团民俗文化研究"课题得到了苏州黄天源传承人的亲自指导，"中学生'法商'的养成路径研究"课题得到了某法院院长的高度肯定等。研学课程开展至今，已有数十位各界专家参与，无不感慨，无不热情，无不鼓励。研学的各个环节中有了成人的专业指导与反馈课题的价值与意义得到了升华，参与学生更增了几分自豪感和责任感。

5. 规范的学术呈现。项目式研学为突出"学术性"启蒙的理念，在选题立项、调查采访、实验比照、论文格式、参考文献等诸多细节上尽量按照专业研究范式模仿进行。每期结题，我们都单独汇编一册课题文集《破茧的力量》，入选小论文和报告要求学生写自己看到的、想到的、发现的、创造的、困惑的，不说假话、空话，不抄袭，以期让每个参与的学生真切感知科学研究的严谨路径和审慎的态度，初步形成正确的学术观。

三、苏外项目式研学的效能与反思

美国的中学生探究性学习比我国早若干年，而当下我国中学的应试教育现状依旧不容乐观，深化初中教学课程改革是时代的呼唤，是培养未来人才的必然选择。苏外初中以项目式研学课程为载体,为学生综合实践性学习开辟一方新天地,历时5年探索,虽过程艰辛,但成效显著。

（一）素质指向更鲜明,有效提升了课程的品质感

经过此项目的开展研究,苏外初中部在课程的开发、组织和评价方面积累了宝贵的经验,建立了完整的"申报—管理—考评—激励"四位一体的管理机制,使初中部的素质教育推进得更规范,教学特色更加鲜明,实实在在提升了课程的品质感。

（二）探究思维更灵活,有效提升了学生的学习能力

实践证明,学生在课程项目的参与中,虽然占用了部分中考课程的学习时间,但学生的成绩并没有降低,学生反而在学习中更勇于质疑、敢于思辨、善于分析,学生在分类研究、资料整合、规律总结、协作研讨、汇报演讲等方面的核心素养皆显著提升。5年来,苏外初中学生在各级各类竞赛、考试及各类文化交流中成绩优异、表现突出。

（三）教学素养更复合,有效提升了教师的胜任力

项目式研学首先考验的是老师的课程开发能力,从一无所有到课题选定、方案拟定、研究进度表的制定、活动过程的设计、评价方法的设计等,无一不让每个老师辛苦而进步着。教师的教学素养在此过程中实现了复合式锻炼,其课程胜任力显著增强,其思辨-发现式教学思维得到了极大的发展,为苏外初中部更多特色课程的开设提供了坚实的师资内训平台。

（四）教育品牌更明亮,有效提升了学校的美誉度

我们希望让学生学会做研究,用项目驱动,让他们通过调查、采访、辨析、查阅文献甚至进入大学实验室做实验等方法来掌握学术方法,初步形成科学研究的思维。所以,每个课题的研究不求功利,不求速成,而是保证质量,旨在让学生养成良好规范的学术习惯。正是这点务实求真的精神赢得了社会的广泛赞誉,赢得了媒体的热烈报道,甚至还得到了我国香港学校参观团队的高度认可,苏外初中部的美誉度显著提升。

初中生囿于年龄段和学情的限制,所以在开展项目式研学的过程中不是一帆风顺的,但只要有完善的制度支撑、精细的组织落实、默契的家校协同,学生的美好前景一定可期。未来项目式研学需要重点在以下三个方面做好工作：

1. 加强教师培训机制的建立。突出项目式研学的教研培训的计划和活动开展,营造多元共生的教研氛围,吸纳更多中外教师参与,为教师提供国内外参考案例,开阔教师的研学视野,切实为教师提供更多思想支持、技术支持和评价支持,为教师搭建好分享学习的时空平台,促进项目式研学共同体的建立。

2. 加强研学场域拓展的协调。研学的场域需高度重视校内外的结合,工厂、公司、法院、图书馆、博物馆、科研院所、大街小巷、田间地头等应该成为学生获取一手资料的源头,成为深度研学的第三方关键力量。要从学校层面加强社会资源的协调与统整,让项目研学更加务实、鲜活。

3. 加强研学校本教材的建设。项目式研学没有统一教材和方案,每期都要重新选题,教师压力极大,同时很多优质课题的成熟操作都被搁置一边,很是可惜。因此,我们需要转变思想,积极建立重复利用的思维,在前期大量研学实践的基础上,遴选优质课题,从目标、课时、内容、任务、活动、评价、资源等多方面进行系统化梳理,形成校本教材,更有利于提升教师的实证研究水平和实操教学水平,有利于促进项目式研学经验的

稳定积累与传承。

随着教育教学改革的深入推进，项目式研学课程对核心素养的支架意义将会得到更大的释放，让我们的学生从小就在头脑中埋下学习与实践融合的种子、学术与创新融合的种子。我们坚信，在未来项目式研学的课程价值一定会转化为生活应用的价值。

参 考 文 献

[1] 温丽娜. 美国项目式学习课堂实录［J］. 基础教育参考, 2017（4）：19-20.
[2] 周业虹. 实施项目式学习发展学科核心素养［J］. 中小学教师培训, 2018（8）：33-37.
[3] 林奇贤. 项目式学习课程中的5A元素［J］. 中小学信息技术教育, 2017（4）：9-12.
[4] 胡佳怡. 项目式学习的本质、模式与策略研究［J］. 今日教育, 2016（4）：47-49.

运用信息技术促进外国语学校教育国际化建设

陈 黎

【摘 要】 结合外国语学校存在的现实问题和教育现代化的本质特征，苏外在教学过程中尝试信息化技术的使用，如 iPad 教学的尝试、信息化教学平台的使用等；在学生管理中利用更多的信息技术接轨国际化规则意识。充分发挥信息时代的优势，利用网络平台，同时抓住教育现代化的普及化、国际化、个性化等主要特征，是以信息化带动教育现代化方法和路径探索的前提与关键。

【关键词】 信息技术；教育国际化

一、苏外对于学校教育国际化建设的理解

国家全球化的进程促进了教育国际化的建设，而外国语学校自身的优势让苏外一直走在教育国际化的前列。如果要一直保持教育国际化的领先优势，就必须做到"主动国际化"，而信息化技术就是让外国语学校保持这种主动性的良好手段。教育的信息化技术是指在教育过程中，比较全面地运用以计算机多媒体和网络通信为基础的现代化信息技术，促进学校教育的全面改革，使之适应信息化社会与教育发展的要求。它是实现教育现代化的基础、前提和条件。所谓"教育国际化"，就是教育要面向世界，并与全世界各个国家接轨、交流。这也与李克强总理提出的"互联网＋"概念深度契合，即"信息化促进教育国际化的深度发展"。

作为苏州外国语学校的一员，我们对学校国际化建设的理解不止是吸收国际留学生、引进外籍教师、开展双语教学、提高教师出国比例等。应该说，这些具体举措只能是浅层次的学校国际化建设，远远没有触及教育国际化的实质和内涵。外国语学校的国际化建设应该是站在学生角度设计的教育国际化。在我们对教育国际化建设实施的过程中，我们要做的是以改变教育形式为载体，真正利用信息通信技术（Information and Communication Technologies，ICT），拓宽学生的国际视野，把教育还给学生，用创新的信息和通信技术，让优质教育资源随手可得；从学生的需求出发，为学生提供相应的模式手段，真正实现"授人以渔"。现在及将来的社会是一个需要我们终生学习的社会，学生需要学会生活，学会学习。

二、教学过程中信息化技术的使用

（一）iPad 教学的尝试

苏外国际高中部是最先尝试 iPad 教学的部门，在实际的教学过程中，老师和学生都体会到，利用先进的信息技术可以突破常规教学，可以与不同行业世界顶级的大师"对话"。以苏外国际高中的英语教学为例，对于即将走出国门求学的高中生而言，英语学习不仅仅是为了提高语言能力，更是为了了解他国的文化，避免文化差异带来的交往不便，甚至是冲突。不管是语言能力的提高还是文化背景知识的积累，都不是单纯的课堂教学能够帮助学生实现的，需要学生尽可能主动地在课后去增加英语泛读、泛听的机会，为

自己创造一个纯英文的学习环境，而信息技术的运用就成功地解决了这一难题。老师每天优选最新的话题材料，让学生的知识更新，与时俱进。比如有关英国脱欧、更换首相的新闻阅读，或者美国大选的候选人辩论视频，都是鲜活的学习资料，学生可以进行一些延伸阅读，拓展知识面，提高自身能力。此外，学生还可以通过一些应用程序来辅助英语学习，如"英文播客"里面可以订阅BBC的6分钟英语、VOA新闻等；又比如一些关于英文单词背诵的应用程序，可以根据学习者识别单词意思时犯错误的频率将单词自动分为不同认知级别，紧接着调整这些单词的复现率，即错误率高的会多次再现以巩固学生记忆。有了这些应用程序的帮助，记忆单词变得轻松而高效。再比如一款关于英文配音的应用程序，学习者可以反复模仿电影原声，录制个性英文电影配音，并可以将配音作品发布至社交网络，供朋友们共享品鉴。这个过程既训练了标准的英文发音，又让学生在使用中学习了词汇，且调动了学生开口说英文的热情和信心。信息技术老师可以更便利地引导学生充分利用网络资源去做更多的调查和研究，并通过多媒体技术用英文加以汇报呈现。对于学生从高一开始每周一次的小组合作项目，由学生们自主选话题、做研究、对信息权衡筛选、制作演示文稿、组织语言、在班级公开演讲。这个过程既提高了学生的研究能力、辩证思维能力，也训练了他们在公众场合进行英文演讲的能力。

与此同时，苏外还与英国伊顿公学（Eton College）合作，引进伊顿公学的领导力课程，通过信息技术让苏外的孩子也可以接受国际一流名校老师的面对面指导，与友好学校的学生进行话题讨论。信息技术在教学中的使用突破了学校围墙的概念，将最新的学习资源带到课堂，也让学生和教师的终生学习成为可能，让苏外的教学更加具有国际范。

（二）信息化教学平台的使用

苏外信息化教学平台的使用也让苏外的课堂教学更好更快地同国际教育接轨。苏州外国语学校国际高中在2016年9月最新引入OC（Oversea Campus）课程，这个项目是苏州外国语学校同美国犹他州盐湖城教育厅官方合作，给国际部学生提供一年半在苏外，另外一年半在美国的高端赴美课程。该项目尤其受学生和家长的欢迎，除了课程设置本身的魅力，还有一个重要的因素就是OC平台的使用：在苏外，OC班学生可以同美国盐湖城学生使用完全相同的网络学习平台。OC平台是一个完整的包括课程介绍、教学内容、课后作业、教师批改和反馈、测验、考试成绩等几乎所有教学元素的网络互动空间，具有以下特点：

1. 课堂不再是老师的"一言堂"，而是充满了师生互动，更有教师、学生、网络资源三者之间的有效互动。比如英国文学课堂，老师指导学生登陆平台，学生可以即时在课程的小说列表中选择自己想阅读的小说，下载电子书。由于每个学生选择的小说并不相同，所以阅读主要是学生在课后自主进行。老师在课堂上则选取经典篇章，带领同学们一起解读。老师可以对平台上的教学内容进行重点、难点的标注，也可以随时修改和增减平台上的教学内容，这给教学带来了非常大的灵活性，一切设计为具体班级群体学生更好的学习而服务。除了主要的教学内容，平台当然也可以布置作业，提供与教学内容相关的外部链接，供学生进行拓展学习。

2. 教学资源实现了即时共享和绿色环保。教师不再需要打印、复印各种讲义材料，大部分的教学材料在平台上可以随时获取。老师和学生如有需要添加的材料也可以随时上传并共享，实现了"翻转课堂"在教学过程中的实际运用。

3. 学生课后的自主学习更具便捷性、趣味性和互动性。平台的资源、系统和互动方式都加强了学生自主学习的可操作性，方便学生随时获得教师帮助、同学的协作，以及老师的监督和反馈。

4. OC平台的使用还能较为有效地实现个性化教学。无论班级学生的总体层次如何，学生个体之间总是有学习基础和能力效率上的差别，而OC平台对于学习资料的选择、测验的方式进度等方面，都能够协助老师针对不同学习状况的学生提出不同的要求，安排不同的学习进度，在作业布置上也能够很便捷地实现"必做"和"可选"之分。

5. OC平台也给家长带来了了解孩子学习状况的便捷途径。家长通过账号登录可以随时上平台了解孩子的学习情况，并清晰地看到数据分析，从而了解孩子在一段时间内的进步状况。

三、在学生管理中利用更多的信息技术接轨国际化规则意识

在教育教学过程中，关注到学生个性和个体发展的需求也是学校国际化建设的一个重要部分。如何在满足学生个性化发展需求的基础上增强学生的规则意识，也是促进学校国际化发展的一个重要课题。利用信息技术在学生管理中的使用就很好地结合了这两者的需求，既满足了学生个体发展的需求，又增强了学生的规则意识，也是信息技术手段促进学校国际化建设的又一事例。

在苏外的小学部我们成功引入的Class Dojo软件，Class Dojo的使用方法很直观：老师为学生分配一个虚拟人物，随后在教室的一体机上根据学生一天的表现来加分和扣分，这个信息可以同时在多个终端进行共享。在苏外的课堂里，每个教室均配备双屏一体机，一个用于正常的教学，一个用于Class Dojo记录当堂学生表现，学生可以非常直观地看到教室里每位同学的表现，从而调动学生的内在竞争力。与此同时，Class Dojo还可以追踪学生几天到一学期的表现，老师可以将最终结果提供给家长，这就为老师和学生家长搭建了一个实时沟通交流的平台，帮助家长随时随地了解学生在学校的学习、活动、社交和成长等各方面的表现。不仅如此，Class Dojo还能让家长在家里的时候给孩子正确的引导，以强化理解他们在学校学到的东西。这种信息化学生管理系统的引进，可以进一步促进家长、教师和学生间的合作，也促进了学生良好行为习惯的养成。

苏外国际初中部和高中部自行设计和研发的学生管理系统，不仅优质管理了学生课堂行为，也起到了很好的培养学生习惯养成、进行信息记录和加强家校联系的作用。在苏外，学生的课表是个性化的，为了满足学生个性特长发展的需求，我们根据学生的学习能力、学习兴趣、个人特长等开设必修和选修课；教师也会根据学生对相关科目知识的了解和掌握程度，进行分层走班教学。借助我们自行研发的学生管理系统，学校安排了各个不同场室的教学内容、教学层次和授课老师，学生可以根据自己的需求选择课程，每一位学生都有属于自己的一张个性化课表。老师对于学生的考勤、课堂表现、完成作业情况及考试情况可以在系统内随时记录，期末学生得到的报告是对他整个学期的学习和行为表现的综合评估。利用这样的信息化技术手段，注重学生的过程性评价和个性发展，旨在培养出更加自律、更加自主，能与世界多元文化对话的国际化人才。

四、结语

今后一段时间内,外国语学校的发展方向就是信息化和国际化。学校应充分利用信息化的优势,加速自身的国际化建设,比如寻找更加有效的方式把技术整合于教与学的过程中,为师生提供有利于 21 世纪教学的学习环境,为学生提供当今社会所需要的技能学习。外国语学校作为国际化教育走在最前沿的学校,有责任和义务把信息技术作为拓宽教师和学生知识获取的重要途径,充分发挥技术优势,提高教师信息技术应用能力,使学校教育与国际教育进行无缝接轨,始终保持外国语学校在教育国际化中的领先地位。

参 考 文 献

[1] 尉迟文珠. 浅论以信息化带动教育现代化 [J]. 教学与管理(理论版),2015(11):5-7.
[2] 毛丹玲. 电子信息技术发展中的问题与发展趋向研究 [J]. 发现(教育版),2017(5):154.
[3] 牛爱芳,鲁立军. 现代教育技术资源的整合与管理 [J]. 实验技术与管理,2012(3):368-370.
[4] 陈琳,陈耀华. 以信息化带动教育现代化路径探析 [J]. 教育研究,2013(11):114-118.

基于学生创新思维培养的校园文化建设

徐佳丽

【摘　要】　本文以创新思维及校园文化建设的内涵与重要作用为出发点，分析了两者的内在联系，并以营造校园文化氛围、打造校园文化活动和提供校园文化平台三个角度为切入点，阐述了有利于培养学生创新素养的校园文化建设所应具备的三大特点。

【关键词】　创新思维；校园文化建设

随着教育事业的不断发展与进步，基于实现中华民族伟大复兴的中国梦，社会对创新型人才的需求越来越高，所以我们需要通过教育来培养在校学生的创新思维，全面提升学生的创新精神和创新能力，为培养创造型人才打下坚实的基础。

一、创新思维、校园文化建设的内涵与联系

（一）创新思维的内涵与重要性

创新思维是指在个人已有经验的基础上，通过一种新颖和独创的方式去发现新事物、创造新方法、解决新问题的思维过程，通过这样一种思维方式能够突破常规思维带来的局限性，从一种更独特的视角去思考问题，提出超常规的解决方案，最终形成独树一帜的思维成果。

培养学生的创新思维能够让学生在学习过程中打破常规，解放思想，独辟蹊径，善于发现解决问题的新方法，并能够将这种方法运用到学习新知识的过程中，形成良性循环，保证学习活动的顺利进行。

创新是民族进步不竭的动力。在当今教育大环境的新形势下，培养创新型人才是顺应时代发展的要求，而创新思维是整个创新活动的关键，是创新力的核心，是培养创新人才的重要标志，创新教育中必须要重视学生创新思维的培养。

（二）校园文化建设的内涵与重要作用

校园文化建设一般由物质文化建设、精神文化建设和制度文化建设三方面的内容所构成。校园物质文化往往包括校园内的各类建筑、文化景观及花草树木等一切物质形态的内容；校园精神文化通常是指学校内部形成的共同理想和价值观、道德规范、独特的行为准则等的总和，反映了全校师生共同的理想目标、精神信念、文化传统、学术风范和行为准则，是一种隐性的教育力量，是学校的灵魂，是学校生存和发展的动力；校园制度文化则是维持校园正常秩序的保障机制，一般包括学校的文化传统、活动仪式、各类规章制度与规范等内容。健康的校园文化建设可以对学生起到陶冶情操、启迪心智、磨炼品质、规范道德、凝聚力量的作用，这些都将逐步内化为学生的综合素质。

（三）校园文化建设与学生创新思维培养的关系

学生的创新思维并非是先天秉承的，更多的是通过后天的教育与学习所获得。校园是学生学习的主要场所，学生身处校园之中，便会在潜移默化中受到校园文化的熏陶。学生创新能力的培养是基于校园文化建设这块良好的试验田上发展的，特定的校园文化

可以培育出学生独特的创新能力。因此,校园文化建设是培养学生创新思维发展的重要途径和载体,学校应当坚守立德树人的教育使命,将培养学生创新思维融入校园文化建设之中。反过来,学生的创新思维发展也有利于促进校园文化建设的发展,学生的创新理念和成果能够运用到校园文化建设之中,有助于校园文化建设的可持续发展。因此,校园文化建设与学生创新思维的培养二者之间是相互依存、互促发展的紧密关系。

二、基于学生创新思维培养的校园文化建设

(一) 营造追求创新的校园文化氛围

校园文化随着学校的总体发展和建设慢慢积淀形成,文化育人是一个缓慢的过程,需要潜移默化的引导。要培养学生的创新思维,营造一种追求创新的校园文化氛围是不可或缺。学生沉浸在这样一个校园大环境中,每天受到创新文化的熏陶和引导,自然而然会以相同的标准来严格要求自己,鞭策自己成为一个具备创新思维、创新意识和创新能力的人,而不至于在一个追求创新的校园内成为一个格格不入的人。

苏外作为一所国际化的民办学校,本着"素质培养、文化关怀"的育人理念和"着眼于未来的教育才有教育的未来"的教育追求,着力于"建设一所最具国际理解力、国际对话力和国际竞争力的中国学校",要将学生培养成为"阳光自信、富有朝气、善于表现和表达、具有国际视野、懂得国际理解、具备核心素养、通晓中华文化又具有跨文化交流能力的中国公民"。

苏外作为一所紧跟时代、与时俱进、勇立潮头、敢于创新的学校,于2017年成立融宣中心,打造"苏外拾光"文创品牌,走在苏州教育领域文化衍生品市场的前沿,将苏外的优秀文化通过一种更立体的方式去传播与表达。

苏外独特的育人理念、追求创新的精神文化、打破传统的创新实践,这些都为学生营造了一种多元创新的校园文化氛围,激励着苏外学子们奋力拼搏,坚定其追求创新的意志,在其迈步成为创新型人才的道路上打下坚实的基础。校园文化氛围充分发挥了导向功能,引导学生将创新思维内化为他们的思想追求,外化为他们的自觉行动。

(二) 打造发挥创意的校园文化活动

校园文化活动作为校园文化建设的重要组成部分,是培养学生创新思维发展的极为重要的途径之一。校园文化的建设不是学校和教师单方面为学生所创设的,而应该是师生合力共同创建的。有利于培养学生创新思维发展的校园文化建设应该是能够充分发挥学生的主动性的,要为学生打造能够发挥创意的校园文化活动,从而让学生能够以主人翁的意识参与到校园文化的建设之中。

在苏外校园内,有许多井盖与其他校园内的井盖是截然不同的。我们的美术老师把课堂搬到室外,请学生在井盖上进行涂鸦,充分发挥他们的创意与才能,为苏外的校园增添了一道道亮丽的风景线。

除此之外,苏外校园内还经常开展形式多样的各类社团活动、文艺活动及体育活动,每一个活动的开展都是以学生为主导,方案制订、海报设计、宣传动员、材料准备、组织实施、预算控制、活动推广等环节无一不渗透着对学生创新思维的考验与培养,在提升学生的学习能力、拓展社会交际、增强才艺自信等方面也发挥着不可或缺的激励作用。

（三）提供孵化创想的校园文化平台

在创设文化氛围和打造文化活动的基础上，培养学生创新思维的校园文化建设还应该为学生提供孵化创想的校园文化平台，在引导学生创新思维培养的同时，也能够让学生的创意、创想得以落地。每一个创造性的想法都有其施展的空间和舞台，我们要让学生的创新思维培养落到实处。

2018年，苏外初中部的六名学生向学校提出了"第R温渡"项目想法，旨在建立校内二手物品流转的平台，传递暖暖的正能量，同时为地球环境出一份力。学校在看了他们精心打磨出品的策划书后，全力支持项目的推进，并且在学校资源中心为该项目开辟了一个专门的区域，用作二手资源的回收储存之处。目前，该项目已经成为苏外学子传承和弘扬的品牌特色活动。

苏外校园就是一个舞台，每一位学生只要愿意在这个舞台上施展才能，就有展示的机会。学生有创意、有想法，学校定会给予全力的支持，做好创意、创想的孵化器，让学生创意得以实现，也为苏外打造了一个又一个文化名片。

三、结语

由此可见，校园文化建设之于学生创新思维的培养犹如基石，能够为学生提供精神动力、活动养分与施展平台，创新而富有特色的校园文化建设有利于引导学生走上创新之路。与此同时，培养学生的创新思维，激发学生的创新潜能，通过学生的创意与创造能够促进校园文化建设再上新台阶，两者之间相互依存，彼此促进，有着不可分割的密切关联。基础教育承担着培养创新人才的重任，应充分利用好这一特点，为学生营造一个利于创新思维培养的校园文化环境。

参 考 文 献

[1] 姚敏磊，殷美，王彬，等．"三全育人"格局下校园文化建设与拔尖创新人才的培养［J］．科教文汇（下旬刊），2019（8）：4-6.

[2] 陈丽．校园文化建设与大学生创新能力培养的关系探究［J］．西部素质教育，2018，4（5）：158+160.

关于外籍教师管理工作的思考与探析

解震东

【摘　要】　国与国的竞争是经济的竞争和国力的竞争，归根到底是人才的竞争。引进国外智力，是提高学校国际化水平和学校教学质量的一种重要措施，国际学校如何科学地做好外籍教师的聘请和管理工作，如何对外籍教师的教学和生活进行科学管理，本文围绕这些问题进行探讨。

【关键词】　国际学校；外籍教师；招聘；管理

一、外籍教师管理工作中存在的问题

（一）招聘渠道较窄，聘请优秀外教难度较高

随着信息化的不断发展，选择网上平台招聘不失为一种有效招聘方式。虽然应聘者人数较多，但合格者甚少，无法保证应聘者的质量。较来自英语为母语国家的外籍应聘者而言，大部分来自英语为非母语国家的应聘者更缺乏正规的师范教育和对中国国情的基本了解，因此我校优质外教资源稀缺。

（二）外教的流动性较大

在国际学校任职的外教通常每年一换，甚至一学期一换，长的也不会超过三四年，这往往出自外教本人的意愿，他们并不会安土重迁，总觉得外面的世界更精彩。所以管理人员总是在熟悉新的工作对象，频繁地更换外教也加重了学校运行成本。

（三）外教的使用成本较高

外教的使用成本包括外教的聘用花费、工资支出、生活补贴和相关的行政费用。外教是稀缺资源，聘请的难度较大。一般来说，我们每聘一位外教，仅中介费一项就需支出近万元。除了外教的工资，还有支付给外教生活方面的补贴，包括房租、机票、医疗意外保险等方面都是一笔不小的开支。所以，聘用外教的成本是很大的。

（四）中外文化差异带来各种矛盾

随着资本、物流、人才的自由配置浪潮席卷全球，各国人才随着资源市场化配置的大量流动，他们从一个国家移居或暂居到另一个新的国家，从其固有的文化环境移居到一个新的文化环境后，他们往往会产生文化上的不适应。这种不适应是由文化差异造成的，具体表现在语言沟通上、表达方式上、风俗习惯上的差异，而这些差异所带来的各种短期或长期的不适是无法避免的。

二、解决问题的对策及建议

综合以上分析，解决国际学校外教聘用和管理中存在的问题，需要从以下几个方面着手。

（一）拓宽渠道，适度聘请

目前的招聘渠道不外乎通过中介、通过网络、通过认识的人介绍这几种。不论通过哪种途径，我们招聘时应依据岗位需求，不必一味追求高学历，但是招聘标准一旦定下

就要坚持。最好招聘从事过相应年龄层段英语教学工作的应聘者,这样一旦录用,外教可以尽快开始上课。如果应聘者没有从事过教学工作,就算他们学历再高,恐怕也难以在短时间内胜任教学任务。同时,面试时注意请外教出示相关证件原件。如果没有这些过程,把关不严,后续出现问题时会给双方都造成损失。学校也要根据自身发展和学生学习的实际需要,适度聘请必要的外教岗位,使外教工作更加务实。最重要的还是要通过各种关系与国外的大学、社区建立直接的联系,通过新拓宽的渠道,获得更优质的外教资源。

(二) 加强跨文化沟通及服务意识,提高管理水平

首先,在外教抵达前就要解决外教的住房问题、生活问题,做好接站等有关准备工作。住房要考虑到外教的工作、生活的方便,如楼层、通信设备的配备、房间朝向等问题。其次,外教到校后,学校要立即组织体检和证件办理工作,发放外教工作手册,让外教尽快适应中国的风土人情,我们还要提前了解外教宗教信仰,避免不必要的误会。这样才使外教能把主要精力放在教学工作上,不必被基本生活问题分心。

(三) 完善教学评估机制,提高聘用效益

在聘好外教后,对于外教的教学考核也不能放松,各学部需要不定期抽查外教的备课笔记和教学进度,在与外教预约的前提下,去听听外教的课。要求外教按时上下课,遵守学校的教学管理。在新外教上课一段时间后,学校组织学生代表座谈,就外教的教学态度、教学内容和教学方法等方面听取意见,并将座谈结果汇总到各学部例会及外教本人,便于外教发扬优点、改进不足,及时调整教学方法。在学期末,要综合评估外教一个学期的表现,听取学生、老师及学部管理人员的意见,建立完善的教学评估体系。同时,国际交流中心要管理保存好这些评估材料,为调整外籍教师的级别和工资待遇提供依据。

(四) 依法管理,忠实履行合同

学校要根据自身情况,严谨全面地起草外教合同,特别是在起止时间、请假事假制度、就医制度、放假安排等方面要格外注意,以免在合同期执行出现问题时双方互推责任,说不清楚具体情况。当合同签订之后,就要一丝不苟地去贯彻执行。这不仅关系到学校的声誉,而且对外教来说,我们中国学校也代表着中国国家的信誉。在合同执行过程中,如果发现有不合适之处,可以与外教协商进行修改或签订补充协议。

三、结语

在国家日益倡导教育国际化的今天,国际学校引进大量国外教师,至此已经形成了一支数量庞大的外籍教师队伍,这对外籍教师管理工作提出了更高的要求,带来了更多的挑战。外事无小事,外教管理是一项十分细致和重要的工作。作为一名合格的管理者,我们不仅需要全面学习和贯彻执行国家外专局有关外籍人员聘用和管理的相关文件,还要结合学校自身的具体情况,把外教管理工作做好、做细。更要不断努力完善外籍教师管理制度和模式,最大限度发挥外籍教师的作用,科学合理地利用外教资源。

参 考 文 献

[1] 任夫元,胡国庭.新形势下高校外籍教师管理模式探索[J].新西部,2009(6):88.
[2] 张秋红,张雪岩.人本主义理念在外籍教师管理实践工作中的应用[J].长春大学学报,2010(2):99-101.
[3] 陈燕.提高外教管理水平 做好外教管理工作[J].读与写(教育教学刊),2010,7(7):73.

苏州外国语学校创新学生素养评价综述

董继文 蔡杰

【摘 要】 苏州外国语学校是苏州市招生报名较火爆,社会、家长认可度较好的一所民办学校,苏外学生更是年年创佳绩,时时翻新篇。苏外致力于探索评价内容多元化、评价方式多元化、评价主体多元化的评价体系,并成功有效运用了各学部、各学段的多元评价体系来促成"基础扎实、身心健康、气质高雅、能力综合、有传统文化根基的华夏优秀学子"培养目标的有效达成。

【关键词】 苏外;创新;学生素养;多元评价

网红文章《牛蛙之殇》系上海一位曾在国家级研究所工作多年,如今已退休的老教授所写。有评论说"这篇文章文风真诚,观点犀利,作者大胆炮轰'幼升小牛蛙战争',字字扎心",撰写此文的退休老教授更是被网友亲切地称为"牛蛙外公"。该教授在文中提到,自己的女儿有一天突然让家人开始严格控制体重,据说是为了应对学校"从家长体重看家庭的自律能力"的做法。尽管不知这种说法是否属实,但至少在当前大教育背景下,家长选择学校,学校选择学生,无论是"牛校"还是"牛蛙",其实都存在着评价标准的别出心裁或标新立异。那么作为苏州市招生较火热的苏州外国语学校(以下简称"苏外"),基于学生创新素养的评价又会是怎样的一番风景呢?

需要说明的是,学生创新素养研究,本系致力于学生创新素养的培育与评价的双重结合。但对于学生创新素养,鉴于苏外各学部在各自研究课题中已经做了大量阐述,故此不再赘述。单从"评价"角度,根据苏外各学部历年入学情况评估,结合苏外各学部对学生创新素养的培育成果,我们试对苏外各学部、各学段实施的学生素养评价方面做一简要梳理。

在全面提高基础教育质量方面,教育质量综合评价发挥着重要的导向作用,教育质量综合评价体系的建构和实施是推动教育质量提高的重要举措。2013年教育部印发《关于推进中小学教育质量综合评价改革的意见》,首次全面提出了包括学生品德发展水平、学业发展水平、身心发展水平、兴趣特长养成、学业负担状况等5个方面20个关键性指标的中小学教育质量评价指标体系框架,这是教育质量综合评价改革的指针。另外上海市在2012年开始组织研制学业质量绿色指标,进行了中小学生学业质量评价改革试点,取得有效成果。社会各界对中小学"绿色评价"改革给予充分关注和肯定,改革要求切实扭转单纯以学生学业考试成绩和学校升学率评价中小学教育质量的倾向,改革教育质量评价体系和评价方式已经成为中国教育的共识。

在学生评价方面,走得相对靠前的应该是上海市推行的中小学素养的"绿色评价"。上海市教委副主任尹后庆说:"绿色的核心是促进学生全面发展和健康成长。在内容上它与传统的以学生分数为单一内容的评价不同,是基于标准的包括学习成就、幸福指数、身心健康、学业负担、教学方式等在内的具有综合特征的评价,以力求克服传统的评价对学生身心发展带来的损害,使得评价真正成为学生健康成长的助推器。"

教育质量综合评价体系的改革以学生发展为核心,促进学生综合素质全面发展。对学生的评价标准要从以单一学业考试成绩为标准的一元化评价标准,改变为多元化评价标准。苏外各学部要致力于探索评价内容多元化、评价方式多元化、评价主体多元化的评价体系，并运用多元评价体系来保证华夏优秀学子培养目标的有效达成。

评价内容多元是指评价不仅包括对学生学业发展水平的评价，还应包括对品德发展、身心发展、兴趣特长发展等方面的全方位评价。

评价方式多元是指定性评价和定量评价相结合，书面评价和口头评价相结合，课内和课外相结合，结果和过程评价相结合，综合使用各种方式，更科学客观地评价学生，帮助学生认识自我，不断进步。

评价主体多元是指将教师评价、学生自我评价、学生互评、家长和社会有关人员评价结合起来，对学生全方位、多角度进行评价，让每个学生都能发挥自身潜能，建立自信，不断发展。

一、小学实验部学生素养评价

苏外小学实验部旨在培养基础扎实、身心健康、气质高雅、能力综合、有传统文化根基的华夏优秀学子。

（一）丰富小学"华夏优秀学子"评价内涵

根据《关于推进中小学教育质量综合评价改革的意见》，我们根据学生的品德发展水平、知识发展水平、身心发展水平、兴趣特长发展等提出了十个方面的具体评价目标，指定"礼仪小绅士（小淑女）""爱心小天使""数学小博士""科学小院士""艺术小明星"等评价标准。

通过这十个方面单项评价目标的设定，将学生各个方面的发展情况都纳入结果性评价体系中，将对学生的全面评价落到实处。改变了过去只有少数优秀学生获得"三好学生""文明学生"的荣誉称号的情况，班级里大部分的学生都能找到自己某一方面的优点，并建立自信。

（二）制定小学部"华夏优秀学子"评价三级评价体系（表1）

表1 小学部"华夏优秀学子"评价三级评价体系表

一级评价指标	二级评价指标	三级评价指标（评价要素）	评价人		
			自评（根据学期得星颗数）	小组评价	教师评价
基础扎实、身心健康、气质高雅、能力综合、有传统文化根基的华夏优秀学子	综合类	礼仪小绅士（小淑女）			
		1. 尊敬老师，见面行礼，主动问好，接受老师的教导，主动与老师交流。			
		2. 课间准备好学习用品，课间文明不奔跑，不玩危险游戏。			
		3. 宿舍讲文明，物品摆放整齐，按时熄灯不说话。			
		4. 保护环境，爱护花草树木，不随地吐痰，不乱扔果皮纸屑等废弃物，注重个人卫生。			
		5. 食堂用餐排队，不插队，轻声慢嚼，不浪费饭菜。			
		6. 待人有礼貌，说话文明，会用礼貌用语。上下楼梯靠右行，礼貌谦让不推搡，走路挺胸有朝气。			
		7. 诚实守信，不说谎话，知错就改。虚心学习别人的长处和优点，不嫉妒别人。			

续表

一级评价指标	二级评价指标	三级评价指标（评价要素）	评价人		
			自评（根据学期得星颗数）	小组评价	教师评价
基础扎实、身心健康、气质高雅、能力综合、有传统文化根基的华夏优秀学子	综合类	爱心小天使	1. 爱护幼小，在看到小同学需要帮助时能主动帮助。 2. 孝敬父母，尊敬长辈，能主动为父母及身边的老人做力所能及的事，能为他们送去温暖。 3. 关心同学，在同学生病或有困难时能积极帮助。 4. 踊跃参加学校组织的各项爱心活动，能积极为贫困人群捐款捐物。 5. 爱护环境，当看到有乱丢垃圾、破坏公物的行为时能主动制止。 6. 能为社区、养老院、儿童福利院提供义务服务。			
		劳动小模范	1. 认真、主动、积极地组织和完成每天值日，在学校一日常规检查和抽查中卫生得满分，每天每组值日小组长选2个最认真、主动的同学。 2. 主动关注校园内的卫生及公共书架的整洁，随手捡起纸屑等杂物，随手整理公共书架。 3. 在家里主动帮助父母长辈进行简单的家务劳动。 4. 在学校组织的各类义务劳动中表现积极。			
		活动小能人	1. 担任班级或学校的班、队管理工作，能认真完成老师和学校交给的各项任务。 2. 积极配合班主任和大队辅导员组织班级或学校的班队活动，在管理或活动组织中有比较突出的表现。 3. 积极参加学校组织的读书节、外语节、科技体育节、艺术节这四大节日活动，能在公众场合大方展现自己的能力。 4. 能积极参加校外各级各类比赛、公益活动，在活动中表现突出。			
	学业类	双语小专家	1. 英语课认真听讲，积极思考，英语作业正确率高，效率高，每周可获基本星1枚。 2. 1~3年级学生单元测试95分以上可获奖励星1枚，4~6年级学生单元测试90分以上（包括90分）可获得奖励星1枚。 3. 学生期末调研争章，凡达到"优秀+"等级获得奖励星3枚，凡达到"优秀"获得奖励星2枚，凡获得"良好+"获得奖励星1枚。 4. 在一整个学期的26个英语学科活动中，获一等奖者获奖励星5枚，二等奖3枚，三等奖2枚，参与奖1枚。 5. 参加英语考级，剑桥英语考级通过三级、二级、一级分别获竞赛获奖励星6枚、4枚、1枚，公共英语考级通过三级、二级、一级分别获竞赛获奖励星12枚、7枚、5枚。			

续表

一级评价指标	二级评价指标	三级评价指标（评价要素）	评价人		
			自评（根据学期得星颗数）	小组评价	教师评价
基础扎实、身心健康、气质高雅、能力综合、有传统文化根基的华夏优秀学子	学业类	国文小翰林 1. 遵守课堂纪律，积极思考问题，踊跃举手发言，大胆表达见解，每周可获得1枚基本星。 2. 认真对待本学科的作业。能够保质保量完成各项作业，作业书写整洁、美观且正确率高，每周可获1枚奖励星。 3. 在单元测试、期末考试总评中，成绩获得"优秀+"者可获4枚奖励星，获"优秀"者可获3枚奖励星，获"良好+"或进步学生经老师酌情考虑获2枚奖励星。 4. 在年级开展的学科活动、读书节和各类比赛中获奖（所有活动都只设一、二两个奖项），一等奖获得者可获8枚奖励星，二等奖获得者可获4枚奖励星。			
		数学小博士 1. 数学课认真听讲，积极发言，作业完成认真及时，正确率达50%，每周可获基本星1枚。 2. 每学期平时单元测试、期末考试获得"优秀+"者获4枚奖励星，获"优秀"者可获3枚奖励星，获"良好+"或进步学生经老师酌情考虑获2枚奖励星。 3. 在学校、年级组织的有关数学的各种比赛中获奖。每学期年级组安排两次学科竞赛活动，一次期中考试后举行计算能力竞赛或解决问题能力竞赛，一次学期结束前举行奥数比赛。比赛一等奖获得者获8枚奖励星，比赛二等奖获得者获4个枚奖励星。 4. 在校级以上各种数学竞赛中获奖，一等奖获得者得12个章，获二、三等奖的分别得10枚和8枚。			
	兴趣特长类	运动小健将 1. 平时体育课堂上遵守纪律，认真学习，积极参与，每周获基本星1枚。 2. 体育课单项考核前15名获奖励星1枚。 3. 校级运动会2~3名或区运动会4~6名获奖励星4枚，校级运动会第一名、区级运动会前三名、市级运动会3~6名获奖励星8枚，市级比赛前三名获奖励星10枚。 4. 参加四人以上团体获奖，按同级个人获奖励星降2星计算。			
		科学小院士 1. 平时科学课堂上遵守纪律，认真学习，积极参与，每周获基本星1枚。 2. 科学课期末综合考查成绩优秀，获奖励星1枚。 3. 参加科技兴趣小组（电子积木、航模、车模、机器人、信息技术等兴趣组）期末成绩总评优秀获奖励星3枚。 4. 在学校科技节、学科知识竞赛、小论文比赛中得一等奖获奖励星5枚，二等奖获奖励星3枚，三等奖获奖励星2枚；在校级以上比赛中获奖或有科普小论文发表获奖励星8枚。 5. 在校级以上建模、航模、海模、车模、信息技术等科技创新类比赛中得一等奖获奖励星10枚，得二等奖获奖励星8枚，得三等奖获奖励星6枚。			

续表

一级评价指标	二级评价指标	三级评价指标（评价要素）	评价人		
			自评（根据学期得星颗数）	小组评价	教师评价
基础扎实、身心健康、气质高雅、能力综合、有传统文化根基的华夏优秀学子	兴趣特长类	艺术小明星	1. 艺术课上遵守纪律，认真听讲，积极参与课堂活动，每周获基本星1枚。 2. 在兴趣组制作的优秀作品数量多，同时学期末的等第是优秀的同学获奖励星2枚。 3. 艺术特长鲜明，音乐、美术、书法、舞蹈等各种考级通过。考级通过（1~5级）获8枚奖励星，考级6级以上获12枚奖励星。 4. 有作品在区市级及以上报刊上发表获6颗奖励星。 5. 艺术节活动表现突出，在校艺术节活动中积极主动参与，在活动中取得一等奖的学生获5枚奖励星，二、三等奖各获3枚、2枚奖励星。 6. 在校级和校级以上各级各类艺术比赛中获奖。校级获奖获4枚奖励星，市级获奖获8枚奖励星，省级获奖获15枚奖励星，全国获奖获20枚奖励星。			

多元评价体系实施细则规定，获得学业类中的任意两项单项奖并兼有综合类的任何两项单项奖，获得兴趣特长类任意一项单项奖或者所有专业学科成绩达"良好"，可以荣获"华夏优秀学子"称号。

同时获得学业类三项单项奖，并在综合类中获得任意两项单项奖，在兴趣特长类获任意一项单项奖或者专业学科成绩达"优良"者，可以荣获"国际英才"称号（相当于"三好学生"）。

（三）过程性评价措施——小学生国际公民评价手册

设计运用"小学生国际公民评价手册"，将学生每周的学习生活，包括课堂表现及礼仪、劳动、活动等各方面用打☆的方式进行记载，每周进行累计。在评价手册上要写出每科老师对学生表现的评价、学生对自己的评价，也要写出家长对学生的评价和反馈意见。这既是有效的过程性评价，能促进学生自身的反思和改进，最后也能成为学期末评选"华夏优秀学子"的量化依据。

具体手册如图1所示。

 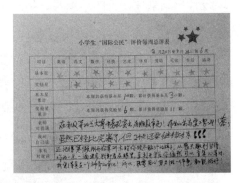

图1　小学生国际公民评价手册

（四）实施细节及各类奖状

制定十个单项评价标准的实施细则，设计单项奖奖状、华夏优秀学子奖奖状、国际英才奖奖状（三好生奖状），进行结果性评价。

1. 制定各个单项奖的获奖标准。

双语小专家：

（1）一至四年级学生获得 30 枚星可获得"双语小专家"称号；

（2）五年级学生获得 32 枚星可获得"双语小专家"称号；

（3）六年级学生获得 35 枚星可获得"双语小专家"称号。

国文小翰林：

（1）一至四年级学生获得 28 枚星可获得"国文小翰林"称号；

（2）五年级学生获得 30 枚星可获得"国文小翰林"称号；

（3）六年级学生获得 32 枚星可获得"国文小翰林"称号。

数学小博士：

每学期累计获得 30 枚星，可获得"数学小博士"称号。

礼仪小绅士（小淑女）：

每学期累计获得 18 枚星，可获得"礼仪小绅士（小淑女）"称号。

爱心小天使：

每学期累计获得 18 枚星，可获得"爱心小天使"称号。

劳动小模范：

每学期累计获得 20 枚星，可获得"劳动小模范"称号。

活动小能人：

每学期累计获得 20 枚星，可获得"活动小能人"称号。

科学小院士：

每学期累计获得 30 枚星，可获得"科学小院士"称号。

运动小健将：

每学期累计获得 30 枚星，可获得"运动小健将"称号。

艺术小明星：

每学期累计获得 32 枚星，可获得"艺术小明星"称号。

2. 设计出结果性评价的单项奖、华夏优秀学子奖状（图 2）。

图 2 各类奖状

二、初中实验部学生素养评价

苏外初中实验部经过多年实践积累，提出培养"华夏根基、国际视野、领袖胸襟、平民情怀"的华夏优秀学子的目标。

（一）初中实验部创新素养评价概述

（1）根据《关于推进中小学教育质量综合评价改革的意见》，我们根据学生的品德发展水平、知识发展水平、身心发展水平、兴趣特长发展等提出了十个方面的具体评价目标，提出"礼仪之星""公益之星""劳动之星""进步之星""才艺之星"评价标准。通过这五个方面单项评价目标的设定，将学生各个方面的发展情况都纳入结果性评价体系中，将对学生的全面评价落到实处。改变了过去只有少数优秀学生获得"三好学生""文明学生"的荣誉称号的情况，班级里大部分的学生都能找到自己某一方面的优点，并建立自信。

（2）设计运用学生成长档案卡，将学生学习生活包括义工及礼仪、劳动、活动、社团等各方面用记录的方式进行记载，每学期进行累计。这既是有效的过程性评价，能促进学生自身的反思和改进，最后也能成为学期末评选"华夏优秀学子"的量化依据。

（二）初中实验部"华夏优秀学子"评价三级评价体系

初中实验部"华夏优秀学子"评价三级评价指标体系（表2）。

表2 初中实验部"华夏优秀学子"评价三级评价体系表

一级评价指标	二级评价指标	三级评价指标（评价要素）	评价人		
			自评	小组评价	教师评价
"华夏根基、国际视野、领袖胸襟、平民情怀"的华夏优秀学子	综合类	礼仪之星	1. 尊敬老师，见面行礼，主动问好，接受老师的教导，主动与老师交流。 2. 课间准备好学习用品，课间文明不奔跑，不玩危险游戏。 3. 宿舍讲文明，物品摆放整齐，按时熄灯不说话。 4. 保护环境，爱护花草树木，不随地吐痰，不乱扔果皮纸屑等废弃物，注重个人卫生。 5. 食堂用餐排队，不插队，轻声慢嚼，不浪费饭菜。 6. 待人有礼貌，说话文明，会用礼貌用语。上下楼梯靠右行，礼貌谦让不推搡。 7. 诚实守信，不说谎话，知错就改。虚心学习别人的长处和优点，不嫉妒别人。			
		公益之星	1. 爱护幼小，在看到小同学需要帮助时能主动帮助。 2. 孝敬父母，尊敬长辈，能主动为父母及身边的老人做力所能及的事，能为他们送去温暖。 3. 关心同学，在同学生病或有困难时能积极帮助。 4. 踊跃参加学校组织的各项公益活动，能积极为贫困人群捐款捐物。 5. 爱护环境，当看到有乱丢垃圾、破坏公物的行为时能主动制止。 6. 能为社区、养老院、儿童福利院提供义务服务。			
		劳动之星	1. 认真、主动、积极地组织和完成每天值日。 2. 主动关注校园内的卫生及公共书架的整洁，随手捡起纸屑等杂物，随手整理公共书架。 3. 在家里主动帮助父母长辈进行简单的家务劳动。 4. 在学校组织的各类义务劳动中表现积极。			
		才艺之星	1. 艺术特长鲜明，音乐、美术、书法、舞蹈等各种考级通过。 2. 积极参加学校组织的读书节、外语节、科技体育节、艺术节这四大节日活动，有音乐、美术等方面特殊才能，能在公众场合大方的展现自己的能力。 3. 能积极参加校外各级各类文艺类比赛、公益活动，在活动中表现突出。			

（三）过程性评价措施——我的成长档案

对学生一学期的学习生活，包括学业、领袖力、义工活动、社团活动、课题研究等各方面进行过程性评价。这既是有效的过程性评价，能促进学生自身的反思和改进，最后也能成为学期末评选的量化依据。具体手册如图3所示。

图 3 我的成长档案

(四) 制定实施细节，设计各类奖状

制定五个单项评价标准的实施细则，设置单项奖、"文明学生"奖、"三好学生"奖，进行结果性评价。设计出结果性评价的单项奖、综合奖的奖状（图 4）。

图 4　各类奖状

三、小学国际一部英特班、淑女班学生素养评价

（一）苏外小学国际一部含英特班和淑女班两个体系

英特班自 2005 年创办以来，遵循教育规律，从启蒙教育开始结合国家义务制阶段小学教育教学大纲，引进国外优质教育资源及评价体系。通过中西文化激情碰撞、中美课程完美融合，中外师生零距离对话，力求形成独特的办学模式，推动当代国际教育的发展。关于英特班"INTER CLASS"的理念，我们从 Innovation（创新）、Nobility（高尚）、Teamwork（合作）、Enthusiasm（热情）、Responsibility（责任）这 5 点来阐述。以这 5 点为中心，每一项细化分类，培养出全面发展的华夏优秀学子。而 Class Dojo 在这个过程中，作为一个公平公正，趣味性、操作性强的平台软件，把英特班的班级理念融合其中，细致分类，为学生的成长道路上铺上了一块强而有力的台阶。Class Dojo 是一个三方平台，学生可以操作，家长可以及时看到，老师可以根据学生的各项表现及时更新数据，让学生每天都能发现自己点点滴滴的进步和变化，加强了师生互动、家校互动、生生互动；更由于其全英文的操作界面，使其成为目前最适合英特班中外教共同使用的操作评价系统。

淑女班作为培养未来杰出女性的摇篮，遵循教育规律，根据女生身心发展特点，从启蒙教育开始结合国家义务制阶段教育教学大纲，引进国内外优质教育资源。以居里夫人的求知精神为指引，以宋庆龄的平民情怀为典范，以撒切尔夫人的领袖气质为楷模，突出学生的才艺，强化学生的外语学习，不仅重视发展学生的智能，更强调培养学生具有国际文明礼仪的意识行为，满足学生身心及综合素质的发展，使学生获得全面的培养和开拓。致力培养"秀外慧中、学贯中西、品位高雅、多才多艺"的未来优秀女性，其基本特质是智慧、仁爱、礼仪、勇敢、才艺。

（二）小学国际一部华夏优秀学子评价三级评价体系

小学国际一部"华夏优秀学子"评价三级评价指标体系（表3）。

表3 小学国际一部"华夏优秀学子"评价三级评价体系表

一级评价指标	二级评价指标	三级评价指标（评价要素）	评价人		
			自评（Class Dojo 积分）	小组评价	教师评价
基础扎实、身心健康、气质高雅、能力综合、有传统文化根基的华夏优秀学子 英特：Innovation（创新）Nobility（高尚）Teamwork（合作）Enthusiasm（热情）Responsibility（责任） 淑女："秀外慧中、学贯中西、品位高雅、多才多艺"的未来优秀女性，其基本特质是智慧、仁爱、礼仪、勇敢、才艺	综合类 Super Star	1. 努力做最好的自己，一学期 Class Dojo 评价体系中的积分高者，是同学们学习的楷模。 2. 积极向上，尊敬老师，团结同学，在班级中起到正面带头作用。 3. 热爱学习，学业优秀，并能担任班级或学校的活动组织工作，个人能力强。 4. 积极参加学校组织的各项活动，比如庆祝节日的 Easter（复活节）、Halloween（万圣节）、Thanksgiving（感恩节）、Christmas（圣诞节）等，还有对应读书节的 Reading Festival（读书节）、Writing Program（写作项目），外语节的 Christmas Performance（圣诞演出），科技体育节的 SMART Fair（综合活动），艺术节的 Literary Festival（戏剧节），能在公众场合大方展现自己的能力。			
	学业类	学业优秀奖 Outstanding Academic Award（英特） 居里夫人学业优秀奖（淑女）	1. 热爱学习，热爱思考，学业成绩优秀，一学期 Class Dojo 评价体系中的积分高。 2. 上课认真听讲，积极思考，作业正确率高，效率高，每周作业情况优秀。 3. 学生单元测试满分获得 Class Dojo 积分 5 分，95 分以上获得 Class Dojo 积分 4 分，90 分以上获得 Class Dojo 积分 3 分。 4. 学生期末调研成绩名列前茅。 5. 在学习上积极帮助同学，为班级形成良好的学习氛围不断努力。 6. 积极参加各学科活动，在活动中有突出表现。			
		学业进步奖 Academic Progress Award	1. 平时课堂上遵守纪律，认真学习，积极参与课堂活动，作业认真完成，一学期 Class Dojo 评价体系中的积分有进步。 2. 对学习有兴趣，热爱学习，学习方面有进步。 3. 上课认真听讲，听从老师教导，作业正确率比较高，有错误及时订正。 4. 遇到问题积极思考，积极向老师或者同学请教。 5. 单元测试成绩有进步。 6. 积极参加各学科活动，在活动中有优秀的表现。			

续表

一级评价指标	二级评价指标	三级评价指标（评价要素）	评价人		
			自评（Class Dojo 积分）	小组评价	教师评价
基础扎实、身心健康、气质高雅、能力综合、有传统文化根基的华夏优秀学子 英特： Innovation（创新） Nobility（高尚） Teamwork（合作） Enthusiasm（热情） Responsibility（责任） 淑女： "秀外慧中、学贯中西、品位高雅、多才多艺"的未来优秀女性。其基本特质是智慧、仁爱、礼仪、勇敢、才艺	活动类	文明学生奖 Honor Student （英特） 宋庆龄华夏优秀学子奖 （淑女）	1. 积极开朗，富有爱心，一学期 Class Dojo 评价体系中的积分较高。 2. 尊敬老师，见面行礼，主动问好，接受老师的教导，主动与老师交流。 3. 热爱学习，积极思考，学业成绩优良。 4. 行为规范，课间文明不奔跑，不玩危险游戏。 5. 保护环境，爱护花草树木，不随地吐痰，不乱扔果皮纸屑等废弃物，注重个人卫生。 6. 待人有礼貌，说话文明，会用礼貌用语。上下楼梯靠右行，礼貌谦让不推搡，走路挺胸有朝气。			
		社会活动奖 Participation Award （英特） 撒切尔杰出管理奖 （淑女）	1. 担任班级或学校的管理工作，能认真完成老师和学校交给的各项任务，一学期 Class Dojo 评价体系中的积分较高。 2. 积极配合班主任组织班级或学校的班队活动，在管理或活动组织中有比较突出的表现。 3. 积极参加学校组织的读书节、外语节、科技体育节、艺术节的四大节日活动，能在公众场合大方的展现自己的能力。 4. 能积极参加校外各级各类比赛、公益活动，在活动中表现突出。			
		单项特长奖 Specialty Award 艺术之星 （淑女）	1. 有自己喜欢的特长，在某一方面有突出表现 2. 积极参加校外各级各类比赛、活动，在活动中体现自己的特长 3. 一学期 Class Dojo 评价体系中的积分较高。			

（三）过程性评价措施——"成长的足迹"（学生学习档案）和 **Class Dojo**

"成长的足迹"（学生学习档案）将学生每周的学习生活，包括课堂表现、作业反馈、学习质量及礼仪、劳动、活动等各方面用 A，B，C，D 的等级进行打分。在"成长的足迹"（学生学习档案）上每科老师都要写出对学生表现的评价、建议，家长也要写上相应的反馈意见。这既是有效的过程性评价，能促进学生自身的反思和改进，最后也能成为学期末 Super Star 等评优评先的量化依据。具体如图 5 所示。

图 5　成长的足迹

Class Dojo 作为一个综合性的评价体系，有着时效性、灵活性、公正性、互动性等多个特点。全英文的界面帮助中外双方教师将对学生的各项评价落于数据化，更公平，对学生的心理发展更具有督促性，学生会形成全方位的积极竞争，有助于学生健康成长（图 6）。

图 6　Class Dojo 评价体系界面

（四）丰富的期末评价体系

根据 Class Dojo 积分，制定单项评价标准的实施细则（图 7）、设计单项奖奖状（图 8）等，培养出全面发展的华夏优秀学子。

图7 单项评价标准的实施细则

图8 单项奖奖状

四、初中部菁英女班学生素养评价

初中菁英女班经过多年实践积累，提出锐勇（courageous）、博爱（caring）、沟通（communicative）、自信（confident）、创新（creative）培养的"5C"理论，提出"做5C菁英，当知性女孩"的华夏优秀学子的培养目标。

根据《关于推进中小学教育质量综合评价改革的意见》和对5C的解读，我们从学生的品德发展水平、知识发展水平、身心发展水平、兴趣特长发展几个方面提出了评价目标，除与实验部共有的"三好学生""文明学生""优秀学生干部"外，还提出"外交菁英""锐勇菁英""创意菁英""公益菁英""博爱菁英""阳光之星""才艺之星""礼仪之星""运动之星"等评价标准。这些单项评价目标的设定，将学生各个方面的发展情况都纳入结果性评价体系中，将对学生的全面的评价落到实处。改变了过去只有少数优秀学生获得"三好学生""文明学生"的荣誉称号的情况，班级里大部分的学生都能找到自己某一方面的优点，并建立自信。

设计运用"菁英女班华夏优秀学子素质报告书"，将学生每周的学习生活，包括课堂表现及礼仪、劳动、活动等各方面用打☆的方式进行记载，每周进行累计。在评价手册上，有师评、学生自评、互评，也有学生"成功袋"，用以收集学生成长过程中的点滴进步和能给学生带来自我肯定的成果。这既是有效的过程性评价，能促进学生自身的反思和改进，最后也能成为学期末评选"华夏优秀学子"的量化依据。

（一）初中菁英女班"华夏优秀学子"评价三级评价体系

初中菁英女班"华夏优秀学子"评价三级评价指标体系（表4）。

表4 初中菁英女班"华夏优秀学子"评价三级评价体系表

评价目标	5分	3～4分	1～2分
caring 博爱大千	优雅从容，彬彬有礼。文明博爱，尊重他人。能够自觉维护班级和学校。乐观开朗，能够传递正能量。	只对认识的人有礼貌。在卫生、礼仪等方面稍有欠缺。稍欠活力，正能量不够。	对他人不够尊重。在各个场合做有损班级荣誉的事。情绪消极，甚至影响到他人。
courageous 锐勇向前	抗压能力强，做事果断。能够不断改善自己，取得进步。能够准时参加学校各项活动。	抗压能力不够，做事稍显犹豫。有进步的愿望和决心，但有时不能坚持。有时会有迟到现象发生。	有畏难情绪。对自己的要求偏低，不去努力改正缺点。经常无故迟到或拖延。
communicative 善于沟通	谨言慎行，能够考虑到他人的感受，顾全大局。对时局总有很好的评判。真诚有礼，总能与他人保持良好关系。	说话做事比较谨慎，但有时会让他人尴尬。做事有时考虑不周。只能与部分朋友相处好。	很少顾虑他人的感受。很少考虑自己的言行产生的后果。缺少合作精神，与人相处困难。
confident 自信永驻	总是乐于接受被指派到的任务，并能尽力完成。有高度的责任意识，能超出预期完成自己的任务，有时还会做额外的工作。时常主动自我反省，及时改正不足。	能接受被指派的任务，但有时未尽全力，时有拖欠。责任心尚可，必要时会做额外工作。在老师的指导和帮助下，能够意识到不足并改正。	不愿意接受大部分被指派的任务，不尽力，不努力，经常拖欠。责任心欠缺，不会做额外工作。不愿承认和正视自身的缺点与不足。
creative 创新不止	睿智、精干、风趣、创新，乐意接受新的思想。总是能用自己的才能和想法为班级出力。	对新思想和新事物有畏惧感。需要的时候会为班级出主意，但是不够主动。	排斥新思想、新事物。不愿意开动脑筋，思维不够活跃。

多元评价体系实施细则规定，获得学业类中的任意两项单项奖并兼有综合类的任何两项单项奖，获得兴趣特长类一项单项奖或者所有专业学科成绩达"良好"，可以荣获"华夏优秀学子"称号。

同时获得学业类三项单项奖，并在综合类中获得任意两项单项奖，兴趣特长类获一项单项奖或者专业学科成绩优良者，可以荣获"国际英才"称号（相当于"三好学生"）。

（二）过程性评价措施——华夏优秀学子素质评价手册

将学生每周的学习生活，包括课堂表现以及礼仪、劳动、活动等各方面用打☆的方式进行记载，每周进行累计。在评价手册上每科老师都要写出对学生表现的评价、建议，家长也要写上相应的反馈意见。这既是有效的过程性评价，能促进学生自身的反思和改进，最后也能成为学期末评选"华夏优秀学子"的量化依据。具体手册见图9。

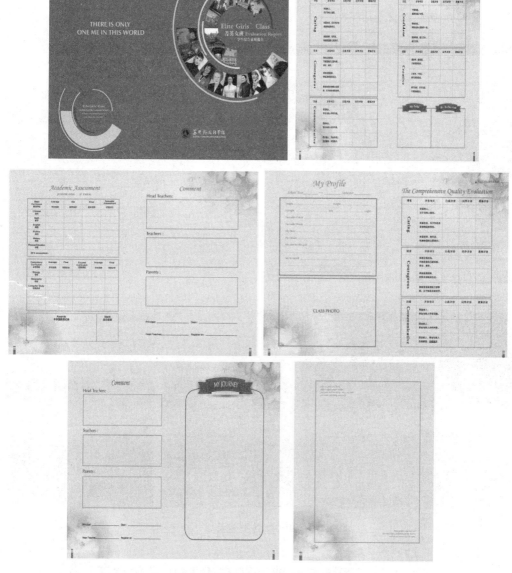

图9　华夏优秀学子素质评价手册

（三）制定实施细节，设计各类奖状

制定十个单项评价标准的实施细则，设计单项奖奖状、"华夏优秀学子奖"奖状、"三好学生奖"奖状（图10），进行结果性评价。通过自我申报、组评、师评、公示等程序完成各项评价。

图10　各类奖状

五、苏外国际初中部（IGCSE 班）评价体系

  国际二部是苏州外国语学校开设初中国际课程的独立学部，拥有成熟完善的 IGCSE 课程体系和师资配套，且无缝对接国内外 A-Level、AP、IB 等国际高中课程。学部以英国剑桥 IGCSE 课程为支撑，并融合中国文化精粹和国际教育理念，全方位地培养学生的民族情怀和国际视野。IGCSE 课程倡导以学生为中心，采取探究式的学习方式，注重培养学生终身学习的能力，提升学生多维思考、提出问题和解决问题的素养，为学生进入高中

国际课程及世界名校的学习、成长提供帮助，为学生成为华夏优秀学子奠定良好基础。我们还致力于塑造身心健康、品德优秀、视野开阔、敢于探索、富有创造力的华夏优秀学子。

（一）newigclass.com 学生管理评价平台

教育信息化是一个被无数人提过的热门概念，与之相关的科学理论与应用理论也层出不穷，但是真正能与每一位家长、每一位学生、每一位老师、每一次教学相联系起来的落地实践，却是极其缺乏的。

作为国际化教育的先锋阵地，苏外 IGCSE 在运用最先进的国际化教育技术理论、总结教学经验、归纳系统实践的基础上，采用本部门自主设计、研发、运用、管理的方法，量身打造了学生管理、评价平台——newigclass.com（图 11）。

① 作业成绩。过程化评价是实施素质教育的必要手段，将作业成绩纳入学生平时成绩。

② 考试成绩。考试成绩并不是唯一的评价手段，但是是最核心的评价，让每次考试的记录都能被学生和家长及时了解，将有助于学生了解自身的发展特点。

③ 德育学分。德育工作不是靠教师讲道理、谈人生就能做好的，而是要在平时的言行举止中，用正确的价值观来引导学生，量化评价。

图 11　newigclass.com 学生管理评价平台

（二）苏外 IGCSE 班学生评价评奖方法

苏外 IGCSE 班学生评价设置有如下奖项，奖项覆盖率≤60%。

① 学业优秀奖　Outstanding Academic Award（10%）：学习态度端正，平时表现优秀。学期成绩最多有一个 B，其余均为 A 或以上者。

② 文明学生奖　Honor Student Award（20%）：学习态度端正，平时表现良好。学期成绩为 B 或 B 以上者。

③ 学业进步奖　Academic Progress Award（10%）：学习态度端正，期末考试成绩比期中考试成绩有明显进步，成绩不低于 C 者。

④ 单项特长奖　Specialty Award（10%）：在单科成绩方面特别优秀，但其他学科成

绩不低于 C 者。

⑤ 社会活动奖 Participation Award（10%）：具有较强的班级团队意识，为班级荣誉贡献出自己的一份力量，积极参加班级及学校组织的各项活动者。

苏外虽然有多个学部，但在学生素养评价方面各学部还是相对协调一致的。综合上列各学部的评价体系，我们也不难看出，苏外对学生素养评价的创新集中表现在对多元发展的综合评价，同时，评价的机制也是多元与多维的，也可以说是立体的、多方面的评价，这种评价方式很好地改变了以往平面的、单一的评价方式，对有效促进学生素养成长与身心健康发展意义重大。

苏外学生创新素养能力的显性体现

梁丽莉

【摘　要】　创新素养能力是学生综合发展能力中不可或缺的一部分，对学生发展有着重要意义，学校通过创新项目及创新课程的开发，对学生创新素养能力的培养起到了决定性作用，同时学校为学生提供多元化平台，使学生创新能力得以很好地彰显。

【关键词】　创新思维；创新意识；个性化发展

所谓创新素养，就是以新思维、新发明和新描述为特征的一种概念化修习涵养的过程，创新也是一种现代人需要具备的素养。北京师范大学中国教育创新研究院首次对外发布《21世纪核心素养5C模型研究报告（中文版）》，这份报告提出了"21世纪核心素养5C模型"包括文化理解与传承（culture competency）、审辩思维（critical thinking）、创新（creativity）、沟通（communication）、合作（collaboration），这5项素养的首字母均为C，故称该模型为核心素养的5C模型，这些素养简称"5C素养"。从这个模型就能看出，创新素养其实只是核心素养其中的一部分，除了创新能力，理解、思维、沟通、合作能力都是新时代的学生必备的能力，当然，这些能力之间存在着必然联系。

2018年苏外开设了创新项目班：小学AC实验班及初中AC英才班，它的培养目标为以现有特色项目、ASDAN课程、校本活动等为载体，引入世界先进博雅教育理念，试点文理融合的跨学科教学模式，研究生成小学AC实验班、初中AC英才班、理想幼儿园ALT国际班特色项目，包括课程设计的优化、师资的确定、室场的确定与布置、相关课程的合作等事务。小学AC实验班与初中AC英才班这两个特色班种的组建，不仅让实验序列实现了从小学到高中12年英才培养链的完整，客观上也呼应了早先形成的从幼儿园到高中的国际链。至此，苏外教育完成了英才与国际双轨并举，客观上也完美呈现了苏外国际教育、国内教育双线齐发的全新培优格局。

苏外作为一所国际化学校，我们的每位学生都应该具备创新素养，我们的教师应该都是创新素养培养者。当然，我们自身也应该具备创新的能力。虽然笔者不从事教育工作，但是创新素养依旧是我们开展工作的必要条件。其实，创新是无处不在的，学生的创新素养更是日积月累的过程。

笔者理解的创新素养是通过创新的意识、创新的思维，从而发展成创新的发明，最后产生了创新成果这样的一个过程。

如何养成创新意识？笔者相信阅读是提高创新认知的重要手段，是学习的重要手段，是智力开发、获取知识和信息的最根本途径。苏外每年的读书节，正是为了激发在校学生对阅读的兴趣。"读书节"只是一种表达形式，我们真正要做的就是让我们的学生通过读书节活动，了解中国文化的深厚底蕴，让文化得以传承，让我们的学生爱上阅读、享受阅读。同时，培养学生的文学素养，帮助他们思考、学习不同的思维方式。

如何提高创新意识？要提高学生的创新意识，必须先让学生获得分析问题和解决问题的能力。苏外初中部就开设有师生共研课程，目的就是培养学生的创新意识，发挥学生的主体能动性。我们要鼓励学生时时探索，去提高质量问题，在学习过程中，启发和培养学生的思维习惯意识。学生通过自己的观察和分析，就会激发兴趣，形成强烈的求知欲，以较强的内在动力来解决问题。学生的积极性也相对提高，这也有助于培养学生的科学探究能力。我们将课程和研究性学习从教室搬到咖啡馆，对学习环境也做了创新式改变。老师也从课堂走向学生中间，和学生共同形成头脑风暴，进行思维碰撞。一般的师生共研课题都放在教室或者图书馆，但在苏外，我们做的是不一样的教育，师生之间可以边喝咖啡边聊各自的想法，学生的思路和灵感是课堂中无法给予的，这样的课题研究，应该对他们来说意义更为深刻。

　　人的创新思维能力并不只是天生就有的，也可以后天形成，它是通过分析、合成、概括提炼的过程形成的，包括理解力、记忆力、判断力、解决问题的能力等。为了培养学生的创新思维能力，在苏外，我们建立了一系列活动平台，与国外名校建立友好学校，与国内名校合作开展学术性教研，还拓展了 20 多条海外游学线路，目的都是为了给学生更多的机会和更高的平台。每个人都有表达自我的愿望，有自我表达的需求空间。首先，在平时的课堂上，我们的老师会给学生表现的机会，为学生搭建平台和空间，给他们提供更实用的操作，让他们多做示范、多做实验，以增加他们的信心和勇气。其次，教师组织学生讨论，培养学生的创造性思维。讨论是教导学生参与的一个重要方面，是自主学习形式的一项重要创新。因此，在教学中要引导学生讨论，发挥学生之间的作用，共同学习，让学生获得更多的学习自主权和学习空间，让他们敢于大胆创新。教师指导学生课堂学习，提高他们的创新学习能力，从而提高他们的学习效率和学习质量。学校各学部每学期定期开展社会实践活动，学生们走出课堂，走向社会，通过参与社会实践活动激发自身的创新灵感，同时促进人与人之间的合作意识。苏外从幼儿园开始就开设 STEAM 课程，孩子们通过自己亲手实验，掌握生活小技能，通过准备实验材料、实践操作，发现科学原理，最终获得经验积累和知识的延伸。STEAM 理念强调跨学科学习、团队协作、交流沟通、动手实践等能力，让孩子们在过程中发现问题、提出问题并解决问题。苏外"STEAM 梦工厂"更是让人工智能走进课堂，强调了学生科学素养的培养，促进学生的文理融合，提升学生自身综合素养的能力。

　　学校通过科技节活动，给予学生平台来展示自己的小制作、小研究、小发明，引导学生探索和创新，这也是培养学生创新能力的有效途径。让学生敢于想象、敢于质疑、敢于提出新的思路，并尝试去思考、去发现新的答案。

　　苏外通过创新课程开设，释放学生好奇心，充分挖掘每个学生的特点和梦想，为学生的成长提供更多可能性，同时为遵循学生个性化发展，教师对学生在思考中提出的有创见性的问题会给予充分肯定，并鼓励他们在学习上要刻苦钻研、勇于创新，促进学生多元化发展。所以，苏外的孩子很特别，他们从内而外散发着自信和从容。

　　苏外明星学生便是最好的说明。每年苏外都会涌现出一大批明星学生，他们身上所散发出的"苏外气息"与"苏外气质"总能为苏外、为苏外人赢得多方赞誉。2005 届高中毕业生周靓是苏州市文科状元，北大毕业后留学于瑞典隆德大学，现在中国国际扶贫中心工作。她在北大就读期间，不仅学业优秀，还一手创办了北京大学外交协会，并活跃于各类大型活动中。2013 届盛开同学是全国化学奥林匹克比赛金奖得主，他被北大录取后，刚入校就担任班长，后来进入学生会文艺部工作，很快又担任部长一职，经常赴全国各地参加"新药成果转化"等专业调研。2017届毕业生陶熠考入常青藤名校哥伦比亚大学，在高一时就创办了苏外机器人社团，在2017年拿下了FRC机器人赛事总冠军。还有2019届被康奈尔大学录取的芮芃同学，在学校就展示了较强的领导能力——创办了中文角，让学生给外教上中文课，帮助外教融入中国文化。芮芃高二时参加了一个哥伦比亚大学的地理研究项目，培养了自己"做学问"的能力。此外，他在滑铁卢化学竞赛、物理竞赛、英国皇家化学挑战赛等多项国际大型学科竞赛中均取得佳绩。这只是优秀学生中的几个代表，但是他们证明了苏外的高品质教育，是苏外给了他们腾飞的舞台，是他们让苏外放飞更多梦想！

笔者认为创新素养的培养不是一时的，是需要学生本身、家庭、学校共同来完成的。每一个学生都有展示成功的欲望，他们都想体验成功后的喜悦。作为教师、家长，我们应该尽可能地给他们创造更多机会，凡是学生能够经过探索自己解决的问题，教师与家长绝不代替；但是学生遇到疑难问题产生困惑时，我们一定不要轻易做出否定的评价，而是应该适时给予鼓励、启发和引导，让他们感受找到正确答案后的愉悦，慢慢养成积极探索的习惯，从而为培养创造性思维能力打下良好基础。

创新引进、培养、留住优秀教师思路的实践与探索

张金坤

【摘　要】　面对民办学校教师招聘难，培养、留住优秀教师更难的问题，苏外通过创新招聘机制，优化招聘方式；创新师徒结对模式，促进新教师"服苏外水土"；创新培养机制，促进教师专业成长；优化绩效、薪酬、年金制度，提升教师幸福指数等，来吸引、培养、留住优秀教师，创造苏外昨天、今天和明天的辉煌。

【关键词】　创新；引进；培养；留住；实践；探索

民办学校教师招聘难，培养、留住优秀教师更难，这是一个共性的问题，也是一个很难解决的问题。如何解决这个难题——既能招聘到优秀的好老师，也能培养和留住优秀的好老师？苏外近年来，力求创新教师招聘思路，优化、调整教师队伍结构，培养、留住优秀教师，走出了一条创新之路，收到了良好的效果。

一、创新招聘机制，优化招聘方式

为了苏外的更高追求，为了苏外的创新、多元的发展，主要从全国各地招聘优秀在职教师和优秀应届毕业生，充实教师队伍，优化教师队伍结构，进行人员合理储备，促进苏外可持续发展。保证招聘程序有计划、有条不紊地进行，招聘过程坚持"公开、平等、竞争、择优"的原则。

（一）按需纳贤，避免招聘工作的盲目性

1. 确定招聘计划。教导处各学部负责人填写需求申请表，进行岗位描述，交教师发展中心审核。

2. 审批招聘计划。教师发展中心负责人根据学校年度规划进行审核，年度规划以内的经审核后交校长室审批；年度规划以外的由教导处各学部填写申请增编表，经教师发展中心负责人审核后，再交校长室审批。

3. 设计招聘计划。教师发展中心根据需求申请表和岗位描述内容确定信息发布的方式，并预算经费及相关材料，编制招聘计划表，交校长室审批。

（二）统一规范，突出招聘条件的标准性

教师发展中心根据招聘计划，通过学校外网、教师人才招聘网、相关报纸等媒体渠道发布招聘信息。为了减少因公告不规范而引发的各类投诉，学校围绕招聘条件的设置、报名资格的审查、笔试面试的组织、考核体检、人员聘用手续等重点环节进行统一和规范，统一制作了学校公开招聘启事，增强招聘公告工作的规范性。同时明确：面向全日制普通高校应届毕业生的招聘公告，明确学历、学位证书取得与否，明确是否具有教师资格证等；面向留学人员的招聘公告，明确取得教育部中国留学服务中心出具的境外学历、学位认证证明材料，从而尽最大努力从源头上规范招聘单位的程序和行为；招聘雅思、双语等学科教师还明确规定应聘人员应具备的专项成绩；面向在职教师也同样明确一些必要条件，如年龄、职称、获奖等方面的要求。

理论为重，教育管理创新

（三）甄别挑选，注重应聘材料的有效性

教导处各学部负责人、学科教研组长对应聘者的资料进行初审，将合格者的资料返给教师发展中心。教师发展中心对合格应聘者资料进行甄别、筛选、核实、整理，根据应聘者提供的联系方式，通知应聘者考核的时间。

如何有效甄别材料？甄别挑选材料是一项需要细致和耐心的工作，是招聘能否成功的前提。认真细致是宗旨，一是要尊重求职者，二是要"对得起"考核时的评委们。因此，下面的几类资料一般会被笔者淘汰：字迹潦草或字形难看以致难以辨认的；信件、文凭复印件、简历等一张张折叠着塞在信封里，大小不一，一拿出来就散成五六张的；简历中没有照片，材料中又没有证明有突出表现的；研究生只有发表论文，没有实践经验，活动能力不突出的。

（四）严格考核，注重招聘过程的公平性

教师发展中心拟订考核计划，做好应聘者的接待工作、学校宣传工作。相关学科教研组长准备好试卷、上课内容。教师发展中心邀请各学部教导处相关人员、相关学科的教研组长、首席教师、资深教师、外聘评委等组成考核工作组参加考核，考核组成员每组不少于3人，其中1人为负责人。考核形式多样，主要采用笔试与试讲相结合。考核工作组对应聘者进行认真考核，综合意见，填写反馈意见表，交教师发展中心。评委对考核合格者进行排序，交校长面试。校长面试时，考查应聘者的综合素质，结合学校实际拟定录用名单。

（五）体检、签约，把好最后一道关

教师发展中心对校长面试通过者发出体检通知；应聘者将体检结果送教师发展中心，教师发展中心将体检表送学校医务室核准，合格者等待录用；教师发展中心通知被录用者报到时间；学校与被录用者签订教师聘用合同，办理相关手续；学校统一组织新录用人员进行岗前培训，将需要住宿的录用者交生活管理部安排住宿。录用者的课务安排、岗前培训由相关学部教导处负责，由教师发展中心将资料进行归档。录用者试用期满，教师发展中心会同教导处对其进行考核评价，对不符合要求的录用者予以放弃，符合要求者进入正式录用程序。

总之，学校教师招聘工作既是一个系统工程，又是一个形象工程。每次招聘都是在各部门的密切配合下圆满完成，苏外团结协作的团队精神一次又一次得到良好体现，给苏外带来了一批又一批的优质师资。

二、创新师徒结对模式，促进新教师"服苏外水土"

师徒结对是苏州外国语学校教师培养计划的重要组成部分，是实施新教师"一年站稳讲台、二年胜任教学、三年形成特色"培养计划的重要组成部分。进入苏外的应届大学生都是通过比较严格的面试筛选才被录取的，他们除了要具备在苏外教学的基本条件，还必须通过培训和自我学习提高把握教材及课堂教学能力，提高教学方法，丰富教学手段。客观地说，"师徒结对"在最大程度上利用了现有的优质资源，充分发挥特级教师、各级学科带头人、骨干教师的"传、帮、带"作用，缩短了青年教师的成长周期，为年轻教师能早日胜任某一学科的教学工作甚至成名成家搭建了宽广的平台。为了提升师徒结对的质量和水平，我们在以下几个方面做了扩展和深入：

1. 延长"师徒结对"的周期。青年教师的成长是一个相对漫长的过程，是不可能一

蹴而就的。由此可见，学校在组织"师徒结对"活动时，要适当考虑青年教师成长的特点，适度延长"师徒结对"的周期，让师傅能够有充裕的时间系统地指导，也让徒弟能够有更多的机会系统地学习。建议这个周期为三年，至少两年。

2. 定期开展集体性研究活动，实现更广意义上的"一徒多师"。学校和教育主管部门要定期开展由师徒双方参加的研究性活动，让广大青年教师通过集体研究这一平台，结识更多的名师，聆听更多"师傅"的教诲，达到"取众家之长补己之短"的目标，实现更广意义上的"一徒多师"，促进青年教师的快速成长。

3. 师傅要加强学习，提高自身的业务水平，尽快成为本学科的骨干教师乃至名师，有些年轻的师傅可以将压力转化为动力。师徒结对是一个师徒相长的过程，师徒在共同的教研活动中互相学习、互相帮助，努力提高自身素质，共同获得进一步提高。

4. 建议学部安排班主任师傅，指导青年教师完成班级管理工作。

三、创新培养机制，促进教师专业成长

在民办学校，有件两难的事情：一方面学校想把现有的教师培养成优秀的教师，另一方面又担心培养出来的教师有了资本就会选择更好的学校。但是近二十年来，苏外一直秉承"事业留人"的宗旨，为每一位教师提供理想平台，促进自我实现。

1. 几年来学校抓住打造高效课堂的这个好机遇积极课改，敢于创新，努力帮助教师树立自己的教育理想，为教师们提供大量的学习机会，使他们创造了一个又一个优异成绩，获得了一项又一项各级荣誉，而获得荣誉的教师绝大部分都扎根在苏外。

2. 学校更是为教师有计划地提供进修学习、校际交流、考察学习、人际交往、参观旅游等各种接收信息的机会，为教师的知识更新、素质提高和业务成长创造和提供条件，让教师们以更加饱满的热情和自信投入工作中，拥护和支持学校的各项改革。

3. 学校开通"中国知网"数据库并邀请专家来校讲座，整理最新北大核心期刊名录和投稿方式，鼓励老师们撰写科研论文，在专业发展上再创新高。引导鼓励教师积极有效地参加各类教育教学研讨活动，学校做好各级各类教科研活动的组织工作，主要包括教师专业素养竞赛、江苏省基础教育教学研究论文评选活动、"黄浦杯"征文大赛、"师陶杯"征文大赛、陶研会论文、教育小故事、《新区教研》投稿、《苏外教研》组稿等。我们做好继续教育工作，鼓励老师们积极报名参加省级网络培训，并克服重重困难，圆满完成培训，提升自己专业素养；鼓励教师进行学历进修，按规定报销相应的学费。

4. 进一步提升教科研水平。课题研究是本学期工作的重点，在学校领导下，我们组建课题研究团队，准备丰富的课题材料，开展各级各类课题的申报、开题、解题工作，为教师专业发展插上腾飞的翅膀。

5. "卓越教师"培养工程与"卓越教师"评选工作是我校教师发展工作的重大战略决策，我们部门在校长室和各学部的支持下，几经沟通与修改，制定了《苏州外国语学校2017年卓越教师评选工作方案（试行）》《关于开展苏州外国语学校2017年首届卓越教师评选工作的通知》等多项文件。经过个人申报、学部考核、教师发展中心审核，最终经校评审委员会研究后确定"首届卓越教师"获选名单，并于教师节表彰活动期间向71位"卓越教师"获评者进行颁奖。该项目不仅激发了教师自主发展的内驱力，更促进了骨干教师队伍呈现梯队化发展，获学校创新项目一等奖。

四、优化绩效、薪酬、年金制度,提升教师幸福指数

苏外从 2018 年 7 月份起调整教职工的社保基数,从 2018 年 9 月份起参照公办学校调整了教师基本工资中的变动项目,保证教师的基本工资变化和公办学校同步进行。根据学校实际制定的《苏州外国语学校年金方案》于 2018 年 9 月开始正式实施,有利于保障和提高教师退休后的基本生活水平,有利于改善学校教师薪酬福利结构,增强薪酬福利的长期激励作用,提高学校凝聚力和竞争力,增强师资队伍的稳定性。

对教师绩效考核是促进教师科学发展、深化学校人事制度改革的一条有效途径。实行科学的教师绩效考核机制有利于调动教师工作的积极性,提高教师的竞争能力和忧患意识,激励教师开拓创新、锐意进取,使教师自觉地提高基本素质和业务能力,从而全面提高学校的教学质量和办学效益。如何进一步完善教师考核机制,充分调动教师工作积极性,我们坚持以下几点做法:

1. 原则性与灵活性相结合。分配名额只是解决了学部之间的公平性问题,但没有解决教师之间的差异性问题,从某种程度上讲,出现了另一种平均主义。因此,我们在坚持原则性的同时,适当增加灵活性。也就是说,假如总的名额不变,那么如果出现某些学部优秀人数较多而某些学部优秀人数较少的情况时,我们不妨将名额进行调剂;假如名额不受限制,最好的办法就是达到 S 等标准的人数有多少就评多少,总之,我们宁缺毋滥。

2. 日常考核与年终考核相结合。教师绩效考核,是对学校日常工作中的教师进行系统、全面、客观的评价,因此我们必须坚持日常考核与年终考核结合起来,年终考核是对日常考核的一种归纳总结。学部可以依靠教研组、年级组,对教师进行定期(如以月为单位)督促检查,及时与被考核的老师进行交流与沟通,让教师有则改之、无则加勉,真正使考核成为一种激励,成为一种正能量,而不是一种机械的打分;另一方面,学部、年级组、教研组将考核结果记录在案,制定成册,以便后查。

3. 要重视书面评价意见。好记性不如烂笔头。我们要求学部对老师的日常考核,无论是对于先进事迹还是不好的事件,最好都要有书面记录,不要到最后凭印象打分。学部对老师的评价像班主任对学生的评价一样,要写一个评语。

4. 要重点抓好两头。绩效考核起到奖勤罚懒、扬善惩恶的作用,但是如果考核不慎,就有可能起到反作用。因此,要坚持表扬先进与鞭策落后相结合,加强优秀比例的宏观调控,重点抓好两头,重点突出对 S 等和 C 等的考核。对待这两个等第老师的考核,要求学部一定要有比较详细的书面材料,一方面学部要依靠年级组、教研组提供的对他们日常考核的书面记录,在此基础上写出对他们的评语;另一方面,还应当要求这个等级的老师写出相应的优秀业绩报告或落后反思报告。学校对 S 等、C 等老师的名单进行公示,对 S 等老师的相关业绩给予公示,选出部分老师在全校范围进行经验交流,真正起到榜样、示范作用。

教师是财富,是立校之根本。民办学校如何吸引、培养、留住优秀教师,既考量着学校的办学实力,也考量着学校管理者的智慧。"面向未来的教育,才有教育的未来",这是学校领导的教育新理念,值得我们在具体部门工作中去深入研究、认真践行。苏外 25 年来经历了教师们对学校从认同感、归属感、幸福感这样一步一步改变,引进、培养出来一批坚守苏外教育的优秀践行者,又靠着他们的努力,成就了苏外昨天、今天和明天的辉煌。

浅谈校园中学生创新素养的培育

夏明花

【摘　要】　当今世界，创新已成为人们追逐的焦点，创新素养作为创新的基础因素在现代教育中受到了越来越多的关注。本文从教师的角度，对学生创新素养的培育进行了浅显的探讨。

【关键词】　中学生；创新素养；培育

苏州外国语学校一直在致力于培育社会所需要的创新人才，这是学校办学理念的内在需要。

当前，我们在探讨中学生的创新素养时，首先要弄明白一个问题——到底什么是创新？创新需要三个要素，即新元素、价值增量和可实现性。这三点对我们苏外办学提出的要求便是培养拥有创新思维的现代世界公民，他们需要在现有思维的基础上提出有别于常规或常人思路的见解，满足社会发展需求，能够改进或创造新的事物、方法、元素、路径、环境等，并能够获得有益的效果。创新是创新思维蓝图的外化，有了创新思维，就能够逐步地培育创新素养，所以苏外一直强调，我们所培养的学生（即世界公民）一定要有创新精神。首先，也是最重要的一点，当今国际竞争的实质是一个国家的综合国力的竞争，而综合国力的核心在于经济与科技实力，创新在这两方面的发展中占据了举足轻重的地位。其次，创新是现代人才的试炼石。不得不承认，具备创新型思维的人才在社会中占据着主导地位，不论是精神上或是物质上。这就给了我们提示，学校教育该怎样去为社会的下一代提供这样的道路与途径，把他们培养成具备创新素养的人才，进而为社会做贡献。

然而产生创新思维对中学生来说是比较困难的，因为中学生们正处于汲取知识的阶段，即使认为有新"发现"，往往是在既往研究基础上的常识；同时，在学业的重压及日常生活的引导下，中学生往往容易形成固化的思维。因此，对于中学生创新素养的提升不可急于求成，但也不应停滞不前。对此，学校各部门的教育教学方法需要做出相应的改变。这既是挑战，也是机遇。对于苏外这样一所创办25年便享有品牌美誉度的学校，应该从教学教育的哪些方面来保证中学生们能够实现其创新思维的灵活性、流畅性及独立性呢？

第一，需要与实践互相结合。创新的三要素中也提及，我们创新的最终目的是为了其可实现性。若不了解社会需要什么，只知埋头读书本知识，那么中学生的思维只是停留在概念理论层面。倡导实践课堂、思辨课堂，可以使中学生逐步摆脱思维泛化模式，从而达到思维流畅的目的。在实践活动中，教师们带领中学生开发想象力，创造合适的时机；在现实生活中，诱发学生的创新意识，弥补传统课堂的弊端。

第二，鼓励中学生大胆质疑、勇于怀疑。"提出一个问题，往往比解决一个问题更重要。"教师们需要打破常规模式，意识到每一个问题都没有唯一的解答，激励中学生们另辟蹊径，敢于向权威发出挑战，即引导中学生挖掘"再创造"能力。从多角度、多方面鼓励中学生们独立思考、坚持己见、寻求真理。同时，这也对教师提出了更高的要求，即提升教师的创新能力。对教师教学质量的考查与评价一直以来都是教育行业的重中之重,学校要完善良好的教育反馈机制,使教师在反馈中总结经验方法,也会对提升中学生们的创新思维能力提供帮助。

第三,设置合理的课程体系。学校在中学生应掌握的基础课程之外,再添加合理的可供中学生自主选择的课程。课程内容可以是有益于中学生思维开发的,以培养中学生兴趣为主。这将从知识结构和能力结构两方面,来培养提升中学生的全面素质。同时,学校提倡学生个性化的发展。"闻道有先后,术业有专攻",中学生们也应该有属于自己的一项技能,从兴趣的基本点出发,将会有利于中学生进行思维发散。

第四,为中学生们参加多种学科竞赛提供途径和渠道。每年,全国都会有中学生基础学科竞赛、学术及科技竞赛等。这些竞赛往往使学生跳出平常学习的舒适圈,出题方式也多是中学生们口中的"奇葩"。学科竞赛或是科技竞赛的目的,就在于让中学生们不局限于以自我为中心的学习环境,让他们意识到在"保护圈"之外,多的是自己所不了解的世界和知识海洋。同时,参与全国大型比赛,对中学生心态或是自立能力方面都会是一种提升;学生在拓展开发脑力的同时,也提高了自身的抗压能力。综合多方面来说,这是一个多赢的选择。国家举办的大型竞赛也旨在鼓励中学生广泛积极参与,展现青少年一代的风采,苏外无疑已经做到了这一点。

第五,营造良好的校园氛围。一个鼓励创新思维的学校一定会对中学生大胆创新给予肯定与支持。学校的组织者们有意识地引导中学生们向着创新方向前进,着重培育良好的学术创新氛围,对于青少年在学生时代形成创新思维、养成良好的习惯有着重要的影响。重要的是,让中学生们真正体会到知识经济的时代是需要我们去不断求索的,让中学生们真真正正感受到汲取知识的喜悦,进而激发他们的斗志,间接刺激创新素养在中学生身上的进一步发展。

"路漫漫其修远兮,吾将上下而求索。"知识经济的到来,毫无疑问,让一些人陷入了恐慌,担心自己的工作某一天会被机器取代。这种情况下,创新素养就会显得尤为重要。因此,关心中学生们自我意识的独立成长,成为教育行业坚不可摧的使命。创新是引领发展的第一动力,是一个民族的灵魂,是一个国家兴旺发达的不竭动力。敢于、乐于、勇于培养出服务于国家、服务于社会的青少年一代,是我们作为教育者的使命、担当、承诺。为此,我们在路上。

构建活动体系　强化创新引领

江　帆

【摘　要】　近年来,苏州外国语学校工会始终坚持围绕"立德树人,促进学校教育教学和谐发展"开展工作,以民主管理、服务教职工为重点,按照"政治性、先进性、群众性"的要求,全面贯彻党的十九大精神和习近平总书记系列重要讲话精神,以习近平总书记新时代中国特色社会主义思想和工会十七大精神为指导,全面履行工会"四项职能",扎实打造以"家"为核心的活动体系,以创新为突破口,有序推进各项工作的开展,取得了较好的成效。

【关键词】　学校实际;活动体系;创新引领;助力发展

苏州外国语学校是一所经江苏省教育厅批准成立的苏州市目前唯一的外国语学校。学校学部较多,汇聚了来自全国各地一大批高学历、高职称、高度敬业的教师。为了更有效地促进学校教育教学的和谐发展,学校工会在上级工会和学校党委的领导下,立足学校实际,努力构建以"家"为核心的活动体系,紧紧围绕学校的中心任务,扎实推进人文型、服务型、创新型工会建设,不断激发工会组织生命活力,推动创新向纵深发展。

一、凝心聚力构筑和谐的"民主之家"

截至 2019 年年底,学校有工会会员 560 多人,入会率 100%,按期换届并规范选举(图 1),组织机构健全。

图1 苏州外国语学校第八届第三次工会代表大会
（会议由周国海副校长主持，与会代表讨论工会工作报告和教代会提案）

（一）定期召开教代会，为学校发展凝心聚力

工会按照学校的发展建设目标，切实发挥教代会作用，动员鼓励全校教职工充分发扬主人翁精神，为学校创建"高品质教育，做最好的学校"贡献智慧和力量。为了让教代会开得实效、更具有建设性，工会积极组织各学部工会负责人和部分教师代表召开相关会议，围绕学校发展战略和建设目标，拟定出教代会提案的相关建议，然后组织全校教师根据建议对教学、科研、管理、生活福利等方面提出重要问题，提交教代会讨论、决定和处理。这种做法不仅让教职工以主人翁的身份围绕学校的热点问题积极建言献策，而且增强了教职工对学校的认同感和向心力。

针对学校教师有一定流动性的特点，为保证教代会的顺利进行，学校工会特别强调了"教代会预备会议中做关于代表增替补情况的说明"这一流程。同时，针对部分教职工代表不太清楚教代会相关流程或者教代会提案的重要性的情况，学校工会进一步规范教职工代表大会，强化代表行使权利的意识，强化代表大会的"仪式感"，确保大会的法律地位，助力学校民主化管理内容的落实。其次，反复强调教代会提案的重要性。教代会提案工作贯穿教代会工作的全过程，也是教代会的核心工作，提案的质量决定了教代会的工作质量。针对教代会主席团审查通过的代表提案能否执行并付诸实施，学校行政部门都要给代表一个明确的回答。

（二）督促校务公开、工作落实，增强民主管理透明度

为激发广大教职工主人翁的责任感，群策群力参与学校的民主管理，学校工会对学校的师德师风建设、廉政建设和职工参与民主管理、民主决策、民主监督等方面进行职工满意度调查，不断改进职工反映的难点和热点问题，使职工满意度逐年提升。尤其是在师德师风建设方面，把党风廉政建设与师德师风建设结合起来，充分发挥党员在教师队伍中的骨干核心作用，为师德师风建设构建一个良好的工作平台。要求教师立足"德"，以德修身、以德施教、以德育人，加强师德修养，力行师德规范，锤炼高尚品格，养成良好的职业道德、健康的个性心理和健康的人格魅力。同时组织教师积极投身课程改革，增强创新意识，争做研究型、学者型教师。

二、协同各学部,为教职工搭建"发展之家"

工会平时侧重服务和监督职能,协同各学部积极为教职工搭建平台开展各类活动。工会开展教职工技能竞赛,是充分发挥教职工积极性、主动性和创造性的重要举措,也是提高教职工素质、提升服务质量、促进学校发展的重要途径,更是工会围绕中心、服务大局的重要载体。在竞赛活动中,工会特别重视技能竞赛的竞赛内容和创新形式,努力增强竞赛的吸引力和参与度。每学期,学校各学部以教师素质提升、专业技能培育为切入点,分年级组分学科举行年轻教师教学擂台赛。为保证评比的科学性和合理性,各学部邀请相关学科的专家、名师、普通教师、学生家长等参与听课评比。工会干部带头参加,积极营造"比、学、赶、帮、超"的浓厚氛围。通过评优评先,弘扬高尚师德。学校教职工中有不少优秀教师,根据学校或上级教育部门的精神,学校工会找准工作的着力点和切入点,推选出优秀者,并在微信平台大力推送先进事迹,大力宣传工匠精神,弘扬良好的师德师风,弘扬正能量。如三八妇女节期间,工会在学校微信平台上大力推送女教工专题,用女教工的先进事迹和动人点滴为学校发展注入了一股强大的"她"力量。

人才培养的关键在教师,教师队伍素质直接关系着学校的发展水平和前景。学校把师德师风建设贯穿到教育教学的各个环节,以师德师风铸师魂,加强对青年教师的思想引导,激励青年教师爱岗敬业,在立德树人的事业追求中实现自身价值;注重培养有专业作风、专业精神,执著于教书育人,有热爱教育定力,有干劲、闯劲、钻劲的高水平、高素质的教师队伍。新的征程,新的使命,学校充分调动教师积极性,坚持发挥教师教学、科研中的主体作用,选聘一批学科带头人和学术骨干,组织实施"名师培养工程",积极为教师搭建发展平台。同时,学校以"十三五"教育科研课题为平台,积极组织广大教师参与相关小课题的研究,不断提高教师的教育理论水平和科研能力,不断为学校的高品质发展奠基。

三、以活动为抓手,打造"文化之家"

打造工会品牌活动,建设学校文化新亮点。工会从教职工的需求出发,以教职工趣味运动会、三八妇女节、五四青年节、六一儿童节、教师节、中秋节、春节、主题摄影活动、特色讲座、红歌演绎等多种活动形式为载体,搭建学校文化建设的立体舞台,让教职工的才能得到充分展示,让教职工的精神情感得到充分释放。工会以学校一年一度的科技体育节为契机,针对学校教职工开展一系列趣味运动,在形式和内容上创新,真正体现出活动之"趣",让教职工享受活动之乐。一样的节日,但在常态的活动设计里面加一些别样的内容,却能呈现出不一样的精彩。如三八妇女节,有为女教师们量身定做的茶道,有致敬苏外一群拥有"她"力量的真女神专题报道,有"插花品香·诗情花意"桃花酥制作和插花活动(图2),有"踏青陆巷古村·共度'莓'好时光"的休闲活动等。这些品牌活动以调动教职工积极性和增强凝聚力为出发点,既丰富创新了活动的形式和内涵,又展示了教职工别样的魅力与风采;既营造出缤纷多彩的校园文化氛围,又弘扬了正能量。各类活动的走心、入心,成为展示教职工风采、体现苏外精神、凝心聚力的有效载体。

理论为重，教育管理创新

图 2 三八妇女节女教工插花活动

随着学校的"二次创业"的提档升级，要做到工会工作再上新台阶有一定难度。学校工会积极组织各学部工会干事和热心工会工作的积极分子，通过活动骨干和积极分子的聪明才智拓宽了工会工作的视野，丰富了工会工作的内容。教师是知识密集型群体，他们的学历和文化层次相对较高，有不少老师还有较高的艺术天赋和审美情趣，因此工会成立了舞蹈、歌唱、摄影、球类、户外运动等兴趣小组，将老师的兴趣和特长充分展示出来，这样不仅丰富了学校文化内涵，而且对学校文化建设起了积极作用（图3至图8）。

图3　教师节新入职教师宣誓仪式

图4 学校教师"十佳歌手"比赛

图5 学校艺术节师生同台演绎

图 6 学校教师参加校内外体育活动

图7 学校团拜会上学校领导和教师放声歌唱

图 8 学校团拜会上学校领导和教师一起参与活动

四、以人为本，创造"幸福之家"

在平时工作中，学校工会组织积极配合学校行政部门倡导的"在最美的苏外做最好的自己"，坚持以事业为目标、以感情为纽带，着力营造和谐的工作氛围，通过开展丰富多彩的工会活动，打造教师的团队精神，形成团结奋进的学校凝聚力，切实减轻教师过重的心理负担，使工会真正成为为教职工遮风挡雨的"温馨之家"、充满爱心的"幸福之家"。苏外是一所寄宿制学校，学校绝大部分老师把大部分时间和精力放在学生身上，很少有时间去照顾自己的孩子。为了能让老师们抽出一定时间多陪陪孩子，学校工会利用六一儿童节这个特殊节日，开展了"六一亲子游戏""六一亲子手工制作活动"（图9）。虽然活动时间不长，但相信老师们和自己的孩子一起度过的亲子时光，一定会在他们心中留下幸福美好的记忆。

图9 六一儿童节亲子手工制作活动

苏外不仅仅是一所学校,还是全校 500 多名教职工的"第二个家"。一直以来,学校把关心教师思想、关心教师情感、关心教师生活放在很重要的位置,为此工会举办了形式多样的活动,让每一位苏外人都能在忙碌的工作之余,感受到苏外大家庭的温暖。学校每年都会吸引一批优秀的年轻人加盟苏外,这些年轻教师刚踏上工作岗位,在工作中勤勤恳恳,可无暇顾及自己的感情生活。为了创造条件、制造机会,帮助单身青年寻找幸福,学校工会主办或协办了多场单身青年联谊会。"浓情圣诞夜,重返 18 岁"的盛情演绎、"因为有你,情定创业园"的激情绽放、"爱在姑苏"的浪漫之旅、"浪漫姑苏,缘来是你"联谊等系列活动,不但为单身年轻教师搭建了情感交流的平台,而且拓宽了年轻教师的视野,丰富了他们的知识(图10)。苏外总校长董彬先生说过:"在苏外,每个教职工都是彼此的家人,家人的幸福是我们所关心的。许多老师为了学生,为了苏外,牺牲了个人时间,没有精力出去交际,所以苏外主动为你们创造机会,希望你们都能勇敢地追求自己的幸福!"

图 10　学校主办的"很'高新'遇见你"单身青年教师联谊会

学校教师中女教师比例较大，为了女教职工亲子教育的需求，学校工会协同各学部利用暑假和寒假，分别组织夏令营和冬令营及亲子活动，通过精心安排活动，促进职工育儿经验交流，拉近了母子之间的情感距离。

　　学校工会通过开展以"家"为核心的系列活动，展现了学校教职工良好的精神风貌，增进了教职工之间的了解和友谊，营造了健康、和谐、奋进的氛围，为学校深化改革和发展注入了强大的生机和活力。

　　新时代要有新气象，新气象呼唤新作为。工会要适应新形势、新任务，以创新引领，强信心、聚民心、暖人心，用看得见、摸得着的身边人、身边事教育引导教职工，让教职工对学校从情感认同发展为思想认同。幸福快乐共徘徊，唯有创新活水来。大力推进"暖心工程"建设，使广大教职工充分享受到"家"的温暖，以"家人"的身份参与到学校大家庭的建设中来。

　　创新需要勇气和智慧，只有求新求异，事物才有生命力。活动中以创新引领，不但能丰富活动的形式和内容，而且还能让广大教职工身心放松，以饱满的激情和昂扬的精神投入教育教学实践中，更有助于构建团结、和谐、健康、向上的文化氛围，凝心聚力，为学校的高品质发展做出自己应有的贡献。

优化管理，服务教育
——苏州外国语学校信息化教育教学成果汇报

周晓燕

一、成果总览

苏州外国语学校努力把信息技术与学校教育教学进行深度融合，让信息技术为教育教学和学校管理保驾护航。多年来学校根据发展务实进取，建设成果显著（表1），为一线教学提供了有力的技术支持，为教育教学管理提供了便捷智能化手段。

表1 近年来学校信息化建设成果进程

时间	成果
2007 年	推行校内办公系统
2012 年	实现教学楼 WiFi 覆盖
2014 年	首批建立"未来教室"，实现全校 WiFi 覆盖
2016 年	启用学生管理系统，统一身份认证，"小眼睛大世界"电视台开播，"蜗牛放映厅"开放，3D 打印教室、创客课堂、机器人实验室正式使用
2017 年	优化学校无线网络系统，多个报告厅实现全校范围音视频实时转播，实现学校资源备份，改造云教室机房
2018 年	新增云教室机房、"STEAM 梦工厂"创客空间

二、成果介绍

（一）提升学校智慧型管理能力

1. 完善办公平台。2007 年苏外已有办公平台，我们在基础上开始推进无纸化办公；2016 年根据学校发展需要，我们对办公平台功能进行了增补。

目前学校公告、请假、申购、报修、室场及会议室预订、电教设备借用、文印申请、公文流转等流程均在 OA 平台上操作。大大提高了教师的办公效率，同时降低了办公用品的使用量。随后我们又搭建了苏外企业邮箱，用于学校对外联络，如外教招聘、国际高中学生进行国外大学申请等，规范了学校官方邮箱，提升了苏外的国际化形象。

2. 统一身份认证。前期建设中各种服务平台的加入，使得师生们有多套账号密码，管理繁乱。2017 年学校开始了统一身份认证的建设。每位用户使用同一套账号密码，可以登录学校 WiFi、企业邮箱、资源库，极大地方便了教职工的工作。

3. 增强离校安全。苏外既有住宿生又有走读生，为了满足学生个性化需要，学校对走读生的离校时间并没有强制统一，所以从小学一年级到高三的学生在 16：45 至 22：00 的时间段里有 12 个离校时间点，这是学校管理的重点之一，也带来较大的安全隐患。为此，苏外利用教育 E 卡通，购买门禁系统，实行每个学生刷卡出门的方法。确保了每个走读学生在规定的时间点才能通行离校，大大提高了安全性。

4. 实现一卡多用。在基础库已经建立的情况下，2017 年，学生管理系统功能升级，全校使用该系统完成网上缴费，利用原来的一卡通可实现一卡多用的功能。一方面节约了家长时间，家长无须到校缴费，且能实时了解学生校内消费情况；另一方面减少了二次开发的经费，也减轻了财务工作量，实现了校园内无现金消费，从而避免各种损失隐患的发生。

5. 升级门户网站。学校对门户网站进行改版，实现了校内、校外数字转播，让同学和家长、社会更加充分地了解学校和学生。开学典礼、年级活动、学校综合活动对学生和家长进行转播，得到了老师和家长的称赞。

（二）为一线教学提供服务

1. WiFi 全覆盖，满足国际教育需要。目前苏外全校实现了无线网络覆盖，全校教职工与国际高中学生近一千人共享学校网络宽带资源。有效管理网上行为，确保网络使用安全，充分合理地使用网络成为保障教学服务的必然。为此，学校采购了网关服务器、网络安全 WAF 设备和安全堡垒机，升级保障网络安全，为师生提供一个安全的网络环境。为有效地分配网络资源，最大限度地保证教育教学的正常进行，我们进行了角色分组，做到了针对不同对象（管理员、老师、学生等）的精细管理，从访问时间、访问内容、访问地址等多方面优化了网络结构，提高了网络带宽利用率。

国际教育需要学生在课堂上或课后使用电脑、iPad，所以我们为所有需要的学生设置了账户，制定使用公约，按要求对部分网上行为进行限制。既可以让学生正常使用网络辅助学习，又最大限度地制约了学生不良的上网操作。学生的学习场地也从教室轻松转移到报告厅、图书馆、草坪、美好时光等地。

（1）多途径建立资源库。

① 一方面对已有校本资源进行分类整理，另一方面不断丰富校本资源；

② 开发了国际部学生管理平台、校园消费系统、社团报名管理等多软件，实现云存储、网络硬盘共享、基础数据共享；

③ 基于非商业用途，借助网络信息技术参考、使用和修改教育资源。

（2）构建学生、教师发展立体资源库。

① 为学生提供包括在线学习的学习资源库；

② 为教师提供多媒体教学、网络教学等各种数字化资源；

③ 购买知网账号，为教师提供专业发展与教研资源、各种培训资源等。

（3）资源库访问方式的变革。

架构资源库后，学校对资源库的使用、维护、完善出台相应的制度，保障资源库的正常、高效运用。

学校采购了一套存储设备，实现了学校电子档案的存档问题；学校图片资料、视频资料对全校公开，老师们可以观看其他学部的公开课、讲座等资源。增加了教师校内学习的渠道，让更多的老师合理使用时间相互学习。

教师教案的收集与访问是校内最为常见的访问内容。过去，教师将教案上传到 OA 平台的文件柜中共享，但实际上传操作较为烦琐。为此，学校购置了专用文件共享服务器，改变文件上传形式，教师们只要建立网络映射即可当本地盘使用。同时，学校将访问角色与统一身份认证系统合并，做到了分权管理，保证了访问的安全性。

（4）资源整合促教学。

① 建立特色品牌视频资源库。资源库汇集了苏外"小眼睛大世界"电视台、"蜗牛放映厅"等特色视频资源。

② 传统资源与新型资源库建设并重。极大地丰富教师教学设计、课件、教学录像等传统资源，整理收集专家讲座、培训课程等资源；同时还建立以知识点为结构体系的微课资源库；并推行以"畅课"为代表的网络云教学，突出"学教并重"。

③ 多平台资源融合。学校共享基础数据资源，建有OA系统、学生管理管理系统、消费系统等14个管理系统。

2. 尝试在线教学模式。IGSCE班信息技术课率先使用畅课（Tron Class），畅课是免费的在线教学平台，能够让教师体验多种先进教学互动模式，让线上学习和线下课堂相结合，聚合了多种教学资源，将电脑、平板电脑、手机无缝连接，让师生轻松完成教与学，提升学习效果；移动学习让学生随时随地学习互动，学习动态一手掌握，帮助学生养成良好学习习惯；多种大数据学习分析，全面跟踪学生学习情况，实时分析学习行为，实时记录教学情况。学校使用云部署，对数据有安全性保障，实现专属定制。

3. 定制苏外学生教育管理系统。2016年，苏外对学生教育教学进行精细化管理。针对学校课程的特殊性，开发了学生管理系统，建立基础库+应用库的核心引擎，以"智慧"引领学校发展，从而便于未来的扩展与规模化发展。

教务人员通过该系统进行排课工作，软件排课大大提高了效率，尤其是对于高中国际课程所流行的走班制度，减少了错误率，同时除了生成传统的班级课表，还能生成场地课表、学生个性课表、教师个人课表等。

教师通过管理系统进行学籍管理、课务管理、课堂行为管理、成绩管理等，管理系统除了收集功能，更多地侧重数据的分析功能，如每次考试的前5名、后5名、全体的平均分，每个学生入校以来每门功课历次考试的相对水平变化曲线等，让老师更全面、更直观地对学生进行基于数据的分析，从而给出合适的指导意见。

学生通过管理系统进行刷卡考勤、请假、查看学习成绩、查看教师评语；家长通过管理系统全面了解孩子情况，及时反馈，进行家校互动，把家校教育效力发挥出来。另外，为方便外教使用该平台，系统用了中英两个版本，体现了苏外国际化的教育教学特色。

4. 推进STEAM课程，实现云平台共享。2014年起，作为苏州市第一批使用3D打印机房的学校，我们开设了专门的STEAM课程，以机器人、3D打印为载体，促进学生科技素养的习得；2018年更是投建了"STEAM梦工厂"的创客空间，推进学校AC班级和课程的实施；同时，2个云教室机房的改建，使得信息技术教学上了一个新台阶，为新一轮教育改革的推动提供了有力的帮助。

三、未来规划

（一）归并基础数据库，进行大数据分析

目前学校在用的各类平台种类多，基础数据库多有重复，而各平台之间的数据兼容不足易导致出现数据孤岛。未来可在自主开发的教育管理系统上，拓展基础数据库的使用，将多平台整合，得到有效的大数据，在此基础上进行数据分析，推动教育教学有效跟踪。

（二）推进"一总多区"的远程云管理

随着学校集团化办学的推进，"一总多区"的局面正在形成。未来的管理将实现远程的云管理方式，从办公流程到实时会议，从远程观摩到云端教研，必将是一个趋势。

（三）更新硬件建设，推动软件使用

基础硬件的建设是信息化的基石。在充分论证的基础上，学校将推进云机房的全面建设与网站资源的云端共享。同时，切实有效地推广软件的使用，革新思想，用好、用足新技术，避免"样子工程"。

我们将在已有成果的基础之上，继续开拓进取，在信息技术教育的引领下，开辟学校现代教育的新天地。

借中外数学教师合作共研 谈创新意识培养

王 映

【摘 要】 未来的关键在于教育,教育的核心是培养具备高素养的人才。在学生思维构建、能力发展的过程中,创新意识的养成尤为重要,而教师恰如其分的点拨将起到不可或缺的作用。创新意识的培养,需要从根本上激励和激发学生的积极性和主动性,让他们善于创造,乐于创新。笔者对比中美小学数学课堂,在教与育中点化生情,在学与习中鼓励质疑。

【关键词】 创新;生本;合作

电影《流浪地球》的热映,成为不少人茶余饭后谈论的话题。那镌刻于星空下的勇气发人深省,从某种程度上讲,这确是一部具有教育意义的影片,可以引发一系列对未来的思考。未来,虽未到来,然不乏高瞻远瞩者思其一二。未来的关键在于教育,"教"是授知,"育"更重文化。教育的核心乃是人才,学生之所想即未来之所向;人才的培养倚仗创新,未来的竞争非知识间的竞技,而是创造力、想象力、领导力的比拼。在探寻创新的路上,笔者反复叩问:何为创新?何以创新?下面我们基于课题"培养创新素养最有效的中外教合作模式",以中美小学数学课堂教学的比较为例,在研究中求新异,整理出几点思考,为今后的探索点亮一盏灯。

一、缘起:浅尝辄止创新难,细思梳理渐明晰

在教改的思潮下,创新意识的培养早已渗入课堂教学之日常,或以教师为着力点,发挥师者之引领示范;或从课堂情境入手,打造思维模式;或从合作探究出发,实现知识构建。不同的研究角度,诠释了创新意识的不同维度。然而烦琐的课业之于坚持创新,成了一块沉重又难以摆脱的巨石,一切美好的整装待发,终究归为学科知识的获取,创新默默走向一个浅尝辄止的省略号。所谓"学非探其叶,问必拔其根",先来看这样两个问题。

(一)何为创新

创新意识主要指个体对自然中的各种现象怀着强烈探索意识,在好奇心的驱动下不断求索,并对发现的新问题进行深入详细的探究。对小学生来说,创新意识的养成非一蹴而就。从综合运用储备的知识、技能解决未曾谋面的新问题,大胆质疑、自主探索、反复推敲,到新方法、新观点的水到渠成,再到灵活变通,带着发现问题的眼光看待身边事物,他们逐渐领悟知识本质,核心素养在这个过程中不断发展。核心素养的发展不似绚烂多彩、转瞬即逝的缤纷烟火,而是茁壮成长、四季常青的挺拔青松。在这个过程中的每一个阶段,教师恰如其分的点拨都是不可或缺的营养沃土。

(二)何以创新

《义务教育数学课程标准(2011年版)》明确指出,创新意识的培养具有十分重要的意义。创新灵感不是与生俱来的,是后天可以培养的。创新意识的培养,需要从根本上激励和激发学生的积极性和主动性,让他们善于创造、乐于创新,以情感态度的养成促

进创新思维的生成。塑造创新思维意识，不乏潜移默化的渗透，得源于新的课堂教学形态：科学合理又层层递进的问题设置，积极向上又和谐民主的学习氛围；由一段"小插曲"引发的头发风暴，讨论中学生敢表达、教师善倾听。当强烈的探索渴望与严谨的逻辑思维融合在一起时，创新思维——这座由知情意堆砌而成的灯塔，将在学海这片汪洋上指引学生奋勇前行。

基于对上述问题的思考，笔者借助国际化办学丰富的外域资源，对比中美数学课不同的教学方法，探讨创新意识培养方式的变革。

二、探究：中美课堂同对比，细节之中求新异

笔者所在的课题组邀请美国数学教师 Mr. George 共同参与研究，并执教"A Kind of Review About the Area"，本课选自美国 Harcourt 版 Math 六年级教材，主要在现实情境中对长方形、三角形、圆等图形的面积计算进行系统复习。中美数学教材在内容编排上虽略有不同，但数学知识的本质特征相差不大，笔者执教苏教版五年级上册第二单元《多边形面积的复习》一课，对平行四边形、三角形、梯形等平面图形面积计算进行回顾梳理。同为图形面积的复习，中美课堂教学方式有何不同呢？

《多边形面积的复习》主要由三个板块构成：回顾梳理——面积公式的推导；简单应用——图形面积的计算；深化学习——实际问题的解决。学习，不仅要知其然，更要知其所以然。本课伊始，学生在小组合作中，通过画一画、剪一剪、拼一拼，回顾面积公式如何得来，整个过程不仅是对知识的梳理，深思熟虑后学生流畅的表达将有助于形成系统的知识结构。"关于图形的面积计算，我们需要注意哪些？"这个问题将静态知识引向动态生成，学生根据公式计算已知底和高的平行四边形、三角形和梯形面积，有了明确的指向，学生在计算中更加注重条件、单位等细节。"分别画一个平行四边形、三角形和梯形，使它们都与图中长方形面积相等。"通过学习资源的整合，将单一的学习过程转变为问题情境的体验过程。通过自主探究，有的学生想到根据已知的长方形面积及面积相等来推算平行四边形、三角形和梯形的底和高；也有学生联系之前所学，使所有图形的高都与长方形的宽一样，再根据图形面积公式的关联，算出底的长度，充分地交流、分享，促进了知识的进一步重组。"已知上底、下底长度之和及高，求梯形田地面积""刷平行四边形广告牌的正反面""在长方形纸上剪直角三角形小旗"……在一系列生活常见问题的探究中，学生正亲自体验着"做中学"的图形王国之旅。这堂课侧重知识的关联性，为高阶思维的培养奠定了基础，在一次次挑战中，学生向着深度思辨逐步前进。

George 老师的这堂课，结构简洁明了，课堂流程不冗杂花哨，以设计小镇为主线，由一系列问题为引导，小镇平面图随着课的进程渐渐清晰。"上节课建造的小镇对建筑的周长提出了特殊要求。而这一节课，我们还要来造一个小镇，不过这一次，将要用到面积的相关知识。"George 老师首先营造了一种轻松、民主、多元化的课堂氛围，所呈现的图片和情境多为学生熟悉的场景，"我们如此热爱校园，首先请大家设计一个面积是 24 cm^2 的长方形学校平面图"。学生对学校的爱是一种自然沉淀的情怀，George 老师将学生的情感培养无形地渗透于学科教学。又如，在要求学生画出一个周长为 15.7 cm 的圆形健身房平面图前，George 老师出示不久前学生在冬运会上齐聚一心拔河的照片。在教学过程中，教师认真地聆听，站在倾听者的角度鼓励学生大胆地展示自我；同时又耐心地

引导，在学生遇到疑难杂症时答疑解惑。"小镇的博物馆是由一个正方形和 2 个半圆组成，正方形的边长相当于圆的直径，长度为 4 cm。"这里他设计了 3 问，第 1 问："想一想，博物馆的形状可能是什么样的？"学生在画的过程中发现了多种可能，George 老师在学生座位间巡视，对学生出现的问题耐心指导，又提出第 2 问："根据平面图你能设法求出图形面积吗？"学生在图中标出数据，在讨论中回顾圆和正方形面积如何计算。George 老师提出了最后一问："求博物馆的面积，你有不同的算法吗？"因为两个半圆的直径与正方形的边长相等，为了求总面积，学生想出了不同的方法。George 老师这节课提出了多个开放性问题，课末，他还让学生在空白处自己设计一个建筑的平面图，求出总面积。最后，学生可以离开座位互相交流自己的小镇平面图，遇到问题时能询问老师。在其乐融融的互动中，学生不断探索知识，体验挫折，感悟收获。借助课堂巡视，George 教师与学生点对点交流，不断整理学生的疑点和兴趣点，学生的思维在一次又一次的探讨中腾飞。

三、思辨：论民主点化生情，质疑声中有启迪

张奠宙教授在《小学数学教材中的大道理》一书中写道：时代在进步，教育要面对世界、面对未来、面对现代化。中外教师合作共研，给彼此的教学带来更多新的思考。从学生的课后反馈看，两位老师不同的教学方法给了学生不一样的启迪。尽管两堂课在内容、授课方式上各有特色，但都充分体现了问题解决的引导、知识构建的过程及数学思维的提升，对学生创新素养的培养具有一定示范和借鉴意义。

学生创新素养的培养依托于宽松、民主又充满个性化的课堂环境，给学生更多的"自由空间"，他们就能在老师的循循善诱下，经过自身的努力和同伴间的互帮互助，理解知识，领悟数学思维的本质，积累丰富的数学活动经验。当然，探究的问题需要"跳一跳"才能摘得。比如，笔者在教学《钉子板上的多边形》时，通过发现问题、操作探究、表达交流等一系列数学活动，引导学生共同归纳出："求钉子板上多边形的面积可以用边上的钉子数 n 除以 2，再加上内部钉子数 a，然后减 1。"这时，有学生迫不及待地问："那多边形内没有钉子，这个方法还管用吗？"这时，不妨缓一缓，鼓励学生："这个问题提得很好，多边形内部没有钉子是比较特殊的情况，老师也没有试过。同学们，我们一起来举例算一算吧！"学生最终在数学探究活动中，发现本课探索的规律同样适用于"$a=0$"的情况。

创新意识的培养，需要我们每一位教师用智慧串起课堂中的每一个环节，将自己对创新的思考融入教学设计的方方面面——从每节课入手，真正把学生看作"发展中的个体"，让他们在问题探索中获得启发，在探究发现中发展能力。学生只有生长在开放民主、充满生机的教学环境中，才能开出智慧之花，结出创造之果。在教与育中点化生情，是遇到难题时出奇制胜的关键；在学与习中鼓励质疑，那么这份"异想天开"将给未来的他们增添一丝不平凡的色彩。